가족생활교육

김래은 · 이강훈 · 박종명 · 김서연

KNOWLEDGE COMMUNITY 공동체

머리말

우리 사회는 빠르게 변화하고 있으며, 이러한 변화 속에서 가족의 역할은 더욱 중요해지고 있습니다. 전통적인 가족관계와 생활방식에서 벗어나 다양한 형태의 가족들이 등장하면서 그에 따른 다양한 사회적 문제가 발생하고 있습니다. 이러한 사회적 변화는 가족의 기능과 구조에 심대한 영향을 미치고 있으며, 그 결과로 가족구성원들 간의 관계, 역할, 책임, 그리고 의사소통에 대한 새로운 접근이 필요하게 되었습니다.

가족생활교육은 바로 이러한 시대적 변화 속에서 가족구성원들이 건강하고 행복한 삶을 영위할 수 있도록 돕는 중요한 분야입니다. 본 저서에서는 가족생활교육의 기본적인 이론적 토대부터 시작하여 다양한 가족의 특성에 맞는 교육 방법과 실태, 그리고 이를 효과적으로 실행하기 위한 구체적인 프로그램 설계와 실행에 이르기까지 가족생활교육을 위해 필요한 내용을 폭넓게 다루고 있습니다. 그뿐만 아니라 부부교육, 부모교육, 중년기 및 노년기 가족생활교육 등 각 세대에 적합한 맞춤형 프로그램을 소개함으로써 가족의 전반적인 기능과 복지를 향상시키는 데 중점을 두고자 하였습니다.

본 저서의 구성은 크게 세 부분으로 나누어져 있으며, PART 1에서는 가족생활교육의 기초적인 이해와 이론적 접근, 다양한 가족에 대한 이해를 다루고, PART 2에서는 가족생활교육 프로그램 개발 및 실행을 위한 구체적인 방법과 계획서 작성에 대해 살펴보았습니다. 마지막으로 PART 3에서는 각 세대별 가족생활교육 프로그램을 구체적으로 제시하며, 그에 따르는 윤리적 고민과 향후 가족생활교육의 전망 및 과제를 논의하였습니다. 각 장에서는 이론과 실천을 적절히 연결하여 실용적인 지침을 제공하고자 하였으며, 다양한 현장 경험과 연구 결과를 바탕으로 작성되었음을 밝힙니다.

본 저서는 가족생활교육을 처음 접하는 학생들에게 체계적이고 명확한 지침을 제공하는 동시에 전문가들이나 현장에서 활동하는 실무자들에게도 유용한 참고서가 될 것입니다. 또한 가족구성원들이 서로의 이해와 존중 속에서 건강한 관계를 형성하고 공동체 내에서 그 역할을 충실히 수행할 수 있도록 돕는 데 큰 기여를 할 것입니다.

집필에 참여한 집필진들은 수차례 집필 회의를 통하여 공통적인 체계를 갖추고 가능한 한 다양한 분야에서 상호 통합적인 관점으로 분야별 가족생활교육 관련 내용을 다루고자 노력하였습니다. 그러나 지면의 제한으로 인해 많은 내용을 심층적으로 다루기에는 한계가 있었으며, 본 저서가 사회복지라는 학문에 입문하는 학생들을 위한 교재라는 점에서 완전히 새로운 내용을 다루기보다는 그동안 출판된 여러 가족생활교육 관련 저서와 논문들을 참조하고 소개하는 데 주력하였습니다. 따라서 다른 저서와 유사한 부분이 일부 있을 수 있음을 밝히며, 이러한 문제는 인용·재인용 표기를 통해 그 출처를 명확히 밝히고자 하였습니다. 이 점 양해 부탁드리며, 부족한 부분은 앞으로도 반복적으로 검수를 통해 수정·보완할 것을 약속드립니다.

끝으로 본 저서가 가족생활교육에 대한 이론과 실제를 배우고 연구하고자 하는 많은 사람들에게 유익하고 가치 있는 자료가 되기를 희망하며, 이 책의 출간을 위해 기꺼이 힘써주신 공동체 대표님과 임직원 여러분께도 다시 한번 깊은 감사의 마음을 전합니다.

이제 집필진들은 가족생활교육이라는 저서 집필 프로젝트를 여기서 잠시 멈추고, 후학들을 위한 또 다른 프로젝트를 준비하고자 합니다. 많은 응원 부탁드리며, 이만 글을 줄이고자 합니다. 감사드립니다.

2025년 1월

집필진 일동

차 례

CONTENTS

PART 03 가족생활교육 프로그램의 실제편

CONTENTS

01 PART

가족생활교육의 기초 이해

01
CHAPTER

가족생활교육의 이해

1. 가족생활교육의 개념

가족생활교육은 가족문제의 예방 및 가족촉진을 돕기 위해 지역사회의 일반 가족과 가족의 개별 구성원을 대상으로 이루어지는 다양한 교육적 개입을 의미한다. 이러한 기족생활교육의 정의는 가족생활교육의 주제가 광범위하고 다양하며 가족생활교육의 각 세부목표들을 포함하기 때문에 일반적인 정의를 내리기 쉽지 않다(박주희, 2020 재인용).

대상에 따른 분류에는 다양한 욕구를 지닌 일반 성인 대상 가족생활교육, 아동·청소년 대상의 가족생활교육, 건강가정사 취득이나 가정학 교직 이수 등 대학에서 전문적인 교과목에서 이루어지는 가족생활교육 등이 있다. 특히 급변하는 사회환경 속에서 살아가는 현대 가족은 연령과 성이 다른 가족구성원들 간에도 다양한 문제가 일어나고 이와 관련된 욕구가 각각 다르며, 사회변화에 대한 수용 정도 및 태도가 다를 수 있기 때문이다(김유숙, 2003). 가족생활에서 가족구성원들의 각기 다른 욕구를 어떻게, 얼마나 잘 충족시키는 것은 가족갈등과 부적응을 예방할 수 있기 때문에 매우 중요하다. 가족갈등과 부적응의 정도가 심화되거나 가족구성원들이 이러한 가족 내에서 보호되지 못할 경우 다양한 가족문제로 이어질 수도 있다. 따라서 세계화, 국제화 등 급변하는 사회변화에 적응하는 과정에서 가족의 적응능력 및 가족응집력을 높이는 것은 가족생활교육의 개념발달과 내용구성에 중요한 영향을 미치게 된다(박주희, 2006 재인용). 한편 가족생활교육을 가정교육과 유사한 의미로 사용하여 '가정 내에서 행하는 제반 교육적 과정'으로 칭하기도 한다.

1) 현대사회에서 가족의 개념

(1) 가족의 정의

전통적인 관점에서 가족의 정의는 다음과 같다.

- 머독(Murdock, 1949) : 가족은 부부와 그들의 자녀로 구성되고, 주거를 같이 하며, 경제적 협력과 자녀의 출산을 특징으로 하는 집단
- 레비-스트로스(Levi-Strauss, 1969) : 가족은 결혼에 의해 형성되고, 부부와 그들의 결혼에 의해 출생한 자녀들로 구성되지만 다른 근친자가 포함될 수 있으며, 가족구성원은 애정, 존경, 법적 유대, 경제적·종교적·그 외 다른 권리와 의무, 성적 권리와 금기 등 다양한 심리적 감정으로 결합된 집단
- 파슨스(Parsons, 1949) : 가족을 결혼제도에 의해 결합된 남녀 한 쌍의 부부와 그 자녀로 이루어졌으며, 가족구성원 각자가 주어진 성역할에 따라 구분된 수행하는 집단으로 언급

전통적 관점에서 가족의 정의의 공통적인 특징은 결혼 및 혈연을 중심으로 자녀를 양육하는 생활공동체로서 전통적인 성역할의 수행을 강조한다는 점, 가족의 구조적 특징이나 법적 지위를 강조한다는 점, 대체로 부부와 자녀로 구성된 핵가족의 형태를 전제로 한다는 점, 남편은 임금노동을 통해 가정경제를 책임지는 '도구적 역할'로, 아내는 양육, 보호, 부양과 같은 역할을 '표현적 역할'로 부부간의 역할을 명확하게 구분한다는 점 등이 있다(조성희 외, 2023).

급변하는 현대사회에는 1인가구, 무자녀가족, 비동거가족, 동성애가족, 공동체가족 등 가족구조나 생활공간의 공유를 강조하는 전통적 관점의 개념을 넘어서는 다양한 가족유형이 늘어나고 있다. 또한 결혼 전 동거를 하거나 자녀를 갖는 경우가 늘어나고 있으며, 이혼율이 높아지는 추세의 영향으로 한부모가족과 재혼가족이 많아지고 있다.

〈표 1-1〉 가족의 정의

구 분	학 자	가족의 정의
사전적 정의	한국어사전	부부를 중심으로 하여 그로부터 생긴 아들, 딸, 손자, 손녀들로 구성된 집단
	한국가족문화대백과	혈연(부모-자녀관계), 인연(부부관계), 입양으로 연결된 인정범위의 사람들로 구성된 집단
고전적 정의	머독 (Murdock, 1949)	가족은 공동의 거주, 경제적 협동, 생산(재생산)의 특징을 갖는 집단으로, 사회적으로 인정받는 성관계를 유지하고 있는 최소한 두 명의 성인 남녀와 한 명 이상의 자녀로 이루어진 사회집단
	레비-스트로스 (Levy-Strauss, 1969)	가족은 결혼에 의해 형성되고, 부부와 그들의 결혼에 의해 출생한 자녀로 구성되며, 법적 유대, 경제적, 종교적, 그리고 그 외 다른 권리와 의무, 성적 권리와 금지, 다양한 심리적 감정을 공유하는 집단
현대적 정의	기든스 (Giddens, 1992)	가족은 정서적이고 물질적인 지지에 기반을 둔 두 명 또는 그 이상의 사람들이 상호 간에 기대를 갖고 그들의 삶의 유형과 관계없이 상호 책임감과 친밀감, 계속적인 보호를 주고받는 구성체
	세이버트와 윌레트 (Seibert & Willetts, 2000)	동거를 통해 정서적 지지를 유지하거나 법적 혹은 생물학적 결합에 의해 빈번한 접촉을 유지하는 적어도 두 명 이상의 개인들

출처 : 이성희 · 홍달아기 · 한은주 · 조성경 · 왕석순(2024).

현대사회에서 빠르게 변화하는 가족을 이해하고 정의하기 위한 다양한 기준들은 다음과 같다(Walsk, 1998).

- 가족을 정의할 때 가족구성원에 누구를 포함시키고 있는가?
- 가족을 정의하는 데 있어서 누가 더 의미 있는 사람인가?
- 그 가족을 통해서 수행되는 역할과 관계의 의미는 무엇인가?

가족은 대내 · 외적으로 고유한 기능을 가지고 있다. 가족기능의 유형과 상호관계를 설명하면 〈표 1-2〉와 같다.

〈표 1-2〉 가족기능의 유형과 상호관계

<table>
<tr><th>성 격</th><th>대내적 기능
(가족원 개개인에 대한 기능)</th><th colspan="2">대외적 기능
(사회 전체에 대한 기능)</th></tr>
<tr><td rowspan="2">고유 기능</td><td>애정, 성</td><td colspan="2">성적 통제</td></tr>
<tr><td>생식, 양육</td><td colspan="2">종족 보존
(자손의 재생산, 사회구성원의 보충)</td></tr>
<tr><td rowspan="2">기초 기능</td><td>생산(고용, 수입획득)</td><td colspan="2">노동력 제공, 분업에 참가</td></tr>
<tr><td>소비(기본적 · 문화적 욕구충족, 부양)</td><td colspan="2">생활보장, 경제질서 유지</td></tr>
<tr><td rowspan="5">부차적 기능</td><td>교육(개인의 사회화)</td><td colspan="2">문화전달</td></tr>
<tr><td>보호</td><td rowspan="2">심리적 · 신체적</td><td rowspan="4">사회 안정화</td></tr>
<tr><td>휴식</td></tr>
<tr><td>오락</td><td rowspan="2">문화적 · 정신적</td></tr>
<tr><td>종교</td></tr>
</table>

출처 : 이영주 · 최경화 · 정윤태 · 김현희 · 오정아(2018) 재인용.

(2) 현대사회 특징에 따른 가족의 변화

현재 우리 사회는 저출산 및 고령화의 영향으로 유소년인구는 급감소하고 고령인구는 급증하는 인구학적 특성을 초래하고 있다. 65세 이상의 인구가 2000년에 이미 전체 인구의 7.1%로 고령화 사회로 진입하였으며, 2015년에는 12.7%, 2020년에는 15.1%로 고령사회, 2026년에는 20.8%로 초고령사회로 도달할 것으로 전망하고 있다. 또한 인구주택 총 조사결과(2021)에 의하면, 평균 가구원의 수는 2000년 3.12명, 2005년 2.88명, 2010년 2.69명, 2015년에는 2.53명으로 감소하였으며, 주된 가구유형으로는 1990~2005년에는 4인가구, 2010년은 2인가구(24.6%), 2015년에는 1인가구(27.2%)로 이후 더 급증할 것이다. 세대 구성을 보면, 일반가구에서 비혈연가구와 1인가구를 제외한 혈연가구 중 1세대 가구는 2005년 20.6%, 2010년 23.3%, 2015년 24.3%로 점차 늘어난 반면, 주된 세대 유형인 2세대 가구는 2005년 70.5%, 2010년 68.4%, 2015년 68.1%로 감소하고 있다(이성희 외, 2023).

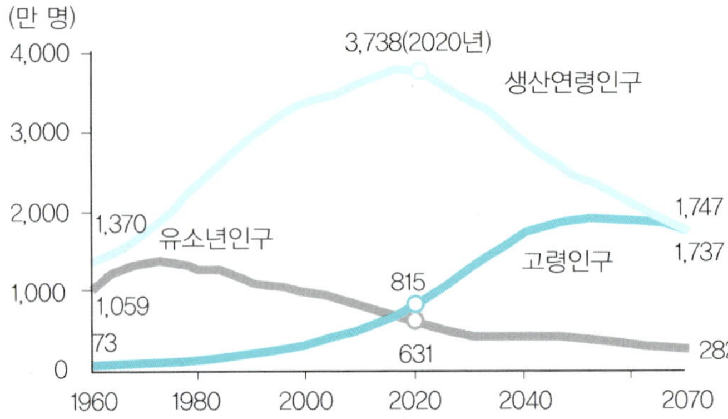

Ⅰ그림 1-1Ⅰ 1960~2070년 연령별 인구구조

출처 : 통계청 보도자료(2021. 12. 9).

2020~2050년 가구 구성비 추이를 보면, 부부가구, 1인가구의 비율은 점차 늘어나는 반면(그림 1-2 참조), 부부+자녀 가구, 부(모)+자녀 가구는 감소할 전망이다. Ⅰ그림 1-3Ⅰ과 같이, 이를 시도별로 구분해서 보면, 전국과 비교했을 때 서울, 부산, 대구와 같은 대도시에는 부부가구와 1인가구 비율이 상대적으로 높고, 경북, 전남, 강원과 같은 도 지역에서는 부부+자녀, 부(모)+자녀로 구성된 가구 비율이 낮다는 특징도 확인할 수 있다.

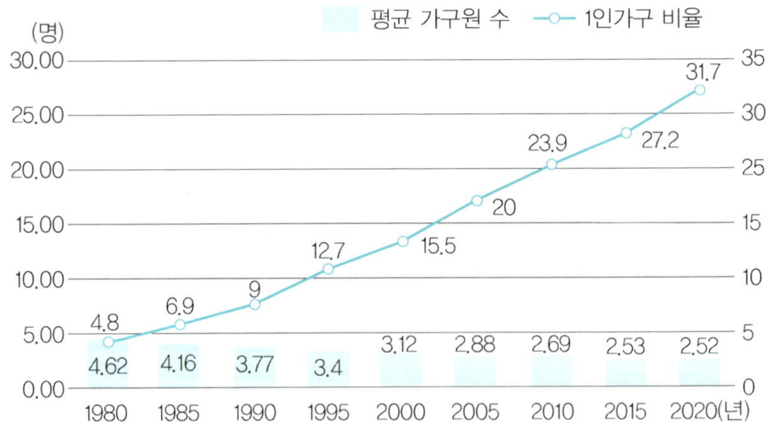

Ⅰ그림 1-2Ⅰ 가구 수 및 가구당 평균 가구원 수(1980~2020년)

출처 : 통계청(2021).

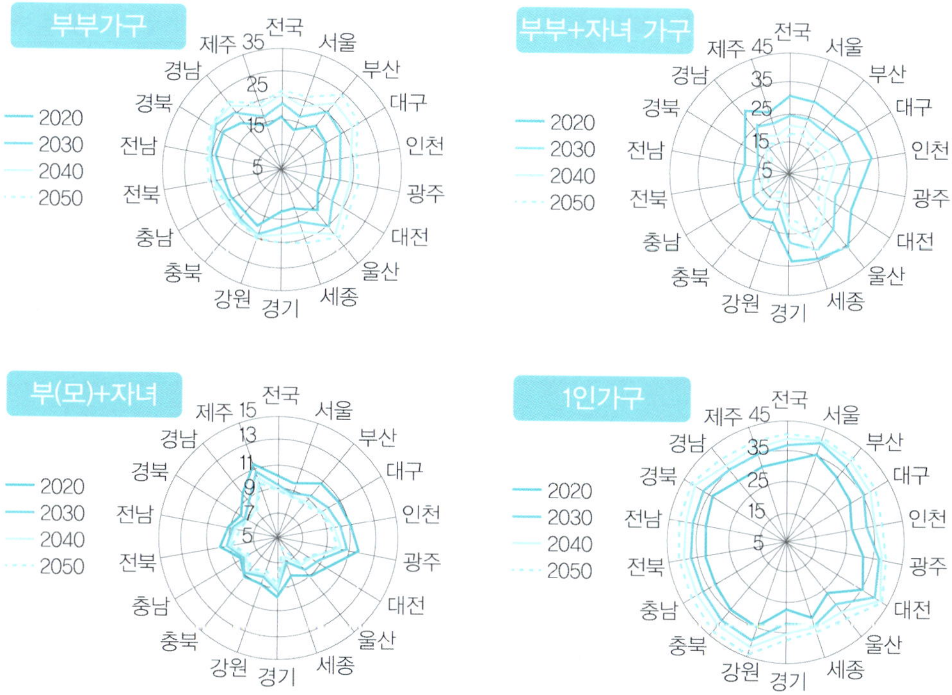

| 그림 1-3 | **시도별 가구유형별 가구 구성비 추이(2020~2050년) (단위 : %)**

출처 : 통계청 보도자료(2022. 10. 20).

이로 인해 가족구조는 축소화되고 단순화되는 경향이 있으며, 가족의 가치관까지 변화시키고 있다. 특히 가족에 대한 개념이나 인식이 현대사회로 오면서 다양하게 정의되면서 가족에 포함되는 가족의 유형 또한 다양해지고 있으며, 이성인 양부모와 혈연인 미혼자녀로 이루어진 정상적 핵가족 이데올로기가 변화되고 있다.

넷째, 결혼에 대한 가치관도 과거에 비해 많이 달라지고 있다. 2022년 서울시에서 13세 이상 인구를 대상으로 결혼에 대한 태도를 조사한 결과, 결혼을 '해도 좋고 하지 않아도 좋다'가 46.6%로 가장 높았으며, '하는 것이 좋다'가 32.9%, '반드시 해야 한다'가 13.5%로 적은 비율로 나타났고, '하지 않는 것이 좋다'가 3.2%, '하지 말아야 한다'가 0.6%로 나타났다(그림 1-5). 연령별로는 결혼을 '반드시 해야 한다'는 비율은 남자가 16%로 여자 11.25%보다 높았고,

'하는 것이 좋다'는 남자가 36.7%로 여자 29.4%보다 높았지만, 반면 '해도 좋고 하지 않아도 좋다'는 비율은 남자가 39.9%로 여자 52.7%보다 낮았고, '하지 않는 것이 좋다'는 남자 2.8%보다 여자 3.6%로 높았으며, '하지 말아야 한다'는 남자가 0.5%로 여자 0.7%보다 낮게 나타났다(표 1-3). 또한 연령이 낮을수록 결혼을 '해야 한다'고 응답한 비율이 감소하였으며, '해도 좋고 하지 않아도 좋다'라는 비율이 현저히 높았다. 이러한 결혼 가치관의 변화는 초혼연령의 지연과 자녀출산 연령의 고령화 등으로 이어지며 가족변화의 핵심이 된다.

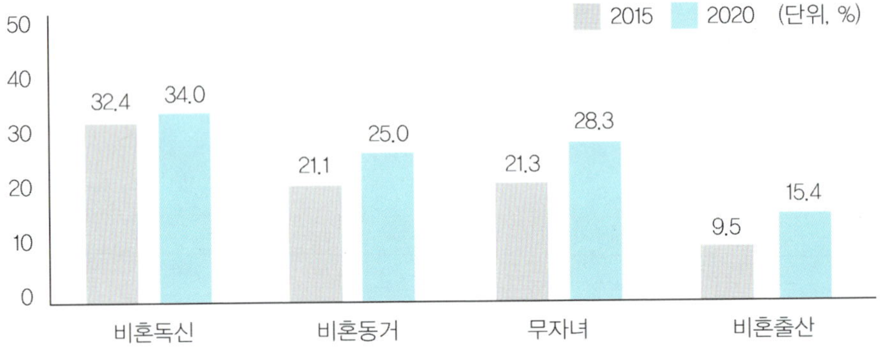

┃그림 1-4┃ 결혼에 대한 다양한 삶의 방식에 대한 동의 비율(2015년과 2020년 비교) (대체로 그렇다+매우그렇다) 비율

출처 : 이성희 외(2024).

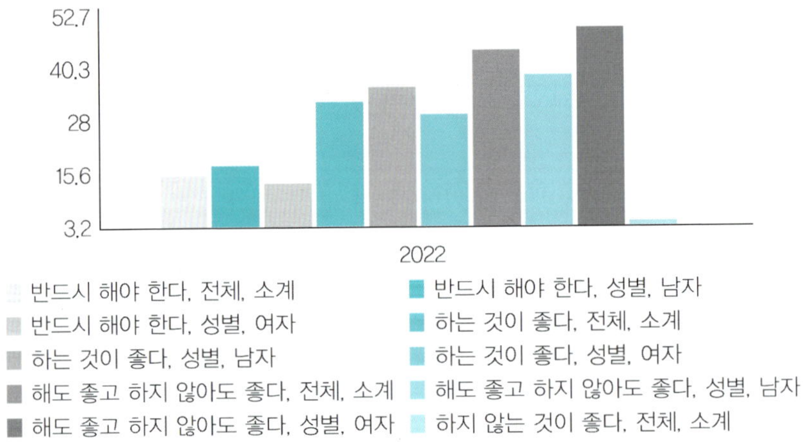

┃그림 1-5┃ 결혼에 대한 견해(서울시 2022년)

출처 : 서울특별시, 사회조사(2023. 1. 5).

〈표 1-3〉 성별에 따른 결혼에 대한 견해(서울시 2022년)

성/연령별(1)	성/연령별(2)	2022				
		반드시 해야 한다	하는 것이 좋다	해도 좋고 하지 않아도 좋다	하지 않는 것이 좋다	하지 말아야 한다
전체	소계	13.5	32.9	46.6	3.2	0.6
성별	남자	16.0	36.7	39.9	2.8	0.5
	여자	11.2	29.4	52.7	3.6	0.7

출처 : 서울특별시, 사회조사(2023. 1. 5).

2021년 통계청 자료에 따르면, 평균 초혼연령이 1990년도에 남성이 27.8세, 여성이 24.8세였으나 2010년도에 남성이 31.8세, 여성이 28.9세로 높아졌다가 2021년도에는 남성이 33.4세, 여성이 31.1세로 지속적으로 높아지는 경향을 보이고 있다(표 1-4).

〈표 1-4〉 평균 초혼연령(세)

구분(년)	1990		1995		2000		2005		2010		2015		2017		2018		2021	
성별	남성	여성	남성	여성	남성	여성	남성	여성	남성	여성	남성	여성	남성	여성	남성	여성	남성	여성
연령	27.8	24.8	28.4	25.3	29.3	26.5	30.9	27.7	31.8	28.9	32.6	30.0	32.9	30.2	33.2	30.8	33.4	31.1

출처 : 통계청(2021).

둘째, 자녀출산에 대한 가치관도 과거에 비해 많이 달라지고 있다. 과거 당연히 낳아야 한다는 가치관에서 지금은 결혼을 해도 자녀는 선택으로 가임기 여성의 가치관뿐만 아니라 남성들도 자녀출산을 미루거나 자녀 없이 결혼해서 부부만 사는 딩크족도 확산하는 추세이다. 또한 하나만 낳아 키우는 부부들이 많아지거나 여성 위주의 양육에서 지금은 남성도 육아휴직 후 자녀양육에 개입하는 등 자녀양육관도 과거에 비해 많이 달라지고 있는 실정이다.

이러한 가치관의 영향으로 2023년도 출생 통계자료에 따르면, 합계출산율은 0.72명으로 1980년 출생통계 이해 최저치를 기록한 실정이다(통계청, 2024).

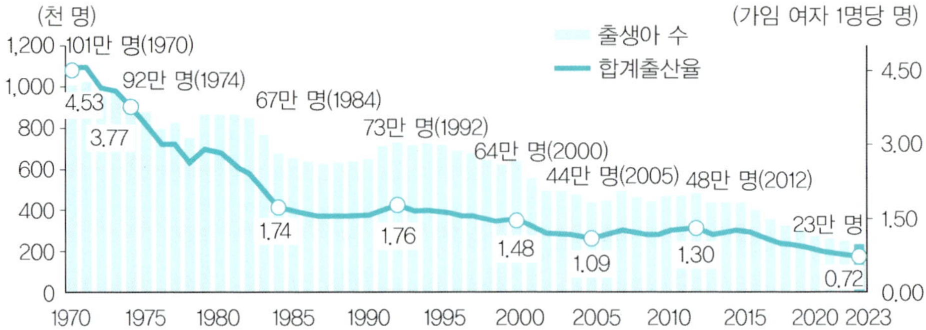

| 그림 1-6 | 연도별 출생아 수 및 합계출산율

출처 : 통계청(2024).

2023년 출산율을 조사한 결과, 30~34세가 66.7명으로 가장 많았으며, 35~39세는 43명, 25~29세는 21.4명, 40~44세는 7.9명, 20~24세는 3.8명, 15~19세는 0.3명이었으며, 45~49세가 0.2명으로 가장 작게 나타났다(그림 1-7).

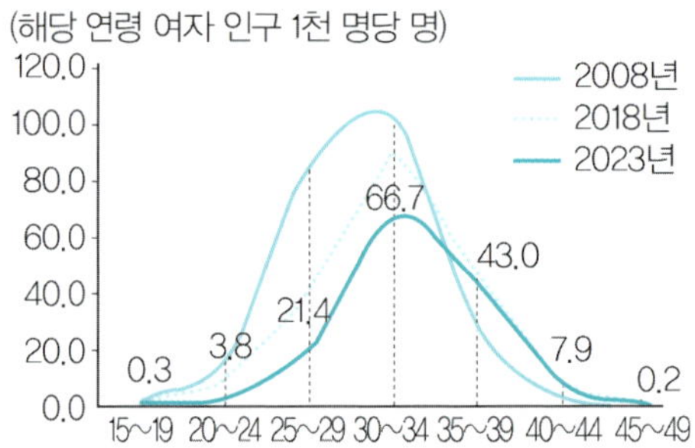

| 그림 1-7 | 모의 연령별 출산율 (2008, 2018, 2023년)

출처 : 통계청(2024).

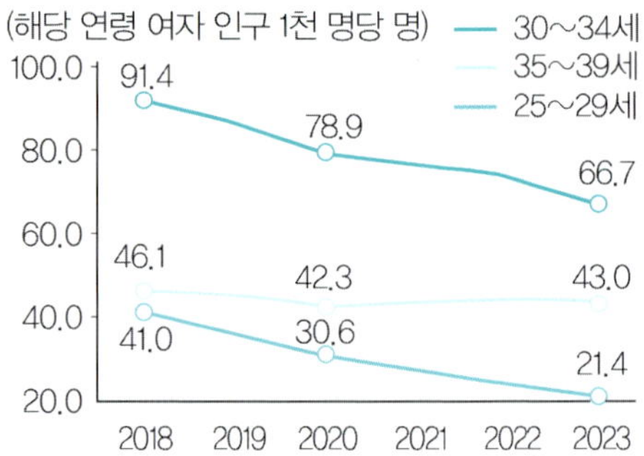

| 그림 1-8 | 주요 연령층 출산율 추이 (2018-2023년)

출처 : 통계청(2024).

본인 자녀의 필요성을 조사한 결과, 자녀가 '꼭 있어야 한다'는 30.5%, '있는 것이 없는 것보다 나을 것이다'는 37.2%, '없어도 무관하다'는 27.4%, '모르겠다'가 4.9%로 나타났다. 또한 자녀가 '필요하다'가 67.7%로 아직 판단을 유보한 경우(모르겠다)와 '없어도 무관하다'고 한 경우에 비해 높았다. 집단별로는, 여성에 비해 남성이, 연령이 높은 집단일수록, 교육수준이 대학교 졸업 이하인 집단들보다 대학원 졸업 이상인 집단이, 미혼보다는 기혼이 '본인의 자녀가 필요하다'고 응답한 비율이 더 높게 나타났다(표 1-5).

〈표 1-5〉 본인 자녀의 필요성 (단위: %, 명)

구 분	꼭 있어야 한다	있는 것이 없는 것보다 나을 것이다	없어도 무관하다	모르겠다	합 계	
전체	30.5	37.2	27.4	4.9	14,149	100.0
지역(χ^2=16.8**)						
동부	29.8	37.4	27.9	4.9	11,738	100.0
읍면부	33.8	36.5	25.0	4.8	2,410	100.0
성별(χ^2=134.6***)						
남자	32.9	38.3	23.2	5.6	7,117	100.0
여자	28.1	36.2	31.6	4.2	7,032	100.0
연령(χ^2=1144.0***)						
19~24세	13.3	35.2	43.1	8.5	2,430	100.0
25~29세	21.1	36.3	36.3	6.4	2,318	100.0
30~34세	27.8	39.5	27.0	5.7	2,077	100.0
35~39세	37.6	37.7	20.6	4.1	2,358	100.0
40~44세	40.7	36.4	20.1	2.7	2,578	100.0
45~49세	41.6	38.7	17.5	2.2	2,387	100.0
교육(χ^2=45.1***)						
고졸 이하	31.3	36.3	27.1	5.3	3,914	100.0
대졸	29.5	37.8	28.0	4.8	9,561	100.0
대학원졸	40.3	35.5	20.1	4.1	673	100.0
혼인상태(χ^2=1194.2***)						
미혼	14.0	36.0	41.8	8.3	6,049	100.0
기혼	42.8	38.2	16.6	2.4	8,099	100.0
취업여부(χ^2=121.8***)						
취업	33.0	37.2	25.4	4.4	9,704	100.0
비취업	25.1	37.2	31.8	5.9	4,445	100.0
가구소득(χ^2=251.5***)						
60% 미만	21.9	35.1	35.2	7.7	2,902	100.0
60~80% 미만	33.1	36.6	26.0	4.4	2,087	100.0

80~100% 미만	32.3	39.0	24.4	4.3	2,348	100.0
100~120% 미만	34.1	38.7	23.4	3.7	2,147	100.0
120~140% 미만	31.8	37.7	26.7	3.8	1,379	100.0
140~160% 미만	34.0	37.0	24.5	4.5	1,083	100.0
160% 이상	31.3	37.1	27.3	4.3	2,202	100.0

주: 1) 가구소득은 3/4분기 가구(2인 이상)당 월평균 소득(약 571만 원)을 100%로 하여 분석하였음.
2) 가중치 적용으로 합이 일치하지 않을 수 있음.
3) 사례 수가 30명 미만인 경우에는 대표성을 확보하기 어려워 해석에 주의를 필요로 함.
4) $^{*}p<0.05$, $^{**}p<0.01$, $^{***}p<0.001$
출처 : 한국보건사회연구원(2021).

셋째, 노부모들의 가치관도 며느리 중심의 부양지원체계에서 친자녀 중심의 부양지원체계로 바뀌고 있고, 부모-자녀 간 경제적 지원이나 돌봄 지원이 동거 중심만이 아닌 비동거 형태로도 이루어지고 있다. 이처럼 현대사회에서 부모 부양의 지원체계는 과거의 전통적 직계가족 규범에서 벗어나고 있는 것을 알 수 있다.

넷째, 이혼의 특성을 보면 이혼이 전 연령대에 나타나고 있으며(그림 1-9), 이혼 평균연령이 높아지고 있고, 이혼에 대한 태도를 보면, 점차 수용의 비율이 높아지고 있다. 통계청(2023) 자료를 보면, 2023년 대한민국 이혼건수는 9만 2,000건으로 2022년보다 800건, 0.9% 감소하였고, 인구 1,000명당 이혼건수인 조이혼율은 1.8건으로 2022년과 유사하게 나타났다. 또한 남자의 연령별 이혼건수는 60세 이상 1만 9,000건, 50대 초반 1만 5,000건, 40대 후반 1만 5,000건 순으로 많았으며, 여자의 연령별 이혼건수는 40대 초반 1만 6,000건, 40대 후반 1만 4,000건, 50대 초반 1만 3,000건 순으로 많게 나타났다(대한민국 정책브리핑, 2023).

과거에는 이혼이 부정적인 시각으로 여겨진 반면, 현재는 여성의 경제적 지위가 향상되면서 이혼 후에도 자립할 수 있는 능력이 높아졌고, 결혼생활에서 발생하는 문제를 해결하기 위한 다양한 소통 프로그램이나 상담 및 교육이 제공되고 있으며, 이혼 후에도 자녀를 양육할 수 있는 제도가 마련되어 있는 등으로 이혼에 대한 사회적 인식이 변화되고 있다. 1990년대까지 이혼은 사회적 낙인과 부정적인 시선이 강했으나, 경제적 발전과 여성의 사회적 지위 향상, 개인주의적 가치관의 확산으로 이혼에 대한 사회적 수용도가 높아지고 있다. 특히 2000년대 이후 이혼율은 크게 증가하였으며, 이혼은 더 이상 비난의 대상이 아니라 개인의 선택으로 받아들여지고 있다. 최근 결혼정보회사 듀오에서 2023년도에 전국의 25~29세 미혼남녀(1,000명)을 대상으로 '혼인 이혼 인식'을 조사한 결과, 이혼을 긍정적으로 바라보는 미혼남녀가 56.7%로 많아지고 있으며, 2022년도보다 3.8% 증가한 수치이고, 여성 70.6%로 남성 42.8%보다 이혼을 더 긍정적으로 평가한다고 하였다. 결정적 이혼 사유로는 '성격 차이'가 74.2%로 가장 높게 인식하고 있었고, '가정 소홀'이 54.7%, '시댁, 처가 등 집안 간 갈등'이 53.8%, '외도'가 48.5%, '경제적 무능력'이 37.5% 등이 있었다. 특히 학력이 낮을수록 '성격 차이'와 '경제적 무능력'이 이혼 사유로 높았고, 학력이 높을수록 '가정 소홀'와 '집안 간의 갈등'을 결정적 이혼 사유로 지목한다고 하였다(비즈월드 기사, 2024. 2. 7).

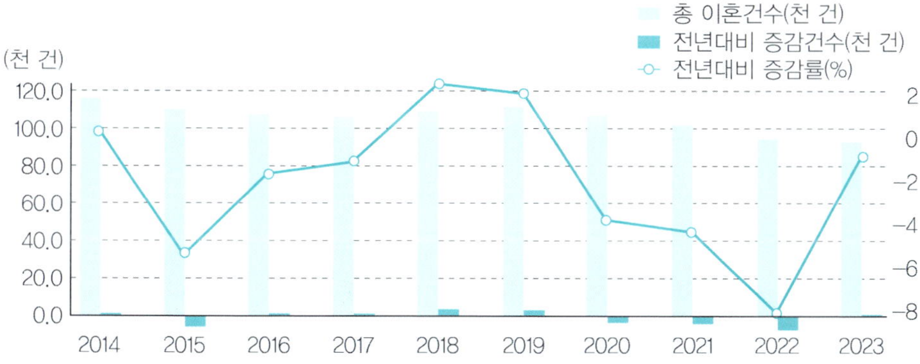

| 그림 1–9 | 총 이혼건수 및 조이혼율 추이

출처 : 통계청(2024. 3. 19).

(3) 건강한 가족의 개념

건강한 가족(healthy family)은 강한 가족(strong family), 기능적 가족(functional family), 탄력적 가족(resilient family), 최적의 가족(optimal family), 균형 있는 가족(balanced family), 건강가정 등의 다양한 용어로 표현된다. 올슨과 스티넷

(Olson & Stinnett)은 건강한 가족은 가족원 간의 상호작용의 질이 개인의 심리적 안녕에 기여하는 가족으로, 가족의 외적 구조에 중점을 두는 것이 아니라 가족원 상호 간의 내적 과정에 중점을 둔다는 점을 강조하였다.

큐란(Curran)과 올슨과 드프레인(Olson & DeFrain)이 연구한 건강한 가족의 특성은 다음과 같다.

① 큐란의 연구

- 의사소통이 원활하고 상대방의 말을 잘 들어 줌
- 서로 긍정적이며 협조적
- 타인에 대하여 존경심을 가짐
- 서로 신뢰함
- 놀이와 유머에 대한 감각이 있음
- 공동의 책임의식을 가짐
- 옳고 그름에 대한 인식을 가르침
- 의식과 전통을 존중하는 가족관념을 가지고 있음
- 구성원들 간에 균형 잡힌 상호작용이 있음
- 공통적인 종교가 있음
- 서로의 개인생활을 존중해 줌
- 타인들에게 봉사하는 것을 귀하게 여김
- 가족들이 같이 식사하는 시간과 이야기하는 시간을 가짐
- 여가 시간을 같이 즐김
- 문제가 생기면 이웃끼리 서로 도와주고 도움을 받음

② 올슨과 드프레인의 연구

㉠ 응집성

- 헌신-신뢰, 정직성, 성실성
- 시간을 함께 보내기-질적인 시간, 좋은 여가활동, 가족원의 친구들과의 교류, 휴식시간, 오락시간 등

㉡ 융통성

- 스트레스를 다루는 능력-적응력, 위기를 도전과 기회로 봄, 위기를 통해 함께 성장함, 탄력성의 변화에 개방적
- 정신적인 안녕-희망, 신념, 동정심, 윤리적 가치관의 공유, 인간에 대해 개방적

㉢ 의사소통

- 긍정적 의사소통-감정의 공유, 칭찬을 함, 비난하지 않음, 협상이 가능함, 불일치를 인정함
- 감사와 애정-상호 간 보살핌, 우정, 개성의 존중, 쾌활함, 유머 등

건강가정에 대한 개념 정의에 대한 논란이 있긴 했으나, 「건강가정기본법」 제정을 통해 가족담론이 본격적으로 다뤄지게 되었고, 이를 통해 가족의 변화에 대한 국가의 역할이 강조되었다. 이 법은 가족복지를 위한 국가의 적극적인 개입을 위한 제도를 마련하였으며, 가족문제 예방을 통해 사회적 비용을 절감할 수 있는 기반을 마련한 점에서 중요한 의미를 가진다. 또한 양성평등을 위한 사회적 인식 개선을 촉진하고, 가족정책의 전달체계를 구축하였으며, 전문가 육성을 위한 기반을 마련한 점에서도 큰 역할을 하였다.

2) 가족생활교육의 개념

(1) 가족생활교육의 정의

가족생활교육에 대해 주요 학자들이 내린 정의는 다음과 같다.

- 에이버리와 리(Avery & Lee, 1964) : 가족생활교육은 가족이 인성과 잠재능력을 최대한 계발하여 현재 또는 미래의 가족구성원으로서 직면하거나 직면하게 될 고유한 문제를 건설적으로 해결할 수 있도록 교육자나 전문가가 의도적·계획적으로 학습자를 돕는 교육경험
- 미국가족관계학회(NCFR : National Council in Famiyl Relations, 1984) : 가족생

활교육은 개인과 가족의 건강한 삶을 지지하기 위한 예방적 교육 프로그램의 개발, 적용, 평가, 훈련 및 연구를 수행하는 분야로, 교육대상 개별과 가족이 더욱 생산적으로 만족하는 삶을 추구하도록 돕는 예방적 교육

- **아르쿠스와 동료들**(Arcus et al., 1993) : 가족생활교육이란 '개인과 가족의 복지'를 강화시키는 데 목표를 두는 교육

아르쿠스와 동료들(Arcus et al., 1993)의 가족생활교육을 위한 일곱 가지 원리는 다음과 같다.

- 가족생활교육은 개인과 부부 등 가족구성원들을 대상으로 한 평생발달적 관점에 기초하여 접근해야 한다.
- 가족생활교육은 개인과 부부, 가족구성원들, 그리고 지역사회로서 감지된 욕구에 근거해야 한다.
- 가족생활교육은 다양한 영역에서 관련 자료를 모아야 하고 그것을 실행하기 위해 다학제적인 분야의 지식과 정보를 필요로 한다.
- 가족생활교육은 지역사회 워크숍, 대중매체, IT 환경 등의 다양한 매체를 활용하며, 다양한 방법으로 접근해야 한다.
- 가족생활교육은 치료적 개입보다는 교육적 개입을 우선시해야 한다.
- 가족생활교육은 다양한 가족의 가치를 대변해야 한다.
- 가족생활교육은 그 목표를 실현하기 위해 자격이 있는 전문 가족생활교육사(사회복지사, 건강가정사 등)를 요구한다.

건강가정기본법에서는 법령 제32조에서 '건강가정교육'에 대해 규정하고 있는데, 교육내용을 언급한 제2항에서 결혼준비교육, 부모교육, 가족윤리교육, 가족가치 실현 및 가정생활 관련 교육 등이 그 내용에 포함되어야 한다고 하였다(조희금 외, 2023).

따라서 가족생활교육이란 '가족생활의 질적 극대화를 실현하는 데 도움을 주기 위하여 가족구성원에게 필요한 자원 · 정보 · 기술 등을 제공하고 지도하

는 과정을 말하며, 가족생활에 관련된 개념이나 원리에 대한 지식을 습득하고 개인적인 태도나 가치를 개발하며, 타인의 가치와 태도를 이해·수용하면서 가족복지에 기여하도록 하는 대인기술을 학습하는 과정'이다(Arcus, 1987, 전세경, 2013 재인용). 즉, 가족생활교육에서의 교육의 대상은 가족구성원이며 그 내용은 가족생활에 관련된 것이다.

〈표 1-6〉 가족생활교육에 대한 국내외 여러 학자의 다양한 정의

학자 또는 기관	내 용
거니 & 맥슨 (Guerney & Maxon, 1990)	가족의 조화와 기능 개선을 촉진시키고 가족구성원의 심리적, 정서적, 사회적 복지수준을 향상 강화시키는 것을 목적으로 한 프로그램의 개발, 수행, 평가, 교육, 훈련, 조사를 포함하는 예방적이고 교육적인 활동
아르쿠스(Arcus, 1990)	가족생활의 질적 극대화를 실현하는 데 도움을 주기 위하여 가족구성원들에게 필요한 자원, 정보, 기술 등을 제공하고 지도하는 과정
아르쿠스, 슈바네벨트 & 모스 (Arcus, Schwaneveldt & Moss, 1993)	가족이 일상생활에서 접하는 문제를 다루고 문제 예방과 개인과 가족의 잠재력을 증진하는 것을 목적으로 하는, 즉 개인과 가족의 복지증진과 기능강화를 위해 설계된 교육과정
유영주 · 정민자(1993)	전반적인 삶의 질을 높이고 문제해결을 돕기 위해 개인의 잠재력을 개발하고 강화시키는 평생발달적 접근
오윤자(1993)	가족생활에 관련된 모든 교육이 포함되는 통합적 개념
오윤자(1995)	가족생활의 변화를 위한 의도적인 개입으로서 역기능적이며 문제 있고 혼란된 행동에 대해 어떠한 변화를 강조하는 것이 아니고 오히려 부가적 정보나 지지 또는 필요한 기술을 습득하여 개인과 가족이 잘 기능할 수 있도록 도와줄 수 있는 것
브레드호프트 & 캐시디 (Bredehoft & Cassidy, 1995)	성인이 일상생활의 모든 측면을 효율적으로 대처하는 것을 가능하게 하고, 그러한 능력을 부여하기 위한 교육의 한 형태
이연숙(1998)	개인과 가족의 생활을 증진시키고 풍요롭게 하기 위하여 개인이나 가족에게 필요한 지식, 기술, 태도를 습득시켜서 가족의 문제를 해결하고 예방할 수 있는 잠재력을 키울 수 있도록 고안된 의도적인 교육활동이고 이는 평생교육적인 특성을 갖는 사회교육의 한 영역
한국가족관계학회(1998)	가족의 빌딩을 돕는 공식적 · 비공식적인 평생교육 자원의 서비스 활동
미국가족관계학회 (NCFR, 2002)	개인과 가족의 복지를 위한 예방적이고 교육적인 프로그램의 개발, 적용, 평가, 훈련 및 연구
김보미 · 정현숙(2007)	개인과 가족의 삶의 질을 향상시키고 문제해결을 위한 예방적이고 평생교육적인 활동

출처 : 전세경(2013), 정현숙(2021), p.10 재구성.

오늘날의 사회는 집단적 경계가 매우 느슨해지고 있는데, 쿨리(Cooley, 1962)의 전체론적 사회론에 의하면, 사회는 상호적 행위로 짜여진 거대한 직물처럼 서로 간의 상호작용을 통해 생명을 얻고 성장하며 어느 한 부분에서 일어난 일이 전체에 영향을 미친다고 할 수 있다. 이러한 인간과 사회를 연결시키는 일차적 집단의 핵심은 가족이다. 그러므로 가족의 문제는 즉각 사회문제화되고 있고 동시에 사회적 가치는 가족가치로 환원되고 있다(유영주·김순옥·김경신, 2013). 따라서 가족생활교육의 내용은 가족의 생활행태 그 자체에 한하기보다는 좀 더 광범위한 스펙트럼을 요구한다 하겠다.

현장에서 이루어지는 아웃리치 가족생활교육은 '일반 성인과 그들의 가족을 대상으로 건강한 가정생활을 유지시키고 가족구성원들 간의 관계를 강화시킴으로써 가족의 건강한 발달과 성장을 성취하도록 설계된 특정의 교육적 활동'으로 정의한다(박주희, 2020 재인용). 이와 같은 교육활동은 가족의 생애주기발달을 돕는 교육주제와 예비부부교육, 결혼향상교육, 부모교육, 의사소통과 갈등해결교육, 스트레스와 분노관리, 결혼생활에 있어서 신혼기의 적응, 중년기의 적응, 노인기의 적응 등 다양한 가족 관련 주제들이 포함된다.

가족생활교육은 다음의 가족복지의 실천적 특성을 가진다.

- 가족생활교육은 주제교육의 전문가가 교육대상의 생애발달 주기적 특성을 고려하여 성공적인 가족관계가 되는 것에 대한 지식과 정보를 제공하고 바람직한 가치, 태도, 행동의 변화를 촉진시키기 위한 교육적 개입이다.
- 가족생활교육은 개인과 가족의 복지를 증진시키고 강화할 목적으로 개인이나 가족을 대상으로 워크숍, 대중매체, 동영상 자료, 시청각 자료, 책과 팸플릿, IT 매체 등을 이용하여 교육할 수 있다.
- 가족생활교육의 대상은 개인, 부모, 결혼한 부분 등 모든 가족구성원과 가족집단이 될 수 있다. 주로 일반가족을 대상으로 하는 예방적 개입에 초점을 맞추고 있다.

가족생활교육의 현장 교육의 지원들은 동일할 수 있지만 각 프로그램의 실천은 매우 다양하게 전개될 수 있다. 여기서의 가족생활교육은 가족의 교육적 기능이라는 의미와 좀 더 부합할 것이다. 가정 내에서 일어나는 교육은 비단 가족생활에 관련된 내용뿐만 아니라 가치관이나 인격에 이르기까지 좀 더 근원적이며 장기적인 관점이다. 따라서 본 저서에서는 가족생활교육을 정의할 때 '아웃리치 가족생활교육' 또는 '현장가족생활교육' 등 실제적인 가족생활교육을 포함한 개념으로 보고, '가족생활교육'이란 '가족 혹은 가족생활을 다루는 모든 행위자들에게 개인과 가족이 향상, 발전되고 나아가 제 사회적 상황을 개선하는 데 이바지하도록 제반 지식과 기술, 정보 등을 제공하고 학습하도록 하는 과정'이라고 정의된다.

(2) 가족생활교육의 유형

가족생활교육은 누구를 대상으로 무엇을 할 것인가가 가장 중요한 이슈이다. 그러한 의미에서 가족생활교육은 대상이나 주제별로 다양한 분류가 가능하다.

가족생활교육의 유형은 가족형태나 가족구성원 특성, 가족주기나 가족문제 등 접근방식에 따라 그 유형이 달라질 수 있다. 가족생활교육의 유형을 분류하면 〈표 1-7〉과 같다.

〈표 1-7〉 가족생활교육의 유형 분류

분류	예
가족형태별	한부모가족, 다문화가족, 맞벌이가족, 조부모가족, 분거가족 교육 등
가족구성원별	부모, 부부, 자녀, 조부모 교육 등
가족주기별	신혼기, 자녀영아기~성인기, 중년기, 노년기 교육 등
가족문제별	폭력가족, 빈곤가족, 이혼가족, 중독가족, 제반 위기가족 교육 등
가족생활영역별	자원관리, 소비생활, 주거생활, 의례, 성교육 등
가족행동별	의사소통, 상호지지, 역할분배, 의사결정, 가족봉사 교육 등

2. 가족생활교육의 목적 및 내용

1) 가족생활교육의 목적

가족생활교육은 문제예방, 잠재력 개발, 문제해결, 건강가정문화 조성 등이 공통된 목적이라고 볼 수 있다. 즉, 하나의 안정된 체계로서의 가족집단을 건강하게 하고 관계를 향상시키며, 각 가족구성원들의 심리·정서적 안녕을 증진시키는 것이 공통된 목적이다.

가족생활교육의 기본 가정(assumption)은 다음과 같다.

- 사람들은 대부분 결혼을 하여 가족을 이루고 살아가고, 결혼생활에서는 서로 사랑하면서 안정된 행복을 바란다는 가정
- 사람들은 행복하고 성공적인 결혼생활을 할 수 있는 방법과 기술을 배우면 결혼생활을 개선시킬 수 있다는 가정
- 모든 사람은 나름의 성장잠재력을 가지고 있으며, 그들이 형성한 관계를 건강하게 할 수 있는 역량을 가지고 있다는 가정
- 교육은 사람들을 바람직한 방향으로 변화시킬 수 있고, 그 변화는 다른 사람들에게 또 다른 바람직한 변화를 확산시킬 수 있다는 가정
- 가족생활교육은 건강한 가족을 만들기 위한 가족원의 책임과 권리가 모두에게 동등하게 있으며 모두의 인생은 평등하게 존중되어야 한다는 것을 가정
- 가족생활교육은 가족문제를 예방하고 건강한 가족문화를 형성하게 할 것이라는 가정
- 가족은 사회를 구성하는 가장 작은 집단으로, 건강한 가족은 건강한 사회와 국가를 형성하는 기초가 된다는 가정

2) 가족생활교육의 내용

가족생활교육의 내용은 가족과 개인, 가족상호작용, 인간발달, 성, 대인관계,

가족자원관리, 부모교육, 가족법과 정책, 직업윤리와 실제, 가족생활교육 방법론 등 다양하며, 이러한 영역에 따라 다양한 내용으로 이루어진다.

가족생활교육의 내용영역은 〈표 1-8〉과 같다.

〈표 1-8〉 가족생활교육 내용영역

구 분	내 용	예 시
가족과 개인 (Families and Individuals in Societal Contexts)	• 가족과 다른 조직(교육, 정부, 종교, 의료 등)과의 관계에 대한 이해	• 구조와 기능 • 문화적 다양성(가족문화, 사회적 지위, 민족, 인종과 종교) • 데이트, 결혼 선택 • 혈연관계 • 교차문화와 소수민족(소수민족 가족의 가족생활에 대한 이해) • 성역할 변화(배우자와 자녀, 형제자매 등의 역할 기대와 행동) • 인구학적 경향 • 역사적 이슈 • 일/ 여가와 가족의 관계 • 사회적 관계
가족상호작용 (Internal Dynamics of Families)	• 가족의 강점과 약점을 이해하고, 가족구성원들이 서로 어떻게 관계가 있는지에 대해 이해하기	• 의사소통(스트레스와 갈등관리를 포함한 부부관계와 부모-자녀 관계의 패턴과 문제) • 갈등관리 • 의사결정 및 목표 설정 • 가족 스트레스(가족생활주기 전환기, 3세대, 노인 돌보기) • 가족 스트레스와 위기(이혼, 재혼, 사망, 경제적 불확실성, 폭력, 물질 남용) • 가족의 특별한 요구(입양, 위탁, 이주, 저소득, 군대 및 혼합가족 등)
인간발달 (Human Growth and Development across the Lifespan)	• 생애주기 동안 가족 내 개인의 발달변화(전형적, 비전형적)에 대한 이해 • 신체적, 정서적, 인지적, 사회적, 도덕적, 인격적 측면에 대한 기초적 지식	• 태아기 • 영아기 • 아동기 • 청소년기 • 성인기 • 노년기

성 (Human Sexuality)	• 성발달의 생리적, 심리적, 사회적 측면을 이해함으로써 건강한 성적 적응 성취	• 생식 생리학 • 생물학적 결정자 • 성행위의 정서적, 심리적 측면 • 성행동 • 성적 가치와 의사결정 • 가족계획 • 성적 반응의 생리학적, 심리적 측면 • 성행위가 대인관계에 미치는 영향
대인관계 (Interpersonal Relationship)	• 대인관계의 발전과 유지에 대한 이해	• 자기와 타인 • 의사소통 기술(듣기, 공감, 의사결정, 문제해결 및 갈등 해결) • 친밀감, 사랑 • 존중, 책임감을 가지고 타인과 관계 맺기
가족자원관리 (Family Resource Management)	• 가족과 개인이 시간, 돈, 물질적 자산, 에너지, 친구, 이웃 및 공간 등의 자원을 개발하고 배분하는 결정에 대한 이해	• 목표 설정 및 의사결정 • 자원개발과 할당 • 사회환경 영향 • 생애주기와 가족구조의 영향 • 소비자 이슈와 결정
부모교육 (Parent Education and Guidance)	• 부모가 자녀를 어떻게 가르치고, 인도하고 영향을 미치는지에 대한 이해 • 생애주기에 따른 부모/ 자녀 관계의 변화와 요구	• 양육권과 책임 • 부모됨 연습 • 부모–자녀 관계 • 양육문제의 변화 • 생애주기에 따른 부모역할 변화
가족법과 정책 (Family Law and Public Policy)	• 가족복지에 영향을 미치는 법적 문제, 정책과 법에 대한 이해	• 가족과 법(결혼, 이혼, 가족 지원, 양육권, 아동보호 및 권리, 가족계획) • 가족과 사회서비스 • 가족과 교육 • 가족과 경제 • 가족과 종교 • 정책과 가족(세금, 사회보장, 경제지원, 규정 등 가족에 영향을 미치는 공공정책)
직업윤리와 실제 (Professional Ethics and Practice)	• 인간의 사회적 행동의 특성과 질에 대한 이해 • 전문적인 실무와 관련된 윤리적 질문과 이슈를 비판적으로 검토할 수 있는 능력	• 사회적 태도와 가치 형성 • 다원적 사회에서 가치의 다양성과 가치선택의 복잡성을 인정하고 존중하기 • 가치체계와 이데올로기를 체계적이고 객관적으로 확인 • 가치선택의 사회적 결과 • 사회적, 기술적 변화의 윤리적 의미 • 전문 직업윤리 인식

가족생활교육 방법론 (Family Life Education Methodology)	• 교육 프로그램을 기획, 실행 및 평가할 수 있는 능력과 일반 철학과 가족생활교육의 광범위한 원리에 대한 이해	• 계획과 실행 • 평가(자료, 프로그램 효과) • 교육 기술 • 타인에 대한 감수성 • 지역사회 관심과 가치에 대한 민감성

출처 : NCFR(2014). Family Life Education Content Areas.(www.ncfr.org).

3) 가족생활교육의 운영원리

가족생활교육의 운영원리는 다음과 같다.

- 가족생활교육은 생애 전반에 걸쳐 개인과 가족에 관련된다.
- 가족생활교육은 개인과 가족의 욕구(needs)에 기초를 두어야 한다.
- 가족생활교육은 다학제적 연구영역(multidisciplinary area)이고, 실행에 있어서 다전문적(multiprofessional)이다.
- 가족생활교육 프로그램은 다양한 환경에서 제공한다.
- 가족생활교육은 치료적 접근(therapeutic approach)보다는 교육적 접근방식(educational approach)을 취한다.
- 가족생활교육은 다양한 가족가치관을 제시하고 서로 다른 가족가치관을 존중해야 한다.
- 자격을 갖춘 가족생활교육사들이 가족생활교육 목표의 성공적 실현에 중요한 기여를 한다.

3. 가족생활교육의 필요성

가족생활교육은 사회변화에 따른 가족가치의 혼란 극복, 가족의 교육기능 약화에 따른 보완, 다양한 스트레스 증가로 인한 개인적 긴장 완화, 새로운 가족규범의 정리, 그리고 아동의 사회화 장소로서의 가족역할 강화, 마지막으로 교육을 통한 가족의 삶의 질 증진 등을 위해 필요하다(정현숙, 2007).

1990년 이후 경제사정이 호전되면서 국민의 삶의 질에 대한 관심이 증대되었고, 사회의 급속한 변화에 따라 가족문제가 심각해지고 개인주의가 팽배해지면서 가족교육에 대한 필요성이 높아지고 있다.

2005년 「건강가정기본법」이 시행된 이후 건강가정지원센터와 다문화가족지원센터가 운영되면서 가족생활교육은 점점 체계를 갖춘 심화된 프로그램으로 개발되어 교육이 이루어지고 있다. 실제로 2005년 건강가정기본법이 시행되면서 생애주기별 부모교육 및 남성대상교육은 시군구 건강가정지원센터의 필수사업 영역으로, 전국 시군구 건강가정지원센터 및 현재 건강가정·다문화가족지원센터는 여러 가지 가족문제 예방을 위한 다양한 가족생활교육 프로그램들을 시행해 왔고, 내용이나 방법적인 면에 있어서의 전문성도 계속해서 강화되어 왔다. 이러한 프로그램 시행은 참여자 개인과 가족뿐만 아니라 지역 내 공동체 의식 강화에도 긍정적인 효과가 있는 것으로 나타나(한국건강가정진흥원, 2016), 가족생활교육이 궁극적으로 지향하고 있는 개인의 삶과 가족생활을 발전시키고, 대인관계를 향상시키며, 궁극적으로 가족구성원의 삶을 향상시키고 더불어 가족의 가치가 사회를 구성하는 가장 중요한 공동체 의식을 생성, 확대할 수 있다는 점에서 가족생활교육이 기본적으로 가정하고 있는 원리와 일맥상통한다 할 수 있다.

2020년 1월 코로나19 첫 확진자 발생 이후 코로나19 확산 방지를 위해 단계별 사회적 거리두기가 시행되었고, 어린이집 및 유치원의 휴원, 각급 학교의 개학 연기 등의 상황이 발생함에 따라 온라인 개학 및 비대면 수업 등이 도입되고 기업과 기관에서도 재택근무를 확대하여 가족의 일상에 많은 변화가 생겨났다.

한편 전통적으로 남성보다 여성이 가사노동과 자녀돌봄을 더 많이 수행하는 가족구조 속에서(권순범·진미정, 2016) 코로나19의 장기화는 여성에게 더 큰 가사 및 돌봄 부담을 증가시키고 있으며, 특히 여성이 코로나19로 인한 자녀돌봄 공백을 주로 담당하게 되면서 여성의 고용 불안이 남성보다 심각해지고 있다.

한 조사에 따르면 전국 만 0~12세 아동을 둔 부모 2,016명을 대상으로 설문조사를 실시한 결과 돌봄 부담으로 인해 퇴사를 고민한 여성은 52.4%, 남성은 33.4%인 것으로 나타났다(전지원, 2020).

서울시 성동구 육아종합지원센터의 경우 코로나19로 인해 장기간 아이돌봄에 지친 영유아 부모를 대상으로 육아에 대해 함께 고민하고 소통하는 자리를 갖기 위해 '온라인 육아토크쇼'를 비대면으로 개최(서울신문, 2021. 4. 27.)하였으며, 대구 동구 청소년상담복지센터는 청소년 온라인 스포츠 교육 콘텐츠인 '로그-In 스포츠' 제작을 통해 코로나19 장기화로 인한 청소년의 코로나블루 예방과 청소년의 심리, 신체 건강증진을 위한 지원을 제공하고 있다(대구일보, 2021. 5. 26).

따라서 가족생활교육은 첫째, 급속한 사회변화에 따른 가족의 적응을 돕고, 둘째, 스트레스와 위기에 대한 대처능력을 갖게 하며, 셋째, 안정된 자녀양육과 가정의 교육기능을 강화하고, 넷째, 가족생활에 대한 정보를 제공함으로써 가족역량을 강화한다. 그뿐만 아니라 가족생활교육은 다섯째, 다양한 가족의 출현과 건강한 가족규범이 필요한 것을 도울 수 있고, 여섯째, 사회적 비용을 줄이고 가족들의 교육욕구를 충족시킨다(이성희, 2023).

CHAPTER 02

다양한 가족에 대한 이해

1. 가족의 개념 및 다양한 가족유형

1) 가족의 개념

가족은 한 사회의 기본단위이자 가장 중요한 자원이다. 가족이란 인간이 발전시켜 온 사회제도 가운데 가장 오래된 것으로서 인간의 성장과 발달에 필요한 것을 가르치고 양육하는 1차적 집단이다. 가족은 역사와 문화, 시대적 변천 등에 따라 많은 변화가 있었기 때문에 이를 한마디로 정의하기는 어렵다(최옥채 외, 2023).

지금까지 논의되어 온 가족의 개념 정의는 크게 두 가지로 구분된다(이혜경, 1995). 첫째, 가족이란 인류사회의 보편적인 제도로서 '자녀양육의 기능을 중심으로 특정한 가정과 특정한 애정의 유대로 연결된 특정한 사람들의 집합체'로서 정의되는 시각이다. 이러한 개념은 가족이 여성의 고유한 역할인 양육과 재생산 역할에 규정된다는 신념에 근거하고 있으며, 가족은 자녀양육과 교육을 담당하는 가장 강력한 사회체계라는 것이다. 둘째, 가족을 생물학적인 욕구에 대한 보편적인 반응이기보다 특정한 사회질서 안에서 나타나는 도덕적, 철학적, 이념적인 구성단위로 파악하는 것이다. 이 시각에 따르면, 가족이란 보편적인 생물학적 욕구를 충족시키기 위한 구체적인 단위가 아니고, 사회변동 및 의도적인 정치적 개입에 의해 변화하는 실체이기 때문에 산업화, 도시화 등 사회적 조건에 따라 역동적으로 적응할 수 있다고 본다.

가족학자들은 가족을 둘 이상의 구성원으로 이루어진 관계나 집단으로서, 여타 사회집단이나 제도와 명백하게 다른 가족 고유의 윤리, 과정, 역동성을 지니고 있다는 점에 주목하여 다음과 같이 정의하였다.

〈표 2-1〉 가족의 고유성에 기초한 가족의 정의

학 자	가족의 정의
라만나 & 리더만 (Lamanna & Riedmann)	혈연, 결혼, 입양 등에 의해 이루어진 관계로 성원들이 서로 몰입되어 있고, 동거, 경제적 단위의 형성, 자녀양육 등의 기능을 하며, 집단의 정체성을 형성한다.
슈왈츠 & 스콧 (Schwartz & Scott)	혈연, 결혼, 입양, 동거 등에 의해 이루어진 관계로 여타 사회집단에 비하여 상대적으로 지속적인 관계를 유지하며, 성원들 간에 경제적 또는 정서적 지원을 제공하는 집단이다.
비드웰 & 메이 (Bidwell & Mey)	혈연, 결혼, 입양 등에 의해 이루어진 관계로 성원들이 서로 몰입되어 있고, 고유한 정체성을 지니며, 경제적 단위를 형성하고, 성인 성원들은 어린 성원들에 대한 책임을 가진다.
애시먼 (Eshleman)	혈연, 결혼, 입양 등에 의해 이루어진 친족/ 구조적 집단으로, 대개 부부단위와 자녀양육의 권리 및 의무를 포함한다.
조흥식 외	부부와 그들의 자녀로 구성되는 기본적 사회단위로서 구성원들은 이익관계를 추월한 애정에 기초한 혈연집단이며, 같은 장소에서 기거하고 취사하는 동거동재 집단이며, 그 가족만의 고유한 가풍을 갖는 문화집단이다. 양육과 사회화를 통하여 인격형성이 이루어지는 인간발달의 근원적 집단임과 동시에 사회변동과 함께 의도적인 정치적 개입에 의해 변화하며, 그러한 변화에 대해 역동적으로 적응할 수 있는 사회제도의 하나이다.

출처 : 유계숙 외(2009).

종합해 보면, 가족은 둘 이상의 성원이 결혼이나 혈연, 입양, 동거 등에 의하여 성 또는 세대관계를 구성하고, 경제적 또는 정서적 지원을 지속적으로 공유하며, 상호의존적으로 발달하는 집단체계(가족)라고 정의할 수 있다.

2) 다양한 가족유형[1)]

(1) 맞벌이가족

다양한 가족 중 아동들이 가장 많이 속해 있고, 익숙한 형태의 하나인 맞벌이가족은 부부 모두가 직업을 가지고 경제적 활동에 참여하는 가족이다. 사회가 산업화 시대로 접어들면서 여성의 취업이 증가했고, 여성에 대한 취업기회의 증가는 기혼여성에게도 확대되었으며, 여성의 자아욕구 증대와 가족의 삶의 질 향상을 위한 소득 증대 욕구가 커짐에 따라 맞벌이가족이 증가하게 되었다. 맞벌이가족은 원래 가족기능상의 문제가 있는 것은 아니지만 부부 모두 일을 가짐으로써 가족구성원에게 새롭게 변화된 환경에서의 적응이 요구된다. 따라서 기능적·가족관계적 측면에서 새로운 가족의 형태라 할 수 있다.

맞벌이부부는 부모역할 및 자녀양육에 있어 가장 큰 어려움을 나타내며, 특히 맞벌이가족의 부인의 경우 일과 가정생활을 병행함에 있어 남편보다 더 큰 어려움을 호소한다. 따라서 자녀양육을 위한 다양한 사회적 지원이 무엇보다 필요하다.

(2) 한부모가족

한부모가족은 배우자의 사별, 이혼, 유기, 별거, 혼전 출산 등으로 부(父)나 모(母) 중 어느 한쪽이 18세 미만의 자녀를 부양하고, 단독으로 부모역할을 수행하는 한부모와 자녀로 이루어진 가족을 말한다. 과거 한부모가족은 편부, 편모가정, 모·부자가정으로 지칭되었으나, 이러한 표현이 결손과 결핍의 부정적 이미지를 가지고, 이로 인한 사회적 낙인에 대한 우려로 인해 최근 '한쪽 부모', '온전한 하나의 가족'이라는 의미인 한부모가족(singlefamilies)이라는 용어가 사용되고 있다.

한부모가족은 대부분 한부모 혼자 생계를 책임지고 일을 해야 하는 동시에

1) 이근애(2009)에서 재구성.

자녀를 양육하고, 가사를 담당해야 하는 과중한 역할로 인해 스트레스와 긴장을 경험하게 된다. 특히 부자가정의 경우 직장과 자녀양육 병행의 어려움이 가장 크게 작용하며, 모자가족의 경우 경제적 빈곤이 가장 큰 어려움으로 작용한다.

한부모가족의 자녀는 한부모가족이 된 연령과 기간에 따라 영향이나 반응은 다르게 나타나지만, 일반적으로 충격과 상처를 받는다. 그러나 함께 생활하는 부모와의 정서적인 유대나 부모의 양육태도, 가족 간의 상호작용에 따라 자녀의 적응 정도가 달라진다.

(3) 재혼가족

이혼 및 사별 등으로 인한 한부모가족이 증가함에 따라 재혼가족의 수도 증가하고 있다. 재혼가족이란 배우자 한쪽이나 양쪽에서 배우자가 과거 결혼한 경험이 있고 이혼이나 사별 등의 이유로 인해 혼인관계가 해체된 이후 다른 혼인관계를 맺어 한 명 이상이 초혼이 아닌 성인남녀가 재결합하는 것을 의미한다. 재혼가족은 재구성가족(reconstituted families, reconstructed families, reorganized families, recycled families), 혼합가족(blended families), 계부모가족(step-families), 복합가족(combined families) 등과 같은 용어들로 불리기도 한다.

재혼가족이 겪는 일반적인 어려움은 재혼가족에 대한 부정적 사회인식, 재혼가족원의 부적응, 전 배우자 또는 친부모가 실제 생활이나 기억 속에 존재하는 것이다. 재혼가족의 부모는 계부모로서의 역할 적응이 어려워 다른 가족구조의 부모에 비해 스트레스, 불만, 우울, 분노를 더 많이 경험하게 된다고 한다. 재혼가족의 자녀 또한 새로운 가족의 또 다른 해체에 대한 두려움, 이전 부모와의 재결합에 대한 꿈을 포기해야 함에서 오는 적대감, 이전 양육방식과는 다른 방식에 적응함에 있어서의 분노 등으로 인해 계부모와 관계를 맺는 것이 어렵다. 우리 사회는 여전히 재혼가족을 규범적인 형태를 벗어난 일탈적이고 예외적인 가족형태로 보는 고정관념과 부정적인 시각 때문에 학교나 또래 친구들 사이에서 놀림을 받는 등 큰 상처를 받는다.

(4) 다문화가족

다문화가족은 다양한 가족형태 중 최근 사회적 쟁점으로 등장한 가족형태이다. 국제결혼을 통해 형성되는 다문화가족은 이중문화가족(dual-culturefamilies), 결혼이민자가족(marriage-immigrantfamilies), 온누리안 등으로 다양하게 호명되고 있다. 건강가정시민연대는 가정 용어개선을 위해 우리와 다른 민족, 문화적 배경을 가진 사람들로 구성된 가족을 통칭하는 의미로 사용할 것을 권장하고 있다.

산업화 과정에서 발생한 대규모 이농 현상과 여성들의 농촌 기피현상으로 인해 농촌지역의 심각한 성비 불균형이 발생하였고, 한국 남성과 외국 여성의 국제결혼을 장려함으로써 1990년대 중반 이후부터 국제결혼이 급증하였다.

다문화가족에게서 나타나는 가족갈등의 주원인으로는 문화적 배경 및 가치관의 차이로 인한 이질감, 언어사용의 문제로 인한 의사소통의 불편함 등을 들 수 있다. 다문화가족에게서 일어나는 부부싸움의 가장 큰 원인은 성격 및 생활방식의 차이이다. 이질적인 문화적 배경 및 가치관으로 인해 부부간의 문제뿐 아니라 시부모와의 갈등이나 자녀양육에서도 어려움이 발생한다. 언어 부족으로 인한 일상적인 대화의 어려움 때문에 부부간 상호이해와 친밀감이 저해될 뿐 아니라, 자녀양육 및 가족 내의 오해와 갈등을 일으키기도 한다.

다문화가족의 자녀는 외국인 부모의 언어적 능력 부족으로 인해 언어 습득 과정에서의 어려움을 겪기도 하고, 양쪽 부모의 가치관이나 생활습관의 차이로 인해 혼란을 겪기도 한다.

(5) 입양가족

입양가족은 친부모가 자녀를 양육하거나 보호할 능력이나 의지가 없어 친부모와 함께 성장할 수 없는 아동과, 자연 출산이 불가능하거나 출산을 통하지 않고 자녀를 갖고 싶어 하는 입양부모를 연결시킴으로써 생물학적 관계가 아닌 법적·사회적 관계를 통해 부모자녀 관계를 인정받고 가족이 되는 것이다. 입양은 출산이 불가능하거나 출산을 통하지 않고 자녀를 갖고 싶어 하는 성인에게는 의도적으로 친자관계를 형성해 주고, 친부모와 함께 성장할 수 없는 아동에게는 친부모를 대신하여 영구적이고 안정적인 가정을 제공해 줌으로써 건전한 성장발달의 기회를 제공한다는 측면이 있다.

한국사회는 국내 입양이 기관을 통해 시작된 지 50년이 지나고 있으나 아직도 국내 입양보다 해외 입양이 많은 편이다. 또한 혈연에 강한 집착을 보이고 가문을 중시하는 한국사회의 특성과 사회적인 고정관념들 때문에 입양을 공개하지 않는 경우가 대부분이며, 입양가족이 보편적이지 않으나, 입양가족이 점차 증가하고 있음도 사실이다.

입양가족은 새로운 가족관계를 형성하고 적응하는 과정에서 정서적인 문제가 발생하며, 이는 입양부모의 역할인식에 영향을 미침으로써 스트레스 발생과 가족의 통합을 이루는 데 많은 어려움이 있다. 입양아동 역시 적응상의 어려움을 겪는다. 특히 위탁가정을 거쳐 입양된 아동의 경우 위탁부모에 대한 상실감을 느끼게 되며, 여러 차례 위탁가정을 거친 아동의 경우는 불안정감, 좌절, 분노, 자아존중감의 상실을 경험하게 된다. 이는 양부모와의 애착 형성을 방해하여 입양된 가족에서의 적응을 어렵게 하는 요인으로 작용할 수 있다.

(6) 싱글가족

싱글족의 사전적 의미는 디지털 기기를 활용할 수 있는 능력을 갖추고, 사고 싶어 하는 물건을 큰 무리 없이 살 수 있는 경제력을 갖추어 삶을 여유롭게 살며, 스스로 생계를 유지하는 사람을 말한다. 싱글족의 특성을 대변하는 두 가지 단어에는 '아(Ah)'와 '신디스(Sindies)'가 있다. '아(Ah)'는 결혼하고자 하는 상대가 없어도 행복하다는 뜻을 가지고 있으며, '신디스(Sindies)'는 '돈을 벌면서 경제력 있게 살아가고 있는 이혼녀를 의미한다. 즉, 싱글족은 경제적·사회적으로 스스로 책임질 수 있는 사람으로, 자유와 자기 가치를 더 중요시하며 자유롭고 당당하게 살고자 하는 사람들이다.

싱글과 싱글족, 1인가구와 싱글은 다르다. 그래서 싱글족은 혼자 사는 모든 사람을 말한다기보다 싱글의 장점을 누리고 있거나, 싱글로서 누릴 수 있는 가치를 더 중요하게 생각하고 또 그만큼 소비할 수 있는 역량이 되는 사람들을 말한다. 따라서 결혼을 했다고 하더라도 싱글과 똑같은 생활을 유지할 수 있다면 싱글족이 될 수 있다.

(7) 딩크족

딩크족은 제2차 세계대전 이후 미국이 경기 호황을 이어가던 시기에 태어난 베이비붐 세대들의 개인주의적 가치 추구라는 시대적 상황에서 출현하였다.

딩크족(DINK-族)의 어원은 Double Income, No Kids의 머리글자를 딴 것으로, '수입은 두 배, 아이는 없다'를 의미한다. 딩크족은 결혼은 하되 아이를 낳지 않고, 배우자의 자유를 존중하는 동시에 자신의 일에서도 성취를 이루고자 하며, 맞벌이를 통한 경제적 여유로 여가를 즐기면서 개인의 행복과 자유를 실현하고자 하는 사람들이다(국민일보, 2004).

조준영(2006)은 '스스로 무자녀 선택을 능동적 행위를 통한 실천으로 연결하고, 외부적인 조건이 변하더라도 무자녀 선택을 유지할 의사를 가진 기혼 가임 여성'으로 자발적 무자녀 여성을 정의하고 있다.

2. 가족의 기능 및 가족구조의 변화

1) 가족의 기능

가족의 기능이란 가족이 수행하는 역할, 행위로서의 '가족행동'을 의미하며, 그 행동의 결과가 사회의 유지·존속이나 가족구성원들의 욕구충족에 어떠한 영향을 주느냐 하는 문제와 관련된 개념이다(김승권 외, 2005). 가족의 기능은 학자들마다 다양하게 분류하고 있지만 일반적으로 성적 욕구의 충족기능, 자녀출산 기능, 자녀양육과 사회화 기능, 생산과 소비 기능, 보호 및 휴식 기능, 오락 및 여가 기능, 종교적 기능 등으로 구분한다(유영주, 2004).

(1) 성적 욕구의 충족기능

인간은 일정한 연령에 도달하면 이성과 성적으로 결합하고자 하는 본능적인 욕구를 갖게 된다. 사회에 따라서 성적인 욕구를 충족시키는 방법과 통제의 정도에 차이가 있기는 하지만 어느 사회나 남녀의 무조건적인 성관계를 허용하지는 않는다. 그러므로 대부분의 사회는 남녀 간의 사랑을 바탕으로 혼인이라는 제도적 통로를 통해 사회적으로 성적 욕구를 통제하는 기능을 담당하고 있다.

(2) 자녀출산 기능

혼인에 의해 맺어진 부부간의 성관계는 자녀를 출산하는 정당한 방법으로 인정된다. 부부간 성관계의 필연적인 결과로 자녀를 출산하는 생식의 기능은 사회의 다른 집단에서 대신할 수 없는 가족만의 고유하고 중요한 기능이다. 자녀출산 기능은 사회구성원을 끊임없이 재생산하여 사회를 존속시키는 기능을 하는데 크게 기여하며, 나아가 인간이라는 종을 유지하는 역할을 한다.

(3) 자녀양육과 사회화 기능

가족은 자녀출산이라는 재생산활동을 통해 단순히 사회구성원을 보충하는 것에 그치지 않고 자녀가 스스로 독립할 수 있을 때까지 보호와 양육 기능을 한다. 즉, 가족을 통해 자녀는 동물적인 상태의 인간에서 사회적인 존재로 성숙해 가는 사회화 과정을 경험한다. 자녀들은 가정생활을 통해 인격을 형성하게 되고, 사회에서 잘 적응하고 바람직한 인간으로 성장하기 위해 사회생활에 필요한 여러 가지 지식과 기능을 익히며, 사회에서 통용되는 문화에 적응하기 위해 훈련을 받는다.

가정에서의 양육과 교육을 통하여 이루어지는 자녀의 사회화를 사회적 측면에서 보면, 자녀양육을 통하여 자녀가 사회에 적합하게 기능하도록 사회화가 이루어지고, 교육을 통하여 사회생활을 원만하게 해나갈 수 있도록 지식·규범·도덕을 익히는 것이므로 가정은 그 사회가 유지·발전할 수 있도록 하는 전통과 문화의 계승을 돕는다고 하겠다.

(4) 생산과 소비 기능

가족의 경제적 기능은 생산 기능과 소비 기능으로 구분할 수 있다. 과거 전통사회에서의 가족은 생산과 소비의 기능을 함께 수행했으나, 현대사회는 고도의 산업화와 상품의 대량생산으로 인해 생산단위로서의 가족의 기능이 축소되었다. 대신 가족구성원이 산업사회에 노동력을 제공하고 그 대가로 임금을 받으며 이것으로 필요한 물자를 구입하는 소비 기능이 확대되었다. 따라서 현대 산업사회의 가족은 상품 선택과 구매에 있어 현명한 소비자로서의 능력을 요구받으며, 한정된 수입으로 온 가족원의 욕구를 충족시킬 수 있는 공평하고 합리적인 재정관리가 필요하다. 즉, 가족이 소비적 기능을 얼마나 합리적으로 수행하고 있는가는 바로 국민경제의 건전한 발전과 직결되므로 국민경제 순환에 있어 가계가 차지하는 비중은 매우 크다.

(5) 보호 및 휴식 기능

가족은 질병과 위협으로부터 가족원과 재산을 보호해 준다. 예전에는 더위, 추위 등 사나운 기후와 맹수로부터 개인을 보호했으며, 오늘날은 외부환경의 위험으로부터 보호해 준다. 특히 가족은 노약자나 장애인에 대한 중요한 보호 기능을 수행한다. 또한 가족은 가족원에 대하여 심신의 긴장이나 피로를 회복시켜 주는 휴식 기능을 갖는다. 사회생활로 지친 몸과 마음을 가정에 돌아와 쉬며 긴장을 풀고 다음날 노동을 할 수 있도록 노동력을 재생산하게 한다. 이러한 면에서 가정은 단순한 거주지가 아니라 심신의 긴장과 피로를 회복시켜 주는 중요한 기능을 하게 된다.

가족이 인간을 보호하고 휴식하도록 할 때 개인은 신체적·심리적으로 안정을 취할 수 있게 된다. 개인의 심신 안정은 노동력 재생산의 원동력이 되고 그것은 다시 사회안정을 도모해 준다. 즉, 가족이 개인에게 심신의 보호와 휴식을 제공하는 것은 바로 가족이 사회의 안정화를 촉진하는 것이라고 할 수 있다.

(6) 오락 및 여가 기능

가족의 단위가 되어 여가를 즐길 때 부모와 자녀가 한 자리에 모이게 되므로 교육적인 의미도 수반될 수 있으며, 가족원이 함께 모여 시간을 보내는 그 자체로써 마음이 열리고 대화를 하게 되므로 가족이 지니는 오락적 기능은 그 의의가 크다.

(7) 종교적 기능

가족의 종교적 기능은 종교적 의례나 형식만을 의미하는 것이 아니라 매일의 생활에 감사하고 삶의 진리를 깨달으며, 인간능력의 한계를 겸허하게 인정하고 기도하는 자세로 살아가는 생활태도를 말한다.

2) 가족구조의 변화

가족은 주로 부부를 중심으로 한 친족 관계에 있는 사람들의 집단 또는 그 구성원(국립국어원 표준국어대사전)으로 정의한다. 가족은 사회를 이루는 기본단위이며, 친밀하고 지속적인 상호작용을 통해 개인의 발달과 성장에 필수적인 환경체계를 제공해 왔다. 가족은 구성원을 위해, 그리고 사회를 위해 고유한 기능을 수행하는데, 그중에서 가장 핵심적인 기능 중 하나는 '아동과 다른 가족 구성원에 대한 기본적 보호'이다. 그러나 현대사회는 가족구조의 변화로 이러한 가족의 역할과 기능이 약해지고 있다.

한국사회는 압축적인 산업화·도시화 과정을 거치며 광범위하고 급격한 사회변화를 겪어 왔다. 이러한 변화는 1997년 말의 IMF 경제 위기와 2007년의 세계금융 위기로 인해 더욱 가속화되었으며, 한국사회의 가족은 위기를 넘어 해체까지 언급될 정도로 다양한 변화에 직면하고 있다. 한국사회가 당면한 가장 큰 문제는 저출산, 고령화, 가족형태의 다양성 증가로 요약할 수 있다. 초혼연령의 상승, 이혼율의 증대 등으로 1인가구와 한부모가족이 증가하고 있으며, 이로 인해 핵가족화와 가족규모의 축소가 지속적으로 이루어지고 있다. 또한 맞벌이가족의 증가와 여성의 사회진출 증대는 가정 내 돌봄 공백 현상을 초래하고 있다. 가족구조의 변화는 아동에게 다양한 영향을 미치게 된다. 아동기는 신체적·인지적 발달과 더불어 사회성과 자기개념, 자기효능감, 자기통제력, 자존감, 도덕성 등이 발달하는 중요한 시기이다(정옥분, 2016). 아동기는 학교와 친구, 가정의 상호작용을 통한 성격발달의 시기이며, 이 시기에 발달과업을 수행하지 못하면 부적응과 열등감을 겪게 된다. 이때의 부모역할은 아동의 심리 형성 과정에 보다 많은 영향을 미친다. 가족구조에서 결손이 있는 아동들은 부모의 보호와 지도가 정상적으로 수행되기 어렵기 때문에 일반가정 아동에 비해 낮은 자아존중감, 사회적 관계에서의 후퇴, 불안, 우울 등의 심리적 어려움을 겪을 수 있다고 여러 연구들은 보고한다.

가족구조의 변화는 산업화 이후 여성들의 경제활동 참가, 교육수준의 변화,

혼인 전 남녀의 사회생활과 가족부양에 관한 의식의 변화, 출산에 대한 의식의 변화, 이혼, 결혼관에 대한 변화를 가져오게 되었다. 그 결과 결혼이 늦어지고 있으며, 출산율 감소, 평균수명 연장으로 고령화가 나타나고 있다. 산업화로 인한 가족규모의 변화는 인구수의 감소와 가구원 수의 감소로 대가족에서 핵가족, 핵가족에서 점점 축소되며 단순화로 나타나고 있다. 가족규모의 축소 및 단순화는 세대별 구성에도 영향을 주어 3세대 가구의 감소와 2세대 가구의 증가, 특히 1인가구의 증가로 나타나고 있다. 가족규모의 축소와 단순화의 원인은 산업화로 인한 도시화와 여성의 사회진출로 부모를 모시는 가족이 감소하고 부부와 미혼자녀로 구성된 핵가족이 일반적으로 자리 잡았기 때문이다.

가족형태도 위와 같은 이유를 기초로 하여 집단가족, 재생산가족, 1인가구 가족, 이혼가족, 재혼가족 등이 생기기도 하며 한부모가정, 위탁가정, 조손가정, 1인가구 등이 나타나고 있다. 이렇게 된 원인은 교육수준의 상승, 취업, 여성의 경제활동 증가, 생활편의, 혼인율 감소, 고령화와 이혼으로 인한 독신세대의 증가 때문이다.

가족의 기능과 상호작용은 사회적으로 영향을 미쳐 가족구조, 가족규모, 가족형태, 가족가치관에 변화를 일으키고 있다. 그중에서 가족구조의 변화는 사회의 통념에 변화를 주며, 가족유대관계에 영향을 미치는 요인이므로 주목하여 살펴볼 필요가 있다. 여성의 경제활동 참가율, 출산율 저하, 교육수준 상승, 이혼율 증가, 혼인율의 변화를 수치로 확인함으로써 가족유대관계가 사회의 변화에 어떻게 작용하는지 살펴볼 수 있다. 가족구조를 변화시키는 요인을 알아보면 다음과 같다.

(1) 여성의 경제활동

여성의 경제활동 인구가 증가한 원인은 기혼여성의 경우 가족소득과 관련된다. 소득이 높을수록 가족생활에 만족노가 높아졌고, 제한된 수입으로 어떻게 생활을 꾸려나가느냐에 관한 인식이 증가했기 때문이다. 그리고 과거와는 달리 소비 기능이 증가하면서 수입에 대한 여성의 인식변화로 결국 직장생활이 중요해졌기 때문이다. 또 다른 원인은 미혼여성의 경우 학력수준의 증가로 전문직에 종사하는 경제활동 인원이 증가했기 때문이다. 이와 같이 여성의 취업 증가는 맞벌이가족을 등장시켰고, 출산을 대를 잇기 위한 기능보다는 애정을 중요시하는 의식의 변화로 이어지면서 출산율의 감소로 나타나고 있다.

(2) 출산율

현재 우리나라의 출산율 저하 원인은 개인적 측면으로 부부간의 성을 대를 잇기 위한 수단보다는 상호 쾌락으로 보는 성의식의 변화이다. 또한 결혼을 부부간의 우애성이나 상호 성장의 기회로 보는 개인주의적 가치관의 변화에 기인한다고 할 수 있다. 그리고 여성의 사회진출과 지위향상을 위한 직장의 중요성으로 출산율이 저하하고 있으며, 자녀의 양육과 교육에 대한 경제적 부담이 원인으로 작용한다. 사회적 원인으로는 1960년대 국가 차원에서 시작한 가족계획사업의 시작과 피임방법의 발전이 그 시작이다. 인구증가로 인하여 국가적·사회적으로 문제가 발생하자 국가정책으로 시작된 피임방법은 시간이 지남에 따라 출산율을 저하시키고 인구를 감소시키는 요인이 되었다. 그리고 성적 통제기능을 약화시키는 향락과 성 관련 서비스업의 발달로 성 생활 만족이 결혼생활 만족이라는 의식의 변화도 원인이라 할 수 있다.

통계청(2019)의 인구동향조사에 따르면, 2019년 우리나라 합계출산율은 0.977명으로 OECD 국가 중 최저치이다. 이는 인구유지에 필요한 2.1명보다 낮아 OECD 국가 중에서 최하위에 속한다. 저출산은 맬서스가 예언한 바와 같이 인구절벽으로 이어지고 노동력 감소와 생산력 감소로 이어졌다. 사회의 지속가능성을 저해하며 개인의 행복한 삶을 위협하는 심각한 문제이다.

(3) 이혼율

이혼율의 변화와 증감 원인은 앞에서 언급한 것처럼 결혼을 부부간의 우애성이나 상호 성장의 기회로 보는 개인주의적 가치관의 변화에 있다. 부부간의 성을 대를 잇기 위한 수단이 아닌 상호 쾌락으로 보는 성의식의 변화로 인하여 젊은층과 노령층의 이혼율이 변화하고 있다. 여성의 경제적 자립과 지위향상, 자녀수의 감소로 인하여 이혼율은 변화하고 있다. 관계적 측면으로는 부부 상호 간 의존성 약화이다. 여성은 사회진출로 경제적 · 심리적으로 독립이 가능해졌고 남성은 가정에 대한 안식처의 기능 약화와 가사노동으로 인한 도구적 필요성이 감소했기 때문이다. 사회적 측면으로는 가족생활의 유지를 위한 경제적 요건의 불충족에서 오는 고용불안정과 경제 여건의 약화 등 사회변화가 원인이다. 그리고 협의 이혼가능, 결혼관계의 보상 감소와 이혼비용의 저하 등 법제도의 약화도 원인으로 작용한다.

이혼율의 증가는 모자가족과 부자가족 등 한부모가족의 증가를 가져오고 가족규모의 축소와 가구원 수의 감소로 이어져 세대별 구성에 영향을 미친다. 이로 인하여 세대 단순화를 가져왔고 1세대 가구의 증가로 이어지고 있다.

(4) 혼인율

혼인율이 감소하는 원인은 박민자(2005)에 의하면 미혼남성의 경우 "혼인할 수 있는 경제적 기반 부족(35.7%), 나의 일에 열중하기 위해(21.4%), 혼인해야 한다고 생각하지 않기 때문(14.8%)"의 순으로 나타났다. 미혼여성의 경우 "나의 일에 열중하기 위해(26.2%), 혼인해야 한다고 생각 안 함(24.4%), 혼인할 수 있는 경제적 기반 부족(20.1%)"의 순으로 나타났다. 그 밖에 "상대방에 구속되기 싫어서(남 6.5%, 여 9.8%), 혼인으로 인한 책임과 의무의 부담(남 8.6%, 여 9.3%)"으로 나타났다. 또한 자녀의 양육 및 교육, 노부모 부양 등 책임과 의무의 부담감 때문이라 할 수 있다. 이와 같은 현상은 미혼여성의 사회진출과 지위향상을 위한 일의 중요성 인식, 자유로운 삶을 추구하는 개인의식의 변화, 취업 후의 경제적 · 심리적인 자립으로 인한 지위향상과 개인중심의 의식변화, 미혼남녀 모두 결혼을 선택사항으로 보는 태도의 변화 때문이라 할 수 있다.

신재란(2022)의 우리나라 혼인 사회동향을 보면 경제적 요인에서 '주거문제(46.2%)', 심리적 요인으로 '가치관 변화(48.1%)'와 '결혼기준 상향(46.4%)'이 높게 나타났다. 이러한 혼인양태의 변화는 비혼 인구수의 증가로 이어져 1인가구 가족을 증가시키고 현대 우리나라의 가족구조 변화를 심화시키고 있다. 또한 출산율 감소로 이어져 사회적으로 큰 문제가 되고 있다.

(5) 고령인구 비율과 노령화지수

고령화가 빠른 이유는 의학의 발달로 인한 평균수명 증가와 혼인율 감소 및 성의식 변화로 인한 저출산 때문이다. 저출산과 고령화는 곧 생산 가능인구 감소와 노년부양비 상승의 위기를 가져오고 인구절벽 현상을 가져오게 한다. 홍은주(2017)는 우리나라의 인구절벽 현상이 현재와 같이 계속될 경우 심각한 사회문제로 대두될 것이라고 말하고 있다.

3. 우리나라 가족의 변화 및 해외 다양한 가족구조

우리나라는 1960년대 이후부터 가족형태의 다양화 및 가족의 기능약화가 지속적으로 진행되어 왔다. 급속한 산업화와 도시화, IMF 이후 장기간의 경기불황과 글로벌 경제화, 사회의 양극화 현상, 세대갈등 등은 가족의 전통적인 기능을 약화시켰을 뿐만 아니라 가족의 해체를 심화시키고 있다. 더 이상 우리나라의 현대 가족은 과거 전통사회의 가족과 같이 국가의 복지기능을 대행하기가 어려워졌을 뿐만 아니라 급격한 사회변화에 따른 가족기능의 약화로 가족의 위기가 두드러지게 나타나고 있다.

1) 우리나라 인구구조의 변화

우리나라의 인구구조를 인구피라미드를 통해 살펴보면, 1955년에는 후진국형인 전형적인 피라미드형 모형을 나타내다가 2005년에는 선진국형인 항아리형 모양으로 변화되었고, 2050년에는 역피라미드형이 될 것을 예상하고 있다. 어느 사회든지 경제성장의 과정에서 출산율이 저하되고 인구구조가 성숙해지는 인구변천의 과정을 겪기 마련이다(이인재, 2005). 그러나 인구구조의 변화에 대비한 사회적 인프라가 확충되지 않은 상태에서 급속한 출산율의 저하는 기존의 교육, 의료, 복지서비스, 노동 및 산업체계 등의 부조화를 촉발시켜 사회적 혼란을 야기할 수 있다(안명옥, 2004).

2) 다양한 가족의 등장

가족형태의 변화 및 다양한 가족의 출현에는 가치관적 요인, 사회적 요인, 개인 및 가족 요인, 인구학적 요인 등이 복합적으로 작용하였음을 보여준다. 우리나라의 가족은 혼인율과 출산율의 감소, 독신, 이혼 및 재혼가족, 한부모가족, 맞벌이가족, 다문화가족, 조손가족, 입양가족, 집단가정, 졸혼 등 다양한 형태로 나타나고 있다.

'졸혼(卒婚)'은 부부가 이혼은 하지 않으면서 '결혼을 졸업한다'는 의미로 서로의 삶을 참견하지 않고 각자 자기 자신의 삶을 사는 생활 방식을 의미하는 신조어이다. 이 용어는 일본의 스기야마 유미코가 2004년 『졸혼시대』라는 저서를 출판하면서 알려졌다. '졸혼은 전통적인 부부관계나 고유의 역할에서 벗어나 배려자와 함께 자신답게 사는 법이라고 할 수 있으며, 자기 자신이 참다운 인생의 주인이 되는 새로운 방식의 결혼생활'이라고도 할 수 있다. 이는 가치관이 변화하면서 고정관념에 얽매이지 않고 자유롭게 살고 싶어 하는 욕구가 부부생활에서도 드러나고 있다고 할 수 있다.

3) 해외 다양한 가족구조

해외에서는 제도적으로 '정상가족'이 해체된 곳이 많다. 해외 선진국들은 가족정책으로 다양성을 최대한 안정화하는 데 초점을 맞추고 있다. 그 바탕에는 '혼인이나 혈연으로 구성된 가족이 아니더라도 차별받지 않아야 한다'는 사회적 공감대가 깔려 있다. 경제적 어려움이 예상되는 미혼모 가정에 직업 교육과 보육 지원 등을 강화해 자립할 수 있도록 돕는 데 주력한다. 스웨덴은 1988년 '동거법'을 제정해 동거 커플이 임신, 출산, 양육을 할 때 혼인한 부부와 같은 권리를 보장한다. 아동수당이나 출산휴가 등 복지 서비스에서 차별받지 않도록 한 것이며, 개인 신상을 적는 관공서 등의 서류에는 기혼과 비혼 외에도 '동거'를 선택할 수 있는 칸이 있다.

덴마크의 경우 1989년 '파트너십 등록제'를 도입했다. 성별과 관계없이 성인 2명이 서로를 파트너로 등록하면 재산상속이나 사회보장 등 기존 결혼관계와 동등하게 권리를 보장받을 수 있는 제도이다. 또한 미혼 가정 역시 사회의 당당한 구성원으로 받아들이고 미혼모에게 모성보호법, 임신보호법을 똑같이 적용해 결혼한 여성과 동등한 권리를 부여한다. 아이 아빠가 양육을 포기하고 달아나는 것을 막기 위한 '히트앤드런 방지법'도 있다. 양육을 포기한 쪽은 매달 일정 금액을 양육자에게 보내도록 의무화한 것이다.

프랑스는 1990년대 동거 인구가 급증하자 1999년 '팍스(PACs · 시민연대협약)' 정책을 법제화했다. PACs는 성별과 무관하게 두 사람이 결혼하지 않아도 두 사람이 법원에 서류를 제출하면 가족수당과 사회보장급여, 소득세 산정 등에서 혼인 가구와 동일한 법적 권리와 의무를 인정받을 수 있다. 서류 한 장으로 국가로부터 '가족'으로 인정받을 수 있게 한 제도이다. 또한 고용주는 PACs 커플에게도 결혼 커플과 똑같은 출산이나 사망과 관련한 휴가를 보장하며, 유서를 남기면 PACs 커플끼리 유산도 상속할 수 있다. 정부에 동거 사실을 신고할 때도, 이별을 통보할 때도 지방법원에 서류 한 장만 보내면 된다.

영국은 2004년 동성애자 커플에게 혼인관계와 유사한 법적 권리를 허용한

'시빌 파트너십' 제도를 도입한 데 이어 2018년에는 이를 이성 커플로 확대했다. 결혼이나 파트너십 중 어느 쪽을 택해도 상속, 세제, 연금 등에서 차별받지 않는 것이다. 또한 10대 미혼모가 학업을 계속 이어가길 원하면 교육 유지 수당을 지급하고, 자녀 1인당 일주일에 약 30만 원의 양육비를 제공한다.

유럽 국가의 이런 노력은 출산율 제고로 이어지고 있다. 프랑스와 스웨덴의 합계출산율은 1997년 각각 1.7명, 1.5명 수준으로 떨어졌다가 2016년 나란히 1.7명대를 회복했으며, 2023년 1.8명대로 나아지고 있다. 이는 동거 가정, 미혼 가정, 혼외 출산 등을 전통적 가족의 '해체'로 여기기보다 새로운 가족의 '탄생'으로 보고 사회 시스템 안으로 끌어들인 결과이다.

유럽뿐만 아니라 이웃 나라 일본에서도 다양한 행태의 가족을 배려해야 한다는 움직임이 확산되고 있다. 2018년 일본 지바시는 사실혼 커플의 '파트너' 지위를 인정하겠다고 밝혔다. 동거 커플이 서로를 파트너로 선언하는 문서에 서명하면 '파트너십 증명서'를 발급하고, 이들에게 결혼 커플과 동등한 혜택을 주겠다는 의미이다. 파트너 범위에는 성소수자 커플까지 포함하기로 해 눈길을 끌었다. 지바시는 이 파트너들에게도 친족끼리만 거주할 수 있는 공영주택을 제공하고 있다.

03 CHAPTER

가족생활교육의 다양한 이론적 배경

가족생활교육의 일반적인 목표는 가족교육을 통해 가족과 가족구성원들의 성장잠재력을 발전시키는 것뿐만 아니라 가족과 관련된 사회적 문제를 예방하고 경감 및 제거하는 데 있다(Arcus & Thomas, 1993). 또한 다양한 문제를 가지고 있는 취약계층 가족에게는 사후 개입 차원에서 교육 및 서비스를 제공할 수 있으며, 가족생활교육을 통해 가족문제를 해소함으로써 건강한 가족으로 회복하고 성장과 발달을 기대할 수 있다(박주희, 2006). 이러한 가족생활교육이 제대로 이루어지기 위해서는 체계적인 연구를 통해 밝혀진 이론적 배경에 근거할 필요가 있다(Arcus, 1992; Roosa, 1991). 그런데 이론적 배경이 있건 없건, 여러 이론들을 방향성 없이 편의에 따라 차용하였을 경우 이론과 실제가 유기적이지 못하다는 비판을 받을 수 있다. 특히 다양한 이론들을 통합한 가족생활교육의 경우에도 이론적 배경을 분명하게 제시할 수 있어야 한다(Hughes, 1994).

가족생활교육 프로그램을 효과적으로 개발하고 운영하기 위한 이론적 배경은 학자들에 따라 다양하게 제시하고 있다. 전세경(2013)은 가족생활교육에 대한 접근방식으로 생태학적 접근, 체계적 접근, 가족발달적 접근, 성인지적 접근, 다문화적 접근, 구성주의적 접근을 중심으로 소개하였고, 정현숙(2016)은 가족생활교육의 기초이론으로 생태학적 이론, 체계론적 관점, 발달론적 관점, 여성학적 관점을 중심으로 소개하였다. 이성희, 홍달아기, 한은주, 조성경과 김현수(2018)는 가족생활교육의 적용 이론으로 교환 이론, 상호작용 이론, 가족발달 이론, 여성학 이론, 생태학 이론을 중심으로 소개하였고, 박경아, 이경자, 김은아와 윤명자(2019)는 가족생활교육의 이론적 접근방식으로 구조기능주의 이론, 갈등주의 이론, 여성주의 이론, 교환 이론, 체계 이론, 생태체계 이론, 가족생활주기 이론, 건강가족 관점, 이론의 통합적 접근을 중심으로 소개하였다. 박주희(2020)는 가족생활교육의 이론적 토대로 예방과학 이론, 생태체계 이론, 가족체계 이론, 보웬의 다세대 가족전수 이론, 가족생활주기적 발달 이론을 중심으로 소개하였고, 김순기 등(2021)은 가족생활교육의 이론적 관점으로 가족체계적 관점, 가족발달적 관점, 건강가족적 관점을 중심으로 소개하였다.

하지만 만병통치약이 존재하지 않듯이 모든 가족유형을 대상으로 적용할 수 있는 가족생활교육이나 이론적 배경은 존재하지 않는다는 점을 유의할 필요가 있다. 가족생활교육 프로그램 관련 연구자나 실천가들에게는 이론적 배경은 나침반과도 같아서 없어서는 안 될 존재이지만, 이러한 이론적 배경들도 연구자나 실천가들에 의해 얼마든지 선택되고 변형될 수 있다(박경아 외, 2019). 따라서 연구자와 실천가들이 가족생활교육 프로그램을 효과적으로 개발하고 운영하기 위해서는 가족들이 경험하는 문제상황과 맥락을 충분히 고려하여, 이와 관련된 적절한 이론적 배경을 선택하고 활용할 필요가 있다는 점에서 연구자와 실천가들의 이론적 감수성이 중요하다고 볼 수 있겠다. 이에 본 장에서는 예비 연구자와 실천가들이 효과적인 가족생활교육 프로그램을 개발하고 운영할 수 있도록 돕기 위해 선행연구(김순기 외, 2021; 박경아 외, 2019; 박주희, 2020; 이성희 외, 2018; 전세경, 2013; 정현숙, 2016)를 바탕으로 구조기능주의 이론, 갈등주의 이론, 여성주의 이론, 교환 이론, 체계 이론, 생태체계 이론, 가족생활주기 이론, 보웬의 다세대 가족전수 이론, 건강가족 이론, 다양한 이론의 통합적 접근을 중심으로 소개하고자 한다.

1. 구조기능주의 이론

1) 구조기능주의 이론에 대한 이해

진화론과 실증주의의 영향을 받은 구조기능주의 이론은 1940년대 미국 사회학 분야에 주류 학파였던 파슨스(Parsons) 학파를 중심으로 가족학 연구에 많은 영향을 미쳤다. 구조기능주의 학자들은 사회를 살아 있는 유기체처럼 인식하고 체계와 상호 관련된 여러 하위체계로 조직된 안정체계로 간주하면서 가족과 사회 간의 적합성과 가족이 사회와 어떻게 연결되어 있는지를 설명하고자 하였다(김경자 · 임선영, 2008). 특히 사회가 제대로 기능하고 유지되기 위해 가족구조와 기능이 어떻게 변화하고 있는지와 함께 어떻게 변화해야 하는지에 관심을 두었다(김혜경 외, 2009).

구조기능주의 이론의 주요 개념은 체계와 구조, 기능과 역기능, 사회변화에 따른 가족구조와 기능의 변화, 도구적 역할과 정서표출 역할 등이다. 먼저 체계와 구조는 하위체계들 간의 상호작용이나 상호관련성을 의미하며, 기능과 역기능은 체계뿐만 아니라 하위체계에 미치는 긍정적 · 부정적 영향이나 그에 따른 결과를 의미한다(김혜경 · 임선영, 2008). 구체적으로 사회체계가 균형을 유지하고 사회집단이 가진 목표를 달성하는 데 도움이 되는 현상을 기능적 현상으로 보고, 그 반대의 상황을 역기능적 현상으로 본다. 이러한 기능과 역기능은 같은 현상에서 동시에 나타나기도 한다. 예를 들어, 기혼여성이 맞벌이로 경제활동을 할 경우 가계경제 차원에서는 기능적 현상인 반면, 자녀를 양육하는 시간이 줄어들고 가족과 함께 보내는 시간에 제한을 받는다는 점에서 역기능적 현상일 수 있다(김경자 · 임선영, 2008).

구조기능주의 이론에서는 가족구성원들의 성별과 연령에 따라 각자 수행해야 할 역할이 있는 것으로 보고 있다(조성연 외, 2009). 특히 산업혁명 이후 남성은 가족에 대한 경제적 부양이 중요한 역할로 부각됨에 따라 직장이라는 공적인 영역에서 생산활동을 통해 물질적인 공급을 담당하는 도구적 역할을 수행하게 되었으며, 이는 가정에서 가장의 역할을 하는 남성이 가부장적 지위를 갖게 하였다. 반면 여성은 산업혁명 이후 가정이 점차 핵가족화됨에 따라 가정이라는 사적인 영역에서 가사와 양육활동을 통해 정서적인 지원을 담당하는 정서표출 역할을 수행하게 되었으며, 이는 여성을 가부장적인 가정에서 점차 종속적인 역할로 변화하게 하였다(김경자 · 임선영, 2008).

파슨스 학파는 가족구성원들이 공적 영역인 사회에서 받은 심신의 스트레스와 긴장을 사적 영역인 가정에서 휴식을 취하고 정서적 위안을 얻으면서 재충전한다고 보았다(박경아 · 이경자 · 김은아 · 윤명자, 2019). 이때 가족구성원의 역할을 권력에 따라 지도자와 추종자로 분류하기도 하였으며, 주로 남편을 도구적 역할로 보고 아내를 정서표출 역할을 담당한다고 보았다. 이를 종합해 보았을 때 가족구성원들 중 아버지는 지도자이자 도구적 역할을, 어머니는 지도자이면서 정서표출 역할을, 아들은 도구적이면서 추종자 역할을, 그리고 딸은 정서표출적이면서 추종자 역할을 담당한다고 볼 수 있다(조성연 외, 2009; Parsons & Bales, 1995).

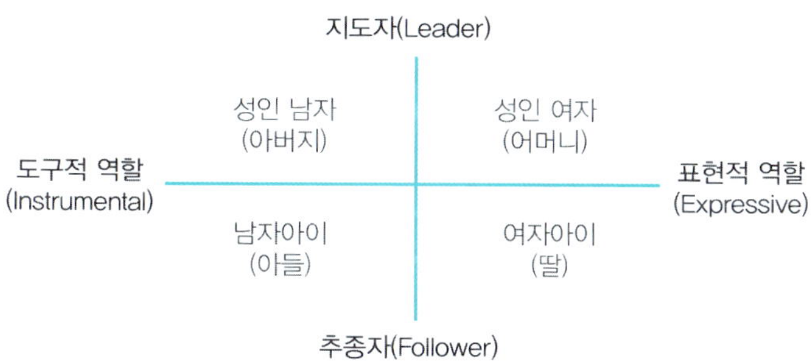

[그림 3-1] 파슨스의 핵가족 구조 분석

출처 : 박경아 외(2019); 조성연 외(2009).

파슨스(Parsons, 1995)는 가족을 사회체계 유지를 위한 가장 중요한 기능인 유형유지의 기능을 담당한다고 보았으며, 개인들이 사회체계에 적응하는 동기를 제공하는 사회화적인 메커니즘을 담당한다고 보았다. 즉, 가정 내에서 부모는 사회질서를 바탕으로 사회체계의 안정을 위해 필요한 기본적인 가치관들을 자녀에게 내면화시킴으로써, 사회체계가 개인에게 요구하는 인성을 기르고 그들이 수행해야 할 사회적 역할들을 교육시킨다고 볼 수 있다(손병덕·황혜원·전미애, 2008; 조흥식 외, 2008; Parsons, 1951, 1964).

그러나 현대사회가 점차 분화됨에 따라 가족의 경제적·교육적 기능은 점차 약화되고 있으며, 물질만능주의에 의한 인간성 상실과 기본적인 가치관의 부재로 인해 가족의 사회화 기능은 점차 약화되고 있다(박경아 외, 2019). 또한 구조기능주의 관점에서는 가족의 기능이 잘 통합되지 않을 경우 역기능적 가족으로 규정하고 있는데, 사회구조의 변화로 인해 전통적인 가족의 유형에서 벗어나는 가족유형인 핵가족, 독신가족, 한부모가족, 동거가족, 별거가족, 이혼가족, 재혼가족, 조손가족, 소년소녀가장가족 등을 가족해체로 간주하고 이를 사회적 문제로 보고 있다(조성연 외, 2009). 이처럼 급변하는 사회현상은 다양한 가족유형의 출현을 야기하고 있는데, 초기 구조기능주의 이론은 산업혁명으로 등장한 초기 가족해체 사례인 핵가족에만 초점을 두고 있어 다양한 가족유형을 설명하기에는 부적합하다는 평가를 받고 있다(박경아 외, 2019).

2) 구조기능주의 이론과 가족생활교육 접근

초기 구조기능주의 학자들은 사회변화와 함께 가족구조와 기능에 초점을 두고 거시적인 관점에서 가족을 바라보았다면, 현대 구조기능주의 학자들은 사회제도의 상호의존성을 인정하고 사회변화에 적응하는 과정에서 가족구조와 기능이 변화하는 것을 당연한 현상으로 보고 있다(김경자·임선영, 2008). 따라서 그들은 가족 내 가족구성원들 간의 관계에 초점을 두고 가족이 개인의 필요나 욕구를 어떠한 방식으로 충족시킬 수 있는가에 관심을 가진다. 즉, 후기 구조기능론 학자들은 사회보다는 개인에 관심을 두고 있으며, 사회학적 관점보다는 심리사회학적 관점에서 가족을 바라보는 경향이 있다.

구조기능주의 이론은 비교가족학 분야에서 유용하게 활용되는 이론으로, 가족생활의 문화적 다양성과 보편성을 탐구하는 인류학자나 사회학자들에 의해 주로 다루어지고 있다. 구조기능주의 이론은 가족이 개인과 사회에 어떠한 영향을 주는가에 대해 주로 관심이 있기 때문에 가족과 사회 간의 기능적 적합성을 검증하고, 가족구성원의 성별에 따른 역할분화와 기능적 특성을 탐색하는 데 중점을 둔다. 이러한 구조기능주의 이론은 가족의 역동성과 상호작용을 분석하는 데 유용한 개념적 틀을 제공하고 있으며, 가족의 기능을 활동의 결과적 측면에 적용시켜 연구하기도 한다(조성연 외, 2009). 베인(Bane)은 그의 저서 『Here to stay』에서 현대사회에서 취업여성이 증가할지라도 모자간의 상호작용의 양과 질은 크게 변화하지 않고 있으며, 결혼은 여전히 중요한 일이기에 기혼남녀가 독신자들보다 더 행복할 뿐만 아니라 이혼할 경우 슬픔과 공허함이 더 커진다고 보고 가족의 중요성을 주장하였다. 이처럼 구조기능주의 이론적 관점에서 가족에 관한 다양한 선행연구를 살펴보면, 현대사회의 결혼과 자녀양육, 그리고 가족유대 등은 인간의 안정과 지속, 무조건적인 사랑에 대한 욕구의 표현이라 볼 수 있으며, 효과적인 가족생활교육을 위해서는 이를 중심으로 다룰 필요가 있음을 시사한다. 예를 들어, 기혼여성의 취업이 가족에 미치는 영향에 대한 연구결과는 가족생활교육 프로그램을 개발하고 운영하는 데 활용할 수 있으며, 가족생활교육 프로그램을 통해 가족에게 어떠한 변화가 나타났는지를 확인함으로써 다음 가족생활교육 프로그램을 개발하고 운영하는 데 기초자료로 활용할 수 있을 것이다. 또한 구조기능주의 이론은 가족을 상호 관련된 체계로 간주하기 때문에 부부나 부모와 자녀 간의 규범과 역할기대 속에서 나타나는 가족문제를 분석하는 데 도움을 줄 수 있으며, 이러한 분석결과를 바탕으로 한 가족생활교육 프로그램을 개발하고 운영함으로써 해당 가족의 상황과 욕구에 맞는 적절한 개입을 실시할 수 있다.

2. 갈등주의 이론

1) 갈등주의 이론에 대한 이해

갈등에 대한 인식은 현대 사회학적 관점에서 개념화되었으며, 갈등주의 이론은 사회적 갈등의 생성과 발전, 그리고 연속성으로 설명하는 이론으로 마르크스(Marx), 짐멜(Simmel), 코저(Coser)와 같은 학자들에 의해 발전되었다. 마르크스는 갈등에 의해 궁극적으로 권력집단의 붕괴가 나타나 계급과 갈등이 없는 사회가 온다고 가정한 반면, 짐멜과 코저는 갈등이 원래 나쁜 것이 아니라 집단 내부를 결속시키고 집단의 응집력을 강화할 뿐만 아니라 집단구성원의 에너지를 동원하는 등 갈등의 긍정적인 기능이 있다고 보았다.

갈등주의 이론에 따르면 자본주의의 착취적 속성이 개인의 사적 생활과 친밀감 등의 주관적 세계를 가족에게 더욱 의존하게 만든다고 보았으며, 이러한 가족의 안식처로서의 기능은 핵가족에게 긍정적인 영향보다는 부정적인 영향을 미친다고 보았다(조흥식 외, 2008). 갈등주의 이론은 사회를 개인 또는 집단 간의 끊임없는 경쟁과 갈등의 연속으로 보았으며, 사회의 속성은 세력다툼이나 이해의 상충, 지배자의 압제와 피지배자의 저항, 그리고 끊임없는 불안정과 변동에 있다고 보았다. 이러한 관점에서는 인간이 소유하고자 하는 권력이나 권위 등의 대상물과 지원이 제한되고 가족구성원들 간의 의식적·무의식적 갈등이 상존하기에 가족의 유지와 적응을 위해 갈등의 특성을 응용해야 한다고 보았다(유영주·김순옥·김경신, 2009). 갈등주의 학자들은 갈등이나 평화, 결혼과 가족 진행과정, 가족과정 등 주로 가족이나 가족생활과 관련된 내용을 연구하며(Sprey, 1998), 그중에 가장 대표적인 것은 배우자 폭행 문제에 대한 연구(Klein & White, 1996)와 가정 내 성별과 연령에 따른 갈등현상(Collins, 1986)에 대한 연구 등이다. 한편 가족갈등을 바라보는 관점은 학자들에 따라 다양한데, 대표적인 학자들의 가족갈등에 대한 관점을 살펴보면 〈표 3-1〉과 같다.

〈표 3-1〉 학자별 가족갈등에 대한 관점

학 자	가족갈등에 대한 관점
마르크스 & 엥겔스 (Marx & Engels)	자본주의 사회제도와 가족관계에 초점을 두고 있으며, 부부가족의 애정적 기능, 안식처로서의 기능을 자본주의 사회라는 구조에 기인한 것으로 본다. 가족에 대한 비판은 가족이 부르주아적 제도의 표상이라는 데 기인한 것으로 자본주의 경제체제와 함께 등장한 가족제도는 사회체제의 붕괴와 함께 소멸된다고 주장한다.
스프레이 (Sprey)	사회에서는 세대 또는 이성 간의 끊임없는 대결과 충돌이 계속되는데, 결혼을 통해 형성된 가정은 대결과 충돌이 발생하는 주요한 장으로서 가족갈등이 어떻게 인식되고 관리되는가에 따라 가족이 유지될 수도 있고, 해체될 수도 있다고 주장한다.
콜린스 (Collins)	성별과 연령에 따른 불평등에 기초하여 가족을 분석하였으며, 가족 내에서도 남성과 여성, 어른과 아이라는 차이는 자원의 불균형으로 인한 불평등을 초래하여 갈등의 원인이 된다고 주장한다.
짐멜 (Simmel)	가족의 유지 및 가족구성원들 간의 갈등관계에 초점을 두며, 갈등의 통합성을 강조한다. 갈등의 강도가 변화할 수 있는 조건에 대해 문제를 제기하고 갈등의 원인보다 갈등이 발생하였을 때의 형태와 결과에 관심이 있다. 갈등십난들이 추구하는 목표가 명확할수록 갈등은 단순히 목표를 달성하기 위한 수단이 되기 쉬우며, 관련 집단들 모두가 강렬하고 폭력적인 갈등의 희생을 피하기 위해서는 타협과 대안적 수단을 강구하게 된다고 본다.
코저 (Coser)	갈등유형을 파괴적인 갈등과 건설적인 갈등으로 구분하여 각 유형별로 추측된 결과에 주목한다. 결혼생활에 있어서 갈등의 결과는 연속된 과정 속에서 발생하는데, 이러한 진행과정은 질서적일 수도 있고, 무질서적일 수도 있다고 본다. 진행과정 속에서 타협된 질서에 대한 결과가 결정되며, 문제는 결정, 해결, 타협안이 구성되고 실행되는 방법에 있다고 주장한다.

출처 : 박경아 외(2019).

2) 갈등주의 이론과 가족생활교육 접근

갈등주의 이론은 사회제도와 가족관계, 그리고 가속 간의 상호작용과 기세를 분리하는 데 유용하다. 구조기능주의 이론에서는 사회가 사회구성원들의 가치합의에 의해 유지된다고 보기 때문에 가족연구에서도 가족구성원들의 규범이나 적응, 역할, 그리고 가족의 기능에 관심을 둔 반면, 갈등주의 이론에서는 기능적인 역할갈등뿐만 아니라 가족구성원들 간의 이해관계에서 갈등의 원인을 찾기 때문에 가족연구에 있어서도 억압이나 권력, 자원의 불평등에 관심을 둔다(조성연 외, 2009).

마르크스주의가 가족연구에 미친 주요한 영향으로는 결혼제도의 핵심인 성역할과 정체성, 그리고 착취적 관계 등이 역사적으로 결정된다는 것이다. 마르크스는 가부장적 통제가 사적 소유제도와 연결되어 있으며, 사회구조가 정치적·혁명적 투쟁을 통해 변화함에 따라 가족 또한 변화한다고 보았다(박경아 외, 2019). 마르크스, 다렌도르프(Dahrendorf), 코저 등의 갈등주의 이론은 가족구성원들 간의 관계나 가족과 가족제도와의 상호작용에서 갈등이라는 개념 및 관련 기제들을 이해하고 설명하는 데 도움을 준다. 즉, 가족 내 갈등의 특성들은 가족구성원들 간의 관계를 통해 이해될 수 있으며, 가족이 어떻게 유지되고 해체되었는지에 대한 원인과 결과를 파악하는 데 도움을 줄 수 있다.

가족생활교육을 통해 부부나 부모와 자녀 간의 갈등이나 성역할과 같이 가족 내에서 발생할 수 있는 다양한 갈등현상을 가족구성원이 탐색할 수 있는 기회를 제공할 수 있으며, 가족의 새로운 가치를 발견하거나 관계를 회복하는 데 기여할 수 있다. 우리나라에서는 1980년대 후반부터 부부관계, 부모-자녀 관계, 고부관계에 대한 연구가 폭발적으로 증가하기 시작하였으며, 주요 주제로는 갈등 원인과 갈등관리 방법에 관한 내용들이었다. 1990년대 후반부터는 갈등주의 이론의 원리와 상담 및 치료모델에 기초하여 갈등관리교육 프로그램이나 상담 프로그램 개발 및 운영에 대한 연구가 다수 이루어졌다(조성연 외, 2009).

이처럼 갈등주의 이론적 관점에서 가족에 관한 다양한 선행연구를 살펴보면, 사회복지나 가족학 분야에서는 갈등주의 이론에 기반한 연구들이 다소 부족한 것이 사실이나 갈등주의 이론은 가족 내 불평등한 권력구조를 해소하기 위한 가족생활교육 프로그램에 유용하다는 점에서 주요하게 다룰 필요가 있음을 시사한다.

3. 여성주의 이론

1) 여성주의 이론에 대한 이해

여성해방운동은 전통으로 성별에 따른 역할분화를 가정하는 구조기능주의 이론에 이의를 제기하면서 여권신장이라는 명목으로 등장하게 되었다(조성연 외, 2009). 이는 여성들의 권리회복과 증진을 위한 운동을 가리키는 말로 페미니즘(feminism)이라고도 부른다. 페미니즘은 여성을 의미하는 라틴어 페미나(femina)에서 유래된 것으로 여성존중주의를 의미하며, 페미니즘 외에도 여성주의, 여권주의, 여성해방론 등으로 다양하게 번역되고 있다. 우리나라에서는 1960년대부터 페미니즘을 여성해방운동이라는 용어로 대체하여 사용하였다. 그러나 페미니즘이 권리와 평등이라는 개념을 사용하여 사회를 정적으로 보았다면, 여성해방운동은 억압과 해방이라는 개념을 사용하여 사회를 더욱 역동적으로 이해하고자 하였다(박경아 외, 2019; 이성희 · 홍달아기 · 한은주 · 조성경 · 김현수, 2018; 정현숙, 2016). 최근 연구동향을 살펴보면, 여성주의와 관련하여 다양한 용어들이 사용되고 있었으나, 모두 같은 뿌리에서 출발하였다는 점에서 유사한 의미로 사용되고 있었으며 그중 여성주의라는 용어가 포괄적인 용어로 사용되고 있음을 확인할 수 있었다.

여성주의는 남녀가 평등하고 본질적 가치 또한 동등하다는 이념에서 출발한 것으로, 여성의 경험과 가치를 중심으로 사회현상을 바라보는 또 하나의 관점이다. 여성주의자(feminist)들은 남성 중심적인 시각에서 만들어진 사회제도와 문화, 그리고 가치관에 대한 성적 불평등 문제를 과학적으로 입증하고 문제를 제기하는 여권론적 입장을 취한다. 여성주의자들은 생물학적인 성으로 인한 모든 차별을 부정하며, 남녀평등이라는 신념에 기반하여 불평등하게 인식된 여성의 지위와 역할에 변화를 기대하는 여성존중운동가들이다. 그들은 여성에 대한 근원적인 연구가 이루어지지 않고서는 여성억압에 대한 원인과 해결방안을 찾을 수 없다고 보았으며, 여성주의 이론에 기반하여 여성억압에 대한 학문적 접근을 이루었다. 즉, 기존 여성의 열등성을 강조하는 관습이나 유형화, 그리고 사회화된 상호작용 양식을 반증하기 위한 방안을 모색하는 것이 여성주의 이론의 핵심이라고 볼 수 있다. 특히 미국의 여성주의는 19세기 말 여성주의 운동과 1960년대 중반 이후의 큰 사회적 변화를 경험하면서 더욱 발달하였다(김희성·나용선·김충식·박경아·곽미영, 2009).

여성주의자들은 성을 학문적 의제로 표방하였는데, 성별에 따른 차이가 어떠한 방식과 역사적 배경에서 전수되고 문화적으로 구성되는지를 분석함으로써 성별에 따른 사회문화적 맥락을 분석하고자 하였다(박경아 외, 2019). 여성주의 이론이 등장하기 이전에는 남녀라는 생물학적 차이로 인해 다른 기질을 가지며 각자가 가진 성별에 따라 특정한 역할을 수행할 수밖에 없다는 인식이 지배적이었다. 그러나 여성주의 이론이 등장하면서 성별에 따른 차이로 인해 남성들이 얻게 되는 특권과 혜택들이 계속적으로 생산·유지되는 것은 남성중심적 세계관으로부터 비롯된 것이라고 주장한다. 따라서 여성주의자들은 여성억압의 원인을 여성이 지닌 생물학적 특성에서 비롯된 것으로 보지 않고 사회문화적 특성에서 찾는다. 여성주의 이론에서는 가족과 사회에 있어서 성별과 함께 성차별적인 노동분담, 역할기대, 억압, 분리된 공적·사적 영역, 역할규범 등의 성역할 개념을 주요 개념으로 두고 있다.

여성주의 이론에서 성별은 자연적 성개념으로 인식되는 생물학적 성(sex)과 사회문화적 맥락에서 인식되는 사회적 성(gender)으로 구분할 수 있다. 먼저 생물학적 성은 일반적으로 남녀 간의 신체적인 차이를 의미할 때 사용하는 개념으로, 한 개인이 해부학적 특징에 근거하여 유전적·신체적 요인에 의해 결정되는 남성과 여성을 의미한다. 반면 사회적 성은 남녀 간의 심리적·사회적·문화적 차이를 의미할 때 사용하는 개념으로, 사회문화적으로 형성되고 구성된 성정체감을 의미한다. 이에 여성주의자들은 남자와 여자가 신체적으로 다를지라도 사회적으로 동일한 성으로 길러진다면 동일한 성정체성을 가질 수 있다고 본다. 즉, 남성과 여성은 그들이 속한 사회 내에서 남성다움과 여성다움을 인식하고 학습하게 됨에 따라 남성 또는 여성이 되는 것이다. 사회적 성이 넓은 의미에서 문화적으로 형성된 남성다움과 여성다움을 지칭하는 용어라면, 섹슈얼리티(sexuality)는 성적 본능과 욕망, 그리고 성적 행동, 성적 기호 등 성적 만족에 관한 일련의 현상을 통칭하는 용어이다. 이처럼 여성주의 이론적 관점에서 가족에 관한 다양한 선행연구를 살펴보면, 여성주의 이론에서는 남성이 어떠한 방식으로 여성을 정의하고 통제해 왔는지와 함께 여성의 성적 대상화에 대한 분석과 비판을 통해 남녀 간의 생물학적 성, 사회적 성, 그리고 섹슈얼리티에 대한 다양한 측면을 살펴보고 있었다.

여성주의 이론에서 가족은 전형적인 가족이라는 개념을 비판적으로 보고 있다. 구체적으로 독신가족, 한부모가족, 동거가족, 별거가족, 이혼가족, 재혼가족, 조손가족, 소년소녀가장가족 등을 비정상적으로 보지 않으며, 단지 서로 다른 유형의 가족유형으로 보았다. 여성주의자들은 부부간의 성관계를 상호 간의 애정을 교환하거나 몸을 통한 소통이 아니라 남성우위와 여성종속이라는 불평등 권력관계를 재생산하는 정치적 행위로 보았으며, 출산과 양육 역시 생물학적인 성에 의해 여성을 아동양육을 전담하는 어머니의 역할에 국한시키는 것을 거부하고 양성평등에 기초한 부모공동양육을 제한하였다. 또한 전통적으로 여성이 전담해 온 가사노동을 여성의 의무가 아니라 자유로운 선택으로 보는 한편, 가사노동을 새롭게 재조직하여 양성평등을 이루어야 한다고 보았다.

이성주의자 학자들은 여성에게 가해지는 억압의 원인과 결과를 규명하고 여성들의 해방을 위한 방안을 모색하고자 하였으며, 이를 위한 대표적인 전략으로 자유주의 여권론, 사회주의 여권론, 급진주의 여권론을 제안하였다. 먼저 자유주의 여권론 학자들은 사회구조 자체보다 관습과 제도의 개선에 관심을 두고 기존 사회체계 내에서 여성의 지위를 향상시키는 데 초점을 두었다. 이에 자유주의 여성운동은 주로 교육운동이나 참정권 운동 등에서 활발히 이루어졌으며, 이를 통해 여성의 법적 지위가 높아졌다. 또한 의식개혁을 통한 대중성 확보에 주력함으로써 여성주의 운동의 확산에도 기여하였다는 점에서 긍정적인 평가를 받고 있다. 그러나 자유주의 여권론은 점진적인 개혁안을 주장하였을 뿐 기존 사회체계가 가진 제도의 구조적 문제에 대해서는 근본적인 해결방안을 마련하지 못하였다는 비판을 받고 있다(조성연 외, 2009).

다음으로 사회주의 여권론은 19세기 이후 노동계 여성들이 사회운동에 본격적으로 진출하게 되면서부터 태동하였으며, 사회주의 여권론 학자들은 생존권과 정당한 처우 문제를 경제적 억압구조와 같은 맥락을 통해 규명하고자 하였다. 사회주의 여권론 학자들은 여성억압의 원인이 되는 정치적·경제적 차별을 강조하면서도, 동시에 다양한 유형의 여성노동에 관심을 두고 자본주의의 개념을 재규정하고자 하였다. 또한 사회주의 여권론 학자들은 자본주의가 발전하는 과정에서 여성 노동자의 참여가 소외된 것이 여성에 대한 억압의 원인으로 보고 사회계급을 강조하였다(박경아 외, 2019). 다른 한편으로는 여성은 남성에 의해서가 아니라 자본주의에 의해 억압받는다고 본 마르크스주의 이론을 수정·확장하여 가부장제가 상호작용하여 여성의 억압을 이끈다고 주장한다(김경자·임선영, 2008).

끝으로 급진주의 여권론 학자들은 여성억압을 계급억압의 부산물로 보는 마르크스주의 이론과는 달리 여성억압의 근원적인 문제를 제기하고 있다. 즉 계급모순을 해결했다고 보는 사회주의 국가에서도 여전히 존재하는 여성억압을 예로 들며 여성집단을 지배하고 여성을 종속시킴으로써 이득을 보는 집단은 자본주의나 사회주의가 아니라 남성집단으로 보았다(김희성 외, 2009). 급진주의 여권론 학자들은 남성이 여성의 섹슈얼리티와 재생산을 통제하고 강간과 구타를 통해 여성의 신체적 완전함을 해치는 것을 포함하여 여성의 신체적 아름다움과 섹슈얼리티에 대해 가지는 고정관념에 반대하는 등 신체에 대한 쟁점으로 여성주의 이론을 확대하였다(김경자·임선영, 2008).

2) 여성주의 이론과 가족생활교육 접근

여성주의자들은 성역할의 기초로서 평등주의, 정의, 남녀관계에서의 자기결정권, 행동과 책임 등의 가치를 중요하게 보았으며, 이러한 가치들은 가족생활교육의 학습내용이나 교수·학습방법, 그리고 가족생활교육 연구자와 실천가,

클라이언트들의 의사결정에도 영향을 미친다(Arcus, Schvanefeldt, & Moss, 1993; 1996). 즉, 융통성 있는 성역할과 함께 성별에 따른 우열의 가치판단 중지를 통해 개인과 가족뿐만 아니라 사회에도 좋은 영향을 미칠 수 있음을 시사한다. 따라서 성역할은 대부분의 가족에서 한 세대로부터 다음 세대로 재생산된다는 점에서 가족생활교육에서 다루어야 할 중요한 주제로 볼 수 있으며, 여성주의 이론에서 제시하는 가족생활교육 관련 쟁점들은 다음과 같다(송정아 · 전영자 · 김득성, 1998).

- 성별(gender)에 따라 지식습득방법과 도덕적 추론, 의사소통, 인성에 차이가 있는가?
- 어떤 여성은 어떤 남성과 더 비슷하다거나 그 반대의 경우와 같이 성별(gender)에 따라 차이가 있는가?
- 성별(gender)에 따라 차이가 있다면 이 차이는 선천적인 차이 또는 초기 경험과 사회적 산물인가? 아니면 두 변수의 상호작용인가?
- 만약 모든 원인과는 무관하게 차이가 있다면 남성과 여성을 똑같이 대하고 똑같은 가치를 주는 것이 가능한가?
- 남녀 간의 차이의 인정이나 억제가 자녀양육과 인간발달, 사회복지에 미치는 영향은 무엇인가?
- 남성과 여성은 어느 정도까지 비슷한 방식으로 사회화되고 양육될 수 있으며, 전통적인 남성성과 여성성이 어느 정도로 더 이상 합당하지 않은가?
- 양성성은 자녀양육과 성인행동의 목적이 되어야 하는가?
- 만약 부모됨이 남성이나 여성의 책임이라면 자녀와 성인에게 어떤 영향이 있는가?
- 남성과 여성, 그리고 아동의 욕구와 권리 산에 내재된 갈등은 해결될 수 있는가?
- 연구문제, 이론적 배경, 제안된 교육적 실제에 영향을 미치는 정치적 · 이념적 가정은 무엇인가?

여성주의 이론에서는 남성이나 여성과 같이 모든 사람에게 적용되는 확실하고 고정된 차이가 아니라 상대적인 경향으로 간주되어야 한다고 보았다. 또한 가족생활교육에서 전통적인 성 고정관념을 뒷받침한다거나 특정 성별에 우세를 가정하기 위해 성별에 따른 차이를 지나치게 강조하는 연구나 이론들을 사용해서는 안 된다고 보았다(Arcus et al., 1993; 1996). 여성주의자들이 가족에 대해 가지는 관점과 관련하여 가족생활교육에서 고려해야 할 사항은 다음과 같다(송정아 외, 1998).

- 지위의 공평성, 권력관계, 자기와 타인에 대한 책임
- 가족의 역동성과 변화, 개인과 가족의 문제를 이해함에 있어서 사회적·문화적 맥락의 중요성, 다양한 가족형태의 인정과 합법화
- 임금노동 및 무임금노동(가사노동)과 관련된 쟁점의 인식
- 여성과 가족을 위한 경제적 자급자족의 중요성
- 가족경험에 있어서 개인적 차이의 인정
- 모든 가족구성원에 대한 양성적 성역할의 보상

이러한 여성주의 이론은 가족 내 여성의 활동이나 책임에 대한 가족생활교육에 활용할 수 있다. 특히 현대 여성들은 맞벌이를 통해 일과 가정이 양립할 수밖에 없는 구조에 놓였다는 점에서 일·가정 양립에 대한 인식 개선을 위한 가족생활교육에도 활용할 수 있다. 송다영, 장수정과 김은지(2009)의 일·가정 양립에 대한 인식 연구에 따르면 남성보다는 여성이 일·가정 양립에 대한 문제가 상당한 것으로 나타났으며, 특히 여성 홑벌이가정의 여성이 일·가정 양립에 대한 문제가 심각한 것으로 나타났다. 또한 연령의 경우 20대가 가장 어려움을 겪는 것으로 나타났으며, 자녀수의 경우 외동인 경우가 가장 어려움을 겪는 것으로 나타났다. 따라서 일·가정 양립생활이 증가하는 현대 가족들의 삶의 질을 향상시키기 위해서는 여성주의 이론에 기반하여 자녀의 출산과 양육, 그리고 가사노동에서의 역할분담 등에 관한 가족생활교육 프로그램을 개발하고 운영할 필요가 있음을 시사한다.

4. 교환 이론

1) 교환 이론에 대한 이해

교환 이론은 사회학습 이론으로부터 출발한 사회행위에 대한 경제학적 모델로서 행동주의 이론가인 호만스(Homans, 1958; 1961)가 처음 발표하였으며, 사회학자인 켈리와 티바웃(Kelley & Thibaut, 1978)에 의해 정교화되었다. 교환 이론 학자들은 인간의 본성을 이로운 것은 취하고 해로운 것은 피하려고 하는 보상유기체로 보았으며, 이를 바탕으로 사회관계를 설명하고자 하였다. 교환 이론에서는 사회적 관계를 설명하는 데 있어서 인간행동에는 반드시 비용과 보수가 따르고 행위자는 비용과 보수뿐만 아니라 자신의 사회적 자산을 기반으로 행동한다고 보았다(송유창, 2008). 교환 이론 학자들은 특정 행동에 따라 보상이 주어지는 것으로 인식된다면 특정 행동이 반복되는 경향이 나타나겠지만 이러한 행동에 많은 시간과 비용, 그리고 노력 등이 소요된다면 해당 행동은 감소하게 된다고 보았다(Powell & Cassidy, 2007). 이에 교환 이론 학자들은 사람들이 행동으로부터 얻는 이득과 손실에 기초하여 합리적으로 계산하며, 사람들 간에는 보상과 처벌을 제공한다는 사실을 고려한다고 보았다. 이는 인간에 대한 경제학적 모델과 상호작용을 포함한 사회학습 이론보다도 더욱 정교하고 사회적인 이론으로 평가받고 있다(박경아 외, 2019; 이성희 외, 2018).

사회 교환 이론의 주요 개념으로는 보상, 자원, 비용 및 비교수준, 대안에 대한 비교수준, 호혜성 등이 있다. 먼저 보상은 개인이 교환관계에 참여하여 다른 사람들과의 상호작용을 통해 경험하는 기쁨과 만족, 그리고 충족으로 정의할 수 있다(Thibaut & Kelley, 1959). 이러한 보상은 행동의 긍정적 강화요인으로 작용할 수 있는데, 행위자가 특정 행동을 강화시키는 데 사용되는 모든 것이 보상에 포함된다. 자원은 행위자들 간의 행동을 통해 교환되는 물질적·상징적 상품 모두를 의미한다(박경아 외, 2019). 이러한 자원은 한 개인이 다른 사람에게 보상을 줄 수 있도록 하는 능력을 부여하며, 자원을 보유한 사람은 교환

관계에 있어서 유리한 위치에 서게 됨으로써 궁극적으로는 권력을 강화하게 된다. 비용은 한 개인이 교환관계에서 경험하는 처벌이나 보상을 놓치는 것을 의미하며, 비용의 유형에는 투자비용, 직접비용, 기회비용 등이 있다. 먼저 투자비용은 개인이 다른 사람들에게 보상을 줄 수 있는 능력을 획득하는 데 소요되는 자원을 의미한다. 다음으로 직접비용은 실제 교환에서 다른 사람에게 지급하는 자원을 말하며, 기회비용은 특정 교환관계에 참여함으로써 다른 교환관계에서 얻을 수 있는 보상을 놓치는 것을 의미한다.

한편 비용수준은 주어진 관계에서 사람들이 현실적으로 보상과 비용을 평가하는 기준을 의미한다. 개인들은 관계에 대한 사회적 규범을 의식하고 타인들을 관찰하면서 얻은 경험과 지식을 가지고 교환관계에 참여하며, 이를 바탕으로 상호 간의 비교수준을 형성한다. 이때 비교수준 이상의 결과를 가져다주는 교환관계는 만족스럽고 매력적인 경험으로 여겨지지만, 비교수준 미만의 결과를 가져다주는 교환관계는 불만족스럽고 매력적이지 못한 경험으로 여겨진다. 예를 들어, 결혼에 대한 비현실적인 기대수준을 가질 경우 비교수준이 높아 불만족스러울 가능성이 높은 반면, 현실적인 기대수준을 가질 경우 비교수준이 낮아 상대적으로 만족스러울 가능성이 높다. 대안에 대한 비교수준은 현재의 교환관계에 대한 개인의 인식을 통해 활용 가능한 대안을 비교함으로써 최상의 대안을 선택하여 결정하는 것을 의미한다. 따라서 대안적 교환관계에서 얻을 수 있는 결과가 현재의 교환관계에서 얻을 수 있는 것보다 클 경우 현재의 교환관계를 유지할 가능성은 낮아진다. 호혜성은 교환이 상호 반응적인지에 대한 여부와 관련이 있는 것으로 언제, 어떻게 상대방에게 자원을 보상해 주어야 하는지에 대한 기대를 포함한다. 이러한 호혜성은 상호의존적인 의무와 기대의 관계망을 형성하는 데 도움을 주며, 교환관계를 안정시키는 데에도 긍정적인 영향을 준다.

2) 교환 이론과 가족생활교육 접근

교환 이론 학자들은 교환 이론이 가족관계 및 가족생활에 어떻게 적용되는지에 관심을 가지고 있으며, 가족생활교육 프로그램을 개발하고 운영하는 데 있어서도 이를 어떻게 활용할 것인지를 모색하고자 하였다. 해외에서는 1960년대 후반부터 교환 이론을 가족학 연구에 적용하기 시작하였으며, 특히 가족관계 중 노부모와 성인자녀 간의 관계에 대한 연구가 활발히 이루어졌다. 해외에서는 노부모와 성인자녀 간의 관계에 대한 특별한 사회적 규범이 존재하지 않았기 때문에 노부모의 부양은 성인자녀의 의무감이 아닌 보상과 자원, 비용 등을 고려한 자발적인 인간관계로 여겨져 교환 이론이 설득력 있게 받아들여졌다(김명자·서소영, 1998). 또한 교환 이론을 통해 부부관계가 왜 지속되고 종료되는지에 대해 설명할 수 있게 되었으며, 배우자들이 부부관계에서 받는 이익과 오랫동안 관계를 유지하는 데 소요되는 비용에 대해 동등하거나 많다고 인식되면 협력관계를 유지하는 데 긍정적인 영향을 준다(Powell & Cassidy, 2007).

해외에서는 사바텔리와 쉬한(Sabatelli & Shehan, 1993)이 다른 가족주기에 비해 어린 자녀를 둔 신혼부부의 결혼만족도가 낮은 이유를 설명하는 데 비교수준의 개념을 활용하는 것이 용이하다고 보았다. 구체적으로 살펴보면, 신혼부부는 비교적 높은 결혼만족도를 보이지만 자녀가 태어남에 따라 신체적·정신적 부담을 경험하게 되면서 기대했던 비교수준보다 시간과 에너지를 더 소모하기 때문에 현재의 결혼만족도를 낮게 평가하는 경향이 있는 것으로 나타났다. 또한 배우자를 선택함에 있어서도 여성의 매력은 남성에게 자원으로 인식되어 보상으로 여겨지며, 남성의 좋은 직업과 배경은 여성에게 보상으로 여겨진다. 물론 결혼시점에서는 이러한 교환관계는 상호 호혜적이지만 결혼 후 남편이나 아내의 태도 변화로 인해 호혜성이 지켜지지 않을 경우 부부관계에 갈등이 나타나게 된다(조성연 외, 2009).

우리나라에서는 조병은과 신화용(1992)이 맞벌이가족의 성인 딸과 며느리, 그리고 노모 간의 관계를 살펴본 연구에서 보상이 크고 비용이 적을수록 성인 딸과 노모 간의 관계, 며느리와 노모 간의 관계의 질이 높은 것으로 나타났다. 따라서 성인 딸과 며느리, 그리고 노모 간의 관계에서도 교환 이론의 적용 가능성이 있음을 보여준다. 이는 교환 이론을 통해 가족관계가 단순한 애정만으로 형성될 수 없으며, 자원과 보상, 그리고 비용 등이 가족관계의 질에도 영향을 미칠 수 있음을 시사한다. 따라서 가족생활교육 프로그램을 개발하고 운영하기에 앞서 가족생활교육 프로그램 참여자들이 속한 가족관계의 특징과 양상이 어떠한지를 파악하고, 가족구성원들이 가진 자원과 보상, 그리고 비용 등을 상호 교환하는 것에 대해 어떻게 인식하고 있는지를 조명한다면 상호 이해도를 높일 수 있는 계기가 될 수 있을 것이다. 그러나 교환 이론은 주어진 조건하에서 최대한 효용성을 얻기 위해 교환관계를 유지하거나 해체한다는 점에서 우리사회의 다양한 가족유형들이 가진 모든 가족문제에 적용하는 것은 한계가 있을 것이다. 또한 교환 이론은 근본적으로 개인의 선택행위에 초점을 두고 있어 가족이 하나의 사회제도로서 가족구성원들에 의해 역동적으로 움직일 수 있다는 점을 간과하고 있다. 따라서 상호의존성이 높은 가족관계에서는 지나치게 개인적 수준에서의 보상과 비용을 강조함으로써 가족 이타주의를 간과해서는 안 될 것이다.

5. 체계 이론

1) 체계 이론에 대한 이해

체계(system)란 그리스어 시스테마(systema)에서 유래된 것으로 시스템 개념을 처음 도입한 연구자는 독일 생물학자인 본 베르탈란피(Von Bertalanffy, 2003)이다. 제2차 세계대전 이후 과학과 인류 문화가 발전할수록 학제 간의 연구와 교류가 원활하지 않아 학제 간의 상호 이해나 협력이 힘들어지게 되었다. 이에 따라 그는 1940년대 들어 다양한 학문 분야를 통합할 수 있는 공통된 사고와 연구의 틀을 마련하고자 여러 차례 시도 끝에 자연과학과 사회과학까지 통합할 수 있는 체계 이론을 제시하였다(박경아 외, 2019; 박주희, 2020; 전세경, 2013; 정현숙, 2016). 체계 이론이 제시된 이후 1950년대 들어 여러 학문 분야에 소개되었으며, 보울딩(Boulding, 1956)이 일반체계 이론을 정립함으로써 1960년대 이후 새로운 패러다임으로서 경영학, 사회학, 교육학, 사회복지학, 정신치료학, 그리고 가정학 등 다양한 학문 분야에 맞게 사용되었다. 체계 이론은 실증적으로 증명할 수 없다는 점과 측정상의 한계가 있다는 점에 따라 한때 침체기가 있었지만 현재까지 다양한 학문 분야에서 널리 사용되고 있다는 점에서 여전히 중요하다고 볼 수 있다. 체계 이론은 비록 복잡한 체계의 속성과 체계 내에서 이루어지는 상호작용의 특성을 파악하기 위해 개발된 것이기에 추상적임에도 불구하고 현실을 관찰하고 구성요소들 간의 관계성을 파악하여 체계적으로 조직할 수 있는 방법을 제시하여 주었다는 점에서 의의가 있다.

체계(system)는 상호의존적이고 상호작용하는 부분들로 구성된 전체, 즉 부분들 간의 관계를 맺고 있는 일련의 단위로 정의된다(김유숙, 2014; Von Bertalanffy, 1967). 또한 체계는 인과관계 속에서 직간접적으로 관련된 구성요소들 간의 복합체이며, 각 구성요소들은 특정 기간 내에서 다른 구성요소들과 안정적인 관련성을 갖는다(최옥채 · 박미은 · 서미경 · 전석균, 2008). 한편 사회체계는 우리가 살고 있는 사회적 환경 내에 존재하는 다양한 형태의 인간 공동체에 적용할 수 있는 사회조직의 모형이라고 볼 수 있다(장인협, 1998). 따라서 체계 이론 학자들은 체계 내에 특정 부분의 변화는 다른 영역들 간의 상호작용 속성을 변화시키기 때문에 체계 전체의 속성 변화에도 영향을 미친다고 본다. 1960년대 이후부터는 가족학 분야에서도 일반체계 이론에 대한 관심이 높아졌으며, 1970년대에는 가족체계 이론이라는 용어가 등장하게 되었다.

체계 이론의 주요 개념은 구조적 특성과 진화적 특성, 그리고 행동적 특성으로 분류할 수 있다. 체계의 구조적 특성의 경우 경계와 공유영역, 개방체계와 폐쇄체계가 있으며, 체계의 진화적 특성의 경우 균형, 항상성, 안정상태, 엔트로피, 네겐트로피가 있다. 또한 체계의 행동적 특성에는 투입, 전환, 산출, 환류가 있다. 먼저 구조적 특성에서 경계는 다른 체계나 외부환경과 구분 짓는 것을 의미하는 것으로 체계의 정체성을 규정해 주며, 주위 환경과의 내적·외적 교환을 통제하는 한편, 부분적인 침투가 가능해 에너지와 정보의 전달이 가능하다. 공유영역은 2개의 체계가 공존하는 곳으로 체계 간의 교류가 활발히 일어나는 곳이다. 앞서 살펴본 경계 체계의 정체성을 유지하기 위한 것이라면 공유영역은 서로 다른 체계 간의 공통의 이익이나 관심을 추가하기 위한 것으로 볼 수 있다. 개방체계는 반투과성의 경계를 가지므로 경계가 상대적으로 느슨해 에너지, 정보, 자원을 다른 체계들과 교환할 수 있는 반면, 폐쇄체계는 다른 체계로부터 어떠한 투입이나 산출이 일어나지 않는다. 개방체계나 폐쇄체계 모두 균형상태를 유지하려고 하지만 개방체계에서의 균형은 변화와 성장을 의미하는 반면, 폐쇄체계에서의 균형은 성장이 없는 엔트로피만을 의미한다. 그러나 사회체계가 건전하게 성장하고 발달하기 위해서는 다른 체계들과의 상호작용이 어느 정도 있어야 하며, 이때 나름대로의 경계를 유지하는 방법 또한 가지고 있어야 한다(박경아 외, 2019).

다음으로 진화적 특성에서 균형은 주로 폐쇄체계에서 나타나는 것으로, 고정된 구조를 가지고 주위 환경과 수직적인 상호작용보다는 수평적인 상호작용을 하면서 거의 교류하지 않는 상태를 의미한다. 즉, 외부체계와의 교류나 체계의 구조적 변화가 거의 없는 고정된 평형상태를 말한다고 볼 수 있다. 항상성은 균형보다 일정 수준의 개방체계를 전제로 하는 것으로, 환경과 지속적인 상호작용을 하면서 정적인 균형보다 역동적인 균형상태를 이루는 것을 의미한다. 안정상태는 환경과의 교류뿐만 아니라 환경에 적응하기 위해 체계의 구조를 변화시키는 상태로 개방체계에 존재하며, 체계가 건강한 상태 또는 안녕상태를 유지하는 것을 의미한다. 이러한 안정상태는 모든 사회체계의 기본적인 속성으로 체계의 목표와 정체성을 유지하려는 의도적인 노력에 의해 수정될 수 있다. 엔트로피는 체계 내 구성요소들 간의 상호작용이 감소함에 따라 유용한 에너지가 감소하는 것을 의미하는 반면, 네겐트로피란 체계 내 유용하지 않은 에너지가 감소하는 것을 의미한다.

끝으로 행동적 특성에서 투입은 체계 밖에서 안으로 들어가는 모든 요소를 의미하며, 전환은 체계가 투입을 산출로 전환시키는 내적 처리과정을 의미한다. 또한 산출은 투입된 것을 내적 과정을 통해 변화시킴으로써 환경으로 내보내는 모든 생산물을 의미하며, 환류는 진로를 수정하는 과정에서 성장과 성취적 변화를 위해 새로운 정보를 포함하여 투입에 반영하는 피드백(feedback)을 의미한다.

2) 체계 이론과 가족생활교육 접근

체계 이론은 가족구성원 개인에 초점을 맞추기보다는 가족 전체를 강조하는 방식으로 가족체계 이론이 등장하였으며, 가족체계 이론은 가족을 상호 관련된 부분이나 하위체계들 간의 조직으로 본다(조흥식 외, 2006). 이때 개인은 가족과 분리될 수 없고 가족구성원들 간의 상호작용이 일어난다는 점에서 가족을 하나의 체계로 간주하기에 체계 이론은 가족생활교육과도 밀접한 관련이 있음을 시사한다(Powell & Cassidy, 2007).

가족은 가족구성원들 간의 관계망으로 이루어진 하나의 역동적 체계를 의미하며, 성별(gender)과 이해관계, 세대, 그리고 가족의 생존과 관련된 역할을 토대로 하위체계를 발전시킬 수 있다(Hepworth & Larsen, 1993). 이처럼 가족은 가족구성원들 간의 연합을 통해 하위체계를 이루기도 하며, 특정 하위체계가 지나치게 밀착된 경우 다른 가족구성원들이 소외감을 느낄 수도 있다. 가족 내에서 지속적으로 연합하거나 동맹을 이루면서 주요한 가족기능 역할을 담당하고 있는 하위체계로는 부부 하위체계, 부모 하위체계, 부모-자녀 하위체계, 형제자매 하위체계가 있다(조흥식 외, 2006).

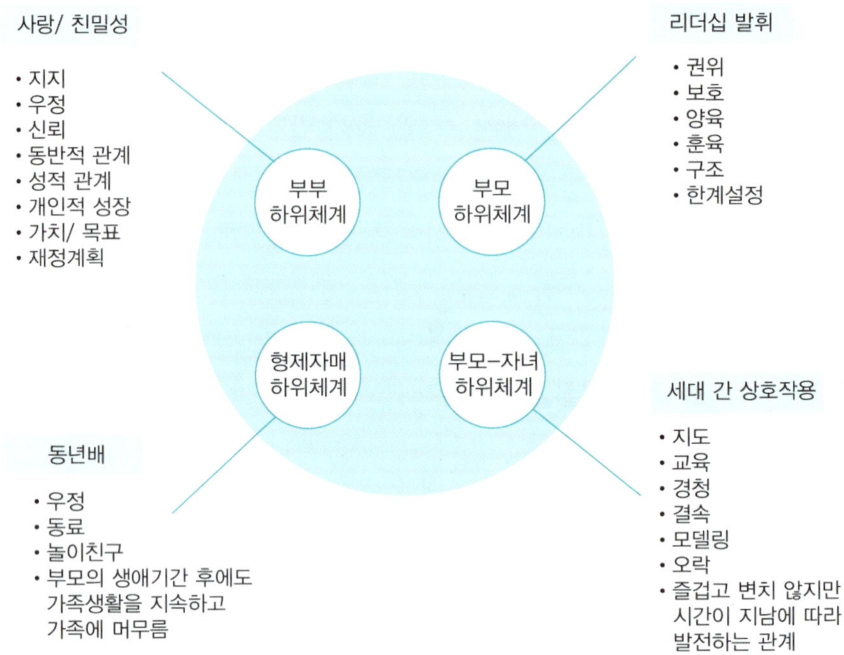

그림 3–2 가족 내 주요 하위체계와 규범적 역할

출처 : 박경아 외(2019); 조흥식 외(2006).

가족체계와 외부체계는 개인의 행동과 선택에 매우 강력한 영향을 미칠 수 있다. 예를 들어, 심각한 장애를 가진 가족은 폐쇄체계를 가질 수 있으며, 가족구성원들의 기능이 미분화되거나 역기능에 빠질 수도 있다. 또한 가정폭력은 경직된 체계 내에서 발생할 확률이 높으며, 이러한 폭력은 끊임없는 환류를 통해 가족체계 내에서 전 세대에 걸쳐 전수될 수 있다(박경아 외, 2019). 이러한 가족문제를 가지고 있는 요보호 가정이나 특수한 문제를 가진 가족들의 경우 총체적이면서도 다차원적인 가족생활교육 프로그램이 제공될 필요가 있으며, 이는 문제가 있는 가정뿐만 아니라 건강한 가족구성원들에게도 동일하게 제공될 필요가 있다. 따라서 가족생활교육 프로그램 관련 연구를 수행하거나 프로그램을 개발 및 운영할 때에도 가족체계와 외부체계를 충분히 고려할 필요가 있다(Powell & Cassidy, 2007).

올슨과 드프레인(Olson & DeFrain, 1994)은 일반체계 이론을 바탕으로 가족체계 모델을 고안했으며, 가족 결속력과 적응력, 그리고 가족의 의사소통을 중심으로 가족체계를 사정(assessment)하였다. 건강한 가족은 적절한 결속력과 적응력을 가지며 의사소통 체계가 분명하여 자기표현 및 감정을 명확하게 드러내며 상호작용한다. 올슨과 그의 동료들(Olson, Sprenkle, & Russell, 1979)은 결속력과 적응력을 각각 네 가지 수준을 구분하여 16가지 가족체계 유형을 소개하였다(김유숙, 2014). 이를 바탕으로 가족 결속력과 적응력 척도라는 순환모델 설문지를 개발하여 가족을 이해하기 위한 실천과 연구에 활용하고 있으며, 이러한 평가도구를 활용한 연구결과들에서 가족의 응집력과 적응력이라는 가족행동이 가족을 유지하는 데 도움이 되고 있음이 실증적으로 입증되었다(Olson, 1989).

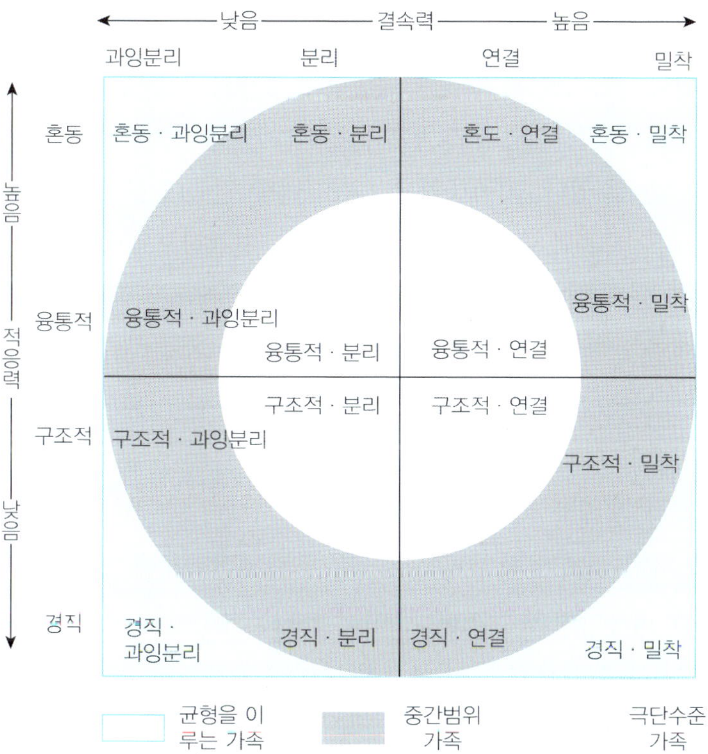

| 그림 3-3 | 16가지 가족체계 유형

출처 : 김유숙(2014); 박경아 외(2019); Olson et al.(1979).

6. 생태체계 이론

1) 생태체계 이론에 대한 이해

생태체계(eco-system)는 생태학 이론과 일반체계 이론을 결합한 것으로, 하나의 개체는 해당 개체와 연결된 다양한 구성요소들과 상호작용한다고 본다. 즉, 생태체계 이론은 인간의 생활과 같이 역동적이며, 계속적으로 변화하는 체계를 파악하는 데 유용하다. 이에 생태체계 이론을 이해하기 위해서는 생태학 이론과 체계 이론에 대한 이해가 선행될 필요가 있다(박창우, 2008). 생태 이론은 가족과정이나 가족발달을 설명하기 위한 이론적 모델은 아니지만 가족을 둘러싼 외부환경과의 상호작용과 가족 내 하위체계를 분석할 수 있는 유용한 분석틀을 제공한다. 즉, 인간의 발달을 설명하는 생태학 이론이 가족의 발달과정을 설명할 수 있는 것은 개인의 성장과 발달을 가족과 분리하여 설명할 수 없기 때문이라고 볼 수 있다. 가족생활교육과 가족학 관련 연구에서 생태학 이론을 활용하는 것은 가족과 관련된 다양한 환경을 연결함으로써 가족체계를 보다 잘 이해하고 궁극적으로 가족문제를 잘 통제하기 위해서이다. 이러한 환경의 중요성은 인간은 전체 생명체계의 일부이자 자연 속의 다른 생명체나 그들을 둘러싼 환경과 분리하여 생각할 수 없다고 본 생태학 이론의 기본 가정에서도 잘 나타나 있다.

가족에 대한 생태학 이론은 가정학 이론에서부터 발달한 것으로 개인과 집단, 그리고 사회 전체와 환경의 상호작용과 상호의존성에 초점을 두고 인간의 환경에 대한 적응과정을 강조한다. 이러한 적응과정에서 인간과 가족의 생존, 삶의 질, 그리고 환경보호 등이 주요한 관심사가 되었고, 의식과 가치관, 의사결정, 그리고 적응을 위한 인간행동 등에 대한 논의가 점차 가정학, 가족학, 보건의료학, 사회학, 사회복지학 등 다양한 학문 분야로 확산되었으며, 특히 가족치료학 이론 학자들에 의해 다학제적으로 활용되었다. 생태체계 이론에서는 사회적 관계망을 개인의 생활공간에서 중요한 요인으로 인간행동을 가족과 집단, 조직 및 지역사회의 기능을 이해하는 데 초점을 둔다. 이러한 맥락에서 가족생태체계 이론에서는 다음과 같이 이론적 전제를 두고 있다(박경아 외, 2019; 박주희, 2020; 이성희 외, 2018; 전세경, 2013; 정현숙, 2016).

- 가족과 그들을 둘러싼 환경, 그리고 생태체계의 내적 작용 및 이들 간의 상호작용은 상호의존성의 원칙에 따라 논의되어야 한다.
- 가족은 인간조직으로서 인간생활체계의 집합체이며, 외부환경과의 끊임없는 상호작용을 수행한다.
- 가족은 부분적으로 외부환경에 개방되어 있고, 목표지향적이며, 역동적으로 외부환경에 적응하는 체계이다.
- 다양한 외부체계는 상호 연결되어 있거나 영향을 주고받는다.
- 가족은 에너지 변화체계로서 자원의 관리, 상호작용, 그리고 적응을 위한 창조적 역할을 중요시한다.
- 가족과 환경 간의 상호작용을 지배하는 원칙은 물리적 원칙, 생물학적 원칙, 그리고 사회관습과 같은 규칙들이다.
- 외부환경은 인간행동을 결정하지는 않지만 행동을 제약할 수 있으며, 가족을 위한 가능성과 기회를 창출한다.
- 가족은 외부환경과의 상호작용 과정에서 다양한 조정과 자율의 권한을 가진다.
- 가족의 의사결정은 목표를 달성하기 위한 각종 조정역할을 수행하며, 가족뿐만 아니라 사회, 문화, 그리고 자연환경에도 영향을 미친다.

브론펜브레너(Bronfenbrenner, 1979)는 인간발달에 대한 연구는 실제 생활환경에서 이루어져야 한다고 보았으며, 인간발달에 대한 생태학적 개념 모델을 제안하였다. 이러한 생태학적 체계 이론은 가족과 인간발달을 이해하는 데 중요한 역할을 하였으며, 브론펜브레너의 생태학적 체계 이론에서는 개인이 생명을 유지하고 발전해 나가는 4대 생활체계인 미시체계(microsystem), 중간체계(mesosystem), 외체계(exosystem), 거시체계(macrosystem)로 구분하였다.

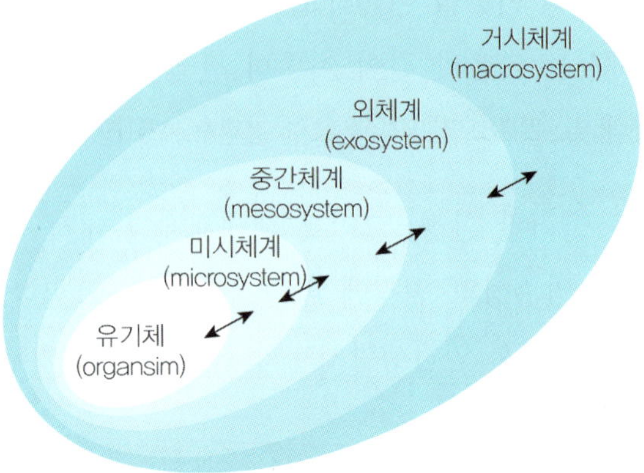

그림 3-4 브론펜브레너의 생태학적 체계 모형

출처 : 김정옥 외(2009); 박경아 외(2019).

이러한 체계는 출생에서 사망에 이르기까지 인간발달의 전 과정에서 개인이 경험하는 생활의 직접성(immediacy)에 근거하여 분류하였으며, 한 개인의 관점에서 보았을 때 가족은 대표적인 미시체계로 볼 수 있다. 먼저, 미시체계는 개인에게 가장 인접한 수준의 환경으로, 친밀한 사회환경 안에서 매일 경험하는 상황과 함께 직접적인 접촉이 이루어지는 물리적 환경 내에서의 활동과 역할, 그리고 대인관계 유형 등을 포함한다. 개인에게 가장 인접한 환경인 미시체계가 효과적으로 기능하려면 이 외의 체계에서도 성공할 기회가 많아진다. 중간체계는 상호작용 중에 있는 여러 미시체계들 간의 관계를 의미한다. 즉, 가정과 학교 간의 관계, 학교와 직장 간의 관계와 같이 개인을 둘러싼 두 가지 이상의 미시체계들 간의 관계성을 말한다. 이러한 중간체계에서는 각각의 미시체계에서 존재하는 발달을 촉진하거나 저해하는 특징과 함께 미시체계 환경에서 발생하는 과정들이 서로 작용하면서 만들어 내는 상승효과에 초점을 둔다. 외체계는 개인이 직접 참여하고 있지는 않지만 개인의 발달에 영향을 주는 환경체계를 의미한다. 예를 들어, 부모의 직장이나 형제가 다니는 학교, 부모의 친구, 그리고 지역사회 등 개인을 직접적으로 둘러싸고 있지 않은 체계이다. 거시체계는 일반적으로 정치, 문화, 사회, 경제, 법, 종교 등과 같은 광범위한 사회적 맥락을 의미한다. 이러한 거시체계는 개인의 삶에 직접적으로 개입하지는 않지만 개인이 속한 사회의 구조적 맥락을 포함하기 때문에 간접적이나마 강력한 영향을 미친다(최옥채 외, 2008). 브론펜브레너는 이후 시간체계를 새롭게 추가하였는데, 이는 개인의 발달과 삶은 어떠한 시대적 배경하에 출생하여 성장하였는지에 따라 다를 수 있다고 보았기 때문이다. 즉, 개인의 전 생애에 거쳐 일어나는 다양한 변화와 역사적인 환경이 개인의 발달과 삶에 영향을 미칠 수 있음을 시사한다.

2) 생태체계 이론과 가족생활교육 접근

생태체계 이론을 가족생활교육에 활용하는 것이 효과적인 이유는 다음과 같다(박경아 외, 2019).

- 생태체계 이론은 가족이 호소하는 문제를 사정(assessment)할 때 개인이 제공하는 정보에만 의존하기보다는 가족문제와 관련된 모든 체계들과 접촉하여 다양한 정보를 얻음으로써 보다 풍부하고 객관적인 정보를 획득하도록 도와 가족생활교육의 실천범위를 넓힌다.
- 생태체계 이론은 개인, 집단, 공동체를 비롯한 모든 크기의 사회체계에 적용되는 이론으로 가족집단에만 구애받지 않으며, 가족과 관련된 모든 사회체계에 적용되는 이론이다. 즉, 가족문제를 해결하거나 가족의 건강성을 증진하기 위한 교육을 실행하고자 할 때 가족을 둘러싼 이웃, 지역사회, 국가 등에도 적용할 수 있다.
- 생태체계 이론은 가족생활교육 개발 및 운영 계획을 수립함에 있어서 목표하는 변화를 달성하기 위해 가족체계뿐만 아니라 가족을 둘러싼 다양한 체계에 대해 어떤 부분에 개입해야 하는지, 어떠한 내용의 전략을 마련해야 하는지 등 보다 확실하게 설계하도록 돕기 때문에 가족생활교육을 위한 사정도구(assessment tool)로서 유용성을 가진다.

- 생태체계 이론은 가족생활을 가족의 총체성 속에서 이해하며 가족생활교육 시 특정 부분이 아니라 가족과 관련된 전체 체계에 개입하여 체계적인 변화를 야기한다. 즉, 특정 가족이나 가족구성원에 대한 가족생활교육이라는 개입이 종료되더라도 이미 발생한 체계의 변화는 체계 자체의 적응기능에 의해 지속되는 성질이 있으므로 그 효과는 지속된다.

7. 가족생활주기 이론

1) 가족생활주기 이론에 대한 이해

가족생활주기 이론은 제2차 세계대전 중 가족학 이론 학자인 듀발과 힐(Duvall & Hill, 1948)이 가족변화를 설명하기 위해 발달 이론을 바탕으로 수립되었다. 그들은 가족생활주기에 따라 개인의 심리적 발달, 개인 간의 관계, 그리고 상호작용 및 사회·제도적 영향이라는 세 가지 차원으로 소개하였다. 가족생활주기 이론에서의 기본 가정을 살펴보면 다음과 같다.

- 가족발달은 제도적 순서규범이 존재하기 때문에 단계적으로 이루어진다.
- 가족 내 역할관계는 가족발달단계에 따라 변화한다.
- 가족발달은 제도적 타이밍과 관련된 규범이 존재하기에 기간별로 이루어진다.
- 가족 내 역할관계는 부분적으로 가족단계의 기능에 따라 시간이 흐르면서 발전한다.
- 어떠한 제도든 규범적 요구는 가족의 단계와 보조를 맞춰야 하며, 그렇지 않을 경우 가족은 긴장상태에 빠지게 된다.
- 어느 시기에서든 모든 제도의 규범적 욕구와 총합이 개인이나 집단의 능력에 비해 과하면 사회적 일탈을 야기한다(Margaret & Sontag, 1993).

가족생활주기란 자녀의 출생과 성장, 자녀의 독립·은퇴 등과 같이 시간의 흐름에 따라 가정생활의 변화과정을 말한다(박경아 외, 2019; 박주희, 2020). 이러한 변화에 따라 기본적으로 가족구성원들도 영향을 받게 되며, 생활패턴이나 소비패턴, 그리고 주택 상황 등도 달라진다(박경아 외, 2019). 가족생활주기는 시간의 경과에 따른 가족 내 발달적 경향성을 나타내기 위해 사용하는 일반적인 용어이다. 가족생활주기 모델은 개인적인 생활과정 전 영역을 포함하면서도 가족을 전반적으로 강조한다. 가족생활주기 중 전환기에서는 적응상의 문제를 일으킬 수 있으며, 이 적응상의 위기는 가족문제의 근원이 되기도 한다. 가족생활주기 이론 학자들마다 가족생활주기의 단계를 다양하게 구분하고 있는데, 대표적인 학자들의 가족생활주기와 가족발달과업의 근원을 살펴보면 〈표 3-2〉 및 【그림 3-5】와 같다.

〈표 3-2〉 **학자별 가족생활주기**

학자	기준	단계	
소로킨 (Sorokin)	• 가족구성원 수 변화	• 신혼부부 단계 • 한 명 이상의 자녀를 출산하여 양육하는 단계 • 자녀가 독립하여 부모를 떠나는 단계 • 노인부부 단계	
커크패트릭 등 (Kirkpatrick et al.)	• 교육제도	• 학령전기 가족 • 학령기 가족	• 고등교육기 가족 • 성인 가족
비글로 (Bigelow)	• 수입과 지출의 재정적 유형 변화 • 자녀들의 교육 상황	• 가족형성기 • 자녀출산 및 미취학 아동기 • 초등교육기	• 고등교육기 • 대학교육기 • 은퇴기 • 회복기
듀발 & 힐 (Duvall & Hill)	• 첫 자녀의 발달단계와 은퇴기	• 신혼부부 가족 • 자녀출산 및 영아기 가족 • 유아기 가족 • 아동기 가족	• 청소년기 가족 • 독립기 가족 • 중년기 가족 • 노년기 가족
로저스 (Rogers)	• 듀발의 8단계를 24단계로 세분화 • 첫 자녀와 마지막 자녀의 발달단계	• 학령전기~출가기 24단계	

에릭슨 (Erickson)	• 가족생활주기	• 구애기 • 결혼초기	• 중년기 • 자녀독립기
가트 & 맥골드릭 (Carter & McGoldrick)	• 미국의 일반적인 중산층 가족들의 생활주기	• 독립된 젊은 성인 단계 • 신혼부부 단계 • 어린 자녀를 둔 단계	• 사춘기 자녀를 둔 단계 • 자녀가 집을 떠나는 단계 • 노년기 단계

출처 : 김유경 · 김양희 · 임성은(2009); 박경아 외(2019).

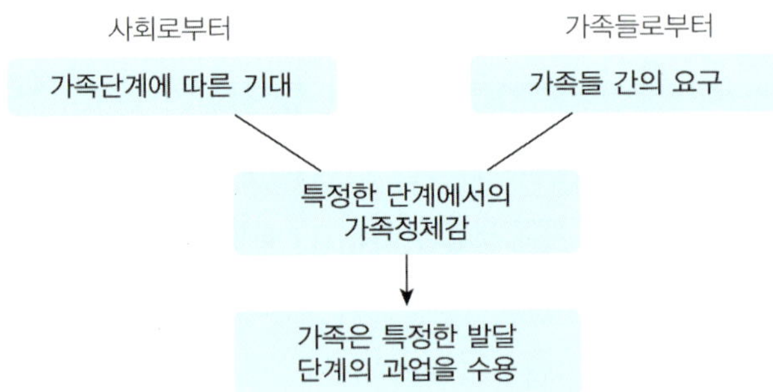

| 그림 3-5 | 가족발달과업의 근원

출처 : 박경아 외(2019).

가족생활주기를 구분하는 기준이 역시 가족생활주기 이론 학자들에 따라 다양하다. 세계보건기구(WHO : World Health Organization)에서는 부부의 결혼연령, 첫 자녀 출산, 단산, 막내자녀의 결혼, 배우자의 사망으로 구분한 모형을 제시하였으며, 이러한 해외의 가족생활주기 이론 모형을 바탕으로 우리나라에서는 2세대를 기준으로 기본 가족주기 모형을 수립하여 활용하였다(이소희, 2005).

〈표 3-3〉 기본 가족주기 모형

가족주기 단계		인구학적 특징	
		단계의 시작	단계의 끝
1단계	형성기	결혼	첫 자녀 출생
2단계	확대기	첫 자녀 출생	막내 출생
3단계	확대완료기	막내 출생	자녀 결혼 시작
4단계	축소기	자녀 결혼 시작	자녀 결혼 완료
5단계	축소완료기	자녀 결혼 완료	남편 사망
6단계	해체기	남편 사망	본인 사망

출처 : 박경아 외(2019); 이소희(2005).

그러나 해외 학자들이 제시하고 있는 가족생활주기는 우리나라의 가족 실정에 적합하지 않은 부분이 있다는 점에서 전효정(2007)의 연구결과를 반영하여 최규련(2008)이 재구성한 7단계 가족생활주기별 발달과제를 살펴보면 〈표 3-4〉와 같다.

〈표 3-4〉 가족생활주기별 발달과제

가족발달단계	발달과제
1단계 : 신혼기 가족 (결혼~자녀 출산 전)	• 역할-책임 관계의 기준 설정 • 만족스러운 소득과 지출 체계 수립 • 상호 만족스러운 애정표현과 성 생활 체계 수립 • 효율적인 대화 체계 수립 • 친인척과의 원만한 관계 수립 • 임신과 부모됨의 적응 및 준비하기
2단계 : 유아기 자녀 가족 (자녀 출산~첫 자녀 6세)	• 영유아 자녀를 효율적으로 양육하기 • 영유아 자녀의 부모역할 적응 • 시간, 에너지, 공간, 가사의 재조정 • 만족스러운 부부관계 유지 노력
3단계 : 학령기 자녀 가족 (첫 자녀 7~12세)	• 자녀의 잠재력 개발에 대한 교육적 배려 • 자녀의 학업성취 지원 • 아동이 정서안정과 소속감을 갖도록 환경 조성 • 만족스러운 부부관계 유지 노력
4단계 : 청소년기 자녀 가족 (첫 자녀 13~19세)	• 청소년 자녀의 자아정체감 형성, 진로선택 및 준비, 사회적 역할 획득, 학업성취, 정서적 독립 지원 • 자녀와의 생활에 적응하기 • 재정계획의 실천 • 만족스러운 부부관계 유지, 중년기 준비
5단계 : 성인기 자녀 가족 (첫 자녀 20세~결혼 전)	• 자녀와의 인격적 관계 정립 • 자녀의 진로, 취업 지원 • 재정계획 및 실천 • 중 · 노년기 준비
6단계 : 자녀 독립기 가족 (첫 자녀 결혼~막내 자녀 결혼 전)	• 자녀의 결혼과 독립 지원 • 부부관계 재정비 • 건강대책 세우기/ 중년기 위기감 극복하기 • 조부모 역할 수행/ 노년기 준비
7단계 : 노년기 가족 (막내 자녀 결혼 후~배우자 사망)	• 은퇴 및 노화에 적응 • 부부관계 유지 및 증진 • 성인자녀, 인척, 가족, 친지와의 유대감 유지 • 배우자의 사별과 죽음에 대한 수용

출처 : 전효정(2007); 최규련(2008).

2) 가족생활주기 이론과 가족생활교육 접근

가족생활주기 이론은 핵가족에게 적합한 단계를 제시하고 있어 1960년대까지는 각광받았으나, 이후 급격한 사회변화에 따라 다양한 가족유형이 등장하면서 이를 설명하는 데 한계가 나타났다. 또한 최근 이혼과 별거 및 여러 가지 이유들로 독립적인 생활을 영위하는 성인 자녀들이 다시 가정으로 돌아오는 등 예상하지 못한 가족유형의 변화가 나타나고 있다. 이러한 다양한 가족유형의 변화를 설명하기 위해 기존 가족생활주기에 대한 재설정이 이루어지고 있으며(Carter & McGoldrick, 1989), 다양한 가족생활주기를 설명하고자 하는 노력 또한 계속되고 있다(조성연 외, 2009). 따라서 가족생활교육 프로그램 관련 연구자나 실천가들은 가족의 발달적 관점에서 각 단계별로 요구되는 발달과제뿐만 아니라 흔히 발생하기 쉬운 가족의 문제들을 정확히 파악하고 가족에 대한 개입이 이루어져야 할 것이다. 또한 다양한 가족유형을 대상으로 가족생활교육 프로그램을 개발하고 운영할 때 핵가족을 기준으로 한 가족생활주기별 발달과제에만 초점을 두기보다는 다양한 가족유형(독신가족, 한부모가족, 동거가족, 별거가족, 이혼가족, 재혼가족, 조손가족, 소년소녀가장가족)과 가족구성원의 특성 등을 충분히 고려해야 할 것이다.

8. 보웬의 다세대 가족전수 이론(박주희, 2020)

1) 보웬의 다세대 가족전수 이론에 대한 이해

보웬(Bowen, 1978)은 다세대 가족전수 이론을 정립한 가족치료 이론의 대표적인 학자이다. 그는 가족문제의 원인을 다세대적 분석을 통해 파악할 필요가 있다고 보았으며, 가족구성원들이 경험하는 문제는 그들이 속한 원가족으로부터 세대를 거쳐 전승되는 미해결된 욕구로 보았다. 또한 핵가족 내에서 정신질환을 가진 가족구성원이 발생한다면 그 원인은 적어도 3세대에 걸친 다세대 사정(assessment)을 통해 분석할 것을 제안하였다. 초기 다세대 가족전수 이론의 주요 개념은 자아분화, 정서적 삼각관계, 핵가족의 정서적 과정, 가족투사 과정, 다세대 전달과정, 자녀의 출생순위 등이었으나(Bowen, 1966), 이후 정서적 단절, 사회정서적 과정이라는 두 가지 개념을 더해 전체 여덟 가지 개념으로 설명하였다.

2) 보웬의 다세대 가족전수 이론과 가족생활교육 접근

보웬(1978)은 가족문제를 해결하기 위한 가족치료에서 다세대 가족전수 이론에 기반하여 3세대에 걸친 다세대 사정(assessment)을 실시할 필요가 있다고 보았으며, 이러한 다세대 가족치료의 가장 큰 목표가 가족구성원들 간의 정신적·대인적 자아분화의 수준을 높이는 것이라는 점에서 가족치료를 위한 가족생활교육 프로그램에서도 자아분화, 정서적 삼각관계, 핵가족의 정서적 과정, 가족투사 과정, 다세대 전달과정, 자녀의 출생순위, 정서적 단절, 사회정서적 과정을 주요 개념으로 다룰 필요가 있다고 보았다. 보웬의 다세대 가족전수 이론의 주요 개념을 구체적으로 살펴보면 다음과 같다(박주희, 2020).

(1) 자아분화

보웬의 다세대 가족치료에서 자아분화는 자아강도와 분화의 기능을 의미한다. 자아강도는 개인이 내적·외적 정서적 압박으로부터 자동적으로 반응하지 않으면서 사고할 수 있는 능력을 말하며, 분화는 개인이 불안에 직면하더라도 유연하게 행동할 수 있는 능력을 말한다. 이러한 자아분화가 낮은 개인의 특성으로는 다음과 같다.

- 내인적 수준에서 타인에 대한 의존성이 강하고 정서적으로도 미분리된 상태를 보인다.

- 감정적이고 충동적이며, 이성적 사고가 정서 통제를 하지 못하는 경우가 흔하다.
- 목표지향적 활동을 돕는 지적 체계가 미발달한 상태를 보인다.

이러한 자아분화에 영향을 미치는 요인은 다음과 같다.

- 출생 가족의 경험으로부터 유년기에 형성된 자아를 통해 이루어질 수 있다.
- 개개인의 자아분화 수준은 부모의 감정분화 수준에 의해 영향을 받는다.
- 일정한 분화가 이루어진 상태에서는 환경변화에 크게 영향을 받지 않는다.

자아분화가 적절히 이루어지지 못한 가족의 경우 강한 정서적 융합상태로 빠지게 되며, 미분화된 가족집합체를 형성하게 된다. 정서적 융합상태는 타인과 자신의 정서적 개체성을 구분하지 못하는 상태를 말하며, 미분화된 가족집합체는 온 가족이 감정적으로 하나의 덩어리가 되고 함께 고착되는 상태를 말한다. 이러한 가족은 지나친 감정적 융합으로 인해 상대방에게 감정적으로 반응하고 가족구성원들 간의 불편한 정서 관계를 이룰 가능성이 높아 결국 서로를 거부하게 될 수 있다. 따라서 자아분화는 가족으로부터 정서적으로 자신을 건강하게 분리해 낼 수 있는 능력으로 볼 수 있다. 이에 다세대 가족전수 이론에서는 원가족에서부터 해결하지 못한 감정적 애착을 강조하기 때문에 가족의 정서적 문제를 해결하기 위한 가장 효과적인 실천적 개입방법으로 자아분화의 수준을 높이는 것으로 보고 있다.

(2) 정서적 삼각관계

가족의 삼각관계 해체는 보웬의 다세대 가족치료에서 치료적 개입의 주요한 목표가 된다. 보웬(1978)은 인간관계의 구조에서 안정적인 관계를 맺을 수 있는 최소 단위를 3인으로 보았으며, 가족구성원들 중 두 사람 간의 관계에 긴장이 발생하였을 땐 당사자들 간의 가족문제를 직접 해결하지 않고 제3자를 끌어들임으로써 현재의 불안과 긴장 관계를 해소하거나 안정시킬 수 있다. 정서적 삼각관계는 3인 이상으로 구성될 수도 있고, 그 대상이 사람뿐만 아니라 일이나 음주, 도박, 취미, 애완동물 등이 될 수도 있다. 이러한 정서적 삼각관계는 불안과 긴장을 감소시키는 데 도움을 줄 수 있지만 정서체계에 혼동을 초래할 수 있기에 주의가 필요하다. 가족체계에서 일반적인 삼각관계의 기제를 살펴보면 다음과 같다.

- 부부 사이에 긴장이 높아지면 부모 한 사람과 자녀 사이에 강한 정서적 애착관계가 형성된다.
- 삼각화의 희생양이 된 자녀는 자신의 욕구충족과 발달을 뒤로하고 부모의 근심과 욕구에 맞추어 행동하게 된다.
- 이러한 가정의 자녀들은 자아분화 수준이 낮고 성장 후에 독립심을 성취하기가 어려우며, 누군가와 강한 정서적 융합을 이루어야만 자신의 삶이 유지될 수 있다.

(3) 핵가족의 정서적 과정

핵가족의 정서적 과정은 핵가족 내에서 형성되는 가족구성원들 간이 강한 정서적·감정적 유대감을 의미하는 것으로, 이미 자신이 속한 원가족에서 형성된 정서적 융합의 반복으로 볼 수 있다. 결혼 전 자아분화의 수준이 낮을수록 부부간의 정서적 융합 수준은 증가하게 되는데, 이러한 가족문제를 해결하는 데 효과적인 방법은 원가족과의 정서적·감정적 단절을 회복하는 것이다. 이때 조부모와 부모 등 원가족의 구성원들이 이미 망자가 되어 실제적으로 회복할 기회가 없을 경우 과거 가족구성원들 간의 관계에 대한 통찰을 통해 클라이언트에 대한 치료적 개입이 이루어질 수 있다.

(4) 가족투사 과정

투사는 한 개인이 자신이 원치 않는 측면을 다른 사람에게 전가하는 방어기제를 말하며, 가족투사 과정은 부모의 미성숙과 자아분화의 결핍을 자녀들에게 전달하는 과정을 말한다. 투사의 정도는 부모의 자아분화 수준과 관련이 있으며, 투사의 주된 대상이 되는 자녀는 큰아들, 큰딸, 막내, 또는 투사하는 부모를 닮은 자녀일 수 있다. 투사는 양육적 관심과는 달리 불안하고 정서적으로 밀착된 병리적 관심이다. 이러한 투사의 과정은 어머니의 불안에서부터 시작되는데, 자녀는 어머니의 불안에 반응하여 문제행동이 나타나지만 어머니는 이것을 자신의 정서적 문제가 아니라 자녀의 문제로만 인식하게 된다. 즉, 자신의 불안을 자녀에게 전가하고 어머니 자신은 안정을 찾는 것이다. 이러한 어머니의 자녀에 대한 과잉통제는 어머니의 불안은 줄일 수 있지만 자녀의 정서적 발달에는 부정적인 영향을 미칠 수 있다. 가족체계의 일반적인 투사과정을 살펴보면 〈표 3-5〉와 같다.

〈표 3-5〉 **가족투사 과정의 예시**

상호작용의 순서	상 황
1	남편은 일에 몰입하고 아내와 가정에 무관심하다.
2	아내는 자녀에게 에너지와 시간을 쏟고 자신의 역할을 찾으며 삶의 가치를 느낀다.
3	아내는 자녀에 대한 과잉간섭, 과보호, 지나친 기대, 걱정을 한다.
4	아내는 자녀의 모든 수행에 만족하지 못한 상태가 된다.
5	아내의 과잉간섭, 과보호, 지나친 기대는 자녀의 심리적 불안을 발생시킨다.
6	아내의 불안과 병리적 상황에서 자녀의 증상이 나타나게 된다.
7	아내는 자녀의 증상을 자녀의 문제로만 인식한다.

출처 : 박주희(2020); Nichos & Davis(2017).

(5) 다세대 전달과정

다세대 전달과정은 여러 해 동안 반복적으로 작용하는 가족 내 정서적 영향을 의미한다. 가족체계의 다세대 전달과정을 살펴보면 〈표 3-6〉과 같다.

〈표 3-6〉 다세대 전달과정의 예시

상호작용의 순서	상 태
1	부모와 정서적으로 단절된 사람이 결혼하면 부부간의 융합을 이룬다. (제한된 정서적 자원밖에 없는 사람은 서로에게 자신의 욕구를 투사시킨다고 본다)
2	불안정하기에 배우자 간의 정서적 거리감, 배우자 중 한 사람에게 신체적 · 정서적 역기능, 공공연한 갈등, 그리고 자녀에게 불화투사 문제를 드러내기 쉽다.
3	남편은 아내와 소원한 관계를 보이며, 아내는 자녀에게 몰두하면서 특정 자녀에게 과도하게 집착하게 된다.
4	자녀는 자아분화가 잘 이루어지지 않으며 심리적인 문제를 갖게 된다.
5	자녀의 미발달은 어머니가 자녀에게 더욱 몰두하게 만든다.
6	자녀는 집을 떠난 후에도 정서적으로 독립을 이루지 못하게 된다.

출처 : 박주희(2020); Nichos & Davis(2017).

(6) 자녀의 출생순위

자녀의 출생순위는 자아분화 수준과 밀접한 관련이 있으며, 부모의 기대수준이 높은 장남이나 장녀는 부모와의 강한 감정적 유대를 유지하면서 삼각관계에 빠질 위험이 높고 자아분화의 수준이 떨어질 가능성이 높다. 부모의 기대수준이 낮은 자녀는 삼각관계에 빠질 위험이 적고 부모와의 정서적 유대감도 약한 편이어서 오히려 독립적이고 분화가 잘되어 분화수준이 높을 수 있다.

(7) 정서적 단절

세대 간의 정서적 융합수준이 높을수록 정서적 단절의 기회도 많이 생기게 된다. 부모와의 정서적 단절이 심한 자녀일수록 자신의 문제를 부모의 탓으로 돌리며, 이러한 패턴은 타인과의 관계에서도 반복된다. 따라서 원가족에 매여 있는 부분들은 결혼 후에도 정서적 성장이 어려울 수 있다.

(8) 사회정서적 과정

사회정서적 과정은 가족의 사회적 기능이 사회적 힘에 의해 영향을 받는다는 사실을 강조한다. 가족구성원의 자아분화 수준이 높을수록 사회적으로 부정적인 압력과 정서에 잘 대처해 나갈 수 있으며, 가족생활교육 실천가는 각 하위집단의 문화적 규범과 가치를 충분히 파악하고 해당 가족의 기능을 정밀하게 사정(assessment)할 필요가 있다. 보웬의 다세대 가족치료에서는 가계도 작성, 치료의 삼각관계, 관계성 실험, 코칭, 나-입장 대화, 다중가족치료, 치환 이야기 등을 활용한다. 가족생활교육 프로그램에서도 가계도 작성을 통한 사정(assessment)은 매우 유용하다. 가계도는 적어도 3세대에 걸친 가족구성원과 가족 간의 관계에 대한 정보를 수록하고 있으며, 가족 간의 관계에 대한 복잡한 패턴을 한눈에 알아볼 수 있도록 가족정보를 도식화한 것이다. 따라서 시간의 경과에 따라 가족의 맥락이 어떻게 연관되어 발달되었는지를 진단함으로써 개입가설을 세우는 데 도움을 줄 수 있다.

사례가족

- 50대 남성과 46세 부인, 그리고 3명의 자녀가 있는 재혼가정
- 남편 : 이혼 후 재혼, 전혼에 2명(아들1, 딸1)의 자녀가 있음, 현재 장남과 갈등관계에 있음
- 아내 : 사별 후 재혼, 전혼에 1명의 자녀(아들1)가 있음, 가족문제가 나타난 클라이언트

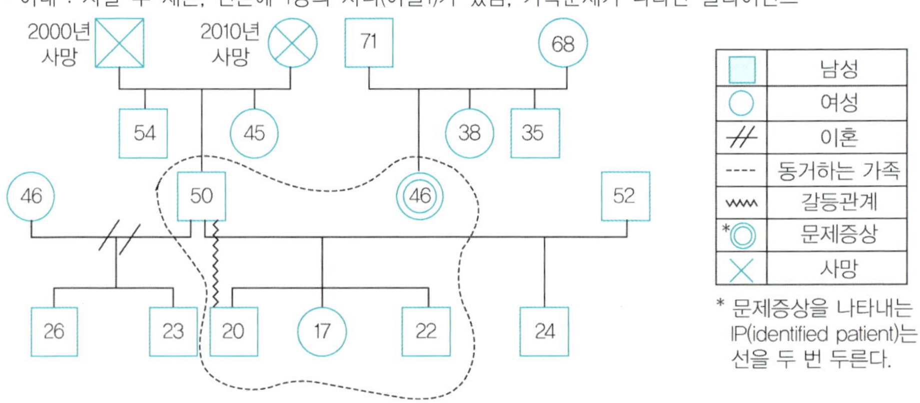

| 그림 3-6 | 가계도 사례 예시

출처 : 박주희(2018).

9. 건강가족 이론

1) 건강가족 이론에 대한 이해

건강이라는 개념은 일반적으로 신체적 건강뿐만 아니라 정신적 건강까지 포함하는 개념으로, 세계보건기구(WHO)에서는 단순히 질병이 없고 허약한 데 그치는 것이 아니라 신체적 · 정신적 · 사회적으로 완전히 양호한 상태로 정의하였다(어은주, 1996). 그러나 건강가족 이론 학자들마다 다양하게 정의하고 있으며, 건강한 가족을 기능적 가족, 강한 가족, 균형된 가족, 정상적인 가족, 최적의 가족, 적합한 가족 등의 용어로 혼용하고 있다(박경아 외, 2019).

건강가족학 관련 연구는 1960년대 들어 오토(Otto, 1962)에 의해 처음 시작되있으며, 그 이전까지는 정신병리적 증상이 없는 기능적 가족을 건강한 가족으로 보았다. 반면 1970년대 들어 웨슬리와 엡스타인(Westley & Epstein, 1969)은 가족의 정신병리적 증상보다는 개인과 가족이 최적으로 건강하게 발달하는 것에 관심을 두었다. 오토(1962)는 건강한 가족은 가족정체감을 형성하고, 가족구성원 간의 만족스러운 상호작용을 증진시키며, 가족구성원의 잠재력을 북돋우는 관계유형으로 정의하였다(최영자, 2005).

우리나라에서도 가족의 건강성(strength)과 기능성(functioning)에 대한 관심이 높아짐에 따라 건강가족 이론 관련 연구가 활발히 이루어지고 있다. 건강가족 이론 학자들은 두 용어를 혼용하고 있으나, 가족의 건강성은 주로 가족생활교육 프로그램과 관련하여 가족이 가진 잠재력과 강점을 찾고 이를 발전시키고자 할 때 활용하고 있다. 반면 가족의 기능성은 가족치료나 가족상담 등에서 주로 활용되고 있으며, 이는 가족과 외부환경 간의 관계보다는 가족 내의 관계를 진단하고 파악하는 데 목적이 있기 때문에 가족구성원 간의 상호작용이나 가족 내 신념, 그리고 규칙 등 가족구성원들 사이에서 일어나는 사건을 중심으로 정의된다.

건강한 가족은 다양한 특성들이 나타나는데(최상영, 2004), 커란(Curran, 1983)

은 건강한 가족의 특성을 파악하기 위해 연구를 수행한 결과 건강한 가족은 15가지 특성을 보이는 것으로 나타났다. 건강한 가족의 특성을 구체적으로 살펴보면 다음과 같다(박경아 외, 2019).

- 의사소통이 잘되고 상대방의 말을 잘 들어준다.
- 서로 긍정적이며 협조적이다.
- 타인에 대해 존경심을 가진다.
- 서로 신뢰한다.
- 놀이와 유머에 대한 감각이 있다.
- 공동적인 책임의식을 가진다.
- 옳고 그름에 대한 인식을 기른다.
- 의식과 전통을 존중하는 가족 관념을 가지고 있다.
- 구성원들 간의 균형 잡힌 상호작용이 이루어지고 있다.
- 공통적인 종교를 가지고 있다.
- 서로 사생활을 존중해 준다.
- 타인에게 봉사하는 것을 귀하게 여긴다.
- 가족들이 같이 식사하는 시간과 이야기하는 시간을 즐긴다.
- 여가 시간을 같이 즐긴다.
- 문제가 생기면 이웃끼리 서로 도움을 주고받는다.

스티넷과 디프레인(Stinnett & DeFrain, 1985) 역시 건강한 가족에게서 나타나는 공통된 특성이 있다고 보았는데, 이를 구체적으로 살펴보면 다음과 같다.

- **감사와 존중** : 건강한 가족은 서로에게 상당한 감사와 존중을 표현하는 경향이 있다.
- **양질의 시간 함께 보내기** : 건강한 가족은 서로에게 몰입하면서 양질의 시간을 함께 보내는 것을 즐긴다.
- **의사소통** : 건강한 가족은 시간을 같이 보낼 때 서로의 이야기를 경청하며, 문제가 발생했을 경우 개방적으로 논의한다.

- **헌신** : 건강한 가족구성원은 서로의 행복과 복지 증진에 관심이 많으며, 기꺼이 서로의 행복을 위해 희생한다.
- **종교지향** : 건강한 가족은 대부분 삶의 지표로서 종교를 가지며, 종교에 의해 강조되는 가치와 신념은 가족관계의 질을 향상시킨다.
- **위기에 효과적인 방식으로 대처하는 능력** : 위기나 스트레스가 있을 때 가족이 약화되거나 해체되는 것이 아니라 건강한 가족은 위기에 대처하기 위해 결합할 수 있는 능력이 탁월하다.

그러나 가족마다 사회문화적 차이나 가족구성원들의 경험적 차이가 있기 때문에 어떠한 가족이 건강한 가족인지를 판단하는 것은 쉽지 않다. 올슨과 디프레인(Olson & DeFrain, 1994)은 건강한 가족의 경우 응집성, 적응성, 그리고 의사소통과 같은 특성이 나타난다고 보았다. 응집성은 가족구성원들 간에 가지는 정서적 유대감 또는 가족 간의 결속되는 정도를 의미하며, 적응성은 상황적·발달적 스트레스에 반응하여 자체의 권력구조, 역할관계, 관계적 규칙을 변화시킬 수 있는 가족체계 능력을 말한다. 한편 훌륭한 의사소통은 역기능적 가족을 기능적 가족으로 되돌릴 수 있는 촉매제 역할을 하기 때문에 촉매 자원이라고도 부른다.

〈표 3-7〉 건강한 가족의 응집성, 적응성, 의사소통

구 분	건강한 가족의 특성	
응집성	(1) 헌신	(2) 시간을 함께 보내기
	• 신뢰 • 정직성 • 신빙성 • 성실성	• 질적인 시간 • 좋은 여가활동 • 가족구성원의 친구들과 교류 • 휴식시간 • 오락시간
적응성	(1) 스트레스를 다루는 능력	(2) 정신적인 안녕
	• 적응력 • 위기를 도전과 기회로 봄 • 위기를 통해 함께 성장함 • 탄력성이 변화에 개방적임	• 희망 • 신념 • 동정심 • 윤리적 가치관의 공유 • 인간에 대해 개방적임

	(1) 긍정적인 의사소통	(2) 감사와 애정
의사소통	• 감정의 공유 • 칭찬을 함 • 비난하지 않음 • 협상이 가능함 • 불일치를 인정함	• 상호 간의 보살핌 • 우정 • 개성의 존중 • 쾌활함 • 유머

출처 : 박경아 외(2019); Olson & DeFrain(1994).

2) 건강가족 이론과 가족생활교육 접근

1960년대 이전까지 가족에 대한 연구를 정신병리학적 관점에서 주로 부정적이고 병리적인 측면에만 초점을 두었다면, 건강가족 이론에서는 건강한 가족의 특성을 파악하여 성공적인 가족생활을 원하는 가족과 가족구성원들에게 모델을 제공할 수 있다고 본다. 즉, 건강한 가족을 형성하는 요인을 파악함으로써 가족 내의 계속적인 성장과 변화를 통해 가족문제를 사전에 예방할 수 있다. 최근 우리나라에서도 사회변화와 다양한 가족형태의 출현으로 다양한 가족유형이 등장하게 되었으며, 이로 인해 여러 가지 가족문제도 발생하고 있다. 따라서 기존의 부정적이고 병리적인 접근에서 벗어나 가족의 강점과 잠재력을 중심으로 가족생활교육을 실천하고 연구할 필요가 있음을 시사한다.

10. 다양한 이론의 통합적 접근과 가족생활교육

본 장에서는 예비 연구자와 실천가들이 효과적인 가족생활교육 프로그램을 개발하고 운영할 수 있도록 돕기 위해 선행연구를 바탕으로 구조기능주의 이론, 갈등주의 이론, 여성주의 이론, 교환 이론, 체계 이론, 생태체계 이론, 가족생활주기 이론, 보웬의 다세대 가족전수 이론, 건강가족 이론, 다양한 이론의 통합적 접근을 중심으로 살펴보았다. 이 밖에도 예방과학 이론, 성인지 이론, 다문화 이론, 구성주의 이론, 상징적 상호작용 이론, 현상학 이론 등 다양한 이론들이 있다. 하지만 개별 이론들은 모든 유형의 가족을 설명하기 어려우며, 효과적인 가족생활교육 프로그램을 개발하고 운영하기 위해서라도 하나의 이론만으로는 한계가 있다. 가족생활교육 프로그램 관련 연구자나 실천가들에게는 이론을 적용함에 있어서 미시적·거시적 차원의 접근뿐만 아니라 통합적 접근이 요구된다. 앞서 살펴본 바와 같이 구조기능주의 이론 학자들은 통합이나 합의를 전제로 현상 및 체제 유지를 지향하는 반면, 갈등주의 이론 학자들은 기본적인 이념이나 제도 질서 등에 대한 비판이나 비평을 통한 변화와 개혁에 관심을 둔다.

두 이론 모두 거시적 차원에서는 사회의 존속과 질서유지를 위해 가족생활교육 프로그램을 어떻게 적용할 것인가에 관심을 두는 반면, 구조기능주의 이론 학자들은 안정지향을, 갈등주의 이론 학자들은 변화지향을 추구함으로써 대립하고 있음을 알 수 있다(박경아 외, 2019). 예를 들어, 구조기능주의 이론 학자들은 아동이 사회적 규범과 가치, 그리고 도덕성을 익히고 사회질서에 적응할 수 있는 인격으로 성장하는 데 관심을 가지는 반면, 갈등주의 이론 학자들은 가족이 가진 대내외적인 갈등에 관심을 가질 수 있다. 한편, 미시적 차원에서는 가족생활교육 프로그램 관련 연구자나 실천가들이 가족의 능동성을 강조하며 행위자의 상호작용과 그들의 행위를 편견 없이 고찰할 필요가 있다.

이러한 가족생활교육은 가족 내 문제만을 다룰 수 없기 때문에 가족 내 교육적 차원의 영역뿐만 아니라 가족과 학교 차원의 영역, 그리고 가족과 사회 차원의 영역을 포함하는 다차원적인 통합적 접근이 이루어져야 한다. 따라서 거시적 차원에서는 가족과 학교, 그리고 사회 관련 영역에 대한 정책과 제도, 가족생활교육에 대한 연구가 이루어질 필요가 있으며, 미시적 차원에서는 가족 간의 상호작용 내용, 부모-자녀 간의 학습경험, 그리고 삶의 과정 등을 포함할 필요가 있을 것이다. 그러나 이 두 가지 접근방식은 서로 배타적이지 않다. 무엇보다도 효과적인 가족생활교육이 이루어지기 위해서는 다차원적인 통합적 접근이 이루어져야 한다는 점에서 여러 이론들을 포괄하는 통합적 접근이 이루어질 때야 비로소 가족구성원들의 삶의 질을 증진시키고 우리사회의 가족문제 역시 감소할 것이다.

04
CHAPTER

가족생활교육의 실태

1. 가정에서의 가족생활교육

가족생활교육은 가정, 학교, 사회기관 등 다양한 환경에서 이루어지고 있고, 이들 환경 대부분은 사람들이 자신의 삶에서 가장 많은 시간을 보내는 곳으로 좋은 교육장소가 될 수 있지만 각각의 환경은 장단점이 있으므로 각 교육환경의 특성에 따라 적절한 교육을 적용할 수 있을 것이다. 본 장에서는 가정에서의 가족생활교육, 학교에서의 가족생활교육, 사회에서의 가족생활교육 등 가족생활교육의 실태에 관하여 살펴보겠다.

최근 우리 사회는 정치·경제·사회적으로 급속하게 변화하고 가족 또한 많은 변화를 겪어왔으며, 가장 큰 변화 중 하나는 가족의 크기가 작아지고 가족의 구조가 다양해졌다는 것이다. 결혼이 늦어지고 평균수명이 늘어남에 따라 1인가구가 증가하게 되었으며, 여성취업의 증가는 출산력의 감소를 가져왔다. 또한 독거노인의 증가와 노인부부를 포함한 부부가족의 증가와 더불어 자녀들의 결혼 후 분가가 증가하면서 가족구성원의 수는 점차 감소하였다.

이러한 가족 크기의 감소는 가족구성원의 상호작용에 많은 영향을 미쳤다. 이혼가족, 재혼가족, 맞벌이가족, 분거(分居)가족(주말 가족), 소년·소녀가장가족, 늦둥이가족, 무자녀가족 등 가족형태가 다양해지고 있으며, 폭력가족(아동학대, 부부폭력 가족 등), 장애아가족, 알코올중독부모가족 등 특수한 요구를 가진 가족도 점차 증가하고 있다. 자녀수의 감소는 내 자식, 내 가족만 위하는 가족이기주의로 발전하였다.

이와 함께 여성의 교육수준 향상과 취업 증가는 여성의 의식에도 영향을 미쳤으나, 결혼과 가족과 관련된 정책과 법은 다양한 가족원들을 보호할 수 있는 수준까지는 아직 발전하지 못하고 있다. 이러한 구조적인 변화로 가족관계도 많은 변화를 겪고 있으며, 그 과정에서 여러 가지 가족문제가 발생하고 있다.

현재 우리나라 가족관계의 변화 중 한 가지는 가족주기의 변화인데, 가족의 가족주기는 평균수명의 증가와 함께 전 기간이 길어지고 결혼에서부터 자녀 출산까지의 시기는 초혼 연령의 상승과 출산율 저하로 매우 단축되고 있다. 그러나 자녀 결혼 이후 남편이나 부인의 사망에 이르기까지의 기간은 과거보다 더 길어졌고, 그 결과 결혼이 과거보다 더 중요한 삶의 과정이 되었으며 결혼생활이나 부모역할을 해야 하는 시기가 더 길어졌다.

그러나 조기퇴직, 명예퇴직, 심지어는 정년퇴직조차도 인생의 너무 이른 시기에 일어나 개인의 적응이 가족문제로 발전되고 있다. 우리나라와 같이 사회의 안전망이 부족한 사회에서는 가족이 개인의 삶에서 가장 중요한 안전망이지만 가족문제를 해결해야 하는 당위성에 대한 사회적 인식은 아직도 부족한 수준이다.

가족관계의 또 다른 변화는 가족이 부부 중심의 가족으로 변화하고 있으며, 이로 인해 가족기능이 축소되고 가족 간의 결속력도 약화된다는 점이다. 가족구성원의 생활 태도도 개성화가 심화되고 있으며 가족구성원 간 사회적 관심과 삶의 중요한 가치에 대한 인식차도 점차 커지고 있다.

그 결과 결혼에 대한 태도나 부부간의 역할 분담이나 자녀에 대한 태도가 변하고, 부부관계는 평등적으로, 부모자녀 관계에서는 가계 계승과 노후 의존도가 낮아지는 특징을 보인다. 또한 가족원들의 의식수준의 차이보다 더 빠른 사회의 변화 속도로 인해 가족구성원들 간 가치관의 차이와 갈등은 점차 심각해지고 있다.

따라서 보편적인 가치나 모든 가족에서 적합한 가족문화는 더 이상 중요하지 않다. 가족의 변화로 인한 다양한 가족의 출현과 함께 가족분화에 대한 사회적으로 보편적인 규범이 부족하기 때문에, 각자의 가족에게 적합한 새로운 가치를 설정하는 노력이 요구된다. 따라서 이러한 변화된 가족 가치를 새롭게 정립하고, 다양한 가족의 규범을 설정하기 위해서도 가족생활교육이 필요하다.

1) 가정교육으로서 가족생활교육의 의미

가정은 가족생활교육이 이루어지는 출발점으로, 가족의 형성과 함께 가족생활교육이 시작된다. 가족생활교육은 전통적으로 가족공동체를 통해 윗세대로부터 전수되면서 가족구성원의 사회화를 돕고 가족의 생활양식과 생활문화, 가치관 전승의 요구를 시대적 변화에 발맞추어 발달되어 왔다.

가족생활교육의 전승자인 부모는 자녀의 올바른 성장과 발달을 위해 가족생활교육을 성실하게 수행함으로써 가족 내부의 가치와 생활양식, 그리고 생활기능을 자녀에게 전달하는 데 중요한 의미를 가진다. 또한 가정교육의 수혜자이자 계승자인 자녀는 자신의 위치에서 가족관계에서의 역할구조를 파악함으로써 책임 있는 가족구성원으로 성장하여 기본 인성을 형성하고, 가족자원에 대한 관심과 가족자원의 기능 이해, 가족자원의 합리적 선택과 활용, 관리에 대한 기본적인 역량을 키우는 데 중요한 의미를 가진다. 따라서 부모와 자녀가 함께 만들어가는 가정교육을 통해 가족생활교육의 기초를 다지는 것은 가치 있고 의미 있는 일일 것이다.

(1) 가족생활교육의 특성

가족생활교육의 기초로서 가정교육의 특성은 다음과 같다.

첫째, 가정교육은 자연적 · 무의도적 · 지속적으로 교육이 이루어지므로 가정은 최초의 교육환경으로서 다른 교육환경보다 더욱 자녀에게 강한 영향력을 미친다.

둘째, 가정교육은 가족구성원 사이에 강한 애정과 신뢰로 결속되어 있으므로 부성과 모성에서 모자란 부분을 서로 채워주는 상보적 관계로 이루어진다.

셋째, 가정교육은 인간성의 기초를 형성하는 장이므로 어린 시절의 대부분을 가족구성원들과 함께 보내는 시간 동안 형성된 심리적·사회적 특성이 이후의 삶에 지속적인 영향을 미친다.

넷째, 가정교육의 내용은 실생활에 필요한 것으로 이루어져 있으므로 인간활동에 필요한 대부분의 기본지식과 기능, 덕성 등이 가정교육을 통하여 형성된다.

이와 같이 가족생활교육의 기초가 되는 가정교육은 그 의미가 크다고 할 수 있다.

(2) 가족생활교육의 인식 부족

가족생활교육의 기초로서 가정교육의 의미는 크지만, 가정에서의 가족생활교육은 어렵다는 인식으로 충분히 이루어지지 못하고 있는 실정이다. 가정에서의 가족생활교육은 비형식적이므로 구조화되거나 의도되기 어렵고, 평소에 부모의 행동과 태도 등을 통해 자연스럽게 교육이 이루어지기 때문에 부모는 항상 모범이 되어야 한다는 부담감을 가진다. 또한 가정에서의 부모는 부모로서 가족생활교육의 방법이나 지식을 충분히 갖추지 못할 수 있으므로 성교육 같은 경우 직접 교육하기 어렵게 느끼는 경우가 많다.

부모의 경제활동 증가에 따라 맞벌이부부에게는 가족생활교육에 대한 양적 또는 질적인 자녀교육이 상대적으로 어렵다. 그리고 입시 위주의 교육정책으로 자녀는 부모에게 가족생활교육을 받을 시간이 차단되는 경우가 많고 가족생활교육의 내용도 왜곡되는 경우가 발생한다. 최근에는 자녀수의 감소로 야기된 왜곡된 부모의 자녀양육관으로 기본적인 가정 내 교육의 기회와 경험이 줄어들고 있는 실정이다.

(3) 가족생활교육의 효과와 방향

교육을 통한 가족의 삶의 질 증진을 위해 가족생활교육이 가족의 삶의 질에 영향을 미친다는 다양한 연구결과가 발표되고 있다. 특히 가족생활교육의 효과는 결혼 전 교육, 부모교육 등 다양한 분야에서 입증된다.

결혼 전 교육은 사회적 수요도 많을 뿐만 아니라 가족생활교육 중 그 중요성이 가장 큰 분야 중의 하나이다. 왜냐하면 대부분의 결혼 및 부부문제는 시간이 지나면서 점차 나타나는 것이 아니라 결혼 초기부터 시작되기 때문이다. 최근 통계에 따르면 이혼한 부부 중 결혼 지속 연수에서 7년이 가장 많은 비율을 차지하였다. 이 기간은 일반적으로 7년차 위기라는 말로도 잘 알려져 있는데, 많은 연구에서 결혼생활에서 갈등이나 위기가 결혼 후 10년 이내에 이루어지는 경우가 많은 것으로 나타났다. 결혼 준비교육에 참여한 예비부부가 그렇지 않은 예비부부보다 관계 향상, 갈등 해결, 성에 대한 인식, 평등한 역할이 향상되었으며(박미경 · 김득성, 1997), 결혼 전 결혼생활에 필요한 기술(의사소통 기술, 갈등 해결 기술 등)을 교육받은 집단에서 이혼이나 가정폭력 발생 비율이 낮다는 연구결과(Bader, Riddle & Sinclair, 1980, 이정연 외, 1996 재인용)는 가족생활교육이 지향해야 할 방향을 제시한다.

가족생활교육은 가정폭력이나 데이트폭력의 예방에도 효과적이라는 연구(Holtzworth-Munroe & Stuart, 1994; Johnson & Ferraro, 2000)가 있다.

좋은 가정폭력 예방 프로그램들은 대상자들에게 공격의 위험과 이러한 공격적인 관계와 행동을 어떻게 피하는지를 가르치고, 갈등을 잘 조절하지 못할 경우 신체적 공격성으로 연결될 수 있음을 인지할 수 있도록 교육함으로써 관계에서의 지속적인 폭력의 가능성을 줄이게 해준다. 또한 사람들에게 가장 위험하고 공격적인 유형의 관계를 피하거나 떠날 필요를 인식하게 함으로써 많은 여성들에게 실제적인 도움이 되고, 실제로 데이트폭력 예방을 위한 교육 프로그램은 매우 효과적이라고 보고되고 있다.

한편 증가하는 이혼에 대한 다양한 적응교육의 효과도 보고되고 있다. 이혼자의 삶의 질은 매우 열악하고, 이혼가정의 자녀들은 정서적 혼란을 겪으며, 나아가 방치되거나 유기되는 비율도 증가하고 있다. 이혼적응 교육 프로그램 참가자는 이혼 대처 능력이 향상되었고(김득성, 2002), 상담 프로그램에 참여한 이혼가정 아동은 부모의 이혼에 대해 긍정적으로 인식하게 되었으며, 정서적 적응도 잘하는 것으로 보고되고 있다(오은순, 2001).

이와 같이 결혼준비교육, 가정폭력 예방 프로그램과 이혼적응 교육 프로그램 등은 참가한 부부나 부모, 그리고 자녀들 모두에게 긍정적인 영향을 미치므로 예방적인 복지를 위해 가족생활교육의 필요성이 강조된다.

학부모의 가족생활교육에 대한 욕구와 인식에 대한 연구(윤민희 외, 2006)에서 부모가 가족생활과 관련된 강연이나 강의를 수강하지 못하는 이유에 대해 '시간적·정신적 여유의 부재, 강의가 있는지 모르거나 주위에 관련 강연이 없어서'라고 대답했고, 가족생활교육 내용 중 필요하다고 느끼는 부분은 '가족 간에 협력과 서로 돌보며 화목하게 지내기, 성적 학대와 성폭행의 예방과 대처법, 가족 간의 의사소통과 대화방법, 계획의 중요성을 알고 일상 일을 계획하여 실천하려는 태도 기르기, 시간을 계획하고 관리하는 방법 알기, 소비나 저축 등 금전의 사용과 관련된 소비자 경제교육 등'이라고 대답하였다.

이와 같이 가정에서의 가족생활교육의 부족은 부모와 자녀의 관계에서 갈등이나 문제로 이어져 이에 대한 인식과 욕구가 증가하고 있다. 이에 따라 가족생활교육을 통한 자녀의 인성교육에 대한 관심이 더욱 커지고 있다.

2) 가족생활교육과 자녀 인성교육

가정은 가족생활교육이 이루어지는 가장 좋은 장소이고, 부모나 가족은 아동의 올바른 성장과 발달을 위해서 의식적이든 무의식적이든 가족생활교육을 실행한다.

따라서 가정의 가족생활교육은 가족 내의 가치와 생활양식, 생활기능을 자녀에게 전달하는 중요한 기능을 가진다. 이에 따라 자녀는 자신의 위치에서 가족관계의 역할구조를 파악하고 책임을 느끼는 과정에서 기본 인성을 형성한다. 또한 가족의 일상에서 매일 소비하는 가족자원에는 무엇이 있고, 어떠한 기능이 있으며, 어떻게 합리적으로 선택·활용·관리해야 하는가에 대한 이해를 통해 생활에 대한 기본적인 역량을 키운다.

가정에서의 가족생활교육은 자녀교육에 있어 중요하다는 보편타당한 가치를 가지고 있었으나, 오늘날에는 가족 내외적, 사회구조적 또는 심리적 요인으로 인해 어려운 현실에 놓여 있다.

자녀의 인성교육은 아동의 사회화 장소로서의 가족 역할 강화를 위해 필요하다. 이혼의 증가와 부부간 폭력과 자녀학대를 포함하는 가정폭력의 증가, 청소년 범죄, 소년소녀가장가구, 노인문제와 해외 입양의 증가 등 일련의 가족문제 증가는 가족이 아동의 사회화 장소로서의 기본적인 기능을 상실하였다는 우려를 낳고 있다.

전통적으로 자녀의 인성교육은 가족들이 밥을 먹는 자리에서 이루어지는 밥상머리교육으로 이루어져 왔다. 밥상머리교육은 가정에서의 자녀교육의 본질을 잘 나타내 주고 있지만 현대사회에서는 가족의 구조와 기능에 많은 변화가 있으므로 가정 내 가족생활교육의 측면에서 이에 맞게 재해석, 재조명해 볼 필요가 있으며, 가정에서의 다양한 자녀인성교육 프로그램 연구가 필요하다.

2. 학교에서의 가족생활교육

교육부에서는 초·중·고등학생 자녀를 둔 부모를 위한 학부모교육을 지원하고 있다. 학부모교육의 전달체계는 지역교육청 학부모지원센터이다. 학부모지원센터에서는 학부모회 지원, 학부모교육, 학부모상담, 학부모대학, 학부모연수, 학교참여 컨설팅 등을 제공하며, 오프라인 교육과 온라인 교육을 활발하게 시행하고 있는데, 온라인 교육은 학부모On누리 사이트(www.parents.go.kr)를 통해 제공한다. 이 사이트에는 일반공통, 학부모교육, 창의인성, 교육정책, 진로진학, 건강안정 6개 영역에 대해 40개의 과정이 온라인으로 개설되어 있다.

일선학교에서의 학부모교육은 학부모 학교참여의 일환으로 점차 강조되고 있다. 일부 지역의 경우 학부모회 관련 조례에서 자녀교육 역량강화를 위한 학부모교육을 수행하도록 명시하고 있다. 서울대학교 학부모정책연구센터의 연구(이강이 · 김은영, 2016)에 따르면, 학부모들은 학교에서의 학부모교육이 자녀양육과 학교교육을 이해하는 데 도움이 된다고 보았다. 그러나 단위학교에서의 학부모교육은 단기특강 방식으로 이루어지는 경우가 많아 교육효과가 제한적일 가능성이 있다.

한편 교육부는 학부모교육뿐만 아니라 아동 · 청소년교육도 교과과정을 통해 가족생활교육을 지원하고 있다. 일선 초등학교, 중학교, 고등학교의 교과과정을 구체적으로 살펴봄으로써 학생교육의 현 상황을 이해하는 것은 의미가 있다. 본 절에서는 학생교육으로서 가족생활교육의 의의와 학교 급별 가족생활교육 교육과정을 중심으로 살펴보겠다.

1) 학교교육으로서 가족생활교육의 의의

학교는 아동과 청소년이 하루 중 가장 많은 시간을 보내는 곳으로 발달에 매우 중요한 환경이다. 또한 교사와 교육 활동, 학교에서의 또래관계 등은 아동과 청소년의 발달에 영향을 미치는 중요한 요소이다.

브론펜브레너(1999)는 체계 이론을 통해 아동을 중심으로 한 미시체계, 중간체계, 외체계, 거시체계, 시간체계 등 5개의 환경이 아동과 상호작용하여 생활에 영향을 주고받는다고 하였고, 그중 가족, 또래, 학교, 유치원, 교회 등 미시체계는 가장 근접한 환경으로 직접적인 상호작용으로 아동의 생활에 영향을 미친다(그림 4-1 참조)고 하였다. 따라서 아동의 가장 근접한 환경 중 하나인 학교에서의 가족생활교육에 대해 알아보고, 이들이 어떠한 의미를 가지는지 살펴보는 것은 중요하다.

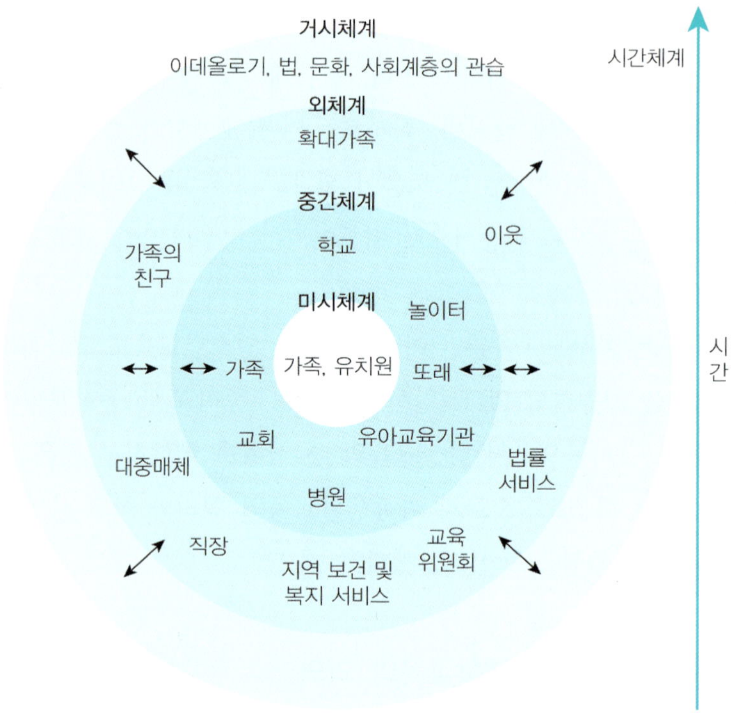

| 그림 4-1 | 브론펜브레너의 체계들 사이의 관계

출처 : Newman, B. M., & Newman, P. R.(1999), p. 85.

(1) 제도교육으로서 가족생활교육

가족생활교육이 공식적 명칭으로 다루어지지는 않지만 우리나라 공교육에서는 가족생활교육의 많은 내용들이 이루어지고 있다. 왕석순(2006)은 초·중등학교의 교육과정을 분석한 연구에서 가족생활교육의 내용이 교육과정에서 이루어진다고 보고하였다(표 4-1, 표 4-2 참조).

〈표 4-1〉 초등학교 교육과정에서 FLE의 학습내용 분석 결과 – 가족, 가족생활의 내용

구 분	실 과	사 회	도 덕	생활의 길잡이
학년	5	4	3	3
교육과정 영역	나와 가정생활	다양해지는 가정생활	가정 · 이웃 · 학교생활 : 경애, 효도	가정 · 이웃 · 학교생활 : 경애, 효도

교육과정 목표	• 가정생활의 중요성을 이해한다. • 가정에서 나의 위치와 역할을 알고 원만한 가족관계를 유지한다. • 생활계획의 중요성 이해와 생활계획의 과정과 방법을 알아 실천한다.	• 여러 가족형태와 그 구성원의 역할이 변화하는 모습을 파악하고 (중략) 화목한 가정생활을 위해 노력하는 태도를 가진다.	• 화목한 가정생활의 중요성을 알고 화목한 가정을 위해 부모님께 효도하고 형제간에 우애 있게 지내는 태도를 지닌다.	
내용요소	• 가정의 기능(애정의 기능, 기본적 욕구 충족의 집단) • 가족과 사회의 하위체계로서의 '나' 알기 • 가정생활의 책임감과 역할수행 태도 기르기	• 현대 가정생활의 특징과 다양성 이해 • 전통적인 가정생활과 가정형태가 현대에 와서 달라진 점 • 가정의 화목을 위해 필요한 가족구성원의 역할을 알고 각자의 역할을 다하려는 태도	• 효도, 우애의 의미와 중요성 • 효도하고 우애 있는 가정생활을 위해 해야 할 일 • 화목한 가정을 이루기 위해 자신이 할 수 있는 일 • 효도하고 우애 있는 생활을 하려는 마음가짐	• 내 일은 내가 하기(집과 학교에서 내가 맡고 싶은 일과 맡은 일 알아보기) • 화목한 가정(화목한 가정을 위한 나의 노력 정도)

출처 : 왕석순(2006), pp. 13-14.

〈표 4-2〉 중 · 고등학교 교육과정에서 FLE의 학습내용 분석 결과-가족, 가족생활의 내용

구 분	가 정	도 덕
학년	7 · 9	7 · 9
교육과정 영역	• 7학년-나와 가족의 이해 • 9학년-가정생활 문화의 설계	• 7학년-행복한 가정생활 • 9학년-가정 · 친족 · 이웃생활과 도덕문제
교육과정 목표	• 가정 내에서 여러 가족구성원과 원만한 관계를 유지할 수 있다. • 우리나라의 의식주, 가족, 소비생활문화를 이해한다. • 가족의 형성에서 쇠퇴까지의 가족생활주기와 그 특성을 이해하여 결혼과 육아, 의식주 생활, 진로 등에 대한 자신의 미래생활을 바르게 설계할 수 있다.	• 가정의 소중함을 알고 이를 지키기 위해 노력하는 자세를 가진다. • 건강한 가정을 만들기 위해 일상생활 속에서 다양한 실천을 할 수 있다. • 부모자녀 간 도리를 알고 이를 실천할 수 있다. • 형제자매 간의 도리를 알고 이를 실천할 수 있다. • 가정 · 이웃 · 학교생활은 행복한 가정생활을 이루기 위해 가정의 의미와 중요성에서부터 가정의 행복과 화목의 조건을 이해한다.

내용요소	• 나와 부모와의 관계 • 나와 형제자매와의 관계 • 나와 조부모와의 관계 • 가족생활주기, 가족생활설계 • 우리나라 가족제도와 구조의 변화 • 우리나라 가족생활의 변화	• 행복한 가정생활 • 가정의 의미와 중요성 • 가정의 행복과 화목 • 부모와 자녀 간의 도리 • 형제자매 간의 도리 • 가정 · 친족 · 이웃생활과 도리 • 가정생활의 도덕문제와 그 해결방안

출처 : 왕석순(2006), p. 18.

학교교육으로서 가족생활교육은 제도교육으로서의 중요성과 위상을 갖는 것이며 교육의 대상이 아동과 청소년이라는 점에서 보면 가족생활교육의 적시성과 교육과정이라는 프로그램의 전문성을 동시에 갖추게 된다(그림 4-2 참조).

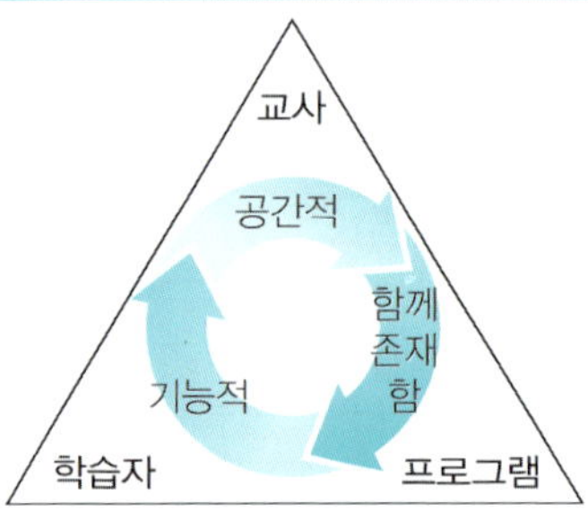

그림 4-2

출처 : 왕석순(2006).

교사	교육의 적시성의 구형
학습자	대한민국 국민이면 누구나 학습할 의무를 갖는 국가교육과정이라는 강력한 총체적 계획에 의해 이루어진다.
프로그램	학습의 주제와 더불어 '가정과(초등은 실과)'라는 교육과정 편제와 교과 지식의 체계하에 가족생활교육을 수행하여 온 역사성을 가지고 있다.

학교교육에서 가족생활교육의 핵심은 초등의 경우는 실과, 도덕 교과에서, 중등의 경우는 기술·가정 교과에서 주로 이루어지고 있다. 기술·가정 중 가정 교과는 가족관계의 중요성 및 실제로 대인관계를 잘 형성할 수 있도록 행동을 변화시키는 실천적 교과이기 때문에 가족생활교육이 이루어지는 핵심 주요 교과이다. 학교교육으로서 가족생활교육의 위상과 전문성을 제고하기 위해서는 교과의 편제를 확대하고, 교육내용을 강조하는 등의 외적 조건을 갖추는 일과 가족생활교육을 가르치는 교사의 전문성 향상을 위해 가족생활교육을 위한 교사교육을 강조하는 내실도 동시에 필요하다.

따라서 현대사회에서 가족구조와 기능 등 사회의 변화에 따라 가정의 교육 기능을 학교가 전문기관으로서 대신하여 가족생활교육을 하는 것은 의미가 있다.

(2) 가족생활교육과 교과교육

학교교육에서의 프로그램은 다음과 같은 특징을 가진다.

첫째, 가족생활에 대한 통합적인 이해의 관점에서 이루어진다.

둘째, 체계적인 가족생활교육 내용으로 구성된다.

셋째, 학습자의 수준에 맞는 목표지향적인 경험을 제공한다.

넷째, 가장 본질적이고 영속적이다.

교육의 위상을 갖도록 하는 것은 교과를 중심(실과, 가정, 도덕, 사회)으로 교육이 이루어지도록 하는 것이다. 교과의 특성에 따라 실과 교과와 가정 교과의 학문적 범주는 가족, 가족의 일상생활, 가족관계 등을 폭넓게 다루고 있는 반면, 도덕 교과는 덕목을 중심으로 한 가족 간의 관계를, 사회 교과는 가족과 사회와의 상호관련성을 강조한다.

(3) 가족생활교육과 교사교육

교사가 가족생활교육을 어떻게 인식하고 있는가, 어느 수준의 교육내용을 필요로 하고 있으며, 이를 어떻게 체계화시킬 수 있을 것인가, 개발된 가족생활교육 프로그램에는 어떠한 것이 있으며, 그 효과는 어떠한가 등에 대한 기초적 연구와 논의가 필요하다. 또한 가족생활교육에 대한 사회의 요구와 필요에 따라 교사양성 교육과정에 가족생활교육 관련 프로그램이 도입될 필요가 절실하다.

가족의 역기능적 형상과 문제의 수위가 높아져 가고 있는 현실에서 교사들은 학생들이 영위하는 가족생활에 대하여 그 어느 때보다도 올바르게 이해할 필요가 있다. 아울러 교사들은 예방적·조정적·교육적 차원에서 가족생활교육의 중요성을 이해하고 가족생활교육 프로그램 내용에 대해서도 전문화된 지식을 갖출 필요가 있다.

2) 학교 급별 가족생활교육 교육과정

2009년 개정 교육과정에서 초등 3~4학년, 5~6학년은 아동의 가족생활교육으로, 중학교와 고등학교는 청소년을 위한 가족생활교육으로 구분하였다.

최근 2022년 개정 교육과정에서는 실과(기술·가정) 교육과정의 내용 중 가정 영역인 인간발달과 주도적 삶 영역은 인간과 생활환경이라는 교과 주제라는 총론의 방향성을 고려하여 구성하였다. 인간발달과 주도적 삶 영역에서는 나의 발달과 관계형성을 목표로 자신과 타인을 이해하고 존중하면서 가정생활의 일상성을 인식하고 가족은 물론 생활문화 공동체로서 함께 살아가기 위한 공동체 역량을 길러주고자 하였다. 즉, 인간발달과 주도적 삶 영역은 발달과 관계라는 핵심 개념에 기반을 두고, 이를 근거로 하여 자신의 일상생활을 성찰해 나갈 수 있도록 설계하였다. 따라서 실과(기술·가정)에서는 교과 지식, 수행 역량, 가치 및 태도를 함양하여 개인과 사회에 미치는 영향을 인식함으로써 가정생활을 바탕으로 주도적인 삶을 영위할 수 있도록 하는 데 그 목표를 둔다(교육부 고시 제2022-33호).

(1) 초등교육에서의 가족생활교육

초등교육에서의 가족생활교육은 매우 의미 있고 시기적절한 교육의 효과를 기대할 수 있고 전체적 맥락에서 사회변화에 맞추어 구성되었다. 가정생활의 중요성과 화목한 가족관계의 측면에서 각 교과의 고유한 접근방법을 유지하면서 서로 유기적 관련성을 갖는 가운데 이루어지고 있다. 그러나 초등 가족생활교육의 활성화를 위해서는 가족생활교육의 목표와 의의 측면에서 내용을 재검토하고 보다 체계적으로 재구성할 필요가 있으므로, 최근 2022년 개정한 교육과정에서 가족생활교육과 관련한 실과 교과의 영역을 중심으로 초등학교 교육과정을 살펴보고자 한다.

① 2022년 개정된 초등학교 가족생활교육

〈표 4-3〉 2022년 개정 초등학교 교육과정의 실과 교과목의 성격 및 목표

성 격	목표 및 하위목표
• 실과 교과의 인간발달과 주도적 삶 영역은 개인과 가족이 일상생활에서 가족은 물론 친구 및 이웃을 비롯한 다양한 수준의 생활환경과 건강한 관계를 형성하여 삶을 주도해 가는 데 필요한 생활역량 함양을 지향한다. • 자립적 생활인으로의 자기 관리와 매일의 일상을 공유하는 가족과의 건강한 관계형성이 인간 삶의 행복의 기초임을 성찰하도록 했다. • 이에 학습자가 자기와 타인에 대한 이해를 바탕으로 삶에서 발생하는 다양한 실천적 문제를 해결하며 건강한 관계형성 역량을 함양하게 한다. • 이를 위해 학습과정에서 일상적인 의식주 생활을 통해 가족, 친구, 이웃과의 건강하고 친밀한 관계형성을 통한 건강한 발달과정 경험을 제공한다. • 특히 매일의 일상생활에서 지속적인 선택을 통해 축적되는 삶을 영위하고, 그 결과가 학습자의 삶은 물론 가족과 친구, 이웃 및 공동체, 나아가 생태환경과의 관계에서 지속가능한 공존을 지향하도록 성찰할 수 있는 실천적 경험을 강조하여 제공한다.	〈목표〉 실과 교과에서는 교과 지식, 수행 역량, 가치 및 태도를 함양하여 생활 속 문제를 탐구하고, 문제해결의 결과가 개인과 사회에 미치는 영향을 인식하여 가정생활을 바탕으로 주도적인 삶을 영위할 수 있도록 한다. 〈하위목표〉 ① 자기 및 타인 이해의 건강한 발달과 상호 존중 및 돌봄의 태도를 비탕으로 긍정적인 자아정체성과 대인관계를 형성하며, 개인의 발달과 삶의 요구를 충족시킬 수 있는 건강한 의식주 생활을 주도적으로 영위하기 위해 필요한 자립적 생활역량을 함양한다. ② 변화하는 생활환경에서 개인과 가족의 삶에 적용할 수 있는 지식, 수행능력, 태도를 기르고, 생활자원을 삶의 요구와 필요에 맞게 합리적으로 활용하며, 공동체와 생태환경을 고려한 책임 있는 행동을 통해 나와 가족, 공동체 삶의 질을 향상시키는 생활역량을 기른다.

② 2022년 개정 초등학교 교육과정의 실과 교과목 가정생활 영역의 내용체계

〈표 4-4〉 인간발달과 주도적 삶

핵심 아이디어	• 인간발달에 대한 이해는 자립적인 삶을 이끌고 타인과의 건강한 관계를 형성하는 기초가 된다. • 일상에서 직면하는 문제에 대처할 수 있는 역량은 개인 및 가족의 긍정적 발달과 행복한 일상의 삶을 주도적으로 이끌 수 있게 한다. • 일상에서 직면하는 상호 존중과 협력적 소통에 기반한 관계맺음의 경험은 건강한 대인관계를 확장하는 밑거름이 된다. • 가정일과 생활습관은 변화하는 일상에서 개인 및 가족의 요구와 문제를 해결해 나갈 수 있게 하면서 생활 방식과 진로를 스스로 개척하고 성장하기 위한 바탕이 된다.

범주 \ 학년	5~6학년
지식 · 이해	• 아동기 발달과 자기이해 • 자립적 일상생활 • 균형 잡힌 식사 • 옷의 기능과 옷차림 • 가정생활과 가정일 • 진로 발달과 직업
과정 · 기능	• 건강한 발달을 위한 자기관리 방법 탐색하기 • 자립적 일상생활에 필요한 조건 살펴보기 • 가족원의 다양한 요구 파악하기 • 바람직한 식습관 형성하기 • 건강하고 적절한 옷차림 파악하기 • 가정생활을 유지하는 가정일의 종류 살펴보기 • 가정일 수행에 참여하기
가치 · 태도	• 아동기 발달에 대한 긍정적인 수용 • 일상생활 속 올바른 생활습관과 예절을 실천하는 태도 • 가족 간 배려와 돌봄의 가치 • 협력적 소통에 기반한 역할 분담의 가치 수용 • 일과 노동의 가치 • 진로를 주도적으로 탐색하는 태도

〈표 4-5〉 생활환경과 지속가능한 선택

핵심 아이디어	• 삶의 욕구와 문제를 해결하는 과정에서 인간이 경험하는 생활자원의 제한성은 개인과 가족의 관리능력을 요구한다. • 생활의 기본 조건으로서 의식주 생활의 수행능력을 갖추는 일은 창의적이고 가치 있는 삶을 설계하고 영위할 수 있는 기초가 된다. • 변화하는 생활환경을 안전하고 건강하게 유지하고자 하는 개인과 가족의 책임 있는 행동을 통해 소비자 시민성을 함양할 수 있다. • 일상생활에서 지속가능한 선택을 지향하는 것은 현재 생활 공동체와의 공존과 함께 미래 세대의 건강한 삶을 위한 책임 있는 행동이다.
범주 \ 학년	5~6학년
지식 · 이해	• 생활자원의 특징 • 생활자원의 보관과 활용 • 식재료의 생산과 선택 • 음식의 마련과 섭취 • 옷이나 생활용품의 구성 • 생활공간과 정리정돈 • 지속가능한 의식주 생활

과정 · 기능	• 생활자원의 사용가치를 높이는 방법 탐색하기 • 합리적인 관리 방법 실천하기 • 자신의 선택이 공동체의 삶과 환경에 미치는 영향 설명하기 • 음식을 마련하는 과정 체험하기 • 생활용품을 만드는 과정 경험하기 • 생활 속 의생활 문제 해결하기 • 생활공간을 청결하게 하는 과정 경험하기 • 일상생활에서의 지속가능한 행동을 계획하여 실천하기
가치 · 태도	• 생활자원을 소중하게 여기는 태도 • 함께하는 식사의 즐거움 • 식사 예절을 실천하는 태도 • 직접 만들어 쓰기의 가치와 창의적 태도 • 제작 과정에서 절차적 사고를 중시하는 태도 • 안전한 생활을 실천하는 태도 • 쾌적한 생활공간 유지를 위한 노력 • 나눔의 봉사활동과 기부문화의 존중

(2) 중학교 교육에서의 가족생활교육

중학교 기술·가정 교과에서의 가정 영역은 중학교 가족생활교육의 핵심으로서 가족생활교육의 다양한 내용들이 구성되어 있다. 가정 영역의 내용체계 중에서도 가족생활교육의 내용과 직접적이고 밀접한 관련을 가지고 있는 부분은 청소년의 이해, 청소년의 자기관리, 가족의 이해, 진로와 생애설계 등 4개 부분이다. 이처럼 학교교육에서의 가족생활교육은 어느 정도 체계화되었다고 볼 수 있으나 실제로 이를 효과적으로 수행하기 위해서는 많은 조건과 상황이 충분히 필요하다.

가정 영역에서는 가족생활교육에서 강조하는 인간발달에 대한 이해와 가장 유사한 교육목적을 다루고 있다. 청소년기의 이해, 성, 이성교제, 가족 상호작용, 의사소통, 가족자원관리 등과 같은 주제는 사회, 도덕, 과학, 체육, 국어 교과에서도 부분적으로 다루고 있지만, 가족생활교육의 목적과 근접하고, 동일한 교육효과를 의도하고 있는 교과는 가정 영역이다(표 4-6 참조).

〈표 4-6〉 중학교 [기술 · 가정] 교과목 가정생활 영역의 가족생활교육의 내용

내용체계		내용 영역별 성취기준
청소년의 이해	청소년의 발달 청소년의 성과 친구 관계	청소년기의 발달 특성에 대한 이해를 바탕으로 자신에 대한 긍정적 자아정체감을 형성하고, 건전한 성 가치관을 확립하며, 바람직한 동성 및 이성 친구관계를 통하여 건강한 인간관계를 형성하기 위한 기본적 태도와 능력을 기른다. • 청소년기의 신체적, 인지적, 정서 · 사회적 발달 특성을 이해하여 자신의 행동 특성을 객관적으로 파악할 수 있으며, 자아존중감을 바탕으로 한 건강한 자아정체성을 형성한다. • 청소년기의 성적 발달 특성을 이해하고, 자신과 타인의 성을 소중히 여기는 태도를 기르며, 우정에 대한 이해를 바탕으로 청소년기의 중요한 인간관계인 동성 및 이성 친구와 건강한 관계를 형성한다.
청소년의 생활	건강한 식생활과 식사 구성 옷차림과 자기표현 주거와 거주환경	청소년기에 생활인으로서 필요한 기본적인 식생활, 의생활, 주생활과 관련된 자기관리 능력을 기른다. 이를 위해 청소년기 식생활의 중요성을 인식하고, 균형 잡힌 식사를 통한 건강한 식생활 실천 능력, 자신에게 적합하고 남을 배려하는 옷차림과 의생활 문화의 계승을 통한 올바른 의생활 실천 능력, 그리고 자신의 생활공간의 중요성을 인식하고 주거 선택과 관련된 올바른 가치관을 형성하는 주생활 실천 능력을 기른다. (하위 성취기준 생략)
청소년의 자기관리	청소년의 시간 및 스트레스 청소년의 소비생활 청소년의 복지서비스	청소년의 시간 및 스트레스, 소비생활과 관련된 다양한 상황을 파악하여 주도적으로 자기관리를 할 수 있으며, 다양한 청소년 복지서비스를 탐색하여 유용하게 활용할 수 있다. • 청소년의 시간 및 스트레스를 이해하고, 이와 관련한 자신의 상황 및 생활문제를 평가하여 해결할 수 있으며, 이러한 과정을 통하여 자신의 생활환경을 개선할 수 있다. • 청소년기의 소비 특성 및 소비 환경을 이해하고, 자신의 소비생활과 관련한 문제를 평가하여 해결할 수 있으며, 이러한 과정을 통하여 건강한 소비생활을 실천할 수 있다. • 청소년 기본법과 청소년 복지지원법을 중심으로 청소년 복지서비스의 필요성을 이해하고, 다양한 청소년 복지서비스를 탐색하여 자기관리에 유용하게 활용할 수 있다.
가족의 이해	변화하는 가족과 건강가정 가족관계와 의사소통	가족과 가족관계에 대한 이해를 통하여 가족이 가지는 소중한 가치를 내면화하여, 건강한 가족관계를 형성할 수 있도록 의사소통 능력 및 갈등 해결 능력을 기른다. • 저출산 · 고령 사회, 다문화 사회의 도래 등 변화하는 사회에서 가족의 개념, 형태, 기능, 가족생활주기, 가족 가

		치관 및 가족구성원의 역할 변화를 이해하고, 양성평등 및 세대 간의 조화 등을 통한 건강한 가족 가치관을 형성할 수 있다. • 바람직한 의사소통 능력 및 갈등 해결 능력을 길러 가족관계를 건강하게 형성하고, 이를 친구, 교사, 이웃 등 다양한 관계에 적용하여 건강한 인간관계를 형성할 수 있다.
녹색 가정생활의 실천	녹색 식생활과 음식 만들기 친환경적 의생활과 옷 고쳐 입기 지속가능한 주생활과 주거공간 꾸미기	식생활, 의생활, 주생활 전반에 걸쳐 환경 친화적인 가정생활 영위 능력을 기른다. 이를 위해 식품의 구매부터 소비까지 녹색 식생활을 실천하고, 자신의 의복 구매부터 관리까지의 친환경적인 의생활을 실천하며, 가족생활에 적합한 효율적이고 친환경적인 주거환경에 대한 태도를 기른다. (하위 성취기준 생략)
진로와 생애 설계	진로탐색과 생애 설계 일 · 가정 양립과 가정생활 복지 서비스	청소년기에 적성에 맞는 미래의 진로탐색을 통하여 자신의 생애를 직접 설계해 보고, 가정생활과 일을 조화롭게 양립할 수 있는 문제해결 능력 및 생활역량을 기르며, 다양한 가정생활 복지 서비스를 탐색하여 유용하게 활용할 수 있다. • 생애 설계의 개념을 이해하고, 생애주기 관점과 경제적 자립 관점을 중심으로 자신의 생애를 설계할 수 있으며, 이를 통해 자신의 적성에 맞는 진로를 탐색하고 설계할 수 있다. • 일 · 가정 양립 상황에서 나타날 수 있는 다양한 문제를 분석하여 해결방법을 모색하며, 이 과정에서 문제해결을 위해 가족이 활용할 수 있는 다양한 가정 생활복지 서비스를 찾아보고, 이를 활용할 수 있다.

이처럼 가족생활교육은 교과의 본래 목적과 위배되지 않으면서도 가족생활교육의 목적이 제대로 실천되도록 잘 다루어 주는 교과를 선정하여 그 교과에 교과로서의 책무성을 전체 교육과정에서 보다 강화하여 주는 것이 가장 효과적이다.

본 교재에서는 최근 2022년 개정 교육과정에서 가족생활교육과 관련한 가정 교과의 영역을 중심으로 중학교 교육과정에 대해 살펴보고자 한다.

① 2022년 개정 중학교 교육과정의 [기술 · 가정] 교과목 가정생활 영역의 내용체계

〈표 4-7〉 인간발달과 주도적 삶

핵심 아이디어	• 인간발달에 대한 이해는 자립적인 삶을 이끌고 타인과의 건강한 관계를 형성하는 기초가 된다. • 일상에서 직면하는 문제에 대처할 수 있는 역량은 개인 및 가족의 긍정적 발달과 행복한 일상의 삶을 주도적으로 이끌 수 있게 한다. • 일상에서 직면하는 상호 존중과 협력적 소통에 기반한 관계맺음의 경험은 건강한 대인관계를 확장하는 밑거름이 된다. • 가정일과 생활습관은 변화하는 일상에서 개인 및 가족의 요구와 문제를 해결해 나갈 수 있게 하면서 생활 방식과 진로를 스스로 개척하고 성장하기 위한 바탕이 된다.
범주 \ 학년	1~3학년
지식 · 이해	• 청소년기 발달과 자아정체성 • 영양과 청소년의 식생활 • 자기 이미지와 표현 • 청소년 문제와 적응유연성 • 전환기 탐색 및 진로 설계 • 가족의 다양성과 변화 • 가족 간의 갈등과 소통 • 뉴노멀사회에서의 가족문화 • 또래와 세대관계 • 상호 존중 관계의 형성과 역할수용
과정 · 기능	• 주제에 대한 배경과 맥락 파악하기 • 문제해결의 목표 설정하기 • 결과를 고려한 최선의 방안 선택하기 • 청소년기 발달 특징을 자신에게 적용하기 • 청소년기 건강한 자아정체성 형성하기 • 발달 특성에 따른 의생활과 식생활 실천하기 • 청소년의 문제상황 대처하기 • 자기 이해에 기반한 진로 탐색과 설계하기 • 시민적 역량과 관련된 가족의 역할 탐색하기 • 역할 기대를 고려하여 문제해결방안 탐색하기 • 의사소통과 갈등관리의 방법 탐색하기 • 또래 및 가족과 친밀한 관계 형성하기
가치 · 태도	• 청소년기 발달에 대한 긍정적인 수용 • 성적 의사 결정의 상호 존중과 성 인지 감수성의 함양

	• 성폭력과 가정폭력에 대한 인식 및 시민적 행동 내면화 • 다양한 생활 방식 및 타인에 대한 존중과 배려 • 가족원으로서 협력과 공감의 태도 • 가족 친화적 가치에 대한 존중 • 진로 설계의 중요성 내면화 • 다름을 존중하고 더불어 살아가는 공동체 가치 실현 • 일상생활에서 자기주도적 태도

〈표 4-8〉 생활환경과 지속가능한 선택

핵심 아이디어	• 삶의 욕구와 문제를 해결하는 과정에서 인간이 경험하는 생활자원의 제한성은 개인과 가족의 관리능력을 요구한다. • 생활의 기본 조건으로서 의식주 생활의 수행능력을 갖추는 일은 창의적이고 가치 있는 삶을 설계하고 영위할 수 있는 기초가 된다. • 변화하는 생활환경을 안전하고 건강하게 유지하고자 하는 개인과 가족의 책임 있는 행동을 통해 소비자 시민성을 함양할 수 있다. • 일상생활에서 지속가능한 선택을 지향하는 것은 현재 생활 공동체와의 공존과 함께 미래 세대의 건강한 삶을 위한 책임 있는 행동이다.
범주 \ 학년	1~3학년
지식 · 이해	• 생활자원의 순환과정 • 식품선택과 식생활 안전 • 식사계획과 조리원리 • 의복재료와 관리행동 • 의복마련 계획과 업사이클링 • 주거환경과 주거문화 • 주거공간 구성과 계획 • 소비자 의사 결정과 책임 • 디지털 생활환경과 자원관리
과정 · 기능	• 생활 및 습관적 행동 관찰하기 • 기대하는 목표 설정하기 • 변화를 위한 기회 탐색하기 • 자신의 행동이 미치는 영향을 성찰하기 • 지속가능성을 고려하여 대안 결정하기 • 생활자원의 생산과 폐기 과정 탐색하기 • 다양한 변인을 고려하여 식사를 계획하고 조리하기 • 의생활에 업사이클링 활용하기 • 더불어 사는 주거문화 실천하기 • 소비자문제 탐색 및 해결방안 적용하기

가치 · 태도	• 일상생활 속 선택에 대한 책임과 성찰 • 생태 지향적 삶의 태도 • 생활자원 관리에서 지속가능성을 고려하는 태도 • 의식주 생활에서 건강을 추구하는 태도 • 책임 있는 소비자로서의 신념 • 제작 과정에서 창의적이고 성취지향적인 태도 • 안전한 생활환경을 위한 예방적 태도 • 창의적인 의식주 소비생활을 실천하는 태도 • 변화와 혁신에 대한 개방적 태도

(3) 고등학교 교육에서의 가족생활교육

2022년 이전의 고등학교 교육과정에서는 가족생활교육으로 기술 · 가정 및 가정과학 교과목이 가정생활 영역으로 구성되었다. 기술 · 가정 교과목의 가족생활교육 내용은 저출산 · 고령 사회와 가족과 가족이 여는 행복한 가정생활 문화로 구성되어 왔고, 가정과학 교과목의 가족생활교육 내용은 결혼과 가족생활로 구성되어 왔다.

기술 · 가정 교과목의 가정생활 영역에 구성되어 있는 가족생활교육 내용은 저출산 · 고령 사회와 가족과 가족이 여는 행복한 가정생활 문화 영역으로 구분된다. 저출산 · 고령 사회와 가족 영역은 사랑과 결혼, 부모됨과 자녀돌봄, 자립적인 노후생활을 다룸으로써 가족생활교육의 결혼 전 교육이나 가족관계를 이해하는 교육내용으로 구성된다. 또한 가족이 여는 행복한 가정생활 문화 영역은 양성평등과 세대 간 조화를 추구하는 건강한 가족문화의 형성과 배려와 나눔을 실천하는 구체적 가족생활의 실천방안을 다루는 내용으로 구성된다(표 4-9 참조).

한편 가정과학 교과목에서는 가족생활교육 내용과 부합되는 내용이 대부분 포함되어 있고, 결혼과 가족생활 영역으로 구분된다. 결혼과 가족생활 영역은 가족발달, 결혼 전 교육, 가족돌봄, 복지 등으로 구성되어 있다(표 4-10 참조).

〈표 4-9〉 고등학교 [기술 · 가정] 교과목 가정생활 영역의 내용

내용체계		내용 영역별 성취기준
저출산 · 고령 사회와 가족	사랑과 결혼 부모됨과 자녀돌봄 자립적인 노후생활	저출산 · 고령 사회에 대응하는 바람직한 사랑과 성, 결혼과 가족, 부모됨의 바람직한 가치관을 형성하고, 자녀 돌보기 경험을 통하여 사회적 돌봄으로 확산될 수 있는 능력을 기르며, 자립적 노후생활을 위한 준비의 필요성을 이해하여 노후생활을 체계적으로 준비할 수 있는 역량을 기른다. • 건강한 가족 형성의 중요성을 인식하여 사랑과 성, 배우자 선택, 결혼 등에 대한 바람직한 가치관과 올바른 의사결정을 할 수 있는 능력을 길러, 양성평등하고 협력적인 역할 분담을 통하여 행복한 가족생활을 영위할 수 있는 자질을 기를 수 있다. • 부모됨의 개인적, 사회적 의의를 이해하여 이와 관련한 신중한 의사결정을 할 수 있으며, 건강한 임신 · 출산 및 부모 역할을 위한 여러 가지 실제적 지식과 능력을 함양하여 사회적 돌봄 능력으로의 확대를 위한 기본적 자질을 기를 수 있다. • 노인의 신체적, 인지적, 정서 · 사회적 발달의 특성을 이해하여, 가족 및 주변의 노인과 건강한 상호관계를 형성할 수 있으며, 행복한 노후생활을 위한 개인적 · 경제적 · 사회적 대처방안을 탐구하여, 고령 사회에 대비할 수 있는 자립적 노후생활을 준비할 수 있다.
가족이 여는 행복한 가정생활문화	건강가정과 지속가능한 소비문화 배려와 나눔의 의식주 생활	건강한 가족문화와 지속가능한 소비생활문화와 이웃에 대한 배려와 나눔을 통한 의식주 생활문화를 실천할 수 있는 여러 가지 방안을 탐구하고 실천하며, 우리 사회에서 건강하고 행복한 가정생활문화를 주도할 수 있는 실천적 역량을 기를 수 있다. • 건강한 사회의 기반인 양성평등을 추구하고 세대 간 조화를 이루는 건강한 가족문화와 지속가능한 소비생활을 영위할 수 있는 소비생활문화를 직접 체험함으로써 건강한 가정생활문화를 실천할 수 있다. • 개인과 가족구성원의 소비생활, 의생활, 식생활, 주생활 등의 가정생활은 타인 및 이웃 가족과 함께 살아가는 생활임을 인식하여, 가정생활에서 배려와 나눔을 실천할 수 있는 구체적인 실천 방안을 탐색하여 실생활에 적용할 수 있다.

〈표 4-10〉 고등학교 [가정과학] 교과목 가정생활 영역의 내용

내용체계			내용 영역별 성취기준
결혼과 가족생활	생애주기와 가족발달	생애주기와 발달과업 가족발달과업과 가족발달지원 프로그램	개인과 가족의 발달단계와 발달과업을 이해하여 개인의 성숙과 함께 행복한 결혼관계를 지속시킬 수 있고, 다양한 가족 공동체의 복지를 향상시킬 수 있는 상호 돌봄의 실제적 능력을 기르며, 가족생활 관련 분야의 적성을 파악하여 자신의 직업과 진로를 개척한다. • 생애주기에 따른 개인의 발달과업, 가족발달주기에 따른 가족의 발달과업을 파악하여 개인과 가족의 발달과업을 조화시킬 수 있으며, 개인과 가족발달을 지원하는 부모교육 프로그램, 예비부부 교육 프로그램 등의 다양한 지원 프로그램을 탐색하여 활용할 수 있다. • 성과 사랑에 대한 이해를 바탕으로 자기주도적이고 바람직한 성과 사랑의 의사결정을 할 수 있으며, 결혼생활 적응에 기여할 수 있는 바람직한 배우자 선택과정 및 기준을 이해하여 이를 미래에 실천할 수 있다. • 한부모가족, 노인가족, 다문화가족, 분거가족 등 다양한 가족 공동체가 가지는 강점과 약점을 파악하여 요구에 적절한 돌봄을 실천할 수 있는 실천적 능력을 기르고, 현대사회의 다양한 가족문제를 파악하여 예방을 위한 가족 복지 및 가족법 등의 전문적 체계의 개입방안을 설명할 수 있으며, 문제를 가진 가족을 돌볼 수 있는 구체적이고 다양한 방안을 탐구하여 이를 실천할 수 있다. • 사회변화에 따라 파생된 결혼과 가족생활의 향상을 위한 다양한 직업의 세계를 탐색하고, 이 분야에서 요구하는 능력을 길러 체계적으로 진로를 설계하고 준비할 수 있다.
	배우자 선택과 결혼생활	성과 사랑 배우자 선택과 결혼생활의 적응	
	가족돌보기와 가족 복지	다양한 가족 공동체 돌보기 가족문제와 가족복지	
	결혼과 가족생활 관련 직업과 진로	결혼과 가족생활 관련 직업의 세계 결혼과 가족생활 관련 직업 진로개발	

최근 2022년 개정 교육과정에 의하면, 고등학교 기술·가정은 고등학교 1~3학년군에 해당하는 일반선택 과목으로 생활과학 영역을 학습하는 데 기본이 되는 과목이다. 특히 학습자들이 현재와 미래의 삶에서 경험하게 될 가정과 생활과학 영역에 대한 탐구를 바탕으로 비판적 사고능력, 실천적 문제해결 능력을 함양하며, 정서적 공감 능력을 바탕으로 인간애를 발휘하는 생활의 태도를 기르는 데 중점을 둔다(교육부 고시 제2022-33호).

따라서 본 교재에서는 최근 2022년 개정 교육과정에서 가족생활교육과 관련한 가정 교과의 영역을 중심으로 고등학교 교육과정을 살펴보고자 한다.

① 2022년 개정 고등학교 교육과정의 [기술·가정] 교과와 가족생활교육

고등학교 기술·가정 교과에서 가정 교육은 고등학교 가족생활교육의 핵심으로서 가족생활교육의 다양한 내용들이 구성되어 있다. 기술·가정 교육을 중심으로 교육과정 설계의 개요를 살펴보고, 가정 교육의 성격 및 목표, 내용 체계 및 성취기준, 교수·학습 방법을 살펴보면 다음과 같다.

㉠ 기술·가정 교과목에 대한 교육과정의 개요

일반선택 과목인 기술·가정 교과에서 가정 교육은 개인과 가족이 생활환경 속에서 생활양식을 구축하고 사회라는 문화적 공간과 시간 속에서 생활문화로 확장되는 것을 인식하여 전 생애 관점에서 자립역량을 함양하는 데 중점을 두었다. 융합선택 과목인 아동발달과 부모 교육은 아동의 안전 강화 및 학대 예방이라는 국가·사회적 요구를 반영하였으며, 부모됨과 돌봄의 가치를 인식하고 사회적 돌봄 및 정책적 이슈들을 함께 고민하는 기회를 제공하도록 설계하였다. 또 다른 융합선택 과목인 생애 설계와 자립 교육은 사회로의 첫 독립을 앞둔 후기 청소년기 학습자에게 사회·정서적 자립, 경제적 자립, 일상생활의 자립의 의미를 성찰해 보고 실생활에 적용해 보는 학습 내용으로 구성하였다.

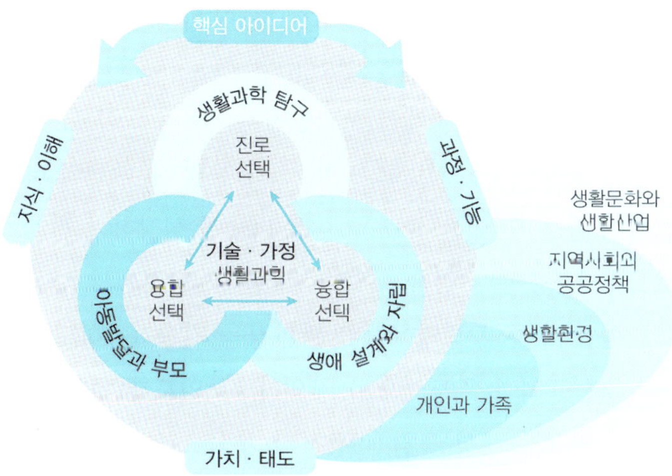

그림 4-3 2022년 개정 교육과정

출처 : 교육부(2022).

따라서 고등학교 교육과정의 기술·가정 교과에서는 가족생활교육의 내용에 관련한 가정 영역과, 아동발달과 부모 영역, 생애 설계와 자립 영역에 대해 살펴보고자 한다.

㉡ 가정 교육의 성격

고등학교 기술·가정은 고등학교 1~3학년군에 해당하는 일반선택 과목으로 생활과학 영역의 진로선택과 융합선택 과목을 학습하는 데 기본이 되는 과목이다. 고등학교 기술·가정의 가정 영역은 자기 및 타인 이해의 관점을 전 생애로 확장시켜 가족 및 가족 이외의 다양한 연령의 사람들과 공감 능력에 기반하여 보다 성숙한 관계로 성장시킬 수 있는 역량을 함양하도록 하였다. 또 학습자가 전 생애에서 직면하게 될 생활과 삶의 다양한 문제들을 지역사회의 생활환경으로 확장하여, 나와 가족, 우리 사회의 건강하고 행복한 생활문화를 창의해 가는 역량을 길러주는 데 중점을 둔다.

최근 우리 사회는 저출생 및 고령인구 증가, 비대면 사회의 확산에 따라 나노 사회로 급속하게 변화해 가고 있으며, 특히 생태환경의 변화로 인해 다양한 사회적, 환경적 문제에 직면하고 있다. 이에 일·생활의 균형, 관계형성과 회복, 지속가능한 개인의 선택 행동 등과 같은 다양한 개인적, 가족적 차원의 방안들이 주목받고 있다.

이에 가정생활 영역의 학습에서는 학습자가 자기주도적 삶의 태도를 확립하여 자립적 생활역량을 기르고, 나아가 가족 및 내 주변의 타인을 공감하고 배려하여 돌볼 수 있는 능력을 길러 더불어 성장하는 관계형성의 역량을 기르도록 하는 데 초점을 두었다. 또한 이 과정에서 성장시킨 돌봄 능력으로 다양한 수준의 생태학적 생활환경을 지속가능하도록 실천하며 미래지향적 생활문화를 주도적으로 창의할 수 있도록 하였다. 학습자는 생활과학 분야의 학습에서 공감적 관찰과 분석으로 다양한 생활과 삶의 문제를 발견할 수 있는 역량을 기르도록 하였다.

따라서 이 과목은 인간과 함께 가장 근접한 생활환경에 대한 이해를 기반으로 인간 중심의 서비스를 제공하는 의, 식, 주, 아동, 가족 및 심리상담 및 복지 분야 등을 고려하는 학습자가 아동발달과 부모 및 생애 설계와 자립의 융합선택 과목으로 학습 내용과 수준을 심화 발전시키기 위한 기본과목에 해당한다.

㉢ 가정 교육의 목표

기술·가정의 가정 영역에서의 목표는 가정 및 생활과학에 대한 지식, 사고능력 및 수행, 가치 판단력을 함양하여 실천적 문제해결의 과정을 통해 자립적이며 주도적 삶을 설계하는 것이다. 구체적인 하위목표는 전 생애로 확대된 인간발달에 대한 이해와 급변하는 생활환경에 대한 이해를 바탕으로 삶의 경로에서 나타나는 다양한 문제를 파악하고, 예측 가능한 위기에 대응하여 치유 및 회복, 성장하는 데 필요한 역량을 갖추고 관련된 사회의 다양한 복지서비스를 분석하여, 일과 생활의 균형을 갖춘 생애 설계를 할 수 있는 것이다.

㉣ 가정 교육의 내용체계

기술·가정 교과의 내용체계 중에서 가족생활교육의 가정 영역과 관련 깊은 생활문화와 디지털 환경 및 인간과 성장하는 관계의 내용체계에 대해 살펴보고자 한다.

〈표 4-11〉 생활문화와 디지털 환경

핵심 아이디어	• 한국 의식주 생활문화의 전통에 대한 이해는 좋은 삶으로의 개선 및 공동체의 존속에 기여한다 • 미래지향적 생활산업을 이해하는 것은 개인과 가족이 의식주 생활문화에 대한 공감적 관찰 기회를 가지고 더 나은 의식주 생활문화를 이끌도록 하며, 다양한 진로 영역으로 확대할 수 있게 한다.
영역 / 범주	내용요소
지식·이해	• 일상생활과 생활문화의 형성 • 한국 의식주 생활문화의 독창성 • 의식주 생활과 문화다양성

	• 미래 식생활과 푸드 테크 • 스마트 의류와 메타패션 • 유비쿼터스 주거와 가상공간
과정 · 기능	• 일상생활 속 문화적 요소 발견하기 • 일상생활의 생활문화로의 확장성 파악하기 • 생활문화의 독창적 요소 탐색하기 • 생활문화의 다양성 비교 · 분석하기 • 생활문화에 반영된 미래 변화의 요소 발견하기 • 생활문화의 새로운 아이디어 적용하기 • 미래지향적 생활문화 창안하기
가치 · 태도	• 지속되는 일상생활의 가치 존중 • 한국의 생활문화에 대한 자긍심 • 생활문화에 대한 문화감수성 • 아날로그와 디지털 생활문화의 균형과 상호 존중 • 생활문화 답습에 대한 비판적 태도 • 생활문화의 새로운 가치 창조

〈표 4-12〉 인간과 성장하는 관계

핵심 아이디어	• 성인기 이후 인간발달에 대한 이해는 개인적 발달을 넘어서 자신과 타인을 존중하고 발달적 요구를 반영한 상호 돌봄을 실천하는 데 기여할 수 있다. • 삶의 위기 경험에 대한 치유와 회복은 인간에게 성장할 수 있는 계기가 될 수 있으며, 치유와 회복을 위해서는 긍정적 마인드와 지속적인 훈련을 통해 회복탄력성을 유지하는 것이 중요하다.
영역 / 범주	내용요소
지식 · 이해	• 성과 사랑 • 성년기의 독립과 결혼 • 부모됨의 선택과 역할 • 중년기 부모와 청소년기 자녀 • 노년기 생활과 유니버설 디자인 • 디지털 시대의 관계형성 • 회복탄력성과 성장
과정 · 기능	• 성인의 발달에 대한 배경과 맥락 파악하기 • 인간의 발달 특징을 자신과 가족에게 적용하기 • 관계에서의 문제해결을 위한 최선의 방안 결정하기 • 가족 상호 돌봄의 방안 탐색하기 • 회복탄력성 키우기 • 위기의 배경과 맥락을 이해하고 긍정적으로 해석하기 • 역할기대를 고려하여 문제해결방안 탐색하기

가치·태도	• 디지털 공간까지 확장된 인간에 대한 보호와 존중 • 가족 내 소통과 협력적 태도 • 노년기 생활 안전에 대처하려는 자세 • 노년기 삶에 대한 존중과 나이 듦에 대한 긍정적 태도 • 관계로부터의 안전을 생각하는 태도 • 위기를 통한 성장의 의미 수용

② 2022년 개정 고등학교 교육과정의 [아동발달과 부모] 교과와 가족생활교육

고등학교 [기술·가정] 교과에서 [아동발달과 부모] 교육의 내용체계 및 내용요소는 다음과 같다.

〈표 4-13〉 **부모됨의 준비**

핵심 아이디어	• 부모됨의 선택은 현재의 자신과 미래 세대를 존재하게 하는 숭고한 일이며, 자녀가 개인인 동시에 가족구성원으로서 건강하게 성장할 수 있도록 돕고, 미래 사회를 지속가능하도록 하는 데 기여할 수 있다 • 개인적 성취 경험에 제한되지 않고, 부부 혹은 부모로서의 균형 있는 역할수행의 성취 경험을 통해 자신과 타인을 고루 살필 수 있는 성인으로 성장할 수 있다.
영역 / 범주	내용요소
지식·이해	• 나의 성장과 부모의 영향 • 가족의 형성 • 부모됨의 의미 • 임신과 출산 • 부모와 개인으로서의 삶의 균형
과정·기능	• 자신의 성장과정을 이해하고 부모와의 상호작용 성찰하기 • 성숙한 사랑의 의미 추론하기 • 부모됨의 배경과 맥락을 이해하고 의미 도출하기 • 부부 공동의 임신과 출산과정의 대안을 탐색하고 결과 추론하기 • 개인 및 부모로서 삶의 균형 실현을 위한 조건 및 방안 탐색하기
가치·태도	• 개인의 삶에 영향을 끼친 양육의 가치 수용 • 결혼 및 부모됨 선택에 대한 고정관념에서 벗어난 유연한 태도 • 의미 있는 타인에 대한 상호 존중의 태도 • 생명의 존엄성과 가치의 수용 • 임산부에 대한 건강한 배려 • 건강한 사회의 기초로서 가정의 의의와 가치 내면화 • 건강한 부모됨의 가치 존중

〈표 4-14〉 아동발달과 돌봄

핵심 아이디어	• 아동이 발달적 측면에서 건강한 개인과 가족구성원으로 성장하기 위한 안정적 생활환경을 제공하는 것은 가정과 사회 모두의 돌봄에 대한 책임이다. • 안정적인 가정과 사회의 돌봄 환경을 구축하기 위해서는 아동이 건강하게 성장할 수 있도록 지원하는 것과 동시에 부모가 그 역할을 잘 수행할 수 있도록 돕는 사회적 지원 역시 중요하다.
범주 \ 영역	내용요소
지식 · 이해	• 부모의 역할과 책임 • 아동발달의 기초 • 발달의 이론 • 아동의 발달단계에 따른 돌봄 • 부모와 자녀 간의 긍정적 관계의 형성 • 아동의 안전한 돌봄 환경 • 사회적 부모와 지역사회 돌봄의 의미
과정 · 기능	• 책임 있는 부모로서의 역량을 키우는 방안 탐색하기 • 아동의 발달단계에 따른 돌봄 방법 제안하기 • 아동의 요구와 부모 요구 각각의 맥락과 배경을 이해하고 충돌 예방하기 • 아동학대 예방을 위한 아동 안전 확보 방안 탐색하기 • 부모 지원 정책 탐색하기 및 최선의 방안 선택하여 제안하기
가치 · 태도	• 아동의 인권을 존중하는 태도 • 아동의 발달적 요구를 존중하는 태도 • 부모의 민주적 양육 태도 • 아동의 발달적 요구와 부모의 개인적 요구 간 균형 추구 • 예비부부 및 부모로서의 성숙한 태도 • 사회적 돌봄을 실천하려는 태도

③ 2022년 개정 고등학교 교육과정의 [생애 설계와 자립] 교과와 가족생활교육

고등학교 [기술 · 가정] 교과에서 [생애 설계와 자립] 교육의 내용체계와 내용요소는 다음과 같다.

㉠ [생애 설계와 자립] 교육의 내용체계

〈표 4-15〉 사회 · 정서적 자립

핵심 아이디어	• 개인의 차이와 다양성을 포용하는 태도를 바탕으로 나 개인으로서의 독특한 정체성을 설정하는 동시에 주변의 타인들과 건강한 관계맺기는 사회 · 정서적 자립의 기초가 된다. • 일상생활에서 성 인지 감수성을 길러, 자신과 타인을 보호하고 공감하는 태도를 함양하는 것은 상호 존중 문화 확립의 바탕이 된다.
영역 / 범주	내용요소
지식 · 이해	• 관계맺기와 경계 세우기 • 만남과 이별 • 대인관계와 관련된 이슈
과정 · 기능	• 관계에서 균형 이루는 방안 탐색하기 • 마음 건강을 유지하는 방안 탐색하기 • 상실과 비탄의 상황에 대처하기 • 일상생활에서 성 인지 감수성 높이기 • 주제에 대한 배경과 맥락 파악하기 • 역할 기대를 고려하여 문제해결방안 탐색하기 • 대인관계와 관련된 이슈를 비판적 성찰하기
가치 · 태도	• 자신과 타인에 대한 보호와 공감 • 건강한 자아의 확립 • 자신의 정신적 건강을 유지하려는 태도 • 디지털 환경에서도 상대를 존중하는 태도 • 정서적 지지 기반의 중요성 내면화 • 상호 존중의 성문화 확립 • 사회구성원으로서의 자립적 삶의 태도

〈표 4-16〉 경제적 자립

핵심 아이디어	• 자신의 경제적 자원을 효율적으로 관리하고 건전한 경제 습관을 갖추는 것은 경제적 자립을 실천하는 일이다. • 사회인으로서 자원의 나눔과 공유를 실천하는 것은 가치 있는 소비생활의 바탕이 된다.
영역 / 범주	내용요소
지식 · 이해	• 수입과 금융거래 • 협력적 소비 • 금융거래와 관련된 이슈

과정 · 기능	• 기대하는 목표 설정하기 • 변화를 위한 기회 탐색하기 • 수입 창출 방법 탐색하기 • 금융자산 형성 방안 탐색하기 • 협력적 소비 방안 탐색하기 • 자신의 행동이 미치는 영향 성찰하기 • 금융과 관련된 이슈를 비판적 분석하기
가치 · 태도	• 수입과 지출의 균형을 중시하는 태도 • 자신의 업무에 대해 책임 있는 태도 • 근로환경을 개선하려는 사회적 시민성 • 가정생활자원의 나눔과 공유의 가치 실천 • 다양한 자산 형성 방법에 대한 비판적 태도 • 신용관리의 중요성 내면화

〈표 4-17〉 일상생활 자립

핵심 아이디어	• 매일의 반복되는 일상생활을 건강하게 유지하는 데 필요한 다양한 정보를 추구하고 실천적 역량을 기르는 것은 자기 돌봄의 기초가 된다. • 자립적 생활을 위한 사회적 지원 및 정책을 활용하는 것은 자신의 삶을 주도적으로 설계하고 책임질 수 있게 한다.
영역 / 범주	내용요소
지식 · 이해	• 1인 식사의 선택 • 청년 주거복지와 정보 • 독립적 생활 설계
과정 · 기능	• 생활 및 습관적 행동 관찰하기 • 기대하는 목표 설정하기 • 변화를 위한 기회 탐색하기 • 건강을 유지하는 1인 식사 방안 탐색하기 • 주거 정보 탐색하기 • 자신과 타인의 안전을 보장하는 주거문화 실천하기 • 다양한 복지 정보 탐색하기 • 생활정보 비판적 성찰하기
가치 · 태도	• 건강한 일상의 기본이 되는 식사의 중요성 내면화 • 삶의 질을 높이는 생활공간의 가치 수용 • 청년 복지에 대한 인식을 확산하려는 태도 • 가치로운 청년 복지를 제안하는 태도 • 행복을 추구하는 생활의 가치관 형성

3. 사회에서의 가족생활교육

외부 지원에 대한 가족의 요구 충족을 위해 현대사회의 가족 환경 변화로 가족의 사회에 대한 요구는 증가하고 있다.

주 5일 근무제의 도입, 기혼여성의 취업 증가, 핵가족화, 정보화 등 가족을 둘러싼 사회환경의 변화에 대한 가족 대처능력의 부족은 사회적 · 국가적 차원의 지원을 필요로 한다.

가족생활교육에 대한 가족학 · 사회학 분야의 연구결과에 의하면 많은 가족들이 교육의 필요성에 대해서 높은 요구도를 나타내지만 구체적인 교육의 기회와 정보가 부족해 어려움을 경험하고 있다고 한다.

특히 가족원들은 문제의 본질을 정확하게 지각하는 능력이 부족하며, 설령 지각한다 하더라도 문제해결을 위한 필수적인 기술이 부족하기 때문에 체계적인 교육이 필요하다고 한다(정민자, 1992; Duncan, Dunnagan, Christopher & Paul, 1999).

이와 같이 가족구성원들의 교육에 대한 요구는 높으나 이를 충족할 시설이나 자원은 부족한 실정이다.

그러나 긍정적인 면은 전국 4년제 대학교의 가족, 사회복지, 상담 관련 학과 및 2년제 대학에서 가족생활교육과 상담을 위한 전문 인력들이 1970년대 이후 지속적으로 배출되어 개별적으로 활동하고 있고, 가족상담 및 교육전문가들은 가족생활교육 및 상담 프로그램을 지속적으로 개발 운영하고 있으며, 그 효과의 우수성은 이미 검증된 상태이나 이를 통합하여 효율적으로 적용할 체계가 부족한 상황이었다. 그러나 2005년 건강가정기본법이 시행되면서 국가적 차원에서의 지원을 위한 제도가 마련되었다.

현재 전국 시군구의 건강가정지원센터와 다문화가족지원센터를 중심으로 가족생활주기에 따른 교육과 가족문제예방을 위한 다양한 프로그램이 시행되고 있으며, 내용이나 방법적인 면에서의 전문성도 강화되고 있다.

1) 사회교육으로서 가족생활교육의 의의

가족문제가 사회문제로 대두되면서 가족친화가 사회적 관심의 대상이 되기 시작한 것은 2000년대부터라고 볼 수 있다. 2000년대에 접어들면서 한국 가족이 직면한 어려움이 사회문제로 부각되었고 인구통계학적 변화로 저출산, 혼인 감소, 이혼 증가 등이 대두되었다.

그 예로 2005년 합계출산율은 1.08로 세계 최저를 기록하였으며(통계청, 2013a), 2004년 조혼인율(인구 1,000명당 결혼건수)은 2.3으로 감소한 반면, 조이혼율(인구 1,000명당 이혼건수)은 2.9로 증가하였다(통계청, 2013b).

이러한 변화에 대해 자녀양육 부담, 일-가족 갈등, 가족관계의 어려움 등으로 인한 것이라는 학자들의 지적이 이어왔고, 빈곤가족이나 한부모가족 등 특정 형태의 가족만 지원하던 과거의 정책적 접근과는 달리 모든 가족을 대상으로 가족문제를 예방하기 위한 정책적 지원이 필요하다는 목소리가 생활과학 분야를 중심으로 확대되었다.

이와 같이 가정의 구조와 기능이 변화되면서 사회에서의 가정생활교육이 더욱 부각되고 가정에서의 가족생활교육이 사회의 역할로 옮겨지고 있는 추세로 많은 사회적 기업이나 기관, 지역사회에서 가족생활교육에 관심을 가지고 있지만 아직까지 사회에서의 가족생활교육제도의 도입과 활용은 부족하였다.

기업에서는 근로자의 자기계발이나 업무능력 향상을 위한 개인 지원에 관한 교육 프로그램이 시행되고 있는 것에 비해 아버지교육, 가족친화제도에 대한 교육 등 가족생활과 밀접한 관련이 있는 교육의 비중은 매우 낮은 것으로 나타났다.

기관에서의 가족생활교육은 종합사회복지관, 민간단체, 산업체, 정부 행정기관, 대학, 시청, 구청 등의 다양한 기관에서 지역사회 각 계층의 욕구를 충족시키기 위한 다양한 가족생활교육을 실시하고 있지만 단편적으로 활용되고 있어 좀 더 근본적이고 체계적인 교육의 요구에 대한 목소리가 커졌다.

그런데 2000년대 중반에 가족을 사적 영역이자 돌봄의 주체로 방치해 두어서는 안 된다는 사회적 공감대가 형성되고 이러한 변화를 배경으로 건강가정기본법이 2004년 국회를 통과하여 2005년부터 시행되었다.

건강가정기본법과 건강가정지원정책은 한국 최초의 명시적 가족정책으로(Chin, Lee, Lee, Son, & Sung, 2012; 2013), 건강가정기본법 제35조 제1항은 "국가 및 지방자치단체는 가정문제의 예방·상담 및 치료, 건강가정의 유지를 위한 프로그램의 개발, 가족문화운동의 전개, 가정 관련 정보 및 자료 제공 등을 위하여 건강가정지원센터를 설치·운영하여야 한다"라고 규정하여 전국에 건강가정지원센터를 설치하는 법적 토대를 마련하였다.

2000년대 중반에 한국의 가족생활교육은 중대한 변화를 겪으면서 민간영역(대학, 비영리 민간단체, 종교단체 등)에서 개발, 실시하던 가족생활교육 프로그램을 건강가정지원센터, 다문화가족지원센터 등의 설립에 따라 공공영역에서 체계적으로 실시하게 된 것이다.

건강가정기본법에 의해 설치된 건강가정지원센터는 가족의 건강성 회복과 기능의 유지라는 사업 목표하에 가족생활교육을 체계적이고 전문적으로 실시하고 있는 대표적인 사회교육기관으로 자리매김하고 있다. 이렇게 다양한 가족생활교육이 건강가정지원센터에서 이루어지고 있으나 부모교육 관련 프로그램이 대부분을 차지하고 있어 관리적 측면에서의 교육 프로그램이 필요하다.

본 절에서는 그나마 활발하게 이루어지고 있는 건강가정지원센터에서의 가족생활교육을 살펴보고자 한다.

2) 건강가정지원센터에서의 가족생활교육

건강가정지원센터와 다문화가족지원센터, 그리고 이 두 센터가 통합된 건강가정·다문화가족지원센터는 공적 영역의 지역사회 가족서비스 전문기관이다. 2005년에 설립되기 시작한 건강가정지원센터의 사업 목적은 지역주민의 특성을 고려한 맞춤형 가족지원서비스를 제공함으로써 가족의 안정성 강화와 가족관계 증진에 기여하는 것이다.

2015년까지 전국에 151개의 건강가정지원센터가 운영되었고(여성가족부, 2016a), 다문화가족지원센터는 2008년부터 시행된 다문화가족지원법에 따라 결혼이민자 가족의 사회문화적 적응을 지원하기 위해 설치되었다. 2015년까지 전국에 217개의 다문화가족지원센터가 설치되었다(여성가족부, 2016b). 한편 2014년부터 가족유형별로 이원화된 가족서비스를 통합하고 보편적 서비스를 제공하기 위해 건강가정지원센터와 다문화가족지원센터의 서비스를 통합해 왔다. 센터의 명칭도 건강가정·다문화가족지원센터로 통합된 경우가 많다. 2014년부터 2015년까지 통합서비스 시범사업으로 22개소가 운영되었고, 2016년 78개소, 2017년 101개소, 2018년 152개소로 확대되었다(여성가족부, 2018).

건강가정지원센터가 보편적·예방적 성격의 가족정책을 추진하기 위한 전달체계로 설립된 만큼 건강가정·다문화가족지원센터도 보편적·예방적 성격의 가족(생활)교육을 핵심 사업영역으로 유지하고 있다.

건강가정지원센터의 영역별 공통수행사업은 가족돌봄영역, 가족교육영역, 가족상담영역, 가족문화영역, 지역사회 연계이다.

그중 가족교육영역은 생애주기별 가족교육(예비/ 신혼기 부부교육, 중·노년기 부부교육, 예비부모교육, 영유아기·아동기·청소년기 자녀를 둔 부모교육 등)과 남성 대상 교육(일·가정 양립과 가족생활의 남성 참여 활성화를 위한 교육, 남성 대상 자기돌봄교육, 찾아가는 아버지교육 등)이다(여성가족부, 2018).

건강가정·다문화가족지원센터에서 실시하는 가족생활교육은 다음과 같은 강점이 있다.

첫째, 보편적·예방적인 가족생활교육의 성격에 충실하다. 건강가정·다문화가족지원센터에서는 가족형태나 소득수준에 관계없이 모든 가족이 교육을 받을 수 있으며, 예방적 성격의 교육 프로그램이 주를 이루고 있다.

둘째, 전체적·통합적·체계적 관점에서 가족생활교육을 전달한다. 가족을 전체로 고려하는 가족체계론적 관점에서 가족생활의 여러 측면을 다루는 것이다.

셋째, 중앙관리시스템을 갖추고 있다. 한국건강가정진흥원이나 서울특별시 건강가정지원센터 등의 광역센터에서 지역센터의 가족생활교육을 관리·감독하고 평가하며, 지역에서 활용할 수 있는 교수학습 자료(프로그램 매뉴얼, 워크북 등)를 개발하여 보급한다.

건강가정·다문화가족지원센터는 전국적으로 가족생활교육을 보급하는 데 크게 기여해 왔다. 앞으로도 건강가정·다문화가족지원센터의 가족생활교육이 가진 보편적·예방적·전체적·통합적·체계적 강점을 살리면서 지역주민의 고유한 요구에 부응하는 가족생활교육을 확대, 실시할 필요가 있다.

참고 **서울가족학교**

서울가족학교는 서울특별시 건강가정지원센터에서 관리하는 가족생활교육의 브랜드명으로, 공감과 소통이 있는 행복한 가족관계를 위한 생애주기 맞춤형 교육 프로그램이다. 서울시의 25개 모든 자치구의 건강가정지원센터에서는 '서울가족학교'라는 이름으로 다양한 가족생활교육 프로그램을 제공하고 있다. 서울가족학교에서는 예비·신혼 부부교실, 아동·청소년기 부모교실, 찾아가는 아버지교실 등을 통해 다양한 측면의 가족생활에 관해 배우는 기회를 제공하고, 패밀리셰프와 같은 프로그램을 통해 가족이 함께할 수 있는 시간과 장을 마련하고 있다. 구체적인 내용과 일정은 패밀리서울 홈페이지(https://familyseoul.or.kr)에서 확인할 수 있다.

출처 : 서울시 건강가정지원센터(https://seoulfamilyc.blog.me).

05 CHAPTER

가족생활교육의 다양한 접근방법

1. 가족생활교육의 지도원리

가족생활교육의 지도원리는 가족생활교육의 목적에 대한 교육자의 관점에 따라 다르다. 가족생활교육자는 교육자로서 그리고 교육에 대한 자신의 관점에 따라 적절한 프로그램을 설계할 것이다. 가족생활교육의 목적에 기초해 기존의 가족생활교육은 변형 관점을 가장 많이 반영하고 있으며, 결과적으로 교육이 개인과 사회의 변혁을 유도하고 있다고 봄으로써 전달관점, 교류관점, 변형관점의 세 가지 관점에서 제시된다(Powell & Cassidy, 2001).

1) 가족생활교육의 관점

(1) 전달관점

전달관점(transmission perspective)은 가족생활교육사가 교과과정의 지식, 정보, 기술을 학습자에게 전달하는 데 초점을 맞춘다. 교사들은 교육내용과 기술을 숙달하여 사실들을 교육하고 학습자는 이를 축적한다.

이 관점에서 학습자는 교사의 말을 경청하는 기본적으로 수동적인 수용자이다. 그들은 교사에게 질문을 하거나 질문에 반응하기도 하지만 그 이상을 요구하지는 않는다. 이 관점에서의 가족생활교육은 교육자가 가족생활과 관련된 사실을 전달하는 것이며, 학습자는 인간발달이나 아동발달과 관련된 정보나 개인이 사회에 적응하기 위해 필요한 정보를 학습하게 된다.

(2) 교류관점

교류관점(transation perspective)은 가족생활교육사와 학습자 간의 적극적인 참여를 통해 학습자의 변화를 지도하는 데 초점을 맞춘다. 학습자가 문제를 해결하기 위해 인지적 기술습득과 비판적 사고능력을 기르는 데 중점을 둔 교육적 지도이다.

교류관점은 교육대상의 능력을 신뢰하는 인본주의 철학의 지도와도 일맥상통한다. 교사와 학습자 간에 더 많은 참여가 있는 방식이다. 이 관점에서 학습자는 자신의 교육적 경험을 바탕으로 학습에 좀 더 적극적으로 참여할 수 있으며, 이성적으로 사고할 능력이 있는 자율적 존재로 인식된다. 그러므로 이 관점의 가족생활교육은 개인적인 문제해결을 위해 인지적 기술습득과 비판적 사고능력을 키우는 데 중점을 둔 프로그램을 운영하게 된다.

(3) 변형관점

변형관점(transformation perspective)은 학습자와 사회의 행동과 가치를 결정하는 데 문화적 맥락과 사회적 상호작용의 강한 영향력과 학습자가 사회환경을 스스로 변화시키려는 상호작용에 중점을 둔 교육적 지도이다.

이 관점은 개인의 행동과 가치를 결정하는 데 있어서 개인의 지식수준과 이에 상호작용적으로 영향을 미치는 사회적·문화적 맥락을 함께 강조한다. 학습자가 각자 다양하고 독특하지만, 그들에게도 인간에게 공통적으로 있는 기본적 욕구와 관심이 있다고 가정한다. 가족생활교육은 이러한 관점에서 개인과 사회적 변화를 일으키는 사회적 상호작용을 촉진한다

결론적으로 가족생활교육은 사람들에게 문제가 발생하기 전에 미리 준비하도록 돕고, 인간관계와 가족관계의 중요성을 인식하게 하며, 살면서 직면하게 될 다양한 문제에 대한 지식을 통해 어려움을 효과적으로 극복하도록 돕는 예방적 교육이다.

이를 통해 개인과 가족의 성장잠재력을 높이고 가족중심적인 교육적 기회를 통해 가족 관련 사회적 문제를 줄이게 된다.

가족생활교육의 지도원리는 가족생활교육의 전문성과 특성을 반영한 것으로 가족생활교육의 내용구성과 프로그램 운영에 중요하게 작용한다.

그러나 가족은 사회적 변화의 요구에 따라 끊임없이 변화하는 실체이므로 운영원칙도 계속 검토되어야 한다.

2) 가족생활교육의 운영원칙

가족생활교육의 운영원칙은 가족생활교육에 어떻게 수행되어야 하는가에 대한 지침으로, 가족생활교육에 대한 방향을 결정하고 범위를 정할 때 유용하다. 이들 중 어떤 것들은 가족생활교육이 어떻게 수행되는가를 기술하는 서술적인 원리들이고, 다른 것들은 가족생활교육이 가정생활을 위해 교육을 하면서 무엇을 해야 하는가를 지시하는 보다 추론적인 원리들이다(Arcus et al., 1993). 가족생활교육이 구조화된 프로그램으로 현장에서 지켜져야 하는 기본 지도지침에 적용된 운영원칙 일곱 가지를 살펴보자.

첫째, 가족생활교육은 생애주기 전반에 걸친 개인 및 가족과 관련된다.

가족생활교육 초기에는 주로 부모교육, 즉 부모로서의 여성교육, 어머니교육에 관심을 기울였으나, 점점 전체 생활주기에 걸친 개인과 가족을 포함하게 되었다. 최근에는 남성들도 교육의 대상이 되고 있다. 그래서 개인과 가족을 위한 규범적 발달(결혼하고 부모가 되고 가족원이 줄어드는 것)에 치중한 가족생활교육 프로프램이 있는가 하면, 일부 개인과 가족들의 특수한 요구와 전이라는 비규범적 발달(특수아동의 부모역할, 이혼, 실업에 대처하기)에 기초한 프로그램들도 있다.

모든 연령대의 사람들이 가족생활에 대해 배울 필요가 있다는 가정하에 가족생활교육은 폭넓은 연령범주나 발달단계에서 모두 가능하다. 단지 대상이 다를 때 각 주제의 효과가 다를 수 있고 교육방법이 달라져야 하므로 가족생활교육의 전문화가 필요하다.

둘째, 가족생활교육은 개인과 가족의 욕구(needs)에 기초를 두어야 한다.

가족생활교육 프로그램이 개인의 즉각적인 욕구, 가족욕구, 그리고 지역사회 욕구와 직접적으로 관련이 있어서 가족생활을 풍요롭게 하는 데 최대한 기여해야 한다고 주장함으로써 욕구충족의 중요성을 강조하고 있다. 그리고 가족생활교육의 실제는 이러한 즉각적인 욕구 외에 미래의 욕구도 포함한다.

특히 학교에서 실시되는 가족생활교육 프로그램 중 일부는 즉각적인 욕구보다는 미래의 욕구(예 결혼 준비, 부모됨의 준비, 죽음 준비)를 강조한다. 여기서 중요한 것은 미래의 역할에 대해 교육시켜야 할 시점이 언제인가 하는 점이다. 어떤 프로그램은 너무 늦어서 무용해지거나 또는 너무 일러서 효율적이지 못할 수 있다(미국가족생활교육위원회; NCFLE, 1968, 기타 가족생활교육 문헌; Hennon & Arcus, 1993).

셋째, 가족생활교육은 다학제적인 연구영역(multidisciplinary area)이고, 실행에 있어 다전문적(multiprofessional)이다.

가족생활교육에서 사용되는 중요한 개념, 원리나 관점들은 특정 방식으로 개인과 가족에 관해 초점을 두는 다양한 이론과 연구 분야에서 나온 것으로, 이 중에 가장 자주 언급되는 분야는 인류학, 생물학, 경제학, 사회복지학, 그리고 사회학, 심리학, 교육학이다. 그러므로 가족생활교육을 계획하고 실행하기 위해서는 보다 다양한 학문배경을 지닌 전문가를 양성할 필요가 있다.

넷째, 가족생활교육 프로그램은 다양한 환경과 장소에서 제공된다.

가족생활교육은 학교, 교회, 지역사회기관, 사회복지기관, 건강가정지원센터, 산업체 등 다양한 상황에서 제공될 수 있다. 가족생활교육이 가능한 많은 개인과 가족의 욕구를 충족시키기 위하여 다양한 관점을 제공하기 위해서는 이와 같이 여러 장소에서 실시되는 것이 바람직할 것이다.

우리나라의 경우 대학부설기관이나 종합사회복지관, 건강가정지원센터, 종교기관, 민간단체 등에서 주로 성인을 대상으로 가족생활교육이 시행되고 있는 실정이지만, 최근에는 기업이나 산업체와 같은 직장에서도 실시되고 있다.

앞으로 TV, 잡지, 영화, 신문, 인터넷 등의 대중매체를 통하여 가족생활교육을 더욱 활성화시킬 필요가 있다.

다섯째, 가족생활교육은 치료적 접근(therapeutic approach)보다는 교육적 접근방식(educational approach)을 취한다.

가족생활교육은 문제발생 후에 시행되는 상담이나 치료와는 구분되는 것으로, 문제발생 전에 시행되는 교육적 접근이다. 여기서 '교육적 접근'이라 함은 가족생활교육이 개인과 가족을 돕기 위해 단지 정보만을 전달하고, 사실을 수동적으로 습득하게 하거나, 단순히 기술을 훈련시킨다기보다 지식, 태도, 기술을 포함하는 것을 원칙으로 한다. 그러므로 가족생활교육은 가족학적인 관점에서 특별한 교육적 목표와 교수방법을 요구하고 더욱 선별된 프로그램 내용 등을 필요로 한다.

여섯째, 가족생활교육은 다양한 가족가치관을 제시하고 서로 다른 가족가치관을 존중한다.

가족생활교육에서 가치관의 역할에 대해 논란의 여지가 많다. 가치관이 가족의 특권이므로 가치관이 가족생활교육 프로그램에 포함되어서는 안 된다고 주장하기도 하고, 가족생활교육의 목적과 내용이 부여된다면 가치관을 다루지 않을 수 없으므로 가족생활교육 프로그램 내에서 가치관을 어떻게 잘 다룰 수 있을지에 초점을 두어야 한다고 하기도 한다. 다양한 가치관에 대한 존중의 원리를 지지하는 사람들은 가치관교육에 대한 후자의 관점을 지지한다.

일곱째, 자격을 갖춘 가족생활교육사들은 가족생활교육 목표의 성공적 실현을 위해 기여하고 중요한 역할을 한다.

가족생활교육사의 역할이 가족생활교육의 성공적인 실현에 필수적이므로, 가족생활교육사 훈련을 위한 기구, 교과과정, 교수방법 훈련 등에 지속적인 관심과 연구가 필요하다. 그러나 가족생활교육사를 준비시키는 데 적절한 관심을 기울이지 못했고, 이러한 교육사들의 자격에 관한 우려가 있어 왔다. 가족생활교육은 역동적인 분야이다. 사회나 정치, 경제가 변화하고 새로운 기술이 발달함에 따라 가족의 욕구가 변화하고 이에 따라 가족생활교육도 변화해야 한다. 따라서 개인, 가족, 그리고 교육에 관한 새로운 지식에 반응하여 가족생활교육도 변화해야 하므로 이 운영원칙도 계속 비판적으로 검토되어야 한다.

2. 가족생활교육의 내용

가족생활교육 내용이 효율적으로 구성되기 위해서는 학문적 기초를 근거로 가족구성원의 요구에 부응해야 한다. 이는 개인의 삶과 함께 가족생활의 발전, 가족의 문제대처능력의 강화와 잠재력의 개발을 통해 가족구성원의 삶의 질도 궁극적으로 향상시킴으로써 가족생활교육의 목적과 목표를 충족시킬 수 있다.

따라서 가족생활교육의 공통적인 목적을 지향하는 가족생활교육의 내용은 구조화되고 전문화되어야 한다. 지금까지 많은 학자들이 가족생활교육 내용을 구성하는 방법에는 조금씩 차이가 있고, 사회적인 변화에 따라 사람들의 관심사나 이슈가 다양하다.

가족생활교육에서 다루어야 할 내용은 개인과 가족을 모두 다루고 생애주기별 특성에 따른 내용도 다양하게 접근해야 한다. 또한 교육의 결과 구체적인 행동변화가 일어날 수 있도록 지식, 태도, 기술의 차원을 모두 다루는 것이 바람직하다. 때로는 사회의 변화에 따라 시기적으로 이슈가 되거나 많은 사람들이 관심이 높은 분야가 교육을 원하는 기관이나 교육대상자들의 욕구가 되기도 하지만 가족생활교육이라는 자체의 궁극적인 목적이 있으므로 전문영역으로서 가치와 균형을 가지고 목적을 지향하는 구조화가 필요하다. 가족생활교육의 목적을 이루기 위해서는 가족생활교육 프로그램의 내용이 확고한 학문적 기초와 연구결과에 기초해야 한다. 프로그램 작성 시 여러 접근법을 절충하게 되더라도 이론적 관점의 근거를 명확히 제시해야 하는데, 이론적 개념

틀을 사용하지 않거나, 여러 개념틀을 전체적으로 통합된 방향 없이 편의적으로 사용하였을 때 이론 부분과 실습 부분의 유기적 연결이 부족하다는 지적을 받는다.

현재 가족학에서는 하나의 지배적인 이론이 존재하기보다는 여러 관점들이 공존하고 있는데, 이 중 가족생활교육 프로그램의 이론적 근거가 되는 것은 가족체계적 관점, 가족발달적 관점, 그리고 건강가족적 관점이다(Hughes, 1994, 한국가족관계학회 편, 1998).

1) 가족생활교육 프로그램의 이론적 관점

(1) 가족체계적 관점

인간은 홀로 존재하는 것이 아니며 개인의 정체성을 개인의 개별성, 고유성에 두기보다는 집단 내에서의 개인의 위치와 역할을 중심으로 상호 연계되어 있다고 본다. 즉, 하위체계는 체계 내에서 특정한 기능을 수행하는 전체 체계의 부분들로서, 각 체계는 더 큰 상위체계의 부분으로서 존재한다. 예를 들어, 자녀라는 하위체계는 가족체계 내에 존재하는데, 가족체계는 다시 지역사회라는 상위체계의 부분이다. 그리고 가장 오래 지속되는 하위체계는 부부, 부모 및 형제자매 하위체계인데, 이러한 하위체계는 서로 영향을 주고받는다. 부부 하위체계는 자녀에게 결혼 상호작용에 대한 모델을 제공함으로써 남성과 여성 간의 친밀감이나 헌신에 대해 가르친다고 본다. 이 이론을 통해 가족생활교육자는 전체로서의 가족과 한 체계의 변화가 다른 체계에 영향을 미치는 관계 및 가족체계 내에서의 상호작용 패턴에 관심을 가진다.

(2) 가족발달적 관점

가족발달적 관점은 가족생활주기의 각 단계별로 가족의 다양한 역할과 발달과업을 가족원들이 어떻게 실행하는지 시간에 따른 변화과정에 초점을 둔다.

가족이 각 단계의 과업을 효과적으로 달성하면 가족원들도 다양한 과업을 보다 성공적으로 이룰 것이라고 가정한다. 이러한 관점은 가족생활교육의 교과내용을 구성할 뿐만 아니라 가족 내의 역동성을 이해하는 데 기초가 된다. 그러나 가족생활주기가 핵가족의 자녀 연령을 기준으로 설정되어 결혼과 가족생활에서 다양성이 증가하고 있는 현대의 가족 현상에 보편적으로 적용하기 힘들다는 지적이 있다. 또한 가족생활주기가 실제 연구결과 의미 있는 변인으로 나타나지 않는다는 점이 있다.

가족생활주기별로 발달과업을 정하여 다음 단계로의 전이를 도울 수 있다고 가정되나 개인과 가족에게서 발생하는 모든 개별적인 문제들을 예방하는 것은 불가능하다는 점 또한 한계점으로 지적되고 있다. 그렇지만 가족발달적 관점이 가족을 하나의 분석단위로 봄으로써 가족에 대한 총체적인 접근을 하고 있으므로 가족학 분야는 물론 임상적인 측면, 가족생활교육과 사회산업 분야 등의 연구 틀로 사용되었다.

(3) 건강가족적 관점

건강가족적 관점은 가족의 병리적, 부정적 측면보다는 긍정적인 측면에 초점을 두는 관점이다. 그리고 건강한 가족체계는 가족구성원 각자의 가치관 및 노력, 그리고 그들이 속한 가족, 또 그 가족이 속한 확대 친족체계나 사회체계와의 상호작용으로 이루어진다고 본다.

개인과 가족의 강점을 지지하고 강화함으로써 가족의 잠재력을 개발하고 문제해결 능력을 증진시키는 것을 바람직한 방향으로 설정한다. 특히 개인적 차원의 긍정적인 사고와 책임감 육성, 가족관계적 차원에서의 응집력과 적응력 강화, 효율적인 의사소통, 그리고 사회적 차원에서의 건강한 시민의식 양성 등을 강조한다.

이 관점이 가족생활의 질을 향상시키고 문제를 지닌 가족의 적응을 돕는 데 두루 활용됨으로써 가족생활교육에 폭넓게 적용될 수 있다고 본다.

가족생활교육 내용을 구조화하여 목적이 달성되도록 하는 데 있어서, 가족생활교육 내용으로 다룰 시 다음 네 가지 사항을 환기시켜야 한다.

첫째, 관계형성에 초점을 두어야 한다.

둘째, 가족생활교육의 초점대상으로 개인(individual)과 가족(family unit) 모두를 포함한다.

셋째, 가족생활교육의 궁극적 목적은 가족문제 해결능력과 가족 안정성을 유지할 수 있는 잠재력 향상에 두고 있다.

넷째, 가족생활교육은 근본적으로 학습의 세 요인인 인지적인 면(지식), 태도(행동), 그리고 기술적인 면(기술)을 다루어야 한다.

이러한 측면에서 가족생활교육 내용을 구조화하여 목적이 달성되도록 해야 하는데, 가족생활교육 내용이 될 수 있는 영역에 대해 다음 열 가지로 분류하여 알아보자.

2) 가족생활교육의 영역

〈표 5-1〉 가족생활교육의 영역

영 역	내 용	예 시
사회적 맥락에서의 가족과 개인 (Families & Individuals in Societal Contexts)	가족 및 가족과 다른 조직(교육, 정부, 종교, 의료, 직업 등)에 대한 이해	• 구조와 기능 • 문화적 다양성(가족문화, 사회적 지위, 민족, 인종과 종교) • 데이트, 결혼 선택 • 혈연관계 • 교차문화와 소수민족(소수민족 가족의 가족생활에 대한 이해) • 성역할 변화(배우자와 자녀, 형제자매 등의 역할 기대와 행동) • 인구학적 경향 • 역사적 이슈 • 일/ 여가와 가족의 관계 • 사회적 관계

가족의 내적 역동 (Internal Dynamics of Families)	가족의 강점 및 약점에 대한 이해, 가족구성원의 상호의존성에 대한 이해	• 의사소통(스트레스와 갈등관리를 포함한 부부관계와 부모-자녀 관계의 패턴과 문제) • 갈등 관리 • 의사결정 및 목표설정 • 가족 스트레스(가족생활주기 전환기, 3세대, 노인 돌보기) • 가족 스트레스와 위기(이혼, 재혼, 사망, 경제적 불확실성, 폭력, 물질 남용) • 가족의 특별한 요구(입양, 위탁, 이주, 저소득, 군대 및 혼합가족 등)
전 생애에 걸친 인간의 성장 및 발달 (Human Growth & Development across the Lifespan)	전 생애주기 동안 가족 내 개인이 경험하는 발달적 변화(전형적, 비전형적)에 대한 이해, 신체 · 정서 · 인지 · 사회 · 도덕 · 성격 측면에 대한 기초적 지식을 토대로 함	• 태아기 • 영아기 • 아동기 • 청소년기 • 성인기 • 노년기
인간의 성 (Human Sexuality)	건강한 성적 적응을 성취하기 위해 전 생애주기에 걸친 생리적 · 심리적 · 사회적 측면의 성적 발달에 대한 이해	• 생식 생리학 • 생물학적 결정자 • 성행위의 정서적 · 심리적 측면 • 성행동 • 성적 가치와 의사결정 • 가족계획 • 성적 반응의 생리학적 · 심리적 측면 • 성행위가 대인관계에 미치는 영향
대인관계 (Interpersonal Relationship)	대인관계의 발달과 유지에 대한 이해	• 자기와 타인 • 의사소통 기술(듣기, 공감, 의사결정, 문제해결 및 갈등 해결) • 친밀감, 사랑 • 존중, 책임감을 가지고 타인과 관계맺기
가족자원관리 (Families Resource Management)	개인과 가족이 목적달성을 위해 시간, 돈, 물질적 자산, 에너지, 친구, 이웃 및 공간 등의 자원을 개발하고 배분하는 결정에 대한 이해	• 목표설정 및 의사결정 • 자원개발과 할당 • 사회환경 영향 • 생애주기와 가족구조의 영향 • 소비자 이슈와 결정
부모교육 (Parent Education and Guidance)	부모가 아동과 청소년 자녀를 어떻게 가르치고 지도하며 영향을 미치는지에 대한 이해, 전 생애주기에 따른 부모-자녀 관계의 속성, 역동, 변화와 요구에 대한 이해	• 양육권과 책임 • 부모됨 연습 • 부모-자녀 관계 • 양육문제의 변화 • 생애주기에 따른 부모역할 변화

가족법과 공공정책 (Families Law and Public Policy)	가족복지에 영향을 미치는 법과 법적 문제, 정책에 대한 이해	• 가족과 법(결혼, 이혼, 가족지원, 양육권, 아동보호 및 권리, 가족계획) • 가족과 사회서비스 • 가족과 교육 • 가족과 경제 • 가족과 종교 • 정책과 가족(세금, 사회보장, 경제지원, 규정 등 가족에 영향을 미치는 공공정책)
직업윤리 및 실천 (Professional Ethics and Practice)	인간 대상 사회서비스의 특성과 품질에 대한 이해, 사회서비스의 전문적인 수행과 관련된 윤리적 문제와 이슈를 비판적으로 검토할 수 있는 능력	• 사회적 태도와 가치 형성 • 다원적 사회에서 가치의 다양성과 가치선택의 복잡성을 인정하고 존중하기 • 가치체계와 이데올로기를 체계적이고 객관적으로 확인 • 가치선택의 사회적 결과
가족생활교육 방법론 (Families Life Education Methodology)	가족생활교육의 철학과 광범위한 원칙에 대한 이해, 가족생활교육 프로그램을 기획, 실행 및 평가할 수 있는 능력	• 계획과 실행 • 평가(자료, 프로그램 효과) • 교육 기술 • 타인에 대한 감수성 • 지역사회 관심과 가치에 대한 민감성

3. 가족생활교육의 다양한 접근방법

1) 가족생활교육의 접근방법

(1) 평생발달적 접근

미국 가족관계학회의 가족생활교육위원회는 1968년에 다음과 같은 가족생활교육 내용을 발표하였다. 대인관계, 자기이해, 인간의 성장과 발달, 결혼준비교육, 부모교육, 자녀양육, 성역할에 대한 준비 및 학습, 의사결정, 인간의 성, 자원관리, 개인과 가족 및 지역사회의 건강, 가족과 지역사회의 상호작용, 문화양식의 변화 등이다.

그 후 가족생활교육위원회는 1984년에 가족생활교육사의 자격증 기준 준거

틀로 어떠한 내용이 포함되어야 하는지에 대해 평생 발달적 관점에서 가족생활교육 내용의 틀을 명료화했다. 아르쿠스는 가족생활교육 내용을 7개의 주제영역으로 나누고, 각 주제영역에 핵심 지지개념을 구체적으로 표현하였다.

미국 가족관계학회에서 발표한 아르쿠스의 가족생활교육 내용 7개 주제영역은 다음과 같다.

제1영역 : 인간발달과 성
제2영역 : 가족 상호작용
제3영역 : 부모교육
제4영역 : 대인관계
제5영역 : 가족자원관리
제6영역 : 가족과 사회
제7영역 : 윤리

아르쿠스의 가족생활교육 내용은 광의의 개념을 반영하고 있으며, 가족생활교육 프로그램에 가족구성원으로서의 발달단계를 주제별로 분류하여 제시하고 있다. 즉, 아동·청소년·성인의 발달단계에 따라서 7개의 주제영역을 설정하여 구체적인 가족생활교육 내용을 설명하고 있다(표 5-2).

① 평생발달적 접근의 특징

첫째, 가족생활교육에 대한 폭넓은 개념을 반영하고, 주제영역이 주는 중요한 개념을 놓치지 않고 그 구조를 운영할 수 있게 한정 짓고 있다.

둘째, 각각의 내용영역에서 학습할 지식, 태도, 기술 등을 구체적으로 진술하고 있다.

셋째, 각각의 주제영역은 초점과 중심개념을 발달단계에 따라 진술하고 있다. 그러나 영역에 따른 지지 및 성취개념이 너무 복잡하고 다양하며 반복적이다.

② 평생발달적 접근에 따른 가족생활교육

〈표 5-2〉 평생발달적 접근에 따른 가족생활교육 내용

연령 주제	아 동	청소년	성 인
인간발달과 성	• 신체적 · 정서적 · 사회적 · 성적 발달 • 개개인 발달과정의 유사점과 차이점 • 청소년, 성인, 노인에 대한 인식 • 특별한 요구가 있는 사람들에 대한 이해 • 각 개인의 고유성 • 건강(영양 · 위생)에 대한 책임 • 성장발달에 영향을 미치는 사회적 · 환경적 조건 • 출생에 대한 이해(태내발달, 출생) • 프라이버시와 성 학대로부터 보호	• 신체적 · 정서적 · 인지적 · 인성적 · 도덕적 · 사회적 · 성적 발달 • 생애주기(수정부터 사망까지) 이해 • 성적 · 사회적 발달 간의 상호작용 • 개개인의 발달 차이 인정 • 성인기, 노인기에 대한 이해 • 발달장애 이해 • 성장 · 발달에 영향을 미치는 사회적 · 환경적 조건 • 약물 남용이 신체적 건강과 발달에 미치는 영향 • 건강(영양 · 위생 · 운동)에 대한 책임 • 프라이버시와 학대로부터 보호 • 성에 대한 의사소통(개인적 가치관과 신념) • 정상적인 성 감정과 반응 • 인간의 탄생과 피임 • 행위의 선택, 결과 및 책임	• 신체적 · 정서적 · 인지적 · 인성적 · 도덕적 · 사회적 · 성적 발달 • 생애주기(수정부터 사망까지) 이해 • 성적 · 사회적 발달 간의 상호작용 • 개개인의 발달 차이에 영향을 미치는 요인들 • 자신과 타인의 발달 도모하기 • 성인기, 노인기에 대한 이해 • 발달장애 이해 및 대처 • 성장 · 발달에 영향을 미치는 사회적 · 환경적 조건 • 개인과 가족 건강에 대한 책임 • 성에 관한 의사소통(개인적 가치관과 신념 및 의사결정) • 정상적인 성 감정 • 인간의 성 반응 • 피임, 불임, 유전 • 성행위의 선택, 결과 및 책임 • 성 학대의 예방 • 성에 다양한 사회적 신념
가족 상호작용	• 보호 · 지지 · 애정 · 지원의 원천인 가족 • 분노와 폭력의 잠재적 원천인 가족 • 가족의 유사점과 차이점 • 가족구성원의 개별성 존중 • 가족구성원의 책임, 권리, 상호의존성 • 가족의 변화(출생, 별거, 사망) • 개인으로서의 가족원 • 가족 안에서 잘 지내기 • 가족 안에서의 감정표현 • 가족규칙	• 보호 · 지지 · 애정 · 지원의 원천인 가족 • 분노와 폭력의 잠재적 원천인 가족 • 가족 간의 차이점(구성원, 경제수준, 역할수행, 가치관) • 가족구성원의 상이한 욕구와 기대 • 가족구성원의 책임, 권리, 상호의존성 • 가족 안에서 성인되기 • 가족구성원 간의 상호교류 • 가족 안에서의 감정관리	• 보호 · 지지 · 애정 · 지원의 원천인 가족 • 분노와 폭력의 잠재적 원천인 가족 • 가족 간의 차이점(구성원, 경제수준, 역할수행, 가치관) • 가족구성원의 욕구와 기대 변화 • 가족구성원의 책임, 권리, 상호의존성 • 개인과 가족의 역할 • 가족 안에서 개인의 성장과 발달

	• 가족문제 • 변화가 가족에 미치는 영향 • 가족의 전통과 기념일 • 개인의 가족사	• 가족규칙 • 가족의 내적 변화와 스트레스에 대한 대처 • 개인과 가족의 의사결정 • 세대 간의 관계 • 친구와 가족의 상호작용 • 가족 배경과 가족의 영향 • 가족의 전통과 기념일 • 가족구성원의 변화(출생 · 이혼 · 사망)	• 가족 안에서 친밀한 관계 • 가족구성원의 자아개념 발달에 미치는 가족의 영향 • 부부관계 및 가족관계에 영향을 미치는 요인 • 애정을 주고받기 • 가족에서의 권력 및 권위 • 가족규칙(명시적 · 묵시적) • 스트레스원과 스트레스에 대처하기 • 세대 간의 역동성 • 생활양식 선택 • 가족사, 전통, 기념일 • 가족 상호작용 유형에 미치는 요인(민주적 · 인종적 · 사회적)
부모교육	• 부모의 책임 • 자녀의 책임 • 부모됨의 어려움과 보상 • 여러 연령의 자녀 욕구 충족시키기 • 부모의 행동 양식 • 자녀의 안전 지도 • 가족폭력, 학대, 유기의 문제 • 양육자의 양육 패턴 • 부모됨과 자녀양육의 자원(가족 · 이웃 · 지역사회) • 자녀와 떨어져 사는 부모	• 부부역할과 부모역할 이해 • 발달단계에 따른 자녀의 욕구충족 • 자녀의 개인적 차이 이해와 반응 • 부모됨의 어려움과 보상 • 자녀양육에 관한 실습 • 부모자녀 간 의사소통 • 가족갈등과 문제해결 • 자녀에게 생활기술 가르치기(자기효율성 · 안전) • 가족폭력, 학대, 유기의 문제 • 부모의 유형 이해하기(한부모 · 계부모 · 양부모) • 부모됨과 자녀양육(가족, 이웃, 지역사회) • 자녀와 떨어져 사는 부모 • 부모됨에 필요한 요건들	• 생애주기를 통한 부모자녀 관계의 변화 • 자녀독립에 따른 부모책임의 변화 • 출생과 부모됨의 준비 • 부모됨의 요구와 보상 • 자녀양육 실습 미전략 • 부모자녀 간 의사소통 • 가족갈등과 문제해결 • 자녀에게 안전한 환경제공 • 자녀에게 생활기술 가르치기(자기효율성, 의사결정) • 가족폭력, 학대, 유기의 문제 • 부모의 유형 이해(한부모 · 계부모 · 양부모) • 부모됨과 자녀양육의 자원(가족, 이웃, 지역사회) • 부모됨에 필요한 요건들
대인관계	• 자존감 확립 • 개인 강점 파악 및 향상 • 자신과 타인 존중 • 정서 다루기 • 타인과 의사소통하기 • 감정 나누기(긍정적) • 타인으로부터 배우고 타인	• 자존감과 자신감 확립 • 자신의 능력과 재능 개발 및 평가 • 자신과 타인 존중 • 자신의 사고, 태도, 가치관의 변화 및 발달 • 정서 다루기	• 자존감 및 자신과 타인에 대한 신뢰감 확립 • 개인 자율성 확립 • 건설적인 성장발달 • 효율적 의사소통 • 정서 다루기 • 위기 대처 능력

	가르치기 • 친구관계 형성, 유지 및 존중 • 함께 공유하기(시간, 친구) • 타인과의 문제 다루기 • 자신과 타인 배려하며 행동하기	• 성공과 실패 다루기 • 정보, 사고, 감정 나누기 • 관계형성, 유지 및 종료 • 대인관계의 양립성 이해 • 관계에 대한 자기인식의 영향력 이해 • 자신의 행동에 대한 책임 인정 • 자신과 타인 배려하며 행동하기 • 가족생활의 기초 이해(가치관, 전통, 종교적 신념) • 사랑과 헌신에 대한 이해 • 결혼에 대한 책임감	• 친밀한 관계 유형 • 관계형성을 위한 노력 • 관계형성, 유지 및 종료 • 관계에 대한 자기인식의 영향력 이해 • 역할 관계에 영향을 주는 요인(민주적, 인종적, 사회적) • 관계의 질과 관련된 요인 인식 • 관계에 대한 책임과 헌신 • 관계의 선택과 대안 평가 • 시간 경과에 따른 부부관계의 변화 • 타인 배려하면서 자신의 신념에 따른 행동 • 자신의 가족 형성 및 유지
가족자원 관리	• 소유물 관리 • 시간과 스케줄에 관한 학습 • 가족 일 돕기 • 재능과 능력 개발 • 자원의 이용과 비축 • 공간의 중요성과 사생활 • 선택 학습하기 • 선택과 소비(식품 · 의복 · 레크리에이션) • 금전 사용 • 소비자 결정에 영향을 주는 요인(욕구, 비용, 매체, 친구)	• 개인자원의 이용 • 개인자원과 가족자원의 평가 • 개인의 욕구를 충족시키기 위한 자원 선택(식품 · 의복 · 레크리에이션) • 직장, 학교, 여가에 대한 시간 할당 • 여가활동 개발 • 선택의 기초가 되는 가치관 • 장기 및 단기 목표 선택 • 결정에 대한 책임 • 직업선택을 위한 탐색 • 돈을 벌고, 쓰고, 저축하기 • 소비자 결정에 영향을 주는 요인(가치관, 비용, 매체, 친구)	• 개인자원의 개발 • 자원 소비와 보존(물질적 · 비물질적 자원) • 가족의 기본 욕구충족을 위한 자원 사용(식품 · 의복 · 거주지) • 인적, 에너지 확대 개발 • 가족 일과 직장일의 조화 • 여가활동 개발 • 사생활과 독립성에 대한 가족구성원의 다양한 욕구 • 재정계획 • 선택의 기초가 되는 가치관 • 장기 및 단기 목표 설정 • 가족자원 이용에 대한 서로 다른 시각 • 직업선택을 통한 개인자원의 개발 • 소비자 결정에 영향을 주는 요인(가치관, 비용, 매체, 친구) • 은퇴 계획
가족과 사회	• 법에 대한 이해와 존중 • 아동의 법적 권리 • 가족, 이웃, 지역사회의 중요성	• 가족과 관련된 법률 이해 • 법과 정책이 가족에 미치는 영향 • 개인과 가족의 법적 보호,	• 법과 정책의 이해와 존중 • 모든 사람의 시민권 존중 • 종료가 가족에 미치는 영향 • 네트워크를 통한 지원체계

	• 가족, 직업, 돈 • 가족과 관련된 법률과 정책 • 개인과 가족을 지원하는 프로그램들 • 가족과 학교와 더불어 일하기 • 가족에 관한 상이한 종교적 신념과 실제	권리 및 책임 • 특별한 요구와 문제가족 지원 • 지역사회 내의 개인과 가족의 책임 • 미래준비를 위한 학교 • 기술과 가족의 상호적 영향 • 종교가 가족에 미치는 영향 • 인구문제와 사원분배 • 모든 사람의 시민권 존중 • 가족갈등과 가족원의 법적 보호 • 사회에 대한 가족의 중요성 • 학교체계의 기능성 • 평생발달교육 • 경제와 가족의 상호영향 • 가족과 직장	(가족, 친구, 종교기관) • 지역사회 안의 개인과 가족의 책임 • 자녀교육에 대한 가족의 참여 • 기술과 가족의 상호영향 • 가족, 직장, 사회의 상호관계 • 교육, 정의, 법에 관한 가치관의 전수 • 가족갈등과 가족원의 법적 보호 • 지역사회의 지원서비스 활용 • 사회에서 가족의 역할 • 교육체계 활용 • 평생발달교육 • 경제와 가족의 상호영향 • 인구문제와 자원분배
윤리	• 모든 사람 존중 • 모든 사람 권리 존중 • 연령에 따른 권리와 책임 인정 • 자신과 타인의 행동 결과 • 행위에 따른 책임	• 가치관에 따른 윤리 워천 • 사회적 행위에 대한 윤리적 가치 • 권리와 책임의 상호관계 • 자기책임과 사회적 책임 • 윤리적 선택의 복잡성과 어려움 • 사회변화에 따른 윤리적 시사점 • 개인의 윤리와 사회규범	• 가치관에 따른 윤리 원칙 • 사회적 행위에 대한 윤리적 가치 • 타인 배려하면서 자신의 신념에 따른 행동 • 권리와 책임의 상호관계 • 개인의 자율성과 사회적 책임 • 삶에 대한 윤리와 철학 • 윤리적 선택의 복잡성과 어려움 • 사회변화에 따른 윤리적 시사점 • 타인의 윤리개념과 행동형성 돕기

(2) 주제 중심적 접근

주제 중심적 접근 내용은 가족발달주기 단계에서 이루어져야 할 특정한 내용으로, 가족생활교육의 일반적인 주요 관심영역이다. 가족관계 형성을 위한 결혼준비교육, 가족관계 향상을 위한 의사소통교육, 성교육, 부모자녀와의 관계향상을 위한 부모교육, 자녀교육, 고부교육, 치매교육 등은 적절한 주제 중심적 접근 가족생활교육 내용들이다. 이 외에도 참가 대상자들의 필요와 요구에 따라 중심 주제는 다양해진다.

여기서는 대표적인 주제 중심적 접근 가족생활교육 내용을 간략하게 설명하고자 한다.

① 부모교육

부모교육은 가족생활교육의 초기과정 중 하나이다. 부모는 가족에서 중요한 역할을 담당하므로, 부모됨교육은 주제 중심적 가족생활 프로그램 내용의 중요한 주제이다. 대부분의 사람들이 부모가 되고 그 역할을 신중히, 성공적으로 수행하려 하므로 부모됨에 대한 지침이 필요하다.

부모교육 프로그램에는 아들러(Alfred Adler, 1927)의 개인심리학 이론을 근간으로 드라이커스(Dreikurs, 1964)의 민주적인 자녀양육법, 기노트(Ginott, 1969)의 인본주의적 접근방식, 고든(Thomas Gordon)의 부모효율성 훈련(PET), 그리고 딩크메이어와 맥케이(Dinkmeyer & McKay, 1976)의 체계적 부모효율성 훈련(STEP) 등이 포함되며, 1980년대 이후 우리나라에 소개되었다. 부모교육 프로그램은 부모교육 기능을 강화하는 실제적이고 현장중심적인 프로그램을 적극 시도하고 있다.

우리나라에 소개된 자녀 양육기의 부모교육 프로그램인 PET와 STEP은 우리나라 부모교육 프로그램 적용에 별 무리가 없다. 그러나 자녀 교육기, 특히 사춘기 자녀 부모교육 프로그램은 문화적인 차이로 우리나라 실정에 맞는 재구성이 필요하다(송정아, 1993). 자녀양육으로 어머니에게 중요한 문제로서 자녀 훈육방법, 부모가 자녀에게 투자하는 시간, 아버지의 자녀양육에 대한 관심 및 참여 유도, 부부간의 자녀 양육태도의 일치를 위한 교육 등이 필요하다.

② 결혼준비교육

결혼 전 준비교육은 1924년 그로브스(Ernest Groves)가 보스턴 대학에서 정규강좌를 시작한 이래 결혼생활 준비교육에 대한 인식이 높아지고 있다. 아르쿠스(1993)는 결혼준비교육을 일반적 결혼준비교육 프로그램, 결혼 전 상담 프로그램, 결혼강화 프로그램 등 크게 세 유형으로 분류하고 있다.

첫째, 일반적 결혼준비교육 프로그램은 고등학교와 대학교, 지역사회의 공공기관에서 연령에 맞는 프로그램을 구성하여 제공한다. 결혼준비교육 프로그램 내용은 일반적으로 이성교제, 배우자 선택, 의사소통 기술, 문제해결방법, 의사결정에 관한 지식과 기술 등 실제적인 방법에 대하여 배운다.

둘째, 결혼 전 상담 프로그램은 연인들을 위해 마련된 것으로, 전통적 상담방법을 이용하는 것이 아닌 앞으로의 부부관계에 도움이 될 교육 측면의 상담교육과 인성교육을 실시한다. 결혼 전 상담의 목적은 자신과 상대방에 대한 통찰과 대화를 통해 상호 간의 강점과 약점을 평가함으로써 연인 간의 관계를 더욱 발전시켜 만족스럽고 안정적인 결혼동반자로 발전하도록 한다.

셋째, 결혼강화 프로그램은 모든 관계는 적절한 상황에서 좋은 만남과 과정교육을 통하여 발전한다는 데서 출발한다. 따라서 이 교육과정은 예방에 초점을 둔 활동과 경험을 강조한다. 모든 관계는 개인 성장을 지향하며, 현재의 만남을 통해 좋은 결혼관계로 가도록 긍정적인 관계발전과 효과적인 의사소통을 강조한다.

③ 부부교육

부부교육 또는 부부관계향상 교육은 부부관계 개선보다는 예방적인 면에 초점을 둔 부부 개개인의 잠재력 개발과 부부관계 성장을 목표로 한다(Mace, 1974). 부부관계향상 교육은 다음과 같은 세 가지 전제를 가진다.

첫째, 부부문제 해결에 초점을 두기보다 부부문제 예방에 초점을 둔다.

정상가족이라 할지라도 가족발달 전환기에서 오는 문제에 미리 준비하여 대처하게 한다.

둘째, 부부관계의 강점에 초점을 둔다.

부부 개개인의 약점이나 부족한 점에 초점을 두기보다 부부가 가지고 있는 강점에 초점을 둔다.

셋째, 부부가 가진 잠재력 개발에 초점을 둔다.

부부관계향상 교육을 통하여 자존감과 부부 친밀감을 증진시키고 자기이해와 자기수용, 배우자에 대한 이해와 배려로 부부관계 만족감을 높인다.

부부관계향상 프로그램으로는 라바트(L'Abate)의 구조적 강화 프로그램(Structured Enrichment Program), 메이스(Mace) 부부의 부부관계향상 프로그램(Marriage Enrichment for Couples), 거니(Guerney)의 부부관계증진 프로그램(CRE : Conjugal Relationship Enhancement), 가톨릭의 부부참만남 프로그램(ME : Marriage Encounter), 고든의 부부친밀감향상 프로그램(PAIRS : Practical Application of Intimate Relationship Skills) 등이 있다.

국내에서 실시되고 있는 프로그램으로는 카톨릭의 ME와 미네소타 부부대화 프로그램, 송정아의 부부행복 세미나, 조선경의 부부관계강화 프로그램, 가정문화 연구원의 사생활 가정 세미나, 정석희의 부부관계증진 학습 프로그램 등이 있다. 부부관계향상 프로그램에 대한 자세한 내용은 제8장 부부교육 프로그램에서 설명한다.

④ 의사소통교육

가족구성원 간의 의사소통 및 대화를 통한 문제해결은 원만한 가족생활을 유지하는 데 필요불가결한 요인이다. 대화는 정보를 교환하고 서로의 의미를 명확하게 전달하여 가족 간의 역동적인 역할기능을 가능하게 하며, 가족문제에 대한 대처능력으로 가족 간의 결속력을 강화시킨다. 특히 의사소통에 대한 교육은 가족형태, 생활패턴, 의식구조, 직업, 학력 등 다차원적인 관점에서 프로그램 개발이 요구된다.

문제해결방법에 있어서 가족문제를 어떤 한 사람의 탓으로 보기보다는 가족 전체가 함께 변화해야만 근본적인 문제해결이 가능하다는 관점을 고려할 필요가 있다. 이 개인 중심의 의사소통교육에서 체계중심의 교육으로 바뀌어야 한다. 특히 미네소타 대학의 부부대화 프로그램(MCCP : Minnesota Couple Communication Program)은 밀러와 누날리, 와크만(Sherod Miller, Elam Nunnally & Danial Wackman)이 개발한 부부의사소통 교육 프로그램이다. 이 프로그램은 가족발달 이론을 기초로, 부부가 가족발달단계에서 성취해야 할 발달과업 완수와 가족 성장을 목표로 하여 구성되었다. 부부대화법 프로그램에 참석한 부부들은 다음과 같은 장점과 생활의 변화를 보고하고 있다.

첫째, 자신과 배우자에 대한 이해 증진

둘째, 자존감 향상

셋째, 신속하고 효율적인 갈등 해결

넷째, 부부 친밀감 증진

다섯째, 부모자녀 간 대화 개선

여섯째, 적극적인 직장생활 등

미네소타 부부대화 프로그램은 여러 나라 말로 번역되었으며, 우리나라에서도 채규만·최규련·송정아·홍숙자가 「부부 대화법 I -부부가 함께 말하기와 듣기」로 번역하였고, 프로그램도 실시되고 있다.

⑤ 성교육

성생활은 가족생활의 핵심 축인 부부생활의 중요한 근간이므로 성교육은 주제 중심적 가족생활교육의 중요한 주제이다. 특히 오늘날 우리 사회는 성교육 부재로 인해 연령에 관계없이 많은 성문제들이 발생하고 있다.

성개방 물결로 인해 청소년들이 야기하는 성문제들뿐만 아니라 강간·추행·미혼모·사생아 등의 숫자가 증가하고 있다. 최동규(1990)의 연구에 의하면, 우리나라 대부분의 청소년들은 가정이나 학교에서 부모와 교사를 통해서 배운 것이 아닌 성인잡지 또는 비디오 등을 통해서 무분별하게 얻은 잘못된 성 개념을 갖고 있다. 게다가 성에 대한 폐쇄적인 우리 사회의 관습과 태도, 성의식 등으로 가정이나 학교, 사회기관이나 일반단체 어느 곳에서도 체계적인 성교육을 실시하지 않고 있으며(송정아, 1993), 그에 대한 제도 또한 마련되어 있지 않으므로 가족생활교육에서의 성교육에 대한 프로그램 개발과 전달은 그 시사성이 매우 크다.

⑥ 고부교육

고부관계는 결혼으로 시작되는 가족 내 인간관계의 한 측면으로, 혈연의 연결 없이 법적·인위적으로 맺어진 관계이다. 고부간의 견해와 이해의 차이로 발생하는 고부갈등은 한국가족에서는 고질적인 문제이다. 고부갈등은 우리나라 여성들이 경험하는 대표적 스트레스원으로, 며느리와 시어머니가 역할을 수행함에 따라 경험하는 긴장의 누적으로 야기된다. 가부장적인 전통사회에서는 고부는 같은 여성이면서도 지배-피지배의 수직적인 관계였으며, 며느리의 절대적인 복종으로 영위되어 왔다. 고부간의 문제는 당사자들의 질적인 삶을 방해할 뿐만 아니라 부부관계를 비롯한 다른 가족관계에도 부정적인 영향을 미침으로써 가족 전체의 안녕을 저해하는 주요인으로 작용한다(홍숙자, 1996). 그러므로 고부관계향상 교육은 변화하는 사회와 가족에서 보다 기능적인 고부관계를 이루도록 전문적인 지식과 기술, 대처방법 등을 제공해야 할 것이다.

⑦ 치매교육

인간의 수명 연장으로 노인성 치매자의 수는 점점 증가하고 있다. 치매는 노망으로 불려왔으며, 나이 많은 노인들에게서 흔히 나타나는 자연적인 노화현상으로 보았다. 그러나 치매노인은 가족의 지속적인 보호와 도움을 요구하므로 부양가족의 희생과 부담이 매우 크다. 그에 따라 가족들은 스트레스로 인해 심리적·육체적으로 활동에 제약을 받고, 결국 심각한 갈등을 초래하게 된다. 치매노인 가족생활교육은 치매노인 가족이 경험하는 현실적인 문제를 이해하고 부양상황에 보다 효과적으로 대처하게 하여 가족들이 겪는 고통을 완화시키는 데 그 목적이 있다.

(3) 통합적 접근방법

가족생활교육의 통합적 접근은 가족발달단계 접근과 주제 중심적 접근을 통합한 것이다. 가족생활주기의 발달단계에 따라 꼭 성취되어야 할 주제를 중심으로 구성되었다. 아르쿠스의 평생 발달적 접근에서 너무 광범위했던 내용과 세분화된 개념들로 인한 혼란을 줄이고, 주제 중심적 접근의 발달단계에 따른 차별화를 살리기 위하여 가족생활주기의 각 단계에서 꼭 성취되어야 할 과업을 중심으로 가족생활교육 내용들이 구성되었다. 중심주제 영역은 일반가족들을 위한 일반영역 중심주제 외에 특이가족들을 위한 특수영역 중심주제가 추가되었다.

가족생활교육 내용은 어느 연령의 개인이나 가족이든 간에 그들의 발달단계에 필요한 핵심개념을 중심으로 다양한 지식과 기술을 습득할 수 있도록 내용이 구성되었다(표 5-3).

〈표 5-3〉 통합적 접근에 의한 가족생활교육 내용

단 계	일반영역 중심주제 내용	특수영역 중심주제 내용
미혼기	결혼준비교육 • 건강한 자아상 확립 • 자아분화 • 이성교제 • 배우자 선택 • 혼전 성교육 의사소통교육 • 말하기 • 듣기 • 갈등 해결하기	독신자교육 • 건강한 자아상 확립 • 이성에 대한 이해 • 고독감, 우울감 해소방법 • 배우자 선택 미혼모교육 • 건강한 자아상 확립 • 자녀교육 • 이성에 대한 이해 • 용서하기
신혼기	신혼생활 적응교육 • 성격적응 • 성역할 및 가사분담 • 부부대화 패턴 부부교육 • 부부권력 및 의사결정 • 사랑의 기술 • 대화기술 성교육 • 배우자의 성 이해 • 성 가치관 및 태도 • 성반응 단계 이해 • 가족계획 결혼과 직업 • 맞벌이가족의 이해 • 역할 분담 및 가사 분담	폭력 및 학대 가족 • 가해자와 피해자의 심리적 특성 • 부부학대 및 자녀학대의 영향 • 학대가족의 예방 및 대처방법 술 중독자 가족 • 술 중독 원인 • 술 중독자의 성격 및 환경 • 술 중독이 미치는 영향(개인 · 가속 · 사회) • 술 중독 증세 • 술 중독 예방 및 대처방법

	• 직장일과 가정일의 조화 고부교육 • 시댁 · 처가와의 관계	
자녀 아동기	부부교육 • 부부권력 및 의사결정 아동기 부모교육 • 의사소통(부부, 자녀) 아동기 자녀교육 • 가족규칙 • 자녀 훈육 가족놀이 교육 • 친밀감 형성 • 원만한 대인관계	배우자 외도 • 외도의 원인 • 외도가 부부관계 및 가족관계에 미치는 영향 • 배우자의 외도 예방 및 대처방법
자녀 청소년기	부부교육 • 육체적 변화 • 심리적 변화 • 정체성 재확립 청소년기 부모교육 • 의사소통(부부, 청소년 자녀) 청소년기 자녀교육 • 가족규칙 • 또래집단 압력 • 정체성 확립 청소년기 성교육 • 신체 및 심리 변화 이해 • 청소년기 성 이해 • 이성교제	이혼가족 • 이혼의 원인 • 이혼이 미치는 영향(개인 · 가족 · 사회) • 이혼 후의 충격 감소 • 이혼 후 적응교육 및 상담 • 이혼 후의 성장교육 • 이혼 예방교육 사별가족 • 사별의 원인 • 사별의 충격(개인 · 가족 · 사회) • 사별 후 적응 및 성장교육
중년기	중년기 부부교육 • 중년의 위기 대처방법 • 삶의 재평가(개인 · 가족 · 사회) • 빈둥지 증후군 • 부부 의사소통 중년기부부 성교육 • 갱년기 적응 • 성장애 은퇴준비교육 • 지역 봉사 • 여가활동	재혼가족 • 배우자 선택 • 계부모와 자녀와의 관계적응 • 의붓형제와 자녀와의 관계적응 실직자 가족 • 실직의 원인(IMF체제의 국민경제 및 직장의 사정) • 실직의 충격(개인 · 가족 · 사회) • 실직 후의 적응교육과 상담(개인 · 가족) • 실직 후 대처방법
노년기	은퇴생활 적응교육 • 인생은 60부터 • 건강한 자아상 확립	노인학대 가족 • 학대자와 피해자의 성격 특성 • 신체적 학대와 심리적 학대

	치매교육 • 치매증후 및 예방 • 가족 스트레스 대처방법 • 자녀와의 대화 죽음준비 교육 • 남기고 싶은 이야기 • 유서 작성 • 죽음에 대한 두려움 해소	• 노인학대 예방 및 대처방법

출처 : 송정아(1995), p. 14.

통합적 접근은 다양한 주제 아래, 특별히 대인관계에서 정서적인 면과 도덕적 가족 가치관 등을 주요한 내용으로 진술하고 있으며, 주요 특징은 다음과 같다.

첫째, 가족발달단계 접근과 주제 중심적 접근을 통합하여 각 가족생활주기에서 학습되어야 할 지식, 태도, 기술과 성취개념들이 체계적으로 진술되어 있다.

둘째, 각 발달단계에서 꼭 필요한 중심주제에 대하여 연속성 있게 강조하고 있다.

셋째, 가족발달단계에서 나타나는 특이가족의 형태에 대한 중심개념이 진술되어 있다.

2) 가족생활교육에 적용할 수 있는 주요 접근법

가족생활교육 프로그램을 계획하고 지도적 '역할'을 수행하도록 하기 위해서 다양한 교육적 접근방법이 활용된다. 던컨과 고다드(Duncon & Goddard, 2005)는 가족생활교육 프로그램의 내용, 방법, 그리고 수행과 교육자의 다양한 교수철학과 관련한 다양한 패러다임을 제시하였다. 따라서 가족생활교육사가 각각의 다양한 접근법에 대한 이해와 특정 교육의 실시를 선택할 수 있는 접근법 등에 대하여 충분한 지식을 갖추는 것은 매우 중요하다.

전문가적 접근(expert approach), 촉진자적 접근(facilitator approach), 비평탐구적 접근(critical inquirer approach), 공동협력적 접근(collaborator approach),

중재자 접근(interventionist approach) 등이며, 이러한 가족생활교육의 주요한 접근법의 전달관점과 특징, 적절한 교육대상은 다음과 같다.

(1) 전문가적 접근(expert approach)

〈표 5-4〉 전문가적 접근법의 전달관점과 특징, 적절한 교육대상

전달관점	① 전문가적 접근은 고대 그리스 철학에 뿌리를 둔 일반교양 교육철학과 일치한다. 전문가적 접근법은 학문영역의 전문적 숙달을 통한 지적 능력의 계발을 강조한다(Price, 2000). 일반교양 교육은 지적, 도덕적, 영적, 그리고 심미적인 영역의 전인성장을 촉진시키기 위한 광범위한 지식함양을 위한 숙련이다(Elias & Merriam, 1995). ② 가족생활교육 전문가들은 특정 지식을 학습자에게 전달하는 역할을 하는 주제문제의 전문가이다(Price, 2003). 유능한 전문가일수록 다양한 문제에 직면한 가족들에게 해법을 제공할 수 있다고 본다. ③ 전문가적 접근은 가족생활교육의 중심적인 패러다임은 될 수 없으나 그 밖의 접근들을 토대로 작용한다.
특 징	① 특정 주제영역의 전문가들은 조직화된 교육자료를 활용해서 교육목표를 성취한다. ② 전문가적 접근법은 교과과정(curriculum)을 필요로 한다. 가족생활교육사는 학습자들이 선정된 교육과정, 행동규칙, 선행지식과 기술을 습득할 수 있도록 돕는 조직화된 자료들을 활용한다. 교육내용의 성공적인 전달은 잘 조직된 자료들에 의해서 결정될 수 있다. ③ 일반적 교수법은 강의법이다. 교육의 목표는 학습자가 전달되는 강의내용을 습득하고, 실제 생활에 반영하는 것과 다양한 정보 분석의 능력을 증진하는 것이다. ④ 학습은 단계적인 과정을 거쳐서 성취될 수 있다. ⑤ 전문가적 접근의 단점은 일방적 지식전달을 목표로 하기 때문에 학습자의 개인적 성장을 유도하는 데 어려움이 있다는 점이다. 또한 도덕적, 윤리적, 정치적 이슈들에 관한 교화 차원의 교육은 학습들의 자율적 인지발달을 저해할 수 있다.
적절한 교육	전문가적 접근은 교육대상이 특정 주제에 대한 교육내용에 대하여 지식과 정보가 결여된 경우에 적절하다.

(2) 촉진자적 접근(facilitator approach)

〈표 5-5〉 촉진자적 접근법의 전달관점과 특징, 적절한 교육대상

교류관점	① 촉진자적 접근은 전인성장 교육의 극대화를 강조하는 교육적 개입이다. 학습자의 선한 인간본성과 잠재력을 신뢰하는 인본주의 교육철학(Price, 2000)의 지도와 일치한다. ② 인본주의의 교육철학은 인간의 본성이 원천적으로 선하며 개개인은 최고의 성장잠재력을 지닌다는 점을 강조한다. 그러므로 인본주의에 기초한 성인교육은 각 개인들의 잠재적 동기/ 역량/ 자질계발의 중요성을 강조한다. ③ 촉진자적 접근은 학습은 본질적으로 학습자의 개인적이고, 자기주도적 노력으로 성취된다고 본다. 개인들은 자기실현의 극대화를 위한 목표성취를 위해서 자기주도적 노력을 한다는 점을 강조한다(Elias & Merriam, 1995). ④ 성인교육에 적용되는 가장 영향력 있는 기법이다(Price, 2000). ⑤ 학습자의 경험은 학습영역과 해결해야 할 문제를 결정하는 데 매우 중요하게 작용한다. 교육자는 적극적으로 교육을 지도하고, 교육활동을 조직하며, 학습자의 학습경험을 평가하는 교육과정의 촉진자 역할을 제공한다. 따라서 교육은 가족생활교육사와 학습자의 공동노력으로 이루어진다(Price, 2000). 최근 활용되는 능동적 학습방법인 플립드러닝(flipped learning)*은 촉진자적 접근의 한 사례라 할 수 있다. * 플립드러닝(flipped learning) : 플립드러닝(역전학습)은 전통적인 강의 중심의 수업방식을 벗어나 수업 전에 미리 동영상을 통해 강의내용을 학습하고 수업에는 미리 학습한 내용을 토대로 학습자의 참여 및 토론, 상호작용을 중심으로 이루어지는 학습(출처 : 플립드러닝 가이드북. 성신여자대학교 교수학습지원센터. 2019-3, p. 5)
특 징	① 촉진자적 접근에서 가족생활교육사는 특별한 행동지침을 우선적으로 갖지 않는 경우가 많다. 즉, 교육자는 프로그램을 어떻게 진행할 것인가를 결정하는 것을 대신해서 학습자들로 하여금 무엇이 그들을 돕는 데 가장 중요한 교육내용인지를 결정하도록 한다. 그다음 단계로 학습을 위한 행동지침을 설정한다. ② 교육자와 학습자가 함께 교육활동에 참여하여 상호 평등한 관계에서 교육활동이 이뤄진다. ③ 교육자는 지식의 보급보다는 학습자의 개인적 경험의 변화와 새로운 선택의 기회 확장을 돕는 데 중점을 둔다. ④ 촉진자적 접근이 단점은 교육자와 학습자 간에 교육내용 및 교육방법에 대한 의견의 불일치가 일어날 수 있다는 점이다. 또한 표준화된 교육과정이 없기 때문에 지도와 평가의 어려움이 있다.
적절한 교육	촉진자적 접근은 학습자가 높은 수준의 지식과 교육동기를 지니는 경우 적합한 교육방법이다. 또한 교육에 대한 학습자의 능력에 따라 교육의 효과를 기대할 수 있다.

(3) 비평탐구적 접근(critical inquirer approach)

〈표 5-6〉 비평탐구적 접근법의 전달관점과 특징, 적절한 교육대상

변형관점	① 비평탐구적 접근은 학습자의 자아실현 촉진에 중점을 둔 교육적 개입이다. 개인의 선한 본성과 잠재적 능력을 신뢰하는 인본주의 철학의 지도와 일치한다. ② 비평탐구적 접근은 학습자가 합리적인 사고에 기초하여 자율적이고, 비평적이며 사회적으로 책임을 다할 수 있는 시민으로 성장하는 것을 목표로 한다(Tisdell & Taylor, 2000). 학습자의 능력강화를 토대로 한 임파워먼트를 강조한다.
특 징	① 학습자가 자신의 복지와 관련해서 제안된 이슈들을 숙고하도록 지도한다. ② 탐구기법을 적용한다. 사회의 구성원으로 사회적 권한을 갖는 학습자들이 개인적 발달과 복지에 도움이 되는 사회적 실천방안을 스스로 모색하도록 지도한다. ③ 교육자도 자신의 교육활동과 교육효과를 모니터링하고 자기평가를 한다. 이에 교육자는 자신의 교육행동이 아동, 부모, 학습집단, 그리고 지역사회에 끼치는 것에 대한 책무성을 가져야 한다. ④ 비평탐구적 접근의 단점은 학습자가 비판적 성향이 강할 때 프로그램의 효율성과 성과달성이 저해될 수 있다는 점이다.
적절한 교육	비평탐구적 접근은 현존 공공정책의 평가, 가치 또는 윤리와 관계한 이슈들에 관한 교육에 적합하다. 예를 들면, 가족생활의 향상을 위한 사회적 자원과 지원체제의 모색과 같은 교육활동에 적용될 수 있다.

(4) 공동협력적 접근(collaborator approach)

〈표 5-7〉 공동협력적 접근법의 전달관점과 특징, 적절한 교육대상

전달/ 교류관점	① 공동협력적 접근은 내용과 방법에 있어서 전문가적 접근법과 촉진자적 접근법의 중간에 위치한다(Myers-Walls, 2000). ② 공동협력적 접근은 지식의 실천적 적용에 초점을 둔 교육적 개입이다.
특 징	① 가족생활교육사와 학습자 모두는 가족생활의 효과적인 새로운 방법을 학습하기 위해 전문화된 지식과 경험을 이용한다는 것을 인정한다. 교육자들은 새로운 학습을 위해서 연구에 기초한 과학적 원리들을 교육과정에 가져오고, 학습자들은 이러한 원리들과 연관된 자신의 생활경험을 교육에 활용한다. ② 공동협력적 접근방법은 의제를 준비하는 것과 효과적인 교육이 이루어지도록 노력하는 것 등이 매우 중요하다. 또한 학습자의 욕구에 맞는 교육이 이루어지도록 노력해야 한다.
적절한 교육	공동협력적 접근은 학습자들이 교육에 대한 매우 높은 동기를 가지고 있으나 교육내용에 대한 지식이 불충분한 경우에 적합하다.

이와 같이 가족생활교육의 다양한 접근방법은 교육의 대상과 목표에 따라 적절하게 선택될 수 있다. 가족생활교육의 성공적 성취는 교육적 비전에 따른 효율적인 접근법을 선택하는 것뿐만 아니라 이론적 적용과 가족생활교육자가 지닌 교육철학 및 신념과도 관련되어 있다.

02
PART

가족생활교육 프로그램 개발 및 평가

06 CHAPTER

가족생활교육 프로그램 개발 및 실행

프로그램의 개발은 개발자가 미래에 이루어질 교육활동을 준비하는 미래지향적인 행위로서 잠재적인 교육 대상자들의 특성을 포함한 프로그램과 관련된 제반의 사항들을 분석하여 이를 바탕으로 프로그램의 기본 방향을 설정하고 프로그램을 설계하여 실시함으로써 프로그램을 평가한 결과를 다음에 이루어질 프로그램에 반영하고 수정·보완하는 등 일련의 과정을 말한다(김순기 외, 2021; 한국청소년개발원, 2005). 교육 프로그램의 효과성을 높이기 위해서는 대상집단의 필요나 욕구를 파악하고 이에 적합한 이론을 적용함으로써 우수한 프로그램을 개발하는 것뿐만 아니라, 프로그램을 실행하기 전 꼼꼼하게 실행계획을 수립하고, 실시 후에는 과학적인 평가를 통해 프로그램을 지속적으로 수정·보완할 필요가 있다.

관련 학자들(정현숙, 2016; Ooms, Bouchet, & Parke, 2004)은 좋은 가족생활교육 프로그램의 조건으로 다음과 같이 들고 있다.

첫째, 결혼과 가족건강에 대한 양질의 연구와 다양한 대상의 특별한 요구를 포함하여 경험적으로 프로그램을 개발한다.

둘째, 과학적인 방법으로 프로그램에 대한 평가가 이루어진다.

셋째, 결혼과 관계에 대한 새로운 연구결과를 통해 도출된 최신의 지식을 주기적으로 추가하여 프로그램을 보완한다.

따라서 좋은 프로그램의 조건은 이론과 다양한 연구결과에 기초하여 프로그램을 디자인하고 과학적인 평가를 통해 프로그램을 수정하는 것이라고 볼 수 있다. 이는 대상 집단의 자발적인 참여와 프로그램 실천가의 체계적인 운영을 통해 가능하다. 특히 가족생활교육 프로그램은 건강한 가족을 형성하는 실천 활동에 있어서 중요한 부분이 되고 있으므로 가족 중심의 서비스를 개발하고, 창의적이면서도 전문적인 프로그램으로 개발되어야 할 것이다. 또한 평가를 통한 객관적인 증거에 기반하여 사회복지서비스 전달의 책임성을 향상시켜야 할 것이다(박경아 외, 2019).

이에 본 장에서는 예비 연구자와 실천가들이 효과적인 가족생활교육 프로그램을 개발하고 운영할 수 있도록 돕기 위해 선행연구(김순기, 2021; 박경아 외, 2019)를 바탕으로 가족생활교육 프로그램의 개발, 가족생활교육 프로그램의 실행, 가족생활교육 프로그램의 평가를 중심으로 소개하고자 한다.

가족생활교육 프로그램 개발 시 고려해야 할 사항을 살펴보면 〈표 6-1〉과 같다.

〈표 6-1〉 **가족생활교육 프로그램 개발 시 고려해야 할 사항**

단 계		고려사항
1단계	문제 확인	문제상황과 관련된 내용이나 정보, 그리고 심각도에 대한 객관적인 통계 및 자료가 제시되었는가?
		개인들은 어떻게 문제상황으로부터 영향을 받으며 그에 따른 결과는 무엇인지 서술되었는가?
		가족문제의 원인이 되는 주요 요인이 구체적으로 명시되었는가?
2단계	대상 집단 선정	대상 집단의 규모와 성격이 분명하게 규정되었는가?
		대상 집단은 타당한 근거에 기초하여 선정되었는가?
3단계	목적과 목표 설정	목적은 클라이언트가 받게 될 프로그램을 포괄적이면서도 명확하고 긍정적인 용어로 제시하였는가?
		목적은 프로그램이 제기한 문제와 연관성이 있는가?
		목표는 클라이언트에 대한 결과지향적이며, 측정 가능한 용어로 명확하게 진술되었는가?
		목표는 프로그램의 필요성과 관련되어 설정되었는가?
		목표들은 위계상 적절하게 구분되었는가?

4단계	프로그램 계획	프로그램은 문제를 해결할 수 있는 이론적 근거를 바탕으로 개발되었는가?
		프로그램은 하위목표를 달성할 수 있는 내용으로 이루어졌는가?
		프로그램에 투입되는 인력의 역할 및 자격 수준이 명시되었는가?
		장소와 시설, 그리고 장비 등에 관한 지원환경이 제시되었는가?
		서비스 과정이 주요 과업과 함께 상세하게 서술되었는가?
5단계	프로그램 실행	프로그램에 대한 구체적인 수행방법이 서술되었는가?
		실질적으로 어떤 프로그램을 수행할 것인지에 대해 구체적으로 제시하였는가?
6단계	프로그램 평가	평가지표는 목표달성 여부를 반영할 수 있는 평가지표인가?
		평가지표를 측정하는 평가도구는 신뢰도와 타당도가 있는가?
		목표달성을 평가하기 위한 평가방법은 적절한가?

출처 : 김현숙(2007); 박경아 외(2019).

1. 가족생활교육 프로그램의 개발

1) 문제 확인

가족생활교육 프로그램 개발의 첫 단계인 문제 확인 단계는 클라이언트의 문제를 분석함으로써 그들의 욕구를 확인하고 프로그램 개발의 필요성을 확인하는 단계이다. 특히 지역사회의 필요와 욕구에 따라 마련된 사업의 경우 일회성에 그치지 않고 지속적인 프로그램으로 운영된다. 문제를 확인하기 위한 문제분석 과정에서는 프로그램을 운영함으로써 무엇을 하겠다는 것인지, 어떠한 배경과 목적으로 프로그램을 운영하는 것인지, 프로그램을 어떻게 실행할 것인지, 프로그램의 기대효과는 무엇인지를 논리적으로 설명하는 과정이다. 이러한 과정을 잘 수행하기 위해서는 문제를 확인하기 위한 다양한 방법과 절차를 익힐 필요가 있다.

(1) 문제분석의 개념

문제분석은 인간의 이상적인 삶의 질을 기준으로 클라이언트들의 문제가 얼마나 심각한지를 객관적인 증거에 기반하여 분석하는 것을 의미한다. 문제분석을 통해 문제의 원인과 실태가 제대로 파악되었을 때야 비로소 다음 단계인 대상 집단 선정과 목적과 목표 설정이 구체화될 수 있다. 문제분석 과정에서 함께 제시될 수 있는 것은 프로그램의 효과성과 관련된 다양한 내용들이며, 해당 가족생활교육 프로그램이 제공되었을 때 클라이언트와 지역사회에 어떠한 변화가 일어날 수 있으며 이러한 변화의 비용편익이 얼마나 될 것인지를 제시할 필요가 있다(박경아 외, 2019). 프로그램을 통해 해결하고자 하는 가족문제와 그 원인을 정확하게 파악하여야 프로그램의 목적과 목표 설정이 분명해지는데, 문제분석을 통해 정의된 문제는 프로그램이 궁극적으로 달성하고자 하는 목적과 목표와도 연결된다. 만약 문제의 원인이 제대로 파악되지 않는다면 프로그램의 목적 및 목표 또한 제대로 명시할 수 없을 것이다. 따라서 효과적인 가족생활교육 프로그램이 개발되고 운영되기 위해서는 대상 집단의 문제 및 욕구가 명확하게 정의되어야 하며, 문제의 원인이 무엇인지 구체적으로 명시되어야 한다. 특히 이렇게 정의된 문제와 원인은 이론적 배경이나 경험적 근거에 기반하여 논리적으로 제시되어야 한다. 이러한 문제분석을 실시하는 목적을 살펴보면 다음과 같다(정무성, 2006).

- 프로그램에서 다루고자 하는 문제 및 욕구를 묘사할 수 있다.
- 사회문제의 원인을 기술하고 욕구를 창출하는 환경을 파악할 수 있다.
- 유사한 사회문제(욕구)를 해결하기 위해 활용한 접근법이나 해결책들을 살펴볼 수 있다.

우리가 문제분석에 관심을 가져야 하는 이유는 클라이언트와 지역사회에 어떠한 문제가 발생하고 있는지를 파악할 수 있을 뿐만 아니라 이러한 문제가 발생하는 이유를 설명할 수 있으며, 현재 이러한 문제를 해결하기 위해 어떠한 대책을 마련해야 하는지를 논의할 수 있게 된다. 따라서 사회복지사는 사회나 지역사회 내에 문제가 확인되고 규정되었다면 사회복지 프로그램을 설계하는 작업에 착수할 수 있다. 그러나 특정 사건이 사회문제로 규정되기 위해서는 최소한 공공의 의견합의가 있어야 한다.

사회문제로서 자격을 갖추기 위한 세 가지 조건

- 사회문제가 되기 위한 조건은 상당한 수의 사람들에 의해 바람직하지 않은 것으로 인식되어야 한다.
- 다른 조건들보다는 훨씬 더 바람직한 대안적 해결방안들을 가지고 있는 것으로 인식되어야 한다.
- 사람들로부터 기존의 상황을 변화시키고자 하는 욕구를 유발하기에 충분할 만큼 중요하게 인식되어야 한다.

출처 : 김영종(2001).

(2) 문제분석의 방법

문제분석을 위해서는 문제의 경향은 어떠한지, 문제상황을 겪고 있는 사람들의 특징은 무엇인지, 문제를 다루고 있는 기존의 서비스는 무엇인지, 문제의 시너지적인 사회적 가치는 무엇인지를 살펴볼 필요가 있다(박경아 외, 2019).

① 문제의 경향분석

문제의 경향분석은 해당 문제를 경험하고 있는 사람의 수에 대한 시계열 자료를 통해 서비스에 대한 수요가 증가하거나 감소하는 등의 경향을 살펴봄으로써 문제의 성격이 어떠한지를 파악할 수 있게 한다. 이는 문제의 심각성을 보다 객관적으로 보여줌으로써 개발하고자 하는 프로그램의 방향성을 설정하는 데에도 도움을 줄 수 있다(조윤희, 2021). 이처럼 사회복지사가 문제의 경향성을 잘 파악하고 있을 경우 프로포절 수행기관이 클라이언트의 문제에 대해 체계적으로 인식하고 있으며, 관련 문제에 대해 정통함을 보여줄 수 있다.

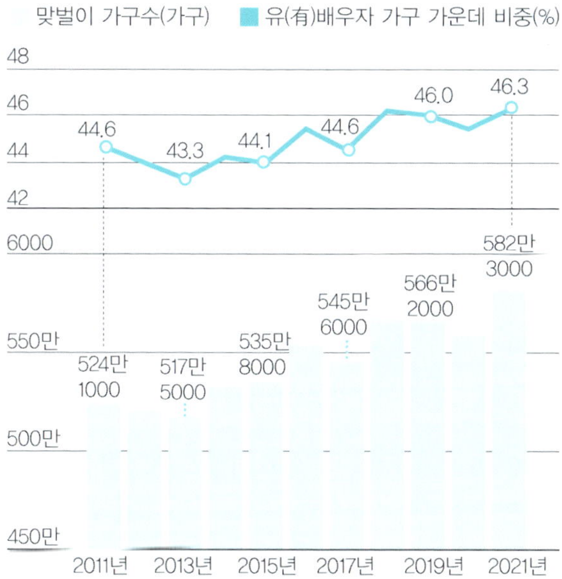

그림 6-1 연도별 맞벌이 가구 동향

출처 : 통계청(2022).

② 문제상황을 겪고 있는 사람들의 특징

사회문제를 올바르게 이해한다는 것은 위험에 직면한 클라이언트와 집단들이 어떠한 대상들인지를 구체화하는 것을 의미하는 것으로 문제상황에 놓인 클라이언트와 집단만의 특징을 바르게 이해한다는 의미이다. 예를 들어, 아동학대로 인해 고통을 받는 클라이언트는 아동이겠지만, 저소득가정, 한부모가정, 실직가정 등에서 상대적으로 아동학대가 빈번하다. 따라서 문제상황을 겪고 있는 경우 클라이언트뿐만 아니라 상황적 맥락도 함께 이해할 필요가 있다.

가정폭력 노출아동의 공격성이 더욱 문제시되는 이유는 가정에서의 폭력적인 상호작용이 아동의 공격성 강화에 영향을 줄 수 있으며, 나아가 폭력의 세대 간 전승을 야기할 수 있기 때문이다. 따라서 가정폭력 노출아동의 공격행동은 가정폭력으로 인한 폭력의 학습과 일반화, 현재 발달단계에서 또래와의 대인관계, 앞으로의 성장과정에서 비행과 폭력을 예측하는 중요한 요인으로서 아동발달의 부정적인 결과를 예방하는 차원에서 시급히 다루어야 할 문제이다.

출처 : 박경아 외(2019); 박형원(2004).

③ 문제를 다루고 있는 기존 서비스에 대한 분석

기존 서비스에 대한 분석은 문제의 경향분석과 함께 개발될 프로그램의 방향성을 설정하는 데 도움을 준다(조운희, 2021). 이는 문제발생과 확산에 따른 심각성에 대응하기 위한 기존 서비스의 사회적 노력과 함께 기존 서비스에 따른 효과성을 집단 또는 문제요인별로 분석틀에 따라 분석함으로써 프로포절 수행기관의 서비스뿐만 아니라 지역사회 내 다른 기관이 제공하는 유사서비스에서의 노력도 함께 파악할 수 있다. 따라서 기존 서비스에 대한 분석은 클라이언트 중심 욕구조사, 서비스 중심 욕구조사, 그리고 지역사회 중심 욕구조사 중 서비스 중심의 욕구를 목적 및 목표 설정에 반영하고자 하는 사회복지사의 노력이라고 할 수 있다.

이러한 기존 서비스에 대한 분석은 기존 서비스의 존재 여부, 특정 서비스를 필요로 하는 대상이나 지역에서의 적합성과 효과성, 서비스의 질 등을 반영하고 있는지 여부, 그리고 개발하고자 하는 프로그램의 차별성을 확보하였는지 여부를 확인하고자 할 때 실시할 수 있다(조운희, 2021). 만약 클라이언트의 욕구가 이미 다른 기관에서 운영하는 프로그램이나 다른 유형의 프로그램으로 충족되었다면 새로운 프로그램을 개발할 필요성이 약해진다. 또한 다른 기관에서 유사하거나 동일한 프로그램이 이미 시행 중이라면 프로포절 수행기관의 새로운 프로그램은 기존 프로그램의 혜택을 받지 못한 클라이언트와 집단에게 접근성 향상의 효과만 있기 때문에 다른 기관에서 진행 중인 기존 서비스에 대한 조사와 탐색은 필수적이라고 볼 수 있다.

현재 부산광역시 남구지역 내 실시되고 있는 지방자치단체로부터의 식사배달사업은 2000년도부터 주중(월~금)에만 진행되고 있다. 남구지역 내 감만복지관, 지게골복지관, 용호종합사회복지관에서 주중 월~금요일까지(주 5회) 식사배달사업을 하고 있는데, 주말까지(주 7회) 운영하고 있는 기관은 용호종합사회복지관뿐이다. 또한 토요일과 일요일까지 365일 복지관을 운영하며 주말도시락 배달을 수행하는 곳은 현재 부산광역시 전체로 살펴보았을 때, 남구 1곳(용호종합사회복지관), 부산진구 1곳(개금종합사회복지관), 사하구 2곳(두송종합사회복지관, 몰운대종합사회복지관)의 총 4곳으로, 주말복지관 시행기관이 많이 부족한 실정이다. 이에 우리 복지관에서는 부산지역 최초로 시행하고 있는 365일 맞춤형 주말도시락 배달사업의 안정된 운영을 위해 3차 연도 사업수행 시에는 사업이 안정적으로 이루어질 수 있도록 안정된 재원확보에 주력해 사업이 지속적으로 수행될 수 있도록 할 계획이다.

출처 : 박경아 외(2019); 서울복지재단(2005).

④ 문제의 시너지적인 사회적 가치

문제의 시너지적인 사회적 가치는 문제를 해결하고자 하는 사람의 관점에서 이러한 문제가 사회적 이슈가 될 수 있는 것인지와 사회적 관심이 있는지에 초점을 두는 것이다. 또한 문제와 관련된 사회복지 가치가 비전으로 전환될 수 있는지, 시너지적인 문제해결방안은 있는지 등의 질문을 통해 사회적 실현 가능성을 모색할 수 있다.

〈표 6-2〉는 문제 및 욕구의 진술문을 평가하기 위한 평가표이며, 각 항목별로 평정함으로써 문제 및 욕구에 대한 진술문을 평가할 수 있다.

〈표 6-2〉 문제 및 욕구 진술문의 평가표

구 분	평가문항	전혀 그렇지 않다	그렇지 않다	보통이다	그렇다	매우 그렇다
Likert형	적절한 머리말이 제시되었는가?					
	문제 및 욕구 진술문은 논리적으로 연결되어 있는가?					
	문제 및 욕구는 실행 가능한가?					
	통계 데이터는 진술문을 뒷받침하는가?					
	표적 집단은 문제 및 욕구가 있는 집단인가?					
	가정이나 가설은 분명하게 표현되어 있는가?					
	문제 및 욕구는 신뢰할 수 있을 만큼 잘 설명되어 있는가?					
	진술문은 명확하게 쓰여 있는가?					
	진술문은 논리적인 순서로 명시되어 있는가?					
	비전에 관련된 진술문은 타당한가?					
개방형	진술문에 대한 전체적인 느낌이 어떠한가?					
	강점은 무엇인가?					
	발전을 위한 기타 의견은 무엇인가?					

출처 : 박경아 외(2019).

(3) 욕구파악을 위한 절차

사회문제가 클라이언트와 대상 집단들의 문제 및 욕구로 환원된다면 프로그램 개발자는 클라이언트와 대상 집단들의 욕구를 정확히 파악할 수 있어야 한다. 프로그램 개발과정에서 클라이언트와 대상 집단들의 충족되지 않은 욕구를 파악하기 위해 자료와 정보수집, 면담과 대화, 욕구조사 실행과 보고서 작성의 3단계는 다음과 같다.

① 기본 자료와 정보수집

정부나 공공기관의 각종 보고서와 자료는 클라이언트 집단의 문제 및 욕구의 정도가 얼마나 심각한지에 대한 신뢰할 만한 정보를 제공한다. 특히 통계청의 센서스 보고서는 가장 유용한 자료이다. 이 외에도 국민건강과 사회복지 관련 중앙정부기관의 보고서나 지방자치정부에서 발표한 통계 역시 기본 자료와 정보수집의 원천이 된다.

〈표 6-3〉 2017~2022 노인복지시설 현황 (단위 : 개소, 명)

구분		2019	2020	2021	2022	2023
합계	시설 수	79,382	82,544	85,228	89,698	93,056
	입소 정원	266,325	297,167	321,500	358,447	387,391
노인주거복지시설		382	352	337	308	297
노인의료복지시설		5,529	5,725	5,821	6,069	6,139
노인여가복지시설		68,413	69,005	68,823	69,786	70,455
재가노인복지시설		4,821	7,212	9,984	13,272	15,896
노인보호전문기관		34	35	37	37	38
노인일자리지원기관		184	196	206	206	211
학대피해노인전용쉼터		19	19	20	20	20

출처 : 보건복지부(2024).

② 면담과 대화

면담과 대화는 클라이언트와 대상 집단을 대상으로 간담회를 개최하는 방법으로 클라이언트와 대상 집단의 인지적 욕구를 파악할 수 있다. 이는 가장 직접적으로 클라이언트의 욕구를 파악할 수 있는 방법으로 사회복지기관에서 가장 쉽게 활용하는 방법이다. 이러한 면담과 대화는 클라이언트의 유형에 따라 다양하게 이루어질 수 있다. 클라이언트의 유형에 따른 면담 기법을 살펴보면 〈표 6-4〉와 같다.

〈표 6-4〉 클라이언트의 스타일에 따른 면담 기법

유 형	면담 기법
실패경험이 있는 사람	• 좋지 않은 사실이더라도 가능한 빨리 대면하여 문제점에 직면하도록 한다. • 문제점을 공개하여 대화하는 기회를 거친다. • 문제점에 대한 개선책을 제시하여 차기에 도전할 수 있는 의욕을 불러일으킨다.
대화를 꺼리는 사람	• 대화를 꺼리거나 대화 중 긴장하고 회피하는 경우 먼저 분위기를 유도한다. • 면담자가 언급한 사항에 대해 침묵을 지킬 때 성급히 대답을 구하려 하지 말고 몰두할 수 있는 여유를 준다. • 대답을 꺼리는 이유나 관심이 부족한 이유 등을 찾아내기 위해 계속적으로 대화한다. • 모든 요구사항(제안)에 그냥 동의한다며 면담을 재검토한다.
쉽게 결정하는 사람	• 피면담자의 동의가 진실인지 확인한다. • 만약 진정이라면 합의한 사항을 지켜나갈 것인지에 대해 명확히 할 필요가 있다.
합의를 쉽게 이루지 못하는 사람	• 면담자의 입장을 전달한 후에 합의를 하지 않는 이유를 변론할 수 있는 적당한 기회를 주도록 한다. • 서로의 주관과 비판에 신뢰성이 있는가를 검토해 보아야 한다. • 반감이 개인적 거부감에 기인한다면 그 사실에 숙고해야 한다.
승진이나 출세를 갈망하는 사람	• 면담의 목적이 처우에 한정된 것이 아니라 현재 직무에 최선을 다하기 위한 방법이나 육성에 보다 높은 목적이 있음을 주지시킨다. • 승진을 원한다면 자신이 자질을 갖추도록 고무해야 하며 필요성을 먼저 인식시켜야 한다. • 낮은 업적에도 불구하고 기대욕구가 높다면 피면담자가 자신을 정확히 볼 수 있도록 돕고 부족한 부분을 상세한 예로서 자세히 설명할 수 있어야 한다.

개선의지가 있는 사람	• 피면담자가 올바른 직무를 수행하고 있는지에 대한 솔직하고 직접적으로 대화한다. • 만약 피면담자의 상태가 분명하지 않다면 예를 들어 재검토한다. • 피면담자에게 기대되는 정확한 개인의 수준을 이야기해 주도록 한다. • 이런 유형의 면담은 조심스럽게 준비해야 한다. • 만약 면담에 의해 효과가 나타나지 않으면 제반 상황을 검토한 후 필요한 조치나 제재를 한다.
자기개발 의욕이 높은 사람	• 능동적이고 우호적으로 받아들인다. • 피면담자의 자기개발이나 성장방안에 관심을 가지고 실질적인 지원이 될 수 있도록 한다. • 피면담자의 책임범위를 확대해 주고, 새로운 목표를 창출해 준다.

출처 : 박경아 외(2019).

③ 욕구조사 실행과 보고서 작성

욕구조사는 프로포절 수행기관의 입장에서 과학적이고 체계적으로 클라이언트와 대상 집단의 욕구를 사정하려는 노력이다. 이러한 노력의 결실로 도출된 욕구조사 보고서는 클라이언트와 대상 집단의 욕구에 대한 신뢰할 수 있는 자료로 활용할 수 있다. 특히 과학적이고 체계적인 욕구조사를 위해서는 조사방법의 원리나 지침을 잘 활용할 필요가 있다. 〈표 6-5〉는 맞춤형 생활지원서비스 제공 계획 수립을 위한 지역주민 욕구조사에서 복지서비스 만족도에 대한 욕구조사 결과이다.

〈표 6-5〉 복지서비스 만족도 N(%)

구 분		표본수	만족한다	보통이다	만족하지 않는다	전혀 만족하지 않는다
성별	남	3	1(33.3)	2(66.7)	–	–
	여	6	2(33.3)	2(33.3)	1(16.7)	1(16.7)
연령별	20–29세	1	–	1(100.0)	–	–
	30~39세	1	–	1(100.0)	–	–
	40~49세	3	2(66.7)	1(33.3)	–	–
	50~59세	3	1(33.3)	–	1(33.3)	1(33.3)
	60~69세	1	–	1(100.0)	–	–

학력별	고졸	1	–	1(100.0)	–	–
	전문대졸	5	2(40.0)	1(20.0)	1(20.0)	1(20.0)
	대졸	3	1(33.3)	2(66.7)	–	–
직업별	자영업	1	–	1(100.0)	–	–
	사무직	2	1(50.0)	–	–	1(50.0)
	학생	1	–	1(100.0)	–	
	전업주부	4	2(50.0)	1(25.0)	1(25.0)	–
	기타	1	–	1(100.0)	–	–
지역별	호원1동	1	–	–	–	1(100.0)
	장암동	1	1(100.0)	–	–	–
	신곡1동	1	–	1(100.0)	–	–
	송산1동	3	1(33.3)	2(66.7)	–	–
	송산2동	1	–	1(100.0)	–	–
	자금동	2	–	1(100.0)	–	–
전 체		9	3	4	1	1

출처 : 경기도 의정부시(2007).

2) 대상 집단 선정

대상 집단을 선정하는 방법은 다양하겠으나, 일반적으로 표적 집단 추정방법이 가장 많이 사용된다. 표적 집단 추정방법은 표적 집단을 먼저 찾아 조사한 다음 표적의 분포를 분석하는 방법이며, 이는 기본 자료 없이 문제의 위험 집단이 누구인가를 추정해야 할 때 유용하다. 즉, 문제집단의 규모를 추정하기 위한 기초자료가 존재하지 않거나 자료를 확보할 시간적 여유가 없을 때, 다른 사회조사 자료 등에서 나타난 인구학적 정보만을 바탕으로 해당 문제의 발생 정도를 확인하는 것이다. 이러한 표적 집단 추정방법에 따라 대상 집단을 선정할 경우 일반 집단, 위험 집단, 표적 집단, 클라이언트 집단의 수를 명시해야 한다. 이때 표적 집단과 클라이언트 집단의 수가 동일하게 산출될 수도 있으나, 대개 기관의 여건상 표적 집단 모두에게 서비스를 제공하는 것이 불가능할 경우 클라이언트 집단의 수가 표적 집단의 수보다 적게 선정되어야 한다(박경아 외, 2019).

(1) 일반 집단

일반 집단은 대상 집단이 속한 커다란 일반 인구 집단을 의미하는 것으로, 해당 문제를 가질 수 있을 것으로 판단되는 가장 포괄적인 대상 인구 집단이다. 일반적으로 일반 집단은 대상지역 내 거주하고 해당 문제의 속성과 관련이 있는 전체 인구 집단을 말한다.

(2) 위험 집단

위험 집단은 일반 집단 중 제시된 문제에 노출 위험이 있는 인구 집단을 의미하는 것으로, 위험 집단을 결정하기 위해서는 사회복지 프로그램으로 특정한 개입이 필요한 사람들을 추정한다. 이 경우 사회조사분석결과를 활용하여 연령별, 지역별 분포 등 관련 변수에 대한 분포의 특성을 파악하는 것이 중요하다.

(3) 표적 집단

표적 집단은 문제에 노출되어 있어 프로그램에서 문제해결을 위해 구체적으로 대상 집단으로 삼은 인구 집단을 의미한다. 이는 프로그램을 계획하는 데 있어서 필수적인 정보이며, 해결하려는 문제를 가진 위험 집단의 전체 규모와 변수별 분포, 그리고 표적 집단의 규모와 분포 현황을 가능한 한 정확히 파악할 필요가 있다(정무성, 2005). 표적 집단은 위험 집단의 하위 집단으로 프로그램의 대상자로서 일차적으로 기본적인 자격요건을 갖춘 사람들이다. 특정 지역에서 위험 집단에 속한 모든 대상자를 프로그램의 표적 집단으로 선정할 수는 없으며, 클라이언트의 특성과 다른 요인들을 충분히 고려하여 위험 집단 내에서 표적 집단을 선정해야 한다. 이때 다른 요인은 법률이나 규정, 프로그램 이론, 기관의 자원, 후원기관의 요구 등을 말하는데, 이런 요인들이 프로그램의 표적 집단으로 한계를 정하는 데 영향을 준다. 즉, 법률과 정부의 지침, 그리고 프로그램 이론이나 가설에 기반하여 적합한 대상 집단을 선정할 수 있고, 기관의 인력과 자원으로 감당할 수 있는 범위 내에서 대상자를 한정하거나 재원을 공급하는 기관의 요구에 따라 위험 집단 가운데서도 일정한 특성을 갖는 사람을 대상자로 선정할 수 있음을 의미한다(황성철, 2005).

(4) 클라이언트 집단

클라이언트 집단은 프로그램이 서비스 대상으로 삼는 대상자를 의미하는 것으로, 해당 프로그램이 실시될 때 실제 프로그램을 이용할 수 있는 프로그램 소비자들이다. 이는 서비스의 전달 방식에 따라 결정되는데, 대부분의 경우 수행기관에서 실제로 프로그램을 이용하는 참여자 수로 추산한다. 이러한 클라이언트 집단을 결정하는 과정에서는 실용적 수용성, 윤리성, 클라이언트 능력 등을 고려할 수 있다.

클라이언트 집단을 결정하는 과정에서 고려할 사항	
실용적 수용성	• 프로그램의 클라이언트 집단을 선정할 때에는 사회복지기관의 수행인력과 재정 여건 등을 고려하여 적정한 클라이언트 집단의 규모를 결정함 • 수행인력의 한계를 넘어서는 과도한 수의 대상자와 활용 가능한 예산의 범위를 초과하는 클라이언트 집단의 선정은 결과적으로 프로그램의 질적 수준을 저하시키는 부작용을 야기한다는 점에서 실용적 수용성을 고려하여 적정 클라이언트 집단의 수를 결정할 필요가 있음
윤리성	• 사회복지 프로그램의 대상으로 충분한 자격요건을 갖춘 클라이언트라 할지라도 자발적으로 프로그램 참여에 동의한 사람만이 프로그램에 참여할 수 있음 • 윤리성은 클라이언트가 특정 프로그램에 참여함으로써 가지게 되는 의무를 수행하고 해당 프로그램으로 일정한 서비스나 혜택을 받을 수 있음을 인지하면서 자발적 동의의 원칙을 지킬 때 비로소 보장될 수 있음
클라이언트 능력	• 클라이언트가 프로그램에 참여하여 일정한 서비스나 혜택을 얻기 위해서는 기본적으로 클라이언트 자신의 능력과 자원이 갖추어져야 함 • 프로그램이 특정한 날짜와 시간에만 운영되는 경우 이러한 시간적 제한에도 불구하고 지속적 참여가 가능한 사람이어야 함 • 프로그램에 참여하기 위한 최소한의 인지적 능력, 기능적 능력, 정의적 능력을 갖춰야 함

출처 : 박경아 외(2019).

〈표 6-6〉 ○○복지관 대상자 선정의 예

대상 구분	산출근거	인원수
일반 집단	통계청 기준 ㅇㅇ지역 거주 유배우 남자 x 아내구타발생률	1,345명
위기 집단	ㅇㅇ지역 보호관찰 수강명령 가정폭력사범 수	245명
표적 집단	ㅇㅇ보호관찰소에서 관리하는 보호관찰 수강명령 집행대상 가정폭력사범 수	121명
클라이언트 집단	ㅇㅇ복지관에서 진행하는 가정폭력사범 수강명령 집단 프로그램에 참여한 대상자 수(10명 x 3기)	30명

출처 : 박경아 외(2019).

〈표 6-7〉 □□복지관 서비스 대상 및 인원수 예시

대상 구분	서비스 대상자 산출근거	인원수
일반 집단	ㅁㅁ시 ㅁ구 거주 8~13세 아동 수	4,3234명
위기 집단	일반 대상 중 8~13세 저소득가정 아동 수	795명
표적 집단	위기 대상 중 수급자 및 차상위계층 8~13세 아동 수	298명
클라이언트 집단	표적 집단 중 실제 프로그램 참여자 수(10명 × 3기)	30명

출처 : 박경아 외(2019).

3) 목적과 목표 설정

프로그램의 목적과 목표를 설정하는 것은 이전 단계에서 개념화한 아이디어를 구체적으로 실현하기 위한 과정이다. 이러한 프로그램의 목적과 목표는 프로그램을 구체화하는 것뿐만 아니라 평가를 위한 기준으로 구성하는 데에도 핵심적인 역할을 한다. 또한 프로그램을 운영하기 위한 주요한 단계로서 목적 설정, 목표 설정, 하위목표 설정과 같이 점진적으로 이루어진다.

(1) 목적 세우기

프로그램의 목적은 프로그램을 운영함으로써 궁극적으로 도달하고자 하는 결과를 의미하는 것으로, 목적을 설정하는 가장 큰 이유는 문제해결을 위한 프로그램의 노력들의 안내자 역할을 하기 때문이다. 즉, 프로그램의 목적은 문제

해결을 목적으로 하는 프로그램들의 노력을 올바른 방향으로 이끌도록 하는 등대 역할을 한다고 볼 수 있다. 또한 프로그램의 목적은 일반적으로 구체적인 내용을 서술하기보다는 이상적으로 지향하는 바를 진술하는데, 목적을 서술하는 방법은 문제상황을 반대로 진술하면 된다. 만약 프로그램의 문제를 '유아의 아동학대 증가'라고 한다면 여기서 프로그램의 목적은 '유아의 아동학대 예방'이 될 수 있다.

프로그램 목적의 세 가지 특성
• 구체적 표적 집단 : 대상 집단(who) • 현재의 문제 영역 : 문제 특정(what) • 바람직한 미래 상태 : 기대하는 변화 양상(result)

출처 : 박경아 외(2019).

(2) 목표 세우기

① 프로그램 목표의 개념

프로그램의 목표는 프로그램 목적으로부터 분화되는데, 프로그램의 목적이 측정되기 어려운 상태의 진술이라면 프로그램 목표는 측정 가능하도록 좀 더 구체적으로 진술된다. 즉, 프로그램의 목표는 프로그램의 목적을 측정하기 위한 측정지표라고 볼 수 있다. 이러한 목표 설정을 위한 기준을 제시하면 다음과 같다.

첫째, 프로그램 목표 설정 시 프로그램 참여자에 해당하는 클라이언트를 중심으로 목표가 설정되어야 한다. 즉, 사회복지 프로그램은 궁극적으로 클라이언트 집단이 변화의 유지, 그리고 보호와 밀접한 관련이 있기 때문에 클라이언트의 입장에서 목표가 진술되어야 한다. 따라서 클라이언트가 주어로 제시되고 클라이언트의 변화 양상이 동사인 형태로 진술되어야 한다. 만약 목표가 기관목표나 활동목표로 진술될 경우 목표달성의 정도에 관한 평가는 기관이나 사회복지사의 과업수행만으로 측정할 수 없기 때문에 프로그램의 목표는 반드시 클라이언트의 변화를 확인할 수 있도록 클라이언트를 중심으로 진술되어야 한다.

둘째, 프로그램 목표 설정 시 수행기관의 목적 또는 프로그램의 목적과 논리적으로 연관성을 유지해야 한다. 특정 프로그램이 수행기관의 설립목적의 범위를 벗어난다거나 프로그램의 목적으로부터 논리적 유추를 할 수 없을 경우 프로그램의 목표가 적절하게 설정되었다고 볼 수 없다. 프로그램의 목표는 위로는 프로그램의 목적과 수행기관의 설립목적과도 연결되어야 하며, 아래로는 서비스의 목표나 구체적인 프로그램의 수행활동 지침과 연계되어야 한다.

셋째, 프로그램의 목표는 클라이언트 집단이 달성할 수 있는 성취 가능한 형태로 설정되어야 하며, 긍정문으로 진술되어야 한다. 또한 프로그램의 목표는 현실적으로 클라이언트 집단의 욕구충족이나 문제해결의 방향으로 성취할 수 있는 수준으로 잡는 것이 적절하다. 따라서 프로그램의 목표 설정 시 클라이언트의 동기나 문제영역과 관련된 클라이언트의 기능 정도를 면밀히 사정한 후 목표 수준을 설정할 필요가 있으며, 바람직한 미래상태를 지향하면서 긍정문으로 진술할 필요가 있다. 일부 프로그램 목표의 경우 문제상황의 감소 등 부정적인 요소를 제거하는 방향으로 설정되기도 하지만 되도록 긍정문으로 전환시켜 표현하는 것이 바람직하다.

넷째, 프로그램의 목표는 가능한 한 측정할 수 있도록 내용으로 설정하는 것이 바람직하다. 만약 측정 가능한 형태로 목표가 설정되지 않을 경우 클라이언트 집단의 성취 수준을 정확히 파악하는 것은 어렵다. 그러나 30% 증가나 20% 감소와 같이 측정은 가능하지만 계량이 어려운 경우도 있기에 주의해야 한다.

② 프로그램 목표의 종류

프로그램의 목표는 프로그램의 목적을 달성하기 위해 실행해야 하는 구체적인 과업을 구조화된 문장으로 표현한 것으로, 이러한 프로그램 목표의 종류에는 두 가지가 있다. 하나는 과정목표로 프로그램의 요소를 실행하는 과정을 중심으로 목표를 설정하는 방식이며, 다른 하나는 프로그램 대상자가 프로그램의 요소들을 어떻게 인식하냐에 관심을 두는 것으로 무엇을 어떤 결과에 도달시킬 것인가에 대한 목표설정 방식이다.

㉠ 과정목표

과정목표는 어떻게 과업이 수행되고 성취될 것인지를 나타내는 목표로 결과에 도달하는 방법이나 수단에 대해 실행되어야 하는 행동들이 포함된다(지은구, 2005). 따라서 과정목표 진술에는 과정을 중심으로 진술하되 언제까지 달성할 것인지, 누구를 대상으로 할 것인지, 무엇에 관한 내용인지, 얼마나 달성해야 하는 것인지 등의 요소들이 포함된다.

〈표 6-8〉 과정목표 진술을 위한 요소

언제(when)	누가(who)	무엇을(what)	얼마나(how many)
2024년 1월	△△교육청 내 고등학교 담임 선생님	학교폭력예방교육과정 이수	100% 전원 이수
2024년 6월	△△교육청 내 고등학교 담임 선생님	학교폭력예방교육전략 활용	100% 전원 이수 20% 이상 효과성
2024년 10월	△△교육청 내 고등학교 행정 담당자	학생상담 프로그램 이수	70% 이상 이수

이러한 네 가지 요소를 포함하여 과정목표를 진술하면 다음과 같다.

네 가지 요소를 포함한 과정목표 진술의 예시
• 목적 : △△교육청 내 고등학교 관계자의 학교폭력예방교육 및 학생상담 프로그램 이수를 통해 학교폭력을 예방한다. • 목표 1 : 2024년 1월까지 △△교육청 내 모든 고등학교 담임 선생님은 학교폭력예방교육과정을 이수한다. • 목표 2 : 2024년 6월까지 △△교육청 내 모든 고등학교 담임 선생님은 학교폭력예방교육전략을 활용하여, 20% 이상의 학교폭력예방효과가 나타나도록 한다. • 목표 3 : 2024년 10월까지 △△교육청 내 모든 고등학교 행정 담당자는 학생상담 프로그램을 이수한다.

㉡ 성과목표

성과목표는 프로그램을 운영한 후에 표적 대상이 어떻게 변화하였는지를 보여줄 수 있어야 한다. 이러한 성과목표는 프로그램의 운영 결과에 따라 표적 대상이 변화하게 될 행동이나 태도를 기술한 것으로, 변화의 정도와 언제까지 변화를 보일지 등 시간, 대상 집단, 행동이나 태도, 변화

정도를 제시해야 한다. 따라서 목표를 중심으로 진술하되 언제까지 달성할 것인지, 누구를 대상으로 할 것인지, 어떤 행동과 태도에 관한 것인지, 얼마나 달성해야 하는 것인지 등의 요소들이 포함된다.

〈표 6-9〉 성과목표 진술을 위한 요소

언제(when)	누가(who)	무엇을(what)	얼마나(how many)
2024년 8월	△△교육청 내 금연 프로그램 참여 학생	흡연의 위험성에 대한 설명	참여 학생의 80%
2024년 12월	△△교육청 내 금연 프로그램 참여 학생	흡연 횟수 감소	참여 학생의 20%

이러한 네 가지 요소를 포함하여 성과목표를 진술하면 다음과 같다.

네 가지 요소를 포함한 성과목표 진술의 예시
• **목적** : △△교육청 내 고등학생의 금연 프로그램 참여를 통해 흡연강도를 줄인다. • **목표 1** : 2024년 1월까지 △△교육청 내 고등학생들 중 금연 프로그램에 참여한 학생의 80%가 흡연의 위험성에 대해 설명할 수 있도록 한다. • **목표 2** : 2024년 6월까지 △△교육청 내 고등학생들 중 금연 프로그램에 참여한 학생의 20%가 흡연 횟수를 줄인다.

③ 프로그램 목표의 서술방법

프로그램의 목표는 목적을 수행하기 위한 구체적인 내용을 의미하는 것으로 우선적으로 수행해야 하는 것과 그다음으로 수행해야 할 것들을 논리적인 순서에 따라 진술해야 한다. 또한 프로그램의 목표는 실행 가능한 것이어야 하며, 달성 가능하고 측정 가능하도록 구체적이어야 하는데, 이를 위해서는 다음 여섯 가지 영역을 고려할 필요가 있다(박경아 외, 2019).

프로그램 목표의 서술 시 고려사항	
누구를 대상으로 할 것인지 (who)	프로그램을 적용할 때 누구를 대상으로 할 것인지에 따라 프로그램의 내용과 방법이 달라질 수 있는데, 문제에 노출되어 있어 문제해결을 위해 구체적으로 선정된 표적 집단들 중 프로그램에 실제로 참여하는 클라이언트에 대한 내용이다.

언제까지 할 것인지 (when)	프로그램의 목표를 설정하는 데 필요한 시간과 실시 횟수 등을 제시함으로써 활동의 시간적 한계에 대한 내용이다.
무엇을 할 것인지 (what)	프로그램의 목적을 달성하기 위해 반드시 필요한 핵심요소로서 클라이언트의 바람직한 상태와 행위, 그리고 결과의 변화를 보일 수 있도록 클라이언트가 가지고 있는 문제해결과 욕구충족을 위해 프로그램에서 무엇을 해야 하는지에 대한 내용이다.
어떻게 접근할 것인지 (how)	프로그램의 목적을 달성하기 위해 구체적으로 어떻게 접근해야 하는지에 대한 내용으로 클라이언트의 바람직한 결과를 가져오기 위해 사용되는 어떠한 방법과 전략에 대한 내용이다.
얼마나 달성할 것인지 (how many)	프로그램을 운영한 후 프로그램의 참여를 통해 얼마나 많이 변화하였는지 측정하기 위한 내용 또는 프로그램 참여자 수가 얼마나 되는 지에 대한 내용이다.
결과는 무엇인지 (result/ benefit)	프로그램을 운영한 후 평가를 통해 프로그램에 참여한 참여자에게서 기대하는 변화 양상이나 이익에 대한 내용이다.

〈표 6-10〉 **목표 서술을 위한 여섯 가지 영역**

누가 (who)	언제 (when)	무엇을 (what)	어떻게 (how)	얼마나 (how many)	결과는 (result)
△△시 △△구 내 노인	2024년 12월	노인 재취업 교육 프로그램	워크숍, 면담, 참관수업	100명	취업률 50%

이러한 여섯 가지 영역을 포함하여 목표를 진술하면 다음과 같다.

여섯 가지 영역을 포함한 목표 진술의 예시
• 목적 : △△시 △△구 내 노인 재취업 교육 프로그램을 통해 노인 취업률을 높인다. • 목표 : 2024년 12월까지 △△시 △△구 내 노인들 중 노인 재취업 교육 프로그램(워크숍, 면담, 참관수업)에 참여한 노인의 50%가 재취업에 성공한다.

(3) 하위목표 세우기

프로그램의 목적에 따라 목표를 설정하였더라도 실제 프로그램을 진행하기 위해서는 구체적이지 못한 부분이 있을 수 있다. 이때 하위목표를 설정함으로써 목표를 더욱 더 명확히 할 수 있는데, 하위목표를 분화하기 위한 방법은 다음과 같다.

① 문제 및 욕구 관련 핵심요소를 중심으로 작성하기

- 목표 : 청소년들이 집단 활동 프로그램을 통해 자아정체감을 확립한다.
- 하위목표 1 : 인간관계 훈련 프로그램을 통해 자신의 특성과 현실을 인식한다.
- 하위목표 2 : 자기성장 훈련 프로그램을 통해 긍정적 자아개념을 형성한다.
- 하위목표 3 : 자신의 특성과 강점을 반영하여 장래희망에 따라 진로계획을 세운다.

위 프로그램의 목표는 3개의 하위목표로 세분화하여 진술되어 있는데, 프로그램의 목표 중 핵심요인인 자아정체감은 자신을 시간의 흐름에 따라 본질적으로 불변하는 실체로 인식하는 개인의 느낌으로 자신의 성장배경과 생육사를 인식하고 현재의 상황에 대한 깊은 통찰을 통해 긍정적으로 인식함으로써 미래에 대한 소망이 확인이 될 때 달성될 수 있는 개념이다. 따라서 프로그램의 하위목표에서도 자신의 특성과 현실 인식하기, 긍정적 자아개념 형성하기, 장래희망에 따라 진로계획 세우기 등 세 가지 단계적 요소로 나누어 세분화할 수 있다.

② 성과목표를 중심으로

성과목표만이 상위목표 또는 일반적인 목표가 될 수 있으며, 과정목표, 기관목표, 활동목표는 하위목표로는 설정될 수 있지만 핵심목표나 상위목표로는 적합하지 않다. 예를 들어, '10명의 사례관리 대상자를 확보한다'라는 목표는 프로그램 실천가의 입장에서 프로그램을 효과적으로 운영하기 위해 설정한 활동목표이다. 또한 '클라이언트에게 상담 서비스를 제공한다'라는 목표는 수행기관의 입장에서 해당 서비스를 제공할 것이라는 기관목표에 해당한다. 그러나 이런 목표들은 하위목표나 과정목표로는 설정될 수 있겠지만 클라이언트를 중심으로 하는 핵심목표나 상위목표로는 적합하지 않다(황성철, 2005).

- **목표** : 재가 중증장애인들이 지역사회에서 최소한의 이동권을 확보하고 생활영역을 확장한다.
- **하위목표 1** : 2024년 3월까지 지역사회 내 공공기관과 민간기관을 연계하여 이동차량을 확보한다.
- **하위목표 2** : 2024년 3월까지 차량 자원봉사자를 모집하고 비상연락망을 구축 및 가동한다.
- **하위목표 3** : 2024년 12월까지 재가 중증장애인들의 각종 민원업무 및 일상생활활동을 위해 차량을 지원한다.

위 프로그램의 목표를 분석해 보면 적합하게 진술되어 있음을 알 수 있다.

〈표 6-11〉 **목표 분석을 통한 다섯 가지 영역**

누가 (who)	언제 (when)	무엇을 (what)	어떻게 (how)	얼마나 (how many)
재가 중증장애인	2024년 12월	재가 중증장애인의 이동권 보장	이동차량 및 차량 자원봉사자 확보, 차량 지원	지역사회 내 모든 재가 중증장애인

하위목표로 설정된 이동차량 확보, 차량 자원봉사자 확보, 차량 지원은 모두 상위목표 달성을 위해 수행기관의 입장에서 진술된 기관목표로서 상위목표를 달성하기 위한 과정이자 단계별 세부목표에 해당한다. 따라서 하위목표 1, 하위목표 2, 하위목표 3을 순차적으로 달성한다면 재가 중증장애인들이 지역사회에서 최소한의 이동권을 확보하고 생활영역을 확대할 수 있을 것으로 기대된다.

(4) 목표 설정 시 유의점

프로그램의 목표 설정 시 흔히 하는 실수는 목표와 실제 프로그램 내에서 실행하는 실행활동과 혼동한다는 것이다(박경아 외, 2019). 부적절한 목표 설정 예시를 살펴보면 다음과 같다.

- 목표 : △△시 △△구 내 청소년 500명이 2024년 한 해 동안 4주 분량의 성교육 프로그램에 참여할 것이다.

위 프로그램의 목표는 청소년이 4주 동안 성교육 프로그램에 참여해야 하는지, 청소년들의 지식이나 기술을 향상시키기 위한 것인지, 청소년의 행동변화를 위한 것인지 등이 빠져있음을 알 수 있다. 따라서 프로그램의 목표를 진술할 때에는 프로그램 그 자체가 아니라 프로그램을 통해 기대되는 클라이언트의 행동변화에 초점을 맞춰 예상되는 결과를 서술해야 한다.

2. 가족생활교육 프로그램의 실행

1) 프로그램 이론 적용

프로그램을 통해 달성해야 할 목적과 목표가 결정되면 프로그램의 내용을 구체적으로 확립하고 기술하는 과정이 이루어져야 한다. 이를 위해 프로그램을 실행하기 위한 이론적 배경의 확인 과정이 요구된다. 그러나 프로그램 계획서를 작성하는 데 있어서 이론적 배경은 간과하는 경우가 빈번하게 일어나고 있다. 이에 효과적인 프로그램이 운영되기 위해서는 체계적 연구를 통해 밝혀진 이론적 배경에 기반하여 프로그램을 계획할 필요가 있다. 프로그램 실천가의 문제인식과 함께 프로그램 개발 및 운영의 필요성에 대한 타당성 제시, 프로그램의 목표 설정 등에 있어서 이론적 배경을 검토하는 과정은 프로그램을 개발하는 초기 단계에서부터 이루어져야 한다. 만약 이론적 근거가 없거나 부족하다면 프로그램을 지속하거나 확대하기 위한 근거를 상실하게 될 것이며, 프로그램의 일반화에도 제약이 따를 수밖엔 없다. 이에 이론적 배경의 필요성을 살펴보면 다음과 같다(박경아 외, 2019).

- 프로그램의 목적을 달성할 수 있는 배경을 설명하는 데 이론적 배경을 활용할 수 있다.
- 프로그램이 구성될 경우 이론적 배경이 지침서 역할을 할 수 있다.
- 프로그램의 이론적 배경이 제시되어야 평가가 체계적으로 진행될 수 있다.
- 프로그램의 수행 과정에서 파급될 효과를 예상해 볼 수 있다.

프로그램에서 활용한 이론적 배경은 프로그램을 실행하기 위해 필요한 행동을 설명해 주는 근거가 되며, 기대하는 목적을 달성하기 위한 일련의 요인들을 구체화하고 결과를 성취하기 위한 일련의 행동을 어떻게 준비할 것인지를 잘 설명해 준다. 이처럼 이론적 배경은 프로그램을 수행하는 데 필요한 일련의 행동들에 대한 밑그림을 그릴 수 있게 하며, 프로그램 설계를 좀 더 구체적이고도 체계적으로 수행하도록 돕는다. 또한 프로그램의 가설에서 설정하는 인과관계와 깊은 연관이 있는데, 평가자는 프로그램에서 어떠한 일이 발생하고 있는지를 서술할 수 있어야 하고 이러한 활동을 프로그램 결과, 그리고 프로그램과 관련된 후속 프로그램들의 결과와도 연결시킬 수 있어야 한다. 이때 프로그램 적용과 결과 간의 관계는 명확해야 하며, 이러한 관계에 대한 정보자원으로는 이론적 · 경험적 · 실천적 문헌 등을 다양하게 활용할 수 있다.

가족생활교육 프로그램을 구성하기 위한 프로그램 개발자는 자신이 가진 가족에 대한 철학이 교육내용이나 교수 · 학습 방법에 영향을 미칠 수 있기 때문에 데일(Dail, 1984)의 가족생활교육자의 철학 형성을 위한 네 가지 신념인 가족과 가족생활 본질에 대한 신념, 가족생활교육 목적에 대한 신념, 내용에 대한 신념, 가족의 학습과정에 대한 신념 등을 통해 자신의 신념이 어떠한지를 먼저 점검하는 과정이 필요하다. 데일(1984)의 가족생활교육자의 철학 형성을 위한 네 가지 신념을 살펴보면 다음과 같다.

〈표 6-12〉 데일(1984)의 가족생활교육자의 철학 형성을 위한 네 가지 신념

신념	내 용
가족과 가족생활 본질에 대한 신념	교육자 자신이 가족을 어떻게 정의하는가에 대한 신념으로 다양한 가족에 대한 이해를 통해 편견을 없애고 다양한 집단과 효과적으로 상호작용할 수 있는 능력을 의미한다.
가족생활교육 목적에 대한 신념	가족생활교육의 목적이 인식과 행동을 바꾸고자 하는 것인지, 지식과 기술을 제공하기 위한 것인지에 대한 이해와 교육을 통해 특정 이데올로기와 신념 체계를 조정할 것인지를 점검하는 신념으로 교육자가 성취하고자 하는 것이 무엇인지, 왜 성취하고 싶은지를 명확히 하는 것을 의미한다.
내용에 대한 신념	가족생활교육의 다양한 환경에서 적절한 주제와 적절한 토의가 이루어질 수 있는 시기가 언제인지를 인식하는 것에 대한 신념으로 편견과 성 유형화에서 자유롭게 내용을 구성하게 하며 적절한 기본 자료들이 어디에 있는가에 대한 지식을 아는 것을 의미한다.
가족의 학습과정에 대한 신념	가족이 어떻게 배우고 집단으로서 기능을 하며, 집단이 학습에 어떻게 영향을 받고 그 안에서 가족구성원의 학습과 생각이 어떻게 영향을 받는지에 대한 신념으로 인간발달과 학습과정에 대한 이해는 교육자가 각각의 클라이언트와 집단들에게 가장 적절한 방법을 이용할 수 있는 능력을 높이며, 체계로서의 가족을 이해하고 집단과정에 왜 모든 가족구성원이 포함되어야 하는지에 대해 이해하는 것을 의미한다.

출처 : 정현숙(2016).

(1) 가족과 가족생활 본질에 대한 신념

가족생활교육 프로그램을 개발할 때 가장 중요한 것은 개발자가 가족과 가족생활의 본질에 대해 어떠한 태도를 갖느냐 하는 것이다. 앞서 살펴본 바와 같이 문제를 확인하고 대상 집단을 선정하며 프로그램의 목적과 목표를 설정하는 것도 중요하다. 그러나 무엇보다 중요한 것은 가족을 구조적인 형태보다는 가족구성원과의 관계와 수행해야 할 기능을 중심으로 정의해야 하며, 다양한 가족에 대한 개방적인 태도와 신념을 가지고 이를 가족생활교육 프로그램에 반영해야 한다.

(2) 가족생활교육 목적에 대한 신념

가족생활교육 프로그램을 개발할 때 가족생활교육 목적에 대한 신념 또한 중요하다. 이는 교육자가 가족생활교육을 통해 이루고자 하는 목적이 무엇인

지에 대한 것이다. 가족생활교육 프로그램의 목적이 가족구성원들의 행동을 바꾸고자 하는 것인지, 인식을 변화시키고자 하는 것인지, 혹은 기술이나 지식을 습득하도록 하는 것인지에 따라 다른 교수·학습 방법론을 적용할 수 있다. 그러나 가족생활교육자가 특정 이데올로기와 신념체계를 지나치게 조장하는 것은 적절하지 않다. 만약 부부교육을 위한 가족향상 프로그램을 개발하고자 할 경우 가족성장 모델, 가족기술 모델, 가족 기반 종교 모델, 가족 기반 여가/사교 중심 모델 등에 따라 프로그램의 목적을 달리할 수도 있다.

〈표 6-13〉 **가족향상의 이론적 모델**

가족향상 모델	프로그램의 예	특 징
가족성장 모델 (family growth models)	The family cluster	가족이 발달하고 변화할 수 있도록 가족구성원들 간의 상호작용을 통한 집단 과정을 강조
가족기술 모델 (family skill models)	Satir, People making Gucrney, Relationship enhancement L'Abate, Enrichment : Structural intervention	실습을 통한 기술을 가르침
가족 기반 종교 모델 (family based religious models)	ME : Wfmily Weekend experience	설교적이며 종교적인 기초
가족 기반 여가/ 사교 중심 모델 (family-based models for recreation and socializing)	Otto & Kilmer, Family Fun Council & Family camps	가족이 함께하는 즐거운 오락적인 경험을 통해 강해진다는데 기초

출처 : 정현숙(2016).

(3) 내용에 대한 신념

가족생활교육의 내용에 대한 신념으로 다양한 교육환경과 생애과정, 가족유형 및 대상 집단 등을 고려할 때 적절한 주제가 무엇인지와 함께 각각의 주제가 효율적으로 전달될 수 있도록 하는 교수·학습 방법과 교육 시점을 점검하는 것을 의미한다. 또한 가족에 대한 편견과 성 유형화 등에서 자유롭게 내용을 구성하면서 적절한 정보와 자료들이 어디에 있는가에 대해서도 전문적인 지식을 갖는 것을 포함한다.

(4) 가족의 학습과정에 관한 신념

개인이나 가족의 학습과정에 관한 신념으로 개인이나 가족이 어떻게 배우고 대상 가족 내에서 어떠한 기능을 하며, 가족이 학습에 어떻게 영향을 받고 그 안에서 가족구성원의 학습과 생각이 어떠한 영향을 받는지에 대한 인식을 의미한다. 인식론은 그리스어 epistm(지식)에서 유래된 것으로 지식에 대한 철학적 명제이자 우리가 상을 어떻게 알아가는지에 대한 질문을 다룬다. 모르게인(Morgaine, 2003)은 지식을 모든 사람들에게 적용되고 발견되는 사실의 총합으로 보았으며, 인간의 욕구는 보편적이며 행동은 지식을 습득한 후에 진화된 것이라고 주장하였다. 그러나 최근에는 이러한 관점에서 해석학적 관점과 비판주의적 관점도 등장하고 있을 뿐만 아니라 이 밖에도 다양한 관점이 등장함에 따라 사람들의 교수·학습 과정에 대한 교사의 새로운 역할이나 교수·학습 방법 등이 제안되고 있다. 따라서 가족생활교육 프로그램 개발자들은 본인이 어떠한 인식론을 가지고 있으며, 어떠한 패러다임으로 프로그램을 개발할 것인가를 살펴보는 것이 중요하다(정현숙, 2016).

2) 프로그램 계획

가족생활교육 프로그램의 계획 흐름도는 전반적인 프로그램의 진행과정에 대한 흐름을 한눈에 알기 쉽게 도표로 작성한 것이다. 프로그램의 계획 흐름도를 작성하는 데 있어서 특별한 규정이 정해져 있는 것은 아니나, 가장 중요한 것은 가족생활교육 프로그램의 내용과 흐름이 간략하면서도 이해하기 쉽게 핵심적인 내용을 중심으로 작성되어야 한다는 점이다. 이러한 프로그램의 계획 흐름도는 프로그램 계획서 작성자의 아이디어나 역량에 따라 좌우될 수 있다. 프로그램의 계획 흐름도는 그림으로 나타낼 수도 있으며, 표를 이용하여 제시할 수도 있다.

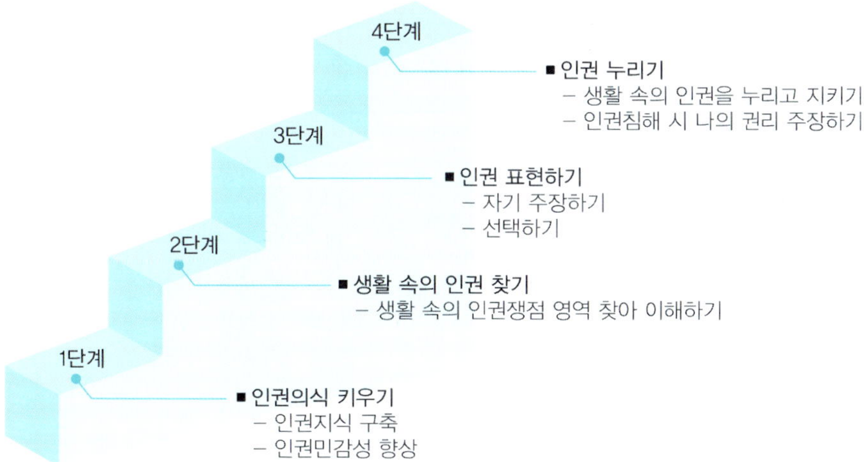

| 그림 6-2 | 프로그램의 계획 흐름도 예시

출처 : 박경아 외(2019).

또한 프로그램의 계획을 수립하고자 할 때 반드시 점검해 보아야 할 사항을 살펴보면 다음과 같다.

〈표 6-14〉 실행계획 수립과 실행과정별 문제 확인을 위한 가족향상의 이론적 모델

5W1H	실행계획 수립의 주요 요소	실행과정에서의 문제 확인 요소
누가 (who)	• 누가 프로그램을 실행하는가? – 프로그램의 주최자와 주관자는 누구인가? – 프로그램 실행을 준비하는 사람은 누구인가? – 프로그램 담당자, 외부전문가, 자원봉사자는 누구인가?	• 실행주체와 관련된 문제 – 현재 실행하는 사람은 누구인가? – 그 밖에 실행할 수 있는 사람은 누구인가? – 반드시 실행에 참여해야 할 사람은 누구인가? – 무리하게, 무관하게, 일관성 없이 참여하는 사람은 없는가?
언제 (when)	• 언제 프로그램을 실행하는가? – 프로그램 실행의 예정일시 – 프로그램 실행의 기간	• 실행시기와 기간과 관련된 문제 – 언제 실행하는 것이 바람직한가? – 정해진 시기와 기간 외에 할 수는 없는가? – 실행시기가 무리하게 정해지지 않았는가?
어디서 (where)	• 어디서 프로그램을 실행하는가? – 가장 적합한 장소 – 차선으로 간주되는 장소	• 실행장소 및 주변 여건과 관련된 문제 – 여기서 실행하는 것이 좋은가? – 그 밖에 다른 장소는 없는가? – 실행장소가 무리하게 정해지지 않았는가?

무엇을 (what)	• 무슨 프로그램을 실행하는가? – 프로그램 형태와 제목 – 프로그램의 핵심적 요소	• 실행활동과 관련된 문제 – 무슨 활동이 실행되고 있는가? – 다른 활동으로 필요한 것은 없는가? – 무관하게 이루어지는 활동은 없는가?
어떻게 (how)	• 어떻게 프로그램이 실행되는가? – 프로그램의 구조와 절차 – 예산과 인력의 준비 – 홍보와 프로그램 수단	• 실행방법과 관련된 문제 – 어떤 방법으로 실행되고 있는가? – 다른 방법은 없는가? – 방법상의 일관성은 유지되는가?
왜 (why)	• 왜 어떤 목적으로 이 프로그램을 시행하는가? – 프로그램의 목적은 무엇인가? – 프로그램의 주제는 무엇인가? – 프로그램에서 강조점은 무엇인가?	• 실행목적 달성과 관련된 문제 – 왜 그 사람이 그 활동을 하는가? – 왜 그 시간과 장소에서 하는가? – 왜 그 방법으로 활동을 하는가? – 목적달성에 무리, 무관성, 무일관성은 없는가?

출처 : 박경아 외(2019); 황성철(2005).

(1) 프로그램 활동

아무리 좋은 계획일지라도 실제로 실행하는 단계에서 제대로 관리하지 않으면 아무 소용이 없으므로 구체적이고 체계적인 관리가 될 수 있도록 인력과 행정 등의 조직에 대한 지원시스템을 잘 갖춰야 한다. 이를 위해서는 프로젝트를 수행하는 조직의 인력구성에 대해 명확히 제시해야 한다. 여기에 중요한 인력구성원의 전문성에 대해 설명한다면 운영주체에 대한 신뢰감에 도움이 될 것이다.

프로그램 활동에 포함될 내용
• 누가 참여하는지 • 무슨 활동을 할 것인지 • 언제 활동이 이루어질 것인지 • 어디서 이루어지는지 • 왜 이런 접근방법을 사용하는지

프로그램을 구조화하는 데 있어서 계획, 인적 자원과 기타 자원의 조직, 인력구성, 직접적 활동, 조정 등의 과정이 포함되어야 한다.

(2) 실행활동

실행활동은 프로포절 프로그램의 목표를 수행하기 위해 대상 집단에 적용되는 접근활동과 관련된 것으로, 일반적으로 교육훈련, 정보개발과 보급, 상담과 기타 지지 서비스, 자원제공 등 네 가지 주요 범주로 분류할 수 있다. 짜임새 있는 실행전략을 세우기 위해서는 결정된 사항과 실행방법을 제대로 이해하고 있어야 한다.

〈표 6-15〉 각 범주에 있는 서비스 종류

서비스 종류	예 시	전략에 도움이 되는 질문
교육훈련	직업준비 후년 경력개발	• 교육이나 훈련의 목표는 무엇인가? • 교육할 내용은 무엇인가? • 교수목적과 도구 등 어떤 기법을 사용할 것인가? • 훈련을 시행하는 사람은 누구인가? • 훈련과 교육의 일정과 형식은 어떻게 되는가?
정보개발과 보급	약물남용 예방 캠페인 AIDS 예방 부모훈련책자	• 대상 집단은 누구인가? • 내용과 형식은 무엇인가? • 어떤 방법으로 수행할 것인가? • 어떤 확산전략을 채택할 것인가?
상담 및 기타 지지 서비스	긴급전화상담 폭력피해자 지지집단	• 어떤 상담전략이나 기술을 사용할 것인가? • 기법이 타당하다는 증거와 전제는 무엇인가? • 어떤 이슈와 내용을 제기할 것인가? • 과정에 참여하는 다른 이들은 누구이며, 어떻게 참여하는가?
자원제공	장애인 운송수단 노인급식 아동건강검진	• 어떤 자원을 공급할 것인가? • 언제, 어떻게 전달할 것인가? • 그것을 맡아서 조직하고 전달하는 사람은 누구인가? • 특별히 필요한 장비나 물품은 무엇인가? • 장비나 물품을 어떻게 조달할 것인가?

출처 : 박경아 외(2019); 정무성(2006).

(3) 세부 사업내용

세부 사업내용은 프로그램에서 실제 사용하게 될 실행활동이 무엇인지 보여주어야 하는 부분으로 이론 및 경험적 기반에 의해 각 목표별 프로그램 내용을 진술하고, 기술적 기반에 근거하여 수행방법을 구체적으로 기술해야 한다. 또한 이러한 프로그램 내용과 수행을 위한 사회복지사의 역할과 클라이언트의 역할을 구체적으로 명시해야 한다.

① 형태 및 구조

형태 및 구조는 프로그램 내용을 시행하는 데 적합한 프로그램 형태가 무엇인지 논하는 항목으로, 프로그램이 시행되어야 할 기간과 소요시간, 간격, 그리고 프로그램의 크기 및 장소 등에 대해서도 언급된다.

② 프로그램의 매개체

프로그램에 활용되는 매개체, 즉 역할놀이, 시범, 강의, 토의, 설문지, 지침서, 시청각자료 등으로 어떤 것들이 적합할 수 있는지를 서술한다.

〈표 6-16〉 담당자의 역할 및 과업

결과목표	하위목표	프로그램 내용 및 수행방법	프로그램 매개체	담당자 역할
Ⅰ. 아동을 안전하게 보호하고 정서적 발달을 도모한다.	1. 아동들의 지역 안전망 확보를 위한 쉼터를 조성한다.	• 우리들의 공간 만들기 – 장소 : 복지관 3층 베란다 – 내용 : 아동의 지적 · 심리적 · 사회적 효과를 위한 휴식 공간 마련과 원예놀이 활동 • 스스로 공간 이용하기 – 내용 : 셀프 간식 만들기, 셀프 카페, 셀프 공부방, 셀프 놀이공간	– 쉼터 공간 마련 – 꽃씨 심기(허브 키우기, 채소 가꾸기) – 셀프 도구 – 원예 도구	– 쉼터 조성 – 원예놀이를 통해 아동의 변화를 관찰해 봄 – 기록 등을 통하여 이용자 관리를 수시 점검함
	2. 개별 · 집단상담을 통해 자아존중감을 향상시킨다.	• 개별상담(아동, 보호가족세대원) – 장소 : 개별 상담실 – 내용 : 검사지를 통해 아동의 심리 상태를 점검하고 보호가족세대원의 아이 관심도를 파악하도록 함(MMPI, HTP 묘화검사) – 현실적인 자신을 파악하고 해결할 수 있는 길 모색 • 집단상담 – 장소 : 집단 상담실 – 내용 : 자신의 다양한 측면 알아보기, 자기 자신 칭찬하기, 자신의 감정, 생각 표현해 보기	– 나 알리기 – 나의 과거, 미래 집단토론 – 자기 칭찬 – 친구 칭찬하기 – 감정이야기 하기 발표	– 검사자/ 해석 – 아동의 자기 표현 돕기 – 아동 의견 존중 – 상담지도(개별, 집단) – 칭찬을 통해 아동이 타인을 긍정적으로 평가하도록 도움

출처 : 박경아 외(2019); 윤일현(2008).

③ 담당자의 역할 및 과업

세부 프로그램별로 담당자가 해야 할 역할과 과업이 표현되어야 한다. 또한 프로그램에 참여하는 클라이언트가 변화를 위해 스스로 어떠한 노력을 기울여야 하는지, 그리고 변화를 위한 구체적인 과업은 무엇인지를 서술할 필요가 있다.

3) 프로그램 담당인력

프로그램 담당인력에 대해 기술하는 가장 큰 이유는 프로그램 수행에 필요한 전문인력이 투입되었다는 것을 보여주는 가장 확실한 방법이기 때문이다. 프로그램의 효과는 프로그램 담당자의 수행능력에 따라 좌우될 수 있는데, 프로그램 수행역할과 관련된 경력이나 훈련을 구체적으로 명시해야 한다. 할당시간의 경우 주 단위의 전체 시간 중 담당자가 해당 프로그램에 투여하는 시간을 명시해야 한다. 그러나 대부분의 프로그램 담당인력 란에는 프로그램 수행역할에 대한 총괄, 조정, 협조 정도로만 명시하는 경우가 대부분이었는데, 좋은 계획은 프로그램 담당인력의 역할을 좀 더 구체적으로 명시하는 것이 좋다. 특히 프로그램 담당인력을 계획할 때 주의해야 할 점은 수행인력을 필요 이상으로 지나치게 많이 배정하거나 프로그램의 규모에 비해 실무진이 과도하게 배치된 경우, 그리고 외부인력이 필요 이상으로 많이 배정된 경우 모두 실제 프로그램 운영을 위한 담당인력으로 보기 어렵기 때문에 프로포절 심사에서 부정적인 요인으로 작용할 수 있음을 주의해야 한다.

〈표 6-17〉 신청사업의 담당인력 구성의 예 1

담당자	담당부서 및 직위	경 력	담당역할	할당시간
김○○	△△대학교 교수	강의경력 10년	슈퍼비전	주당 2시간
이○○	상담 팀장	청소년 상담 5년	상담 및 재가복지	주당 10시간
박○○	청소년 교육	1급 상담사 자격 보유	–	–
홍○○	사원봉사단 단장	청소년 상담위원 5년	자원봉사	주당 10시간

출처 : 박경아 외(2019).

〈표 6-18〉 신청사업의 담당인력 구성의 예 2

세부사업명	일정	목 표	담당자	사업진행내용
사업홍보	지속	사업홍보	김ㅇㅇ	• 유인물 홍보 : 사업내용을 수록한 홍보물을 제작하여 관공서, 상가, 아파트 관리사무소, 지역주민, 지역 내 기관 및 단체 등을 대상으로 동사무소와 협조하여 홍보한다.
대상자 선정	3회	사업대상자 선정	이ㅇㅇ	• 일하는 빈곤층 대상자 선정은 박ㅇㅇ 팀장 하에 최근 3년간 자활사업 참여자들 중 자활공동체 및 자활 업그레이드 사업에 적응하지 못하고 탈락한 계층과 자활근로 등에 형식적으로 참여하지만 근로의욕이 있는 계층을 중심으로 대상자를 선발한다. • 만성빈곤층 대상자 선정은 이ㅇㅇ 사회복지사를 중심으로 임대아파트 6년 이상 거주자나 조부모+아동, 장애+아동, 장애, 노인이 실질적 세대주, 가정 파탄으로 해체된 가정, 수급자+치매/ 장애노인 가정을 중심으로 대상자를 선정한다.
사례관리 계획수립	3회	개인별/ 대상별 사례관리 계획수립	박ㅇㅇ	• 선정된 대상자를 중심으로 case management를 실시하기 위한 개인별, 대상별 관리 계획을 수립한다.
사업설명회	2회	사업설명을 통한 사업홍보와 지역자원 유치	홍ㅇㅇ	• 사업취지를 설명하기 위한 설명회를 개최한다. 설명회는 복지관 후원자 및 후원기관, 문화동지역 유관단체, 사회복지 관련 학과를 중심으로 사업설명회를 개최하며, 지역 내 언론기관 등과 접근 연계하여 사업을 홍보한다.
지역사회 참여조직체 접수	지속	지역사회 참여 조직체 확보	홍ㅇㅇ	• 지역사회 내에서 전체 사업 및 단위사업별로 연계하거나 연결할 수 있는 사업체를 확보하고, 희망조직체를 발굴하는 사업을 전개한다. • 본 복지관 후원기관과 후원자를 중심으로 1차적 사업전개와 새마을부녀회를 중심으로 적극적인 발굴사업을 진행한다. • 지역 내 각종 회의 및 모임, 북구청 및 사회복지기관 중심의 행사에 적극적인 참여와 홍보활동을 전개하고, 분기 1회 지역 내 자활장터에 상설 홍보부스를 설치 후 사업을 전개한다.

출처 : 박경아 외(2019).

(1) 프로그램 실행에 필요한 것들

프로포절을 쓰는 과정에서는 지금까지 제시한 것들을 중심으로 내용을 작성하면 된다. 그런데 요즘 사회복지 실천현장에서는 프로포절뿐만 아니라 재정지원에 상관없이 프로그램을 개발하거나 매뉴얼화하는 작업을 진행하는 경우가 많다. 문제를 분석하고 목표를 설정하는 과정은 프로포절 작성이나 프로그램 개발 모두에서 동일하다. 그러나 프로그램의 구체적인 활동은 프로포절에서는 앞으로 시행할 계획을 개괄적으로 보여주면 되나 프로그램 개발에 초점을 두는 경우에는 앞서 소개한 과정들보다 실제로 어떤 내용을 포함할지와 함께 진행자의 능력을 극대화할 수 있는 요인을 고려할 필요가 있다. 이는 전문적인 사회복지사의 실천능력을 보여줄 수 있는 기회를 제공하므로 프로그램 개발과정에서 실제 진행하는 프로그램의 활동을 풍부하게 할 수 있는 다양한 활동내용으로 구성하려는 노력이 요구된다. 프로그램 진행계획은 구체적일수록 실제 프로그램 운영에 도움이 되는데, 프로그램 개발 시 진행계획의 예를 살펴보면 다음과 같다.

진행자 지침 제시는 진행자가 프로그램을 어떻게 진행할지에 대한 방향을 제시하는 것으로, 이는 상세하고 구체적으로 제시할수록 실무자의 진행능력을 높이는 데 도움을 준다.

폭력으로 인해 잃은 것 지침

폭력으로 인해 얻은 것과 잃은 것을 다룰 때 초점을 잃은 것에 둔다. 폭력으로 인해 일시적으로 얻는 것도 있지만 정말 원하는 것을 얻을 수 없다는 것을 알린다. 또한 잃는 것은 오랫동안 지속되며 결과적으로 얻기보다는 잃는 것이 더 많다는 것을 알려준다. 진행자는 얻는 것과 잃는 것에 대한 비교를 통해 성원들에게 폭력이 일시적으로 원하는 것을 가져다주는 것처럼 보이지만 결국 진정 원하는 것을 얻기 위해서는 폭력을 중지해야 한다는 것을 이해시킨다. 성원들이 직접 느끼고 경험한 내용들을 중심으로 토론하게 한다. 진행자는 성원들의 경험에 관심을 보이고 이야기가 더 나오도록 격려한다.

출처 : 박정아 외(2019).

<table>
<tr><td>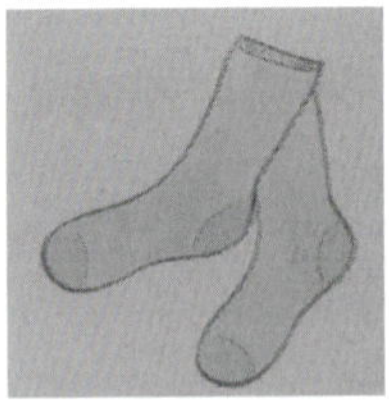</td><td>인권은 양말이다.
왜냐하면
양말 두 개가 '함께'
있어야 한 켤레가 되기
때문이다.</td><td></td><td>인권은 나비이다.
왜냐하면
아름답기 때문이다.</td></tr>
<tr><td>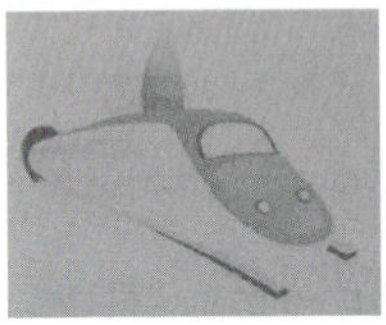</td><td>인권은 기차이다.
왜냐하면
모든 칸이 '함께' 달려가
기 때문이다.</td><td></td><td>인권은 구두다.
왜냐하면
하나로는 부족하기
때문이다.</td></tr>
</table>

그림 6-3 다양한 활동자료의 제시 사례

출처 : 박경아 외(2019).

4) 프로그램 실시

(1) 프로그램 실시의 개념

프로그램의 실시는 교수자의 교수행위와 학습자의 학습행위, 그리고 운영요원의 운영 및 관리행위에 의해 이루어진다. 특히 교수자의 능력과 자질에 의해 프로그램의 성패가 좌우되므로 교수자는 프로그램에 대한 전문적인 지식을 소유하고 있어야 하며 상황에 따라 격려자, 공동학습자, 활동조정자, 촉진자 등의 역할을 수행해야 한다. 또한 학습자들의 개성을 존중하고 받아들일 수 있는 수용성과 학습자들의 성장 가능성을 인정하는 긍정적인 태도를 지녀야 한다.

(2) 학습자 조직

① 학습자 조직방법

웰드론과 모어(Waldron & Moore, 1991)는 성인교육 시 학습자를 조직하는 방법으로 개인적 방법, 집단적 방법, 대중적 방법을 소개하였다.

성인교육 시 학습자를 조직하는 방법	
개인적 방법	• 학습자가 다른 학습자들과 독립적으로 학습자료를 이용하여 스스로 학업을 수행하는 방법으로, 독학, 인턴십, 개인교수 등이 있다.
집단적 방법	• 학습자를 다양한 규모의 집단으로 편성하여 학습하는 방법으로, 학습활동은 다른 사람들과의 관계 속에서 이루어진다. • 집단을 구성하는 방법에 따라 청중, 학급, 집단토론, 과제집단, 개인교수집단 등으로 구성한다.
대중적 방법	• 인쇄매체인 신문, 잡지, 서적, 팸플릿 등과 전파매체인 TV, 라디오, 영화 등의 대중매체를 이용하는 방법이다. • 최근 인터넷의 중요성이 매우 높아져 기관이나 시설의 홈페이지에서 교육내용의 지속적인 업데이트를 통해 교육이 이루어지기도 하며, 인터넷상의 다양한 카페 가입을 통해 관심 주주에 관한 지식을 얻거나 정보를 공유하기도 한다.

〈표 6-19〉 학습자 조직방법의 유형

조직방법	유 형	내 용
개인적 방법	독학	개인이 독자적으로 학습하는 방법으로 교사와 대면적인 접촉 없이 교육이 이루어지며, 교육적인 접촉은 주로 통신을 이용한다. 독학은 학습자가 자신의 속도로 학습할 수 있고 학습장소와의 거리에 상관없이 학습할 수 있다는 장점이 있으나 교육자와 학습자 사이에 피드백이 즉각적으로 이루어지기 어렵고, 교육을 이수하기 위해서는 매우 높은 수준의 동기가 요구된다는 단점이 있다.
	인턴십	현직학습(on the job learning)이 이루어지기 전에 행해지는 형식적 학습으로 이전에 학습한 개념들을 실제상황에서 적용하는 방법이다.
	개인교수	교수자와 학습자가 1:1의 관계로 이루어지는 수업으로 학습자가 새로운 개념을 습득할 수 있도록 도와주고 그 개념을 실천하는 것을 보조해 주며 획득된 개념을 완벽하게 적용할 수 있도록 지도한다. 이는 교정과 실천을 통해 학습자가 즉각적인 피드백을 받을 수 있어 효과적이지만 비용이 많이 든다.
집단적 방법	청중	32명 이상 구성된 대규모 집단으로 교육자가 주로 강의하고 학습자들은 경청하는 방식으로 진행되어 의사소통의 흐름이 일방적인 단점이 있다
	학급	학습자 개인과 교육자 간의 상호작용이 가능하지만, 학습자들 간의 생산적 상호작용이 거의 허용되지 않는 15~32명의 참가자들로 구성된 집단을 말한다.
	집단토론	학습자와 교육자 간의 상호작용뿐만 아니라, 학습자 간의 상호작용도 가능한 4~14명으로 구성된 소규모 집단이다.
	과제집단	집단토론과 규모가 비슷하지만, 주어진 시간에 의미 있는 결과물을 만들어내기 위해 집단성원 모두가 함께 참여한다는 점이 다르다.

	개인교수집단	학습자들이 적극적으로 참여함으로써 교육자와 학습자 간에 충분한 대화가 이루어지는 1~3명으로 구성된 집단이다.
대중적 방법	인쇄매체 (신문, 잡지 등)	기록성과 보존성이 높고 언제, 어디서나 이용 가능하며 언제든지 반복이 가능하다는 장점이 있다. 또한 상대적으로 비용이 저렴하다.
	전파매체 (라디오, TV 등)	동시에 다수에게 교육이 가능하나 설비가 갖추어져야 하므로 초기 비용이 많이 들고, 일방적인 전달매체이기 때문에 학습내용의 효율성 확인을 위한 평가가 힘들다.

출처 : 김순기 외(2021).

② 학습자 조직방법 선정 시 고려사항

학습자 조직방법인 개인적 방법, 집단적 방법, 대중적 방법 중 어떤 방법을 선택할 것인지는 다음과 같은 요인들을 고려해서 선정할 필요가 있다.

학습자 조직방법 선정 시 고려사항	
교육목표	교육목표에 따라 참가자들의 규모를 제한할 필요가 있다. 예를 들어, 교육목표가 복잡한 문제를 해결하고 정보를 교환하며 태도를 변화시키거나 아이디어를 창출해 내는 것이라면 집단적 방법 중 학습자 간의 상호작용이 원활한 집단토론 유형으로 학습자를 조직하는 것이 좋다.
학습주제	학습주제가 기술의 습득이라면 시범, 실기, 즉각적인 피드백 및 수정이 가능한 개인적인 방법을 활용하는 것이 좋고, 가치, 도덕, 감정 등의 정의적인 변화를 요구하는 경우라면 새로운 아이디어를 찾아내고 상호 간의 토론이 가능한 집단적 방법을 선정하는 것이 좋다.
교육시설	공간이 부족하다면 개인적인 방법을 사용할 수 있고, 보완적으로 미디어를 통해 대중적인 방법을 사용할 수 있다.
학습자 특성	신체적인 조건이나 여러 가지 사정으로 교육장소에 출석하기 힘든 경우 독학이나 대중매체, 인터넷 등을 이용할 수 있고, 교육에 직접 참여를 원하는 학습자들의 경우 집단적 방법으로 조직하는 것이 효과적일 수 있다.

(3) 프로그램 실시

프로그램을 성공적으로 실시하기 위해서는 효과성, 효율성, 매력성이 보장되어야 한다(김순기, 2021). 먼저 효과성을 높이기 위해서는 프로그램이 목적을 달성할 수 있도록 구성되고 실시되어야 한다. 이는 프로그램을 개발할 때 전체 회기가 목적달성을 위해 기승전결로 이루어져야 함을 의미하며, 교육자는 프로그램의 목적과 전체 회기의 흐름에 대한 명확한 이해를 바탕으로 프로그램을 실시해야 교육효과를 높일 수 있다. 다음으로 효율성은 투입된 자원과 성과를 대비시켜 경제성을 확인하는 것으로 목적 및 목표에 도달하기 위해 시간과 노력, 그리고 비용을 최소화하는 가장 적절한 방법을 활용하였는가가 그 기준이 된다. 한편, 학습자들은 프로그램이 매력적일 때 흥미를 느끼고 계속 참여하게 되므로, 프로그램은 참가자들이 매력을 느껴서 계속 참여할 수 있도록 실시되어야 한다. 이를 위해 프로그램 개발 단계에서는 참여자들의 요구가 충분히 반영되어야 하며 그들이 원하는 학습방법의 활용과 교육자의 적극적인 피드백 등이 요구된다.

① 프로그램 실시과정

프로그램이 목표를 달성하고 만족스런 결과를 가져오기 위해서는 체계적인 진행이 필요하며, 일반적으로 준비단계, 실시단계, 정리단계로 진행된다.

학습지 조직방법 선정 시 고려사항	
준비단계	다양한 방법을 통한 지속적인 홍보와 함께 인적 체계(교육자, 학습자, 진행자 등)와 프로그램 실시 조건(교육장소 및 좌석 배치, 필요한 기자재 준비, 기록 준비, 참가자들에 대한 통지 등)을 정비하고 당일 프로그램을 전개할 지도안과 그에 대한 확인 작업을 한다.
실시단계	프로그램의 궁극적인 목표가 실현되는 핵심단계로 각 회기는 도입단계, 실행과 심화단계, 종결단계의 과정으로 진행된다. 여러 가지 상황 변화(기상조건, 교육자의 사정, 참가자들의 상황변화 등)에 대한 적응이 요구된다.
정리단계	프로그램 실시를 통해 얻은 성과와 그 의미를 기록 · 정리하여 프로그램에 대한 체계적인 평가를 하고 추후 자료로 활용하는 단계이다. 참가자들의 만족도 결과와 교육자와 운영자의 평가를 바탕으로 프로그램의 장단점과 보완점, 개선되어야 할 점 등에 대한 프로그램 최종보고서는 추후 프로그램 실시 시 기초자료로 활용된다.

〈표 6-20〉 프로그램의 세부 진행과정

단 계	개 념	세부 진행내용
도입단계	• 교육을 위한 준비단계로 학습자의 학습의욕을 고취시키는 시간이며, 동기유발단계, 개시단계, 오리엔테이션 단계, 준비단계라고도 한다.	① 기자재 점검, 자리 배치, 워크북, 이름표, 간식 준비, 교육자의 참석 점검 등 프로그램 실시를 위한 준비를 한 후 참가자들을 환영하는 친근한 분위기를 조성한다. ② 교육자 또는 각 회기별 교육자, 프로그램 운영을 담당하는 보조자를 소개한다. ③ 참가자들의 자기소개 시간을 가지며, 구체적인 참여 동기나 교육내용과 관련된 사항(결혼 지속연수, 자녀/ 배우자 연령, 맞벌이 여부 등)을 확인하여 교육효과를 높인다. ④ 프로그램 실시 전에 운영상의 알림사항에 대해 공지한다. ⑤ 프로그램 전체 과정에 대해 간략하게 소개한다. ⑥ 참가자들이 편안히 즐길 수 있는 아이스 브레이킹 시간을 가지며 부담감이나 불안감을 없애고 라포를 형성한다. ⑦ 사전평가를 실시한다. ⑧ 프로그램 실시에 대한 관심을 환기시킨다.
실행과 심화단계	• 프로그램의 목표가 명확히 인식되고, 그에 따른 계획에 의해 프로그램을 진행하는 단계이다.	① 프로그램 운영에 있어서 교육자는 탄력성을 가져야 한다. 예를 들어, 참가자들이 몰입하는 활동에는 시간을 좀 더 배분하거나, 발표를 꺼리는 참가자가 있을 경우 드러나지 않게 발표에서 제외하는 역량 등이 필요하다. ② 교육자는 상황에 따라 격려자, 공동학습자, 활동조정자 등의 다양한 역할을 수행해야 한다.
종결단계	• 각 회기에서 교육하고 학습한 내용을 총괄하고 결론짓는 단계이다.	① 각 회기의 교육적 효과를 강화할 수 있도록 과제를 제시하고 각 회기의 목표에 대한 재인식, 일일평가 등을 한다. ② 프로그램 참여에 대한 확신을 가지게 하고, 그 결과를 강조한다. ③ 프로그램의 목표달성에 대한 확인과 생활 속에서 적용할 것을 격려한다. ④ 사후평가를 실시하고 필요한 경우 추후 평가 일정을 확인한다. ⑤ 수료증을 수여한다. ⑥ 프로그램의 효과를 유지하기 위해 자조모임을 구성할 수도 있다.

출처 : 김순기 외(2021).

② 프로그램 실시방법

프로그램의 목표를 달성하기 위해서는 다양한 방법이 활용될 수 있는데, 학습지도방법은 학자들에 따라 다양하게 분류되고 있다. 웨스턴과 크랜튼(Weston & Cranton, 1986)은 교수자 중심, 상호작용, 개별화, 경험학습의 네 가지로 분류하였으며, 이연숙(1998)은 다양한 학자들의 학습지도방법을 종합하여 교수자

주도형 학습방법, 토론형 학습방법, 체험형 학습방법, 보조형 학습방법으로 분류하였다(김순기 외, 2021).

㉠ 교수자 주도형 학습방법

교수자 주도형 학습방법은 교육자로부터 학습자에게 일방통행적인 의사소통이 이루어지며, 교육자가 학습자에게 정보를 전달하는 일차적인 책임을 지는 방법이다. 비교적 단기간 내에 능률적인 학습이 가능하나 지식전달에 편중되기 쉬우며 수동적인 학습이 되기 쉽다.

교수자 주도형 학습방법	
강의법	• 교육자가 학습자에게 학습내용을 직접 언어로 전달하는 형태로 일방적인 전달 방식이다. • 정보가 복잡하거나 높은 수준의 사고가 요구되는 경우, 학습자의 참여가 필수적이거나 학습자들의 수준이 평균 이하일 때 부적절한 방법이다. 시청각자료를 함께 활용하거나 학습자들의 참여(질문, 의견 발표)를 유도하고, 강의 요약본을 제시하면 교육효과를 높일 수 있다.
강연	• 특정한 사람이 어떤 주제에 관해 구두로 발표하는 것이다. • 많은 사람들이 참여할 수 있다는 장점이 있지만 한 사람의 사상과 견해만 제시되고 청중이 발표할 기회가 없다는 단점이 있다.
질문법	• 교육자의 질문에 대한 학습자 답변, 학습자의 질문에 대한 교육자 답변의 과정을 거친다. • 일반적으로 강의법이나 다른 방법과 병행하며 학습을 점검하기 위한 방법으로 사용하지만 집단의 규모가 클 때는 이용하기 어렵다.
시범법	• 교육자가 어떤 기능이나 작업과정을 학습시키기 위해 작업의 요령과 동작을 제시하는 방법이다. • 특수한 기능을 훈련시키거나 기본적인 절차를 중시하는 경우에 효과적이다. • 말이나 글보다는 학습과정을 더 분명하게 제시할 수 있다.

㉡ 토론형 학습방법

토론형 학습방법은 구두표현을 통해 구성원 간의 의견을 발표함으로써 개인이 해결할 수 없는 문제를 공동의 사고로 해결하는 방법이다. 학습자들이 자신의 의견을 자유롭게 발표하고 다른 사람의 의견을 듣는 건설적이고 협동적인 문제해결 과정을 통해 자유와 협동의 정신을 기르는 데 목적이 있다. 참가자가 비교적 적고, 상호작용이 가능할 때 유용한 방법이다.

토론형 학습방법	
배심토론	집단의 구성이 많아서 모든 학습자가 발언할 수 없을 때 활용하는 방법으로, 다양한 견해를 가진 대표자 4!6인을 선정하여 사회자의 안내에 따라 배심원들이 토의하는 방법이다. 토론과정에서 청중을 참가시켜 질문의 기회를 제공하기도 한다.
대화식 토론	논제에 대해 서로 상반되는 의견을 가진 두 집단이 각 집단의 견해를 주장하면서 토론을 전개하는 방법으로, 토론의 성격상 서로 대립되기 쉽기에 사회자는 공정을 기해야 한다.
강단식 토의	논제에 대해 전문적인 학식을 가진 2인 또는 그 이상의 연사가 각기 다른 의견을 발표하고 이를 중심으로 연사와 청중 사이에 질의응답으로 토론을 전개하는 방법이다.
공개토론	1~2명의 연설자가 10~20분의 공개연설을 하고 연설내용을 중심으로 연설자와 청중 간에 질의응답으로 토론을 전개하는 방법이며, 연설자의 연설내용이 청중과 관련이 있을수록 활발한 토론이 전개된다.
원탁토의법	좌담 형식으로 운영되며, 참가자는 보통 10명 내외가 적당하지만 5~6명으로도 가능하다. 참가자들이 공통적으로 해결의 필요성이 있다고 공감하는 의제를 선정하면 활발한 토론이 가능하다. 참가자들이 자유롭게 발언할 수 있는 분위기를 조성하고 사회자는 모든 이들이 토론에 참석하도록 유도해야 한다.

최근 가족생활교육에서는 교육자의 일방적인 강의보다는 참가자들의 참여가 이루어지는 토론형 학습방법을 주로 활용하고 있다. 특히 가족 관련 영상자료나 책 등을 활용하여 토론을 실시함으로써 참가자들 간의 경험을 공유하고, 나아가 생각이나 가치의 나눔 등을 이끌어 내 교육효과를 높이기도 한다.

㉢ 체험학습법

체험학습법은 학습자들이 직접 경험하면서 깨닫는 학습형태이다. 체험학습에는 다양한 교수학습 방법이 있다.

체험학습법	
집단과제법	• 학습자들이 어떤 특정한 주제를 집단으로 연구하거나 공동작품을 만들어내는 방법이다. • 학습자가 동질적이거나 상호작용을 통해 과제를 완성하는 것이 유익할 때 사용된다.
현장학습법	• 학습자가 자연적 상황에서 실제로 과업을 수행하면서 학습이 이루어지는 방법이다. • 학습자들에게 직접 경험할 수 있도록 해주며, 이론적 지식을 실제생활에서 적용할 수 있는 기회를 제공한다.

실험실습법	• 실제적인 작업을 통해 생활기술을 습득시키는 방법으로 학습자들의 창의성과 표현능력을 자극할 수 있고, 의미 있는 그룹활동 경험을 통해 학습자들의 태도 변화를 가져올 수 있다. • 사고학습에는 부적절하며, 학습자의 수에 제한이 따르고 시간조절이 힘들어 잘못 운영되면 시간적 · 경제적으로 비효율적이기 쉽다는 단점이 있다.
역할극	• 인간관계의 문제를 해결하기 위해 선발된 학습자들이 어떤 사건이나 상황을 자발적으로 연출하는 방법이다. • 대부분 대본이 사용되지 않지만, 주된 이야기 줄거리와 진행계획을 미리 준비할 수 있다. • 보통 10분 이상 소요되지 않도록 하고 역할극 후에는 집단토론을 실시한다.
연습법	• 학습한 내용이나 기능을 반복해서 학습시키는 방법이다. • 운동기능 영역에서 많이 사용되며, 지적 영역의 경우 하급 수준에서 효과적으로 사용될 수 있다.
시뮬레이션 및 게임	• 시뮬레이션은 실제상황을 정확하게 제시하여, 실제상황의 규칙이나 원리를 안전한 상태에서 적용해 보기 위해 사용된다. • 시뮬레이션과 게임은 인지, 정의, 운동기능 학습영역의 상급 수준에서 사용될 수 있다.
침묵학습법	• 5명 또는 그 이상의 사람들이 10~60분 동안 명상과 제한된 언어 표현만으로 수업을 하는 방법이다. • 침묵을 창의적으로 이용하여 사고를 촉진시킬 수 있고, 학습자가 신중한 방법으로 자신의 의견을 표현할 수 있다. • 참가자들이 서로 친숙한 사람일 경우 활용할 수 있는 방법이다.

최근 가족생활교육에서는 가족을 위한 음식 만들기, 가면을 이용한 역할극, 나-메시지 익히기 등 다양한 체험학습법을 활용하고 있다.

㉣ 보조학습법

보조학습법은 학습자들이 원활히 학습할 수 있도록 도와주는 방법으로, 동료에 의한 교수법과 컴퓨터 학습법이 있다.

보조학습법	
동료에 의한 교수법	• 구성원들 간에 능력 수준이나 과거 경험에 차이가 많을 때 유용하다. • 수업내용을 빨리 숙달한 사람이 숙달하지 못한 사람에게 가르치는 방법으로, 특히 노인대상 프로그램을 실시할 때 활용하면 교육적 효과를 높일 수 있다.
컴퓨터 학습법	• 컴퓨터가 학습과정에 사용되는 방식에는 세 가지가 있다. • 교육자가 제작했거나 구입한 프로그램과 학습자가 상호작용하는 방식, 학습자가 컴퓨터에 활용하기 위한 프로그램을 직접 제작하는 방식, 컴퓨터를 통해 다양한 정보를 입수하여 학습에 활용하는 방식 등이다.

그 외 프로그램 학습지도방법은 학습자들이 주로 사용하는 감각기관을 활용하여 보기, 듣기, 말하기, 읽기, 쓰기, 실천하기 등을 중심 분류하기도 하고 지도대상의 조직, 지도매체와 보조물의 성격, 지도목적과 내용 등에 따른 유형화를 하기도 한다. 그러나 각각의 학습지도방법에 따라 장단점이 있으므로 교육목적과 교육대상, 그리고 교육내용 등에 따라 학습지도방법을 다양하게 활용한다면 교육 프로그램의 효과를 높이는 데 도움을 줄 수 있다.

〈표 6-21〉 감각기관에 따른 학습지도방법

분류기준	실시방법
보는 방법	• 관찰법(관찰, 조사 등) • 시청법(TV 시청 등) • 견학법(견학, 관람 등)
듣는 방법	• 강의법(강의, 강연, 설명 등) • 문답법(심포지움 등) • 청각법(라디오 청취, 음악 감상 등)
말하는 방법	• 발표법(발표, 보고 등) • 토의법(포럼 등)
읽는 방법	• 독서법(독서, 신문이나 잡지의 열람 등)
쓰는 방법	• 기록법(기록, 작문, 묘사 등)
실천하는 방법	• 극화법(역할극, 연극 등) • 실습법(실험, 실습, 사육, 재배, 레크리에이션 등) • 구성법(그림, 작곡, 작품 제작 등) • 연주법(노래, 악기 연주 등)
혼합 방법	• 위 여섯 가지 방법을 상황에 따라 적절하게 혼합하여 전개하는 방법

출처 : 김순기 외(2021).

〈표 6-22〉 유형에 따른 학습지도방법

분류기준	실시방법
지도대상의 조직에 따른 유형화	• 개인 지도방법 : 도제식 학습기법, 원격교육기법, 현장경험 프로젝트 기법, 카운슬링기법, 인턴십기법 등 • 소집단 지도방법 : 강의기법, 토론기법, 브레인스토밍기법, 인간관계훈련기법, 역할연기법, 현장견학기법, 참여훈련기법 등 • 대집단 지도방법 : 워크숍, 심포지엄, 세미나, 포럼 등의 대집단 토론기법, 대규모 강연·연설기법 등

지도매체와 보조물의 성격에 따른 유형화	• 예시적 교수매체와 보조물을 통한 지도방법 : 시청각 매체의 자료 활용 • 조작적 교수매체와 보조물을 통한 지도방법 : 실물과 실형 실습교재 활용 • 확산적 교수매체와 보조물을 통한 지도방법 : TV, 라디오 등의 대중매체 활용 • 환경적 교수매체와 보조물을 통한 지도방법 : 좌석배치와 자연환경물 활용
지도목적과 내용에 따른 유형화	• 정보제공과 지식전달을 위한 지도방법 : 강의, 교재 학습 등 • 태도와 의식 변화를 위한 지도방법 : 워크숍, 소집단 토론, 감수성 훈련기법 등 • 직업기술과 기능훈련 · 습득을 위한 지도방법 : 실험 · 실습과 현장견학, 실기훈련, 모의상황 학습법 등

출처 : 김순기 외(2021).

③ 프로그램 실시 시 고려사항

가족생활교육 프로그램은 대규모로 이루어지는 일회성 프로그램을 제외하면 일반적으로 20명 내외의 집단 교육의 형태로 실시된다. 이러한 가정생활교육 프로그램 실시 시 고려사항을 살펴보면 다음과 같다.

㉠ 다양성의 원리

참가자들의 연령, 성별, 계층, 지역, 가족생활주기, 가족유형 등의 다양성을 고려하여 교육방법을 선정해야 한다. 또한 학습 분위기, 참가자들의 흥미나 관심 정도 등을 고려하여 교육방법의 적절한 변형 등 융통성이 요구된다. 읽기가 익숙한 집단이 있을 수도 있고 보기가 익숙한 집단이 있을 수도 있다. 강의보다는 실험실습이나 현장학습을 선호하는 집단이 있을 수도 있다. 노인들의 경우 시력이 약하다는 이유로 읽기, 쓰기에 힘들어하므로 발표가 효과적일 수도 있다. 따라서 집단의 특성을 고려하여 지도방법을 선택할 필요가 있으며, 궁극적으로는 교육목적을 달성하는 데 가장 효과적인 지도방법을 선택할 필요가 있다.

㉡ 상호학습의 원리

가족생활교육의 참가자들은 대부분 성인이므로 각자의 삶의 경험을 서로 나눔으로써 자율적인 방식으로 프로그램을 실시하는 것이 좋다. 교육자와 참가자, 그리고 참가자들 사이에 동료 관계를 형성함으로써 경험은 공유하고 행동의 변화를 촉진하도록 한다.

㉢ 참여교육의 원리

참가자들의 자율적인 참여를 장려하고 지식보다는 감정의 소통을 중시해야 한다. 참가자의 자발적인 참여를 통한 상호 간의 경험 공유와 감정 소통은 대규모 집단에서 이루어지기 어려우므로 공감과 소통이 필요한 교육내용인 경우 대집단 활동보다는 소집단 활동으로 진행한다.

3. 가족생활교육 프로그램의 평가

사회복지는 인간을 대상으로 하는 것이기 때문에 모든 실천활동을 계량적으로 측정할 수 있는가에 대한 논란의 여지가 많다. 한편 사회복지사의 과중한 업무로 인해 현재 주어진 과업을 수행하는 것만으로도 바쁘다는 이유로 체계적인 평가에 소홀했던 것이 사실이다. 하지만 사회복지사의 전문성은 대상자나 지역사회의 변화를 객관적으로 증명해 보일 때 인정받을 수 있다. 물론 평가과정은 다른 사람에게 보여주기 위한 것뿐만이 아니라 클라이언트의 변화나 사회복지사의 실천개입에 대한 피드백을 받아 발전시킬 수 있다는 점에서도 의미가 있다. 따라서 가족생활교육 프로그램을 적절하게 설계하고 이행한다면 평가과정은 서비스의 질을 향상시킬 뿐만 아니라 효율성을 높이는 데에도 유용한 자료가 될 수 있다. 사회복지 프로그램 평가에서 효과성은 프로그램이 원래 의도했던 목적 및 목표의 달성 정도를 의미하는 것으로 구조와 과정, 그리고 성과의 측면에서 평가해 볼 수 있다(황성철, 2005). 가족생활교육 프로그램의 평가를 위한 평가도구 유형과 프로그램 성과측정모델을 살펴보면 다음과 같다.

1) 평가도구 유형

가족생활교육 프로그램의 평가를 위해 활용할 수 있는 평가도구는 체크리스트, 기능수준 척도, 클라이언트 만족도, 표준화된 측정도구 등이 있다.

(1) 체크리스트

체크리스트는 응답자의 인구학적 특성이나 프로그램 결과에 대한 명목적인 내용을 파악하기 위해 활용할 수 있으며, 일반적으로 클라이언트의 조건과 상태, 행동 등을 측정하는 데 사용된다(황성철, 2005). 예를 들어, 노숙인들의 야간 응급구호 이용현황의 경우 월별 이용자 수를 산술적으로 계산함으로써 이용현황 추이를 확인할 수 있다. 또한 클라이언트의 직업훈련 이후 취업에 성공하였는지에 대한 질문의 경우 '예', '아니요'와 같이 이분법적인 답을 요구할 수도 있다.

당신의 죽음은 행복하십니까?

웰다잉 체크리스트

서명 : ____________

질 문	예	아니요
죽음에 대한 성찰과 공부가 이루어졌다.		
주위 사람들과 평소 죽음에 대해 자주 이야기 나눈다.		
삶에 대한 보람과 성취감이 높다.		
용서와 화해가 이루어졌다.		
버킷리스트를 작성하여 실천하고 있다.		
임종과정에 발생하는 육체적 통증에 대비하고 있다.		
연명치료에 대한 자기결정이 이루어졌다.		
장례방식에 대한 자기결정이 이루어졌다.		
법적으로 효력 있는 유언장이 작성되었다.		
고독사, 자살로 삶을 마감하고 싶지 않다.		
총 계		

| 그림 6-4 | 웰다잉 체크리스트 예시

(2) 기능수준 척도

기능수준 척도는 클라이언트 기능의 중요한 부분을 측정하기 위해 1점에서 5점 또는 1점에서 10점 등 리커트(Likert) 척도의 형태로 자료를 수집할 수 있으며, 클라이언트의 기능뿐만 아니라 클라이언트의 행동과 문제의 심각성 등에 이르기까지 광범위하게 측정할 수 있다.

관계기능수준 척도(LOF)

개발자	성수종합사회복지관 강ㅇㅇ	개발연도	2021년
프로그램	1인가구 관리지원 프로그램 「지인프로젝트」		
대상 및 내용	1인가구를 대상으로 동아리 및 주민공동체 프로그램을 제공함		
관련 성과목표	2. 관계망 참여의식		
기능정의	관계기능이란 프로그램 속에서 참여자들 간 상호작용 과정에서 발생하는 신체적 · 언어적 표현임		

평가항목A : 인사 나누기

1 2 3 4 5

- 1수준 : 상대방의 인사에 반응하지 않음
- 3수준 : 상대방의 인사에 반응하여 대답함
- 5수준 : 상대방에게 먼저 인사를 건넴

평가항목B : 안부(근황) 나누기

1 2 3 4 5

- 1수준 : 상대방이 묻는 안부에 반응하지 않음
- 3수준 : 상대방이 묻는 안부에 반응하여 대답함
- 5수준 : 상대방에게 먼저 안부를 물어봄

총점 : ______________점

그림 6-5 관계기능수준 척도 예시

(3) 클라이언트 만족도

프로그램의 질에서 가장 중요한 요인은 클라이언트라는 점에서 가족생활교육 프로그램의 품질을 측정하는 데 있어서 클라이언트의 서비스에 대한 느낌과 인식, 그리고 경험적 의견 등은 중요한 요소가 될 수 있다. 다른 평가의 경우 평가자가 제3자인 경우가 많으므로 클라이언트의 시각과 경험에서 나오는 의견이 포함되기 어려운 경우가 많다. 그러나 클라이언트 만족도는 프로그램에 참여하거나 서비스를 받은 후 클라이언트가 느끼게 되는 주관적 느낌을 평가함으로써 참여자의 반응을 확인할 수 있다는 장점이 있다.

다음 설문을 읽어보시고 해당되는 곳에 ✔표 하여 주십시오.

설문내용	응 답				
	매우 만족	만족	보통	불만	매우 불만
1. 방과후학교 운영 전반에 대하여 만족하십니까?					
2. 방과후학교 주당 프로그램 운영 시간에 대하여 만족하십니까?					
3. 현재 참여하고 있는 방과후학교 프로그램이 도움이 되었다고 생각하십니까?					
4. 방과후학교가 여러분의 실력 향상에 도움이 되었다고 생각하십니까?					
5. 앞으로도 계속 방과후학교에 참여할 생각이 있으십니까?					
6. 기타 의견이 있으시면 적어주시기 바랍니다.					

그림 6-6 방과후학교 프로그램 만족도 조사 예시

(4) 표준화된 측정도구

표준화된 측정도구는 개발과정에서 신뢰도와 타당도를 검증하였다는 점에서 측정결과에 대해서도 신뢰성과 타당성이 높다는 강점이 있다. 이러한 표준화된 측정도구는 프로그램 실시 전과 후에 클라이언트를 사정(assessment)하는 데 사용할 수 있다. 표준화된 측정도구의 특징으로는 크게 두 가지가 있다. 첫째, 표준화된 측정도구는 클라이언트의 상태, 행동, 태도, 감정, 개인 내적 기능, 인성발달 등에 대한 정보를 담은 구조화된 질문으로 구성되어 있다. 둘째, 표준화된 측정도구는 관리 및 점수화하는 데 있어서 동일한 절차와 크기 혹은 강도, 측정영역의 정도 등을 예측하는 데 유용한 단일점수화가 가능하다.

따라서 표준화된 측정도구를 사용하여 성과를 평가할 경우 많은 이점이 있을 수 있겠으며, 표준화된 측정도구를 선택할 때 다음과 같은 방법을 고려할 수 있다(황성철, 2005).

- 측정도구의 자체 개발
- 공인된 한국기관에서 개발한 도구를 유료로 구입
- 국내논문에서 사용했던 도구를 수정・보완하여 사용
- 해외논문에서 사용했던 도구를 번안・수정하여 사용
- 평가도구 자료집을 통한 선별

자기효능감 척도

다음은 귀하의 성향에 대한 생각들을 묻는 질문입니다. 각 문항의 해당되는 곳에 ✓표 해주시기 바랍니다.

	문항내용	전혀 그렇지 않다	그렇지 않다	그렇다	매우 그렇다
1	만약 내가 충분한 노력을 하면 나는 항상 문제를 해결할 수 있다.	①	②	③	④
2	어떤 어려움에도 불구하고 나는 항상 나의 목표를 달성한다.	①	②	③	④
3	나에게 있어 목표를 따르고 달성하는 것은 쉽다.	①	②	③	④
4	어떤 상황에서도 나는 자신감이 있다.	①	②	③	④
5	나의 능력으로 인해 나는 어떠한 예상하지 못한 상황에서도 무엇을 해야 할지를 안다.	①	②	③	④
6	만약 내가 노력을 한다면, 나는 나의 문제를 해결할 수 있다.	①	②	③	④
7	나는 어려움이 부딪히더라도 항상 평정을 유지한다.	①	②	③	④
8	어떤 문제에 처해도 나는 여러 가지 해결방법을 가지고 있다.	①	②	③	④
9	어떠한 문제에 부딪혀도 나는 해결방법을 찾아낸다.	①	②	③	④
10	나는 어떤 상황이든지 그것을 다룰 수 있다.	①	②	③	④

그림 6-7 자기효능감 척도 예시

사회복지에서 많이 사용되는 표준화된 측정도구를 찾으려면 사회복지척도집과 같은 자료를 활용할 수도 있다. 그러나 측정이 잘못될 경우 객관화라는 명분 아래 부적절한 결론을 도출할 수 있으므로 신중하게 사용해야 한다. 표준화된 측정도구를 현명하게 사용하기 위해 몇 가지 고려해야 할 사항을 살펴보면 다음과 같다(박경아 외, 2019).

① 알고자 하는 개념에 대한 조작적 정의를 명확히 해야 한다

척도를 사용하기 전에 알고자 하는 상황의 개념이나 속성에 대해 명확히 인지하고 있어야 한다. 예를 들어, 임파워먼트의 개념을 측정하고자 할 때 학자에 따라 개인 내적, 대인관계, 사회적 차원으로 나누는가 하면, 자아이미지, 실제적인 힘, 자율성의 차원으로 구분하기도 한다. 그러므로 측정하고자 할 때는 자신이 알고자 하는 개념의 임파워먼트 척도를 사용하지 않으면 타당성을 확보하지 못할 수 있음을 유의해야 한다.

② 대상층이 누구인지를 확인해야 한다

사회복지는 다양한 대상층에 대한 사업을 수행하므로 서비스의 효과성을 평가할 때에도 그 대상층의 독특한 상황에 맞는 척도를 사용해야 하는 것은 당연하다. 예를 들면, 과거의 부모-자녀 관계에 근거하여 개발된 척도는 현재의 다양한 유형의 가족에게 적용했을 때 정확한 현상을 반영하지 못할 수도 있고, 또한 같은 개념을 같은 나이의 청소년을 대상으로 조사한다고 해도 학교를 다니고 있는지, 탈학교 청소년인지에 따라 결과가 다를 수 있기 때문이다.

③ 원척도를 훼손하지 않아야 한다

표준화된 측정도구는 명확한 근거에 의해 정교하게 만들어진 것이므로 문항을 함부로 삭제하거나 수정해서는 안 되며, 만약 수정하여 사용할 경우 수정한 척도가 원척도와 동일하다는 것에 대해서 신뢰성을 입증하는 작업이 동시에 이루어져야 한다.

2) 프로그램 성과측정모델

가족생활교육 프로그램을 평가하기 위한 모델은 다양하나, 대표적인 성과측정모델로는 미국 공동모금회(UWA)의 성과측정모델이 있다. 미국 공동모금회(UWA)에서는 프로그램의 성과측정을 위해 투입, 활동, 산출, 성과의 4단계 평가모델을 활용하였으며, 이를 구체적으로 살펴보면 |그림 6-8|과 같다.

투입 (Inputs)	활동 (Activities)	산출 (Outputs)	성과 (Outcomes)
프로그램에 투입, 사용된 자원들	프로그램 목적 수행을 위한 활동	활동결과에 따른 직접 산출물	프로그램 참여 중 또는 참여 결과 변화
예 • 예산 • 직원, 투입시간 • 자원봉사자, 투입시간 • 시설, 설비 〈제약조건〉 • 관련법률 • 규제 • 기부자, 자원기관이 요구	예 • 노숙인에 급식, 쉼터 제공 • 직업훈련 실시 • 아동학대 이해 관련 시민교육 • 임산부 상담 • 청소년 상담지도	예 • 교육횟수 • 상담실시 횟수 • 배포된 교육자료 수 • 서비스 전달시간 • 지원대상자 수	예 • 새로운 지식 • 향상된 기술 • 태도 및 가치변화 ↓ • 행동수정 ↓ • 상황개선 • 사회적 지위 변화 등

❙ 그림 6-8 ❙ 미국 공동모금회(UWA)의 성과측정모델

출처 : 박경아 외(2019).

미국 공동모금회(UWA)는 프로그램 평가를 위한 과정설계에 중점을 두고 성공적인 성과측정을 위해 〈표 6-23〉과 같은 8단계 시행방안을 제시하였다.

〈표 6-23〉 미국 공동모금회(UWA)의 성공적인 성과측정을 위한 8단계 시행방안

시행단계	시행목표	주요 내용
1단계	준비	• 성과측정 실행팀 구성 • 성과측정 대상 프로그램 결정 • 일정표 작성 및 프로그램 관련 주요 이해당사자에 계획 설명
2단계	측정대상 성과목표 선택	• 다양한 자원 중 프로그램 성과목표 선정 아이디어 수집 • 측정대상 성과목표 선정
3단계	성과측정을 위한 척도개발	• 각각의 성과목표에 대한 구체적 척도 선정 • 프로그램 대상별 주요 영향요인 결정
4단계	척도를 위한 자료수집 준비	• 평가척도의 자료출처 확인 • 자료수집 방법 결정 • 자료수집 절차 및 방법에 대한 사전점검
5단계	성과측정시스템 시범실시	• 시범실시 전략 개발 • 자료수집 준비 • 성과측정 및 자료수집 • 성과측정과정 모니터링
6단계	시범실시 결과분석 및 정리	• 자료입력 및 오류 수정 • 일람표 작성 • 주요 요소별 자료분석 • 측정된 성과 관련 정보제공 • 간결하고 이해할 수 있는 자료 설명
7단계	성과측정시스템 개선	• 시범실시 내용 점검 및 전면적 시행 • 정기적인 성과측정시스템 점검
8단계	측정된 성과의 활용	• 측정결과 자료의 내부 및 외부 활용

출처 : 박경아 외(2019).

07
CHAPTER

가족생활교육 프로그램의 계획서 작성

1. 프로그램 개발 역량

프로그램 개발 역량은 가족생활교육의 효과성과 지속가능성을 결정짓는 중요한 요소이다. 성공적인 프로그램 개발을 위해서는 대상자의 요구를 정확히 파악하고, 이를 반영한 체계적이고 창의적인 설계를 통해 프로그램을 구체화할 수 있는 역량이 요구된다.

특히 가족생활교육 프로그램은 참여자들의 다양성과 생애주기에 따른 요구를 충족시키기 위해 학문적 지식, 현장 경험, 창의적인 문제해결 능력을 균형 있게 활용해야 하므로 이 과정에서 강사와 교육 기획자는 단순한 정보 전달을 넘어, 참여자들이 실질적으로 적용 가능한 실천 방안을 제공할 수 있는 프로그램을 설계해야 한다.

효율적인 프로그램 개발을 위해서는 철저한 준비 과정과 구체적인 계획 수립, 그리고 실행 후의 체계적인 평가가 필수적이다. 이는 프로그램의 목표 달성도를 높이는 동시에 참여자들의 만족도를 극대화할 수 있는 기반이 될 수 있다.

따라서 프로그램 개발 역량은 가족생활교육의 전반적인 성공을 이끌어내는 핵심적인 역할을 하며, 이를 통해 교육이 실제 가족생활에 긍정적인 변화를 가져올 수 있도록 돕는다. 새로운 프로그램을 만들 때 프로그램 관리자는 전문 지식과 기술을 갖추어야 하는데 프로그램을 개발하는 단계별로 필요한 역량은 다음과 같다(안정선 · 최원희, 2016).

1) 프로그램 개발준비 단계

(1) 프로그램 기획의 중요성과 필요성에 대한 이해

프로그램 기획은 목표를 달성하기 위한 체계적이고 구체적인 계획을 수립하여 프로그램의 방향성과 실행 가능성을 확보하는 데 핵심적인 역할을 한다. 이를 통해 대상자의 요구를 충족시키고, 자원의 효율적 활용과 프로그램 효과성을 극대화할 수 있다.

(2) 프로그램 기획의 전 과정에 대한 이해 능력

문제와 상황 분석, 목표 설정, 실행 계획 수립, 평가 방법 개발 등 기획 과정의 모든 단계를 포괄적으로 이해하는 것을 의미한다. 각 단계는 유기적으로 연결되어 있으며, 효과적인 기획을 위해서는 단계별 요구 사항과 절차를 명확히 파악해야 한다. 이러한 능력은 프로그램의 목표를 효과적으로 달성하고 실행 과정에서 발생할 수 있는 문제를 최소화하는 데 기여할 수 있다.

(3) 프로그램의 이론적 기반과 전략을 명확히 제시하는 능력

프로그램의 타당성과 신뢰성을 확보하는 데 중요한 역량이다. 이 능력은 프로그램 설계와 실행에 필요한 학문적 이론과 실천적 전략을 탐색하고, 이를 바탕으로 프로그램의 목표와 활동을 정당화할 수 있도록 지원한다. 이론적 기반은 프로그램의 방향성을 제시하며, 전략은 설정된 목표를 효과적으로 달성하기 위한 실행 방법을 구체화하므로, 이러한 능력은 프로그램의 구조적 완성도를 높이고, 평가 과정에서도 결과를 객관적으로 분석할 수 있는 토대를 제공한다.

(4) 프로그램 이론을 활용하여 고품질의 설계와 평가를 수행하는 능력

프로그램의 타당성과 신뢰성을 확보하는 데 중요한 역량이다. 이 능력은 프로그램 설계와 실행에 필요한 학문적 이론과 실천적 전략을 탐색하고, 이를 바탕으로 프로그램의 목표와 활동을 정당화할 수 있도록 지원한다. 이론적 기반은 프로그램의 방향성을 제시하며, 전략은 설정된 목표를 효과적으로 달성하기 위한 실행 방법을 구체화하므로, 이러한 능력은 프로그램의 구조적 완성도를 높이고, 평가 과정에서도 결과를 객관적으로 분석할 수 있는 토대를 제공한다.

(5) 프로그램 설계를 위한 선행연구 탐색 역량

프로그램 개발의 기초 자료를 확보하고 타당성을 높이기 위해 필수적인 능력이다. 이 역량은 관련된 연구 문헌, 사례 분석, 통계 자료 등을 탐색하여 프로그램 설계에 필요한 정보를 체계적으로 수집하는 것을 포함한다. 선행연구는 프로그램의 필요성과 목표를 정당화하며, 효과적인 전략과 활동을 설계하는 데 중요한 지침을 제공한다. 또한 선행연구 결과를 활용하면 기존의 성공 사례를 참고하거나 동일한 문제에서 도출된 교훈을 반영하여 프로그램의 질을 높일 수 있으므로, 이 역량은 결과적으로 프로그램의 신뢰성과 실행 가능성을 크게 강화하는 데 기여한다.

(6) 연구결과를 분석하고 정리하는 능력

수집된 데이터를 체계적으로 분류하고, 핵심 내용을 추출하여 프로그램 설계에 활용하는 데 중요한 역량이다. 이를 통해 연구 자료의 의의를 파악하고, 프로그램의 필요성과 목표를 정당화할 수 있는 구체적인 근거를 마련할 수 있으므로, 이 능력은 프로그램의 신뢰성과 효과성을 높이는 데 기여한다.

(7) 논리모델의 활용 능력

프로그램의 목표, 활동, 기대 결과 간의 연계성을 체계적으로 표현하고 설계에 반영하는 데 중요한 역량이다. 논리모델(logic model)은 프로그램의 구성 요소를 시각화하여 목표 달성을 위한 흐름을 명확히 보여주며, 프로그램의 논리적 근거를 효과적으로 제시할 수 있다. 이를 통해 프로그램의 설득력을 높이고, 실행 과정에서 발생할 수 있는 혼란을 줄이며, 평가 기준을 명확히 설정할 수 있으므로, 이 능력은 프로그램 설계와 평가 과정에서 체계성과 전문성을 강화하는 데 기여한다.

2) 프로그램 계획서 작성 단계

(1) 문제와 상황을 분석하는 능력

문제와 상황을 분석하는 능력은 프로그램의 필요성과 방향성을 설정하는 데 핵심적인 역할을 한다. 해결해야 할 문제의 본질과 이를 둘러싼 사회적·환경적 요인을 체계적으로 파악하여 대상자의 요구를 명확히 도출해야 한다. 이러한 분석은 프로그램의 목표 설정과 실행 계획 수립을 위한 중요한 기초 자료를 제공하게 된다.

(2) 욕구를 파악하고 조사하는 능력

욕구를 파악하고 조사하는 능력은 프로그램 대상자의 실제적인 필요를 이해하고 이를 바탕으로 프로그램의 방향성을 설정하는 데 필수적이다. 설문조사, 인터뷰, 포커스 그룹 등 다양한 방법을 활용하여 대상자의 욕구를 체계적으로 조사하고, 데이터를 분석해 구체적인 요구를 도출할 수 있다. 이러한 능력은 프로그램의 목표와 내용을 대상자의 필요에 맞게 설계하고 효과적인 교육 경험을 제공하는 데 기여한다.

(3) 프로그램 목표를 수립(작성)하는 능력

프로그램 목표를 수립(작성)하는 능력은 프로그램이 달성하고자 하는 결과를 명확히 설정하는 데 중요한 역할을 한다. 목표는 SMART 기준(구체적, 측정 가능, 달성 가능, 관련성, 시간 기반)에 맞추어 수립되어야 하며, 대상자의 요구와 문제

상황에 부합해야 한다. 이러한 능력은 프로그램의 방향성과 효과성을 높이고, 평가 기준을 명확히 설정하는 기반이 된다.

(4) 목표에 대한 평가방법을 제시하는 능력

목표에 대한 평가방법을 제시하는 능력은 프로그램 목표의 달성 여부를 객관적으로 확인하기 위해 필요한 역량이다. 평가 도구와 방법(예 설문조사, 관찰, 인터뷰 등)을 구체적으로 설계하여 목표와의 연관성을 명확히 해야 한다. 이 능력은 프로그램의 효과성을 입증하고, 향후 개선 방향을 제시하는 데 중요한 기반이 된다.

(5) 프로그램 논리와 전략 등을 간략히 도식화하여 표현하는 능력

프로그램 논리와 전략 등을 간략히 도식화하여 표현하는 능력은 프로그램의 구조와 실행 과정을 시각적으로 명확히 전달하는 데 필수적이다. 표, 그림, 논리모델 등을 활용하여 목표, 활동, 기대 결과 간의 연계성을 체계적으로 나타내야 한다. 이 능력은 프로그램의 복잡한 내용을 간결하고 이해하기 쉽게 표현하여 실행 가능성을 높이고, 타인의 이해를 돕는 데 중요한 역할을 한다.

(6) 프로그램 목표를 성취하는 전략적 활동을 구성하는 능력

프로그램 목표를 성취하는 전략적 활동을 구성하는 능력은 목표를 효과적으로 달성하기 위해 실행 가능한 활동과 단계를 체계적으로 설계하는 역량이다. 각 활동은 목표와 직접적으로 연계되며, 참여자의 요구와 상황을 반영하여 실질적이고 적합하게 구성되어야 한다. 활동 설계 시 시간, 자원, 참여자 특성 등을 고려하여 단계별로 구체적인 실행 계획을 마련해야 하는데, 이 능력은 프로그램의 일관성과 실행력을 강화하여 목표를 성공적으로 달성하는 데 기여할 수 있다.

(7) 프로그램 홍보 방법을 제시하는 능력

프로그램 홍보 방법을 제시하는 능력은 프로그램의 목적과 가치를 효과적으로 전달하여 대상자의 참여를 유도하는 데 필수적이다. 온라인 홍보(소셜 미디어, 웹사이트), 오프라인 홍보(현수막, 포스터, 리플릿) 등 다양한 채널을 활용하여 접근성과 흥미를 높여야 한다. 이 능력은 홍보 전략을 통해 프로그램의 인지도를 높이고, 목표 대상자를 효과적으로 모집하는 데 중요한 역할을 할 수 있다.

(8) 프로그램 수행에 적합한 예산안을 작성하는 능력

프로그램 수행에 적합한 예산안을 작성하는 능력은 프로그램 운영에 필요한 자원을 효율적으로 관리하고, 실행 가능성을 확보하기 위한 필수 역량이다. 강사료, 장소 대여비, 교육 자료 제작비, 홍보비, 운영비 등 다양한 항목을 체계적으로 계산하여 현실적인 예산을 수립해야 한다. 이 능력은 프로그램의 재정적 안정성을 보장하고, 예산 대비 최대의 효과를 낼 수 있는 운영 계획을 지원한다.

(9) 계획서를 타인이 잘 이해할 수 있게 작성하는 능력

계획서를 타인이 잘 이해할 수 있게 작성하는 능력은 프로그램의 목적과 내용을 명확하고 간결하게 전달하는 데 중요한 역량이다. 논리적인 구조와 쉬운 표현을 사용해 작성하여, 읽는 사람이 계획의 핵심 내용을 빠르게 이해하고 실행 방안을 파악할 수 있어야 한다. 이 능력은 계획서의 설득력을 높이고, 프로그램의 실행 가능성을 효과적으로 전달하는 데 기여할 수 있다.

(10) 계획서를 효과적으로 발표하는 능력

계획서를 효과적으로 발표하는 능력은 프로그램의 목적, 내용, 실행 방안을 청중에게 명확히 전달하고 설득하는 데 필요한 핵심 역량이다. 발표 내용은 계획서의 주요 정보를 논리적으로 구성하고, 시각 자료(슬라이드, 도표 등)를 활용해 청중의 이해를 돕도록 구성해야 한다. 이 능력은 발표자의 자신감 있는 태도와 설득력 있는 전달 방식으로 청중의 공감을 얻고, 프로그램의 실행 가능성을 높이는 데 기여할 수 있다.

3) 프로그램 평가 단계

(1) 각 프로그램 실행과 결과를 구체적으로 기록하는 능력

프로그램의 진행 상황과 성과를 체계적으로 문서화하여 프로그램의 효과성을 분석하고 개선 방향을 도출하는 데 중요한 역량이다. 실행 과정에서 발생한 활동, 참여자의 반응, 성과 지표 등을 구체적으로 기록함으로써 실행의 투명성을 높이고, 향후 프로그램 설계에 필요한 데이터를 제공한다. 이 능력은 프로그램의 신뢰도를 강화하고 지속적인 발전을 위한 기반을 마련할 수 있다.

(2) 프로그램 만족도를 평가하는 능력

참여자들이 프로그램에 대해 느낀 경험과 만족도를 체계적으로 측정하는 데 중요한 역량이다. 설문조사, 인터뷰 등 다양한 평가 도구를 활용하여 교육내용, 강사의 역량, 프로그램 구성 등에서의 만족도를 파악하고, 개선점을 도출할 수 있어야 한다. 이 능력은 프로그램의 품질을 지속적으로 향상시키고, 참여자의 요구를 반영하는 데 기여한다.

(3) 개별 클라이언트(변화)를 평가하는 능력

프로그램 참여자 각각의 태도, 행동, 지식 변화 등을 측정하여 개인별 성과를 분석하는 중요한 역량이다. 설문조사, 관찰, 면담 등 다양한 도구를 활용해 변화 과정을 구체적으로 평가하고, 개인의 목표 달성 여부를 확인할 수 있어야 한다. 이 능력은 프로그램이 참여자 개개인에게 미치는 효과를 심층적으로 이해하고, 프로그램 개선과 맞춤형 지원을 제공하는 데 기여한다.

(4) 집단 프로그램 효과성 평가를 위한 실험설계 능력

프로그램의 효과를 과학적으로 검증하기 위해 실험적 방법을 설계하는 중요한 역량이다. 대조군과 실험군을 구성하거나 사전·사후 비교를 통해 프로그램이 집단에 미친 영향을 체계적으로 분석할 수 있어야 한다. 이 능력은 프로그램의 객관적 효과성을 입증하고, 향후 프로그램 개선 및 확산의 근거를 제공하는 데 기여한다.

(5) 질적 방법을 활용한 프로그램 평가 능력

프로그램의 효과와 과정을 심층적으로 이해하기 위해 면담, 관찰, 포커스 그룹 등 질적 평가 도구를 활용하는 중요한 역량이다. 참여자의 경험, 감정, 인식을 수집하고 분석하여 프로그램이 제공한 의미와 가치를 파악할 수 있어야 한다. 이 능력은 정량적 데이터로 설명하기 어려운 프로그램의 질적 효과를 확인하고, 개선 방향을 제시하는 데 기여한다.

(6) 프로그램 과정평가 능력

프로그램 실행 중 활동과 운영 과정을 체계적으로 점검하여 목표 달성을 위한 진행 상태를 평가하는 역량이다. 활동의 적절성, 참여도, 자원 활용 등을 분석하여 프로그램이 계획대로 실행되고 있는지 확인하고 문제점을 개선할 수 있어야 한다. 이 능력은 프로그램의 원활한 진행을 지원하며, 실행 과정에서의 효율성과 효과성을 높이는 데 기여한다.

(7) 평가척도 선정 및 활용 능력

프로그램의 목표와 평가 목적에 부합하는 적절한 평가척도를 선택하고, 이를 효과적으로 활용하는 역량이다. 정량적 척도(리커트 척도 등)와 정성적 도구를 결합하여 프로그램의 효과와 성과를 다각도로 측정할 수 있어야 한다. 이 능력은 평가 결과의 신뢰성과 타당성을 높이며, 프로그램 개선과 성과 보고에 중요한 데이터를 제공한다.

(8) 프로그램 평가지표, 목푯값, 평가도구, 평가방법을 선정 · 제시하는 능력

프로그램의 목표 달성 여부를 명확히 측정하기 위해 평가 요소를 체계적으로 설정하는 역량이다. 평가지표와 목푯값을 구체적으로 정의하고, 이를 측정할 수 있는 설문지, 관찰표, 인터뷰 등 적합한 평가도구와 방법을 선정하여 평가 체계를 마련해야 한다. 이 능력은 평가 결과의 신뢰성을 확보하고, 프로그램의 효과성을 입증하며 향후 개선 방향을 제시하는 데 기여한다.

위에서 제시한 25가지 역량은 사회복지사가 클라이언트와 지역사회의 긍정적인 변화를 이끌기 위해 반드시 갖추어야 할 핵심적인 능력들이다. 현재 자신의 역량 수준을 점검해 보고, 부족한 부분이 있다면 이를 체계적으로 학습하여 보완하는 노력이 필요하다. 특히 이 과목을 통해 이러한 역량을 심화하고 실질적인 가족생활교육 능력을 키우는 기회로 삼아야 한다.

2. 가족생활교육 프로그램의 개발 설계

가족생활교육이란 넓은 의미에서 아동부터 노인까지 개인과 가족의 전반적인 삶의 질을 높이고, 가족 및 사회의 다양한 문제를 해결하기 위하여 개인과 가족의 잠재력을 강화시키는 평생교육으로 보고 있다(박경아 · 이성자 · 김은이 · 윤명자, 2019). 이는 개인과 가족이 일상생활에서 접하는 문제를 다루고 이를 예방함으로써 가족구성원의 잠재력을 증진하는 데 목적을 두고 있음을 의미한다. 즉, 가족생활교육 프로그램은 개인과 가족의 복지 증진과 강화를 위해 개발되고 운영되는 프로그램임을 알 수 있다. 이러한 가족생활교육 프로그램은 아동의 발달이나 부모의 역할기술, 의사소통 기술, 갈등 해결 기술 등 다학문제인 내용을 다루고 있다(Arcus & Thomas, 1993). 그러나 우리나라의 가족생활은 전통적으로 개인의 사생활로 인식하는 경향이 있어 변화된 가족체계에서 필요한 인간관계 기술을 습득하거나 새롭게 변화된 가족기능을 강화하기 위한 외부 필요성에 대한 인식이 매우 낮은 편이다.

가족생활교육 프로그램은 사회적 변화로 인해 약화된 가족기능을 강화하고자 자연스럽게 등장한 교육 프로그램으로, 개인과 가족의 욕구에 근거하여 가족생애주기에 걸쳐 개인과 가족과 관련된 내용을 다루고 있다. 또한 가족생활교육 프로그램은 다양한 가족의 가치를 대변하고 존중함으로써 다양한 환경에 놓인 가족들에게 제공될 수 있도록 계획되고 있으며, 치료보다는 예방을 위한 교육에 중점을 두고 있다. 따라서 가족생활교육 프로그램을 성공적으로 운영하기 위해서는 가족생활교육의 목적을 분명하게 인식하고 자격을 갖춘 교육자가 필요하며(Arcus & Thomas, 1993), 가족생활교육 프로그램에서는 기획의 전문성, 수행과정의 전문성, 평가의 체계성 등을 중요하게 다룰 필요가 있다. 이러한 가족생활교육 프로그램의 개발 설계는 다음의 8단계를 따르며, 이를 구체적으로 살펴보면 다음과 같다.

1) 제1단계 : 프로그램 개발의 필요성과 기본 방향 설정

제1단계는 프로그램 개발의 필요성과 기본 방향을 설정하는 단계로 어떠한 이유에서 프로그램이 필요한지를 확인해야 한다. 프로그램 개발이 잘 이루어지기 위해서는 프로그램 개발이 이루어져야 하는 필요성이나 클라이언트의 욕구에 대한 명확한 확인과정이 필요한데, 이러한 과정을 프로그램의 상황분석이라고 한다. 프로그램의 상황분석은 프로그램 개발의 필요성, 프로그램에 대한 아이디어, 프로그램 환경분석 결과, 대상자의 특성 등을 전반적으로 고려해야 한다(김은수, 2006). 프로그램 개발의 필요성이 확인된 다음에는 프로그램의 실체를 구체적으로 규정한 다음 프로그램 개발을 어떠한 방향으로 진행시켜 나가야 할 것인가를 결정한다.

2) 제2단계 : 욕구사정

제2단계는 욕구사정 단계로 가족생활교육 프로그램 개발의 필요성과 기본 방향이 설정되었으면 욕구사정 단계로 들어간다. 문제가 정확히 이해되고 분석되었더라도 특정 문제에 대한 해결을 원하는 사람들의 욕구가 무엇인지를 명확히 하는 과정이 중요하다. 가족생활교육 프로그램의 욕구로는 크게 지각된 욕구, 교육자의 욕구, 미래의 욕구, 발달적 욕구와 능력으로 구분할 수 있다(Arcus, Schvanefeldt, & Moss, 1993/1996).

〈표 7-1〉 가족생활교육 프로그램 욕구의 종류 및 특성

종 류	특 성
지각된 욕구 (felt needs)	잠재적 학습자가 연구자에게 알려주는 욕구
	일반적인 주제에서부터 아주 특별한 욕구에 이르기까지 프로그램의 기준을 제공해 줌 : 필요성 지지 및 정보 인식 정도, 시간에 대한 욕구(주중, 주중 저녁, 주말 등), 교육방법 등
교육자의 욕구 (ascribed needs)	추정되는 욕구, 학습자 이외의 누군가에 의해 알려진 것으로서 그 집단이나 사람들에게 욕구로 규정된 것
	교육 분야의 연구와 전문가들의 이론 등에 기초한 욕구
미래의 욕구 (future needs)	아동과 성인이 그들에게 닥칠 규범적, 발달적 변화에 대한 준비를 위해 필요한 욕구
발달적 욕구와 능력 (developmental needs & abilities)	가족발달단계와 연령에 따른 다양한 욕구
	가족생활교육 대상자들의 연령과 발달단계에서의 욕구에 대한 조사가 필요

출처 : 박경아 외(2019); Arcus et al.(1993; 1996).

3) 제3단계 : 프로그램 가설(이론적 배경)

제3단계는 프로그램 가설 단계로 이론적 배경은 프로그램에 참여한 대상자들이 체계적인 변화를 제시할 수 있기 때문에 가족생활교육 프로그램에서 이론적 배경은 중요하다. 검증된 이론을 바탕으로 가설을 설정할 수 있으며, 프로그램에 참여한 대상자들의 변화를 측정하는 것은 논리적으로 프로그램의 효

과성을 검증할 수 있을 뿐만 아니라 프로그램의 책무성을 높이는 데에도 기여할 수 있다. 부모교육 프로그램에서 이론적 배경을 활용한 사례를 살펴보면 〈표 7-2〉와 같다.

〈표 7-2〉 부모교육 프로그램에서 이론적 배경 활용 사례

종 류	특 성
이 론	드라이커스(Dreikurs)의 민주적 양육이론
가 정	자녀양육에 필요한 지식정보 인지수준과 부모의 자기통제력 수준, 그리고 의사소통 능력을 향상시키는 것이 부모의 민주적인 양육행동을 높인다.
관련내용	부모교육 프로그램은 크게 세 가지 유형으로 구분된다. 첫 번째 유형은 칼 로저스(Rosers, C.)의 내담자 치료법을 기초로 한 것으로서 부모들이 아동의 감정을 인식하고 이해 및 수용하는 것에 초점을 둔다. 두 번째 유형은 행동적 부모교육 프로그램으로 아동의 잘못된 행동을 수정하는 데 필요한 기법을 사용하도록 훈련시키는 데 초점을 둔다. 세 번째 유형은 아들러(Adler)의 개인심리학에 의해 주장된 유형으로 아동의 잘못된 행동목표나 협조적인 가정환경 조성 등에 초점을 두며 드라이커스에 영향을 주었다. 드라이커스는 아들러의 개인심리학 이론을 바탕으로 개인의 상호존중과 자율성, 책임감을 강조하는 민주적 부모교육 프로그램을 제시하였다.
적용방안	부모교육은 자녀문제 중심의 차원에서 좀 더 나아가 부모 자신의 문제를 해결하여 성숙한 중년, 원만한 부부관계를 이루는 동시에 유능하고 좋은 부모가 될 수 있는 점에 초점을 두어 설명한다.

출처 : 유은희·홍숙희(1998); 박경아 외(2019).

4) 제4단계 : 대상자 선정

제4단계는 대상자 선정 단계로 프로그램 제공자들이 클라이언트의 욕구를 해소하기 위한 구체적인 프로그램을 설계하기에 앞서 어떤 사람들을 대상으로 제공할 것인지를 결정해야 한다(지은구, 2005). 즉, 욕구가 있는 지역 내 모든 대상에게 프로그램을 제공할 것인지, 아니면 소득계층별, 특성별 특정 집단에만 프로그램을 제공할 것인지 등을 관리 측면과 재정적인 측면, 그리고 서비스의 효율성 측면에 기초하여 결정해야 한다. 예를 들어, 저소득가정의 유아기, 아동기, 청소년기 자녀를 둔 부모의 부모교육 프로그램을 실시하고자 한다

면 ▌그림 7-1▐ 과 같은 방법으로 일반 집단, 위험 집단(적합 집단), 표적 집단, 클라이언트 집단(참여 집단)을 선정할 수 있다.

〈집단선정 체계〉	〈집단선정 예시〉
일반 집단 : 포괄적 인구집단	일반 집단 : (지역 대상자 중 기관의 사업 가능한) 모든 부모의 수
↓	↓
적합 집단 : 지역특성 등에 의한 제한 집단	적합 집단 : 저소득 부모의 수
↓	↓
표적 집단 : 적합 집단 중 자격자	표적 집단 : 유아기, 아동기, 청소년기의 자녀가 있는 저소득 부모의 수
↓	↓
참여 집단	참여 집단 : 희망하는 유아기, 아동기, 청소년기의 자녀가 있는 저소득 부모의 수

▌그림 7-1▐ 대상자 선정의 체계와 예시

출처 : 박경아 외(2019); 이기숙(2010).

5) 제5단계 : 프로그램의 목적과 목표, 그리고 세부목표 설정

제5단계는 프로그램의 세부목적 설정 단계이다. 목적은 프로그램이 문제해결을 위해 올바르게 수행되고 있는지를 판단하기 위한 중요한 척도 역할을 하는데, 이때 목적은 결과지향적이고 실현 가능성이 있어야 하며, 분명하게 진술되어야 한다. 또한 목표는 대상자들이 제공받는 구체적인 내용으로 시간제한을 가지고 있으며, 목적과 연관이 있어야 하고 측정 가능해야 한다.

6) 제6단계 : 내용의 구체화

제6단계는 내용의 구체화 단계로 프로그램이 성취해야 할 목적과 목표가 결정되고 나면 프로그램을 실행하기 위한 구체적인 내용을 설계하는 단계로 들어간다. 프로그램 내용의 구체화 단계에서 수행해야 하는 세부절차로는 프로그램 실행에서 필요한 행동을 이론적으로 설명해 주는 이론적 배경의 확인과 프로그램 이론 적용, 프로그램의 구체화, 프로그램의 실행에 필요한 예산 수립 및 결정 등이 있다.

7) 제7단계 : 프로그램의 실행

제7단계는 프로그램의 실행 단계로 프로그램에 대한 설계를 마쳤다면 프로그램 진행자는 설계한 프로그램을 실행에 옮기게 된다. 이러한 프로그램의 실행 단계에서는 프로그램 실시 전 계획과 구체적인 실제 실행내용을 파악하고 점검하는 과정이 함께 이루어져야 한다.

8) 제8단계 : 프로그램의 평가

제8단계는 프로그램 평가 단계로 프로그램에 대한 실행이 끝나면 프로그램에 대한 평가가 이루어져야 한다. 프로그램 평가는 프로그램의 질과 효율성, 그리고 가치 등을 결정하게 되는데, 일반적인 프로그램 평가는 프로그램의 영향, 프로그램의 결과 추정, 현재와 미래의 프로그램 설계에 대한 의사결정의 활성화, 정책 형성 촉진, 그리고 기존 자료나 프로그램의 개선 등을 위해 이루어진다.

3. 가족생활교육 프로그램 개발 설계의 실제

가족생활교육 프로그램에서 주로 다루어지는 교육내용은 개인 혹은 가족의 발달단계와 가족관계를 주제로 정해진다. 미국가족생활교육 인정기준과 표준에 대한 미국국립가족관계협의회(National Council on Family Relations Committee on Standards and Criteria for the Certification of Family life Educators)가 작성한 생애주기별 가족생활교육 기본안은 가족생활교육의 내용과 특성을 명확히 보여주고 있다. 가족생활교육 기본안에서는 아동기, 청소년기, 성인전기, 성인후기로 구분하여 가족과 사회, 가족상호작용, 인간발달, 섹슈얼리티, 대인관계, 가족자원관리, 부모교육, 가족·법·정책, 윤리 등 9개 주제영역을 중심으로 교육내용을 소개하고 있다. 가족생활교육 프로그램의 주요 주제영역과 하위개념들을 살펴보면 〈표 7-3〉과 같다.

〈표 7-3〉 가족생활교육 프로그램의 주요 주제영역과 하위개념들

연번	주요 주제영역	하위개념	
1	가족과 사회 (families in society)	• 가족문화의 다양성 • 인구 변동과 가족 • 만남과 결혼 • 역사와 가족 • 친척관계	• 직업환경과 가족 • 가족생활의 비교 : 인종, 지역, 종교 • 가족에 영향을 미치는 제도들 (정부, 종교, 교육, 경제)
2	가족상호작용 (internal dynamics families)	• 협동과 갈등 • 가족의 규범적 스트레스 • 의사소통 • 위기의 가족과 스트레스	• 갈등 관리 • 특수한 가족의 요구 : 입양, 이민, 저소득, 군인, 장애가족 • 의사결정
3	인간발달 (human growth and development)	• 신체적 발달 • 사회발달 • 정서발달	• 도덕발달 • 인지발달 • 성격발달
4	섹슈얼리티 (human sexuality)	• 출산생리학 • 가족계획 • 생물학적 결정인자 • 성적 반응 • 성관계의 심리	• 성기능 장애 • 성적인 태도 • 대인관계와 성 • 성적 가치와 의사결정

5	대인관계 (interpersonal relationship)	• 자신과 타인의 이해 • 친밀감, 사랑, 낭만성 이해	• 커뮤니케이션 기술 • 타인에 대한 관심, 존경, 책임감
6	가족자원 관리 (family resource management)	• 가족목표 • 의사결정 • 가족지원	• 실행 • 계획 • 가족생활 주기와 가족자원 관리
7	부모교육 (parent education and guidance)	• 단계별 부모됨 • 가족생활 주기별 부모의 역할	• 부모의 권리와 의무 • 부모됨에 영향을 주는 변인들
8	가족 · 법 · 정책 (family, law and policy)	• 가족관련법 • 결혼생활과 관련되는 법 (이혼, 부양, 양육, 가족계획 등)	• 가족정책 (세금, 시민권, 사회 안전, 경제적 지원에 관한 법과 정책)
9	윤리 (ethics)	• 가치와 태도의 구성 • 가치선택과 결과	• 다양한 가치와 선택 • 기술사회에서 가치의 해석

출처 : 박경아 외(2019); Bredehoft & Walcheski(2003).

오늘날 산업의 발달로 인해 사회구조의 변화와 함께 가족체계에서도 변화가 일고 있다. 이에 따라 다양한 가족유형에 따른 가족생활교육 프로그램이 개발 및 운영되고 있다. 본 절에서는 예비부부를 대상으로 가족생활교육 프로그램 작성방법을 세부적으로 살펴보고자 한다.

1) 대상 및 주제별 진행 프로그램

다음은 가족생활교육 프로그램의 주요 주제에 따라 구성할 수 있는 프로그램의 종류 이다. 그중에서도 결혼은 두 사람이 서로를 이해하고 함께 성장하며 새로운 가족을 만들어가는 여정이라 할 수 있다. 예비 부부교육 프로그램은 결혼 생활에서 직면할 수 있는 다양한 상황을 미리 준비하고, 서로의 삶을 풍요롭게 만들 수 있는 기초를 다질 수 있도록 돕는 소중한 시간이 될 수 있으므로, 주제별로 진행할 수 있는 제목, 목표, 주요 내용은 다음과 같다. 이 프로그램은 가족생활교육에서 핵심적으로 다뤄야 할 아홉 가지 주제 영역으로 구성되어 있으며, 각 주제는 이론과 실습을 통합하여 참여자들이 실질적으로 적용할 수 있는 기술과 통찰력을 제공할 수 있다. 이 주제들은 각각 독립적으로 중요한 내용을 다루지만, 동시에 결혼 생활 전반을 통합적으로 이해할 수 있도록 설계되었다. 이 프로그램은 단순히 지식을 전달하는 것을 넘어, 예비부부들이 서로에게 더 깊은 애정과 이해를 느낄 수 있는 경험을 제공할 수 있다.

〈표 7-4〉 **예비부부교육 주제별 프로그램 예시**

번호	주 제	제 목	목 표	주요 내용
1	가족과 사회	우리의 결혼, 사회와 연결	가족의 역할과 결혼의 사회적 의미를 깊이 이해하며, 우리의 결혼이 사회에 미치는 영향을 탐구한다.	현대 가족의 다양한 형태와 사회적 역할, 결혼의 사회적 가치와 기대, 개인 목표와 사회적 책임의 조화
2	가족 상호작용	사랑을 담은 소통과 해결	따뜻하고 건설적인 대화를 나누는 방법을 배우고, 갈등 상황에서도 사랑을 유지할 수 있는 해결 전략을 익힌다.	효과적인 의사소통의 기본 원칙, 사랑이 담긴 갈등 해결 : I-메시지와 타협법, 관계를 성장시키는 상호작용
3	인간발달	함께 성장하는 여정	배우자의 생애 발달 과정과 함께 성장하는 결혼 생활의 의미를 탐구한다.	생애주기와 결혼, 결혼 후 역할 변화와 적응, 성장의 과정에서 상호 지원하기
4	섹슈얼리티	사랑과 존중으로 채우는 관계	건강한 성생활의 중요성을 이해하고, 서로의 기대와 욕구를 존중하는 방법을 익힌다.	성에 대한 가치와 태도, 성적 기대와 상호 존중, 건강한 성적 의사소통의 중요성
5	대인관계	신뢰와 공감을 쌓는 대화	신뢰와 친밀감을 기반으로 공감 능력을 키우고, 행복한 대화 문화를 만든다.	친밀감을 높이는 대화법, 공감과 정서적 연결, 신뢰를 쌓는 상호작용 연습
6	가족자원 관리	지혜로운 자원 활용으로 행복 더하기	재정, 시간, 에너지 등 가정 내 자원을 효과적으로 관리하며 생활 만족도를 높인다.	가계 예산 설정과 관리, 시간 관리 전략, 에너지 관리와 목표 설정
7	부모교육	미래 부모로의 첫걸음	미래 부모로서의 역할을 준비하며, 건강한 양육 가치관을 세운다.	부모 역할 준비하기, 건강한 양육 가치관 형성, 커플의 양육 철학 탐구
8	가족 · 법 · 정책	알아두면 힘이 되는 결혼의 법과 제도	결혼과 관련된 법적 · 제도적 지식을 쌓아 안정적이고 보호받는 가정을 만든다.	결혼과 가족 관련 법률, 가정 내 갈등과 법적 보호, 알아두면 유용한 법적 정보
9	윤리	책임감 있는 결혼 생활의 길잡이	결혼 생활에서 윤리적 가치와 도덕적 결정을 이해하고 실천한다.	결혼의 윤리적 원칙, 책임감 있는 배우자로 성장하기, 윤리적 딜레마 해결하기

출처 : 박경아 외(2019), Bredehoft & Walcheski(2003) 재구성.

2) 가족생활교육 프로그램 세부 계획안 작성

(1) 프로그램 명

'행복한 동행 : 함께 만드는 결혼 이야기'으로 칭한다.

(2) 프로그램 대상 선정

결혼을 준비하는 커플 8쌍(16명)

(3) 목적 및 목표 설정

〈표 7-5〉 목적 및 목표설정과 분화 과정

구분	내용
목적	예비부부가 결혼 생활에서 필요한 지식과 기술을 학습하고, 상호 이해와 협력의 기반을 마련하여 행복하고 안정적인 결혼 생활을 설계할 수 있도록 돕는다.
상위목표	1. 결혼 생활에서 필요한 의사소통, 갈등 해결, 신뢰 구축 능력을 배양한다. 2. 경제, 가사, 부모 역할 등 결혼 생활의 실제적인 측면을 이해하고 준비한다. 3. 부부가 함께 협력하여 안정적인 가정을 만들고, 가정의 비전을 설정한다.
하위목표	1. 개인의 가치관과 성격을 이해하고, 배우자의 차이를 존중하는 태도를 함양한다. 2. 부부간의 갈등 상황에서도 사랑과 신뢰를 유지할 수 있는 대화법과 해결 전략을 학습한다. 3. 결혼 생활에서의 재정 관리와 시간 및 에너지 분배의 중요성을 이해하고 실습한다. 4. 미래의 부모로서 자녀양육과 관련된 가치관과 책임감을 형성한다.

(4) 교육내용 선정

예비부부를 위한 가족생활교육 프로그램은 〈표 7-5〉에 제시된 네 가지 주요 하위목표에 따라 네 가지 주제 영역으로 구성된다. 이 구성은 예비부부가 결혼과 가정생활에서 요구되는 핵심역량을 체계적으로 학습할 수 있도록 설계할 수 있다. 주제 영역에 대한 세부적인 내용은 다음과 같다.

① 개인의 가치관과 성격을 이해, 배우자의 차이를 존중하는 태도를 이해를 위한 교육

- 결혼은 두 사람이 서로 다른 가치관과 성격을 가진 채 하나의 가정을

만들어가는 여정이다.

- 행복하고 안정적인 결혼 생활을 위해 자신을 이해하고 배우자의 차이를 인정하며 조화롭게 받아들이는 것이 중요하다.
- 가치관의 차이를 갈등이 아닌 상호 보완의 기회로 삼아 건강한 관계를 구축하도록 돕는다.
- 참가자들은 자신의 가치관과 성격을 분석하고, 배우자의 차이를 존중하며 조화를 이루는 태도를 배우게 된다.
- 예비부부는 강점을 활용하고 약점을 보완하며, 결혼 생활의 안정성과 지속가능성을 높일 수 있다.

② 갈등 상황에서도 사랑과 신뢰를 유지할 수 있는 대화법과 해결 전략 교육

- 결혼 생활에서 갈등은 피할 수 없는 부분이며, 이를 긍정적으로 해결하는 능력이 관계를 강화한다.
- 갈등 중에도 사랑과 신뢰를 유지하는 것은 부부관계의 안정성을 위한 핵심요소다.
- 열린 의사소통을 통해 감정을 건강하게 표현하고 상대방의 입장을 이해하는 능력을 배양 한다.
- 갈등 상황에서 문제를 객관적으로 바라보고, 건설적인 해결책을 모색하는 방법을 습득한다.

③ 재정 관리와 시간 및 에너지 분배의 중요성 교육

- 부부가 함께 재정 목표를 세우고 예산을 관리하면 갈등을 줄이고 협력적 관계를 형성할 수 있다.
- 가사, 직장, 여가 시간 등을 효율적으로 관리하면 부부가 서로에게 더 많은 질적 시간을 투자할 수 있다.
- 일과 가정생활, 자기 돌봄 사이의 에너지 균형을 유지하는 것은 부부의 신체적·정서적 건강에 매우 중요하다.

④ 자녀양육과 관련된 가치관과 책임감을 형성 교육

- 자녀의 신체적 · 정서적 · 사회적 발달은 부모의 가치관과 양육 방식에 큰 영향을 받는다.
- 자녀의 개성과 필요를 존중하는 가치관을 통해 긍정적인 양육 환경을 조성한다.
- 부모는 자녀의 성장과정에서 보호자이자 지지자로서의 역할을 충실히 해야 한다.
- 책임감 있는 부모는 자녀의 신뢰와 유대감을 형성하며 안정적인 가정을 유지한다.

(5) 프로그램의 기간 및 시간 설정

① 기간

프로그램의 내용을 토대로 몇 회기로 진행할지 구성한다. 한주에 1~2회에 걸쳐 프로그램을 실시할 수 있으며 직장에 다니는 상황을 고려하여 금요일 저녁이나 토요일로 정하여 실시한다. 총 소요시간은 휴게시간을 포함하여 2시간 내외로 정한다.

② 장소

장소는 프로그램을 진행하는 기관의 특성과 여건에 따라 별도로 정해진다. 각 기관은 참여자 수, 프로그램의 목적, 활동 내용 등을 고려하여 적합한 공간을 선정하며, 강의실, 워크숍룸, 다목적홀 등 다양한 유형의 장소를 활용할 수 있다. 기관의 자체 시설을 활용하거나 외부 공간을 대여하는 방식으로 운영될 수 있으며, 장소 선택은 프로그램의 원활한 진행과 참여자들의 편의를 우선으로 한다.

③ 프로그램의 홍보

교육 프로그램의 참여자를 모집하기 위해 다양한 매체를 활용한 홍보자료를 제작하고 배포한다. 홍보 활동에는 게시판 홍보물, 현수막, 온라인 플랫폼(웹사이트, SNS, 이메일 등)을 활용하여 프로그램의 목적과 내용, 참여 방법을 효과적으로 전달한다. 게시판 홍보물과 현수막은 프로그램이 진행되는 지역에서 시각적으로 눈에 띄는 방식으로 관심을 유도하며, 온라인 홍보는 더 넓은 범위의 대상자에게 신속히 도달할 수 있는 장점을 제공한다. 이를 통해 프로그램에 대한 정보를 명확히 전달하고, 관심 있는 가족들을 대상으로 효율적으로 모집할 수 있다.

(6) 교수방법 설계

① 강의 및 소집단 토의 방식

프로그램은 참여자들의 학습 효과를 극대화하기 위해 강의, 그룹 활동, 소집단 토의, 역할극 등 다양한 교수방법을 활용한다. 주 강사가 중심이 되어 프로그램의 핵심 내용을 전달하고, 참여자들이 서로의 경험과 생각을 나누며 상호작용할 수 있는 환경을 조성한다. 이를 통해 단순히 정보를 전달하는 것을 넘어, 참여자들이 프로그램 내용을 깊이 이해하고 실생활에 적용할 수 있도록 돕는 것이 목표라 할 수 있다.

② 교육자 섭외

교육자는 프로그램의 신뢰성과 전문성을 높이는 데 핵심적인 역할을 한다. 이를 위해 각 주제와 관련된 분야의 전문가를 강사로 섭외하며, 사회복지사 및 건강가정사, 평생교육사는 해당 분야에서 실무 경험과 전문성을 갖춘 인력을 우선적으로 선정해야 한다. 이를 통해 프로그램 참가자들에게 보다 실질적이고 현실적인 교육을 제공할 수 있도록 한다.

③ 만족도 조사 준비

프로그램의 효과성과 만족도를 평가하기 위한 체계적인 도구를 준비한다. 사전·사후 만족도 조사지를 통해 참가자들이 프로그램에 대해 느낀 점, 교육 내용의 유익성, 강사의 역량 등을 평가하도록 하며, 이를 바탕으로 프로그램의 강점과 개선점을 분석한다. 만족도 조사는 단순히 프로그램의 성공 여부를 판단하는 도구를 넘어, 향후 더 나은 교육을 설계하기 위한 소중한 자료로 활용된다.

(7) 예산 책정

프로그램의 예상비용은 프로그램을 운영하는 기관의 성격, 규모, 그리고 제공하는 서비스 수준에 따라 별도로 책정된다. 각 기관은 운영 목적과 예산 상황에 맞춰 강사료, 장소 대여비, 교육 자료 제작비, 활동 준비물 비용 등 세부 항목을 조정하여 최적의 비용 구조를 설계해야 한다. 이를 통해 프로그램의 효과성과 참여자 만족도를 높이는 동시에, 기관의 운영 목표에 부합하는 방식으로 비용이 산정된다.

〈표 7-6〉 소요예산 내용

내 역	세부내용	소요비용
교육관련 비용	교육용 책자	약 5,000*17명=85,000원
	간식 및 식사	1인 20,000*22명=440,000원
	강사료	4인*200,000원=800,000원
홍보예산	홍보포스터, 현수막 제작	약 200,000원
총 합계		1,525,000원

출처 : 박주희(2020).

(8) 세부 프로그램 구성하기

가족생활교육 프로그램의 주제에 따른 전체적인 계획안이 수립된 다음 단계의 작업은 각 회기의 프로그램 계획안을 작성하는 것이다. 전체적인 프로그램의 교육 목표에 따라 선정된 내용을 토대로 각 회기의 학습지도안을 구성하게 된다.

각 회기의 학습지도 계획안 작성은 주제, 목표, 교육내용에 대한 이론적 기초, 총 소요시간, 교육대상 참고 자료 등에 관한 내용과 도입, 전개, 종결로 이루어지는 학습과정의 진행 내용을 포함하여야 한다. 예비 부모교육과 관련한 세부 프로그램은 〈표 7-7〉과 같다.

〈표 7-7〉 예비부부를 위한 프로그램 예시

구 분	내 용		
주제	예비 부부 부모교육프로그램		
목표	1. 부모로서의 역할과 책임을 명확히 인식하고, 건강한 양육 철학과 태도를 형성할 수 있다. 2. 부부간의 협력과 효과적인 의사소통을 통해 안정적이고 조화로운 양육 환경을 마련할 수 있다.		
대상	예비 부부 8쌍(16명)		
기간	총 5주 프로그램(주 1회, 회당 2시간)		
운영 방식	강의, 그룹 활동, 역할극, 피드백 및 실습		
회기	주제	목표	구성내용
1회	부모역할의 이해	부모의 역할과 정의를 이해하고, 부모로서의 기본적인 태도를 형성한다.	부모의 역할과 의미, 다양한 부모 유형, 부모로서의 태도와 가치관 형성
2회	사랑과 지도의 균형	부모로서의 책임감을 이해하며, 사랑과 지도의 균형을 맞추는 방법을 탐구한다.	사랑과 지도의 균형, 부모의 책임 영역, 자녀의 발달에 맞는 지도 방법
3회	신뢰와 존중	자녀와의 신뢰 관계 형성과 존중의 중요성을 배우고 실천한다.	자녀와의 신뢰 구축 방법, 존중을 통한 긍정적 양육, 정서적 유대 강화
4회	공동 양육 전략	부부간의 협력을 통해 공동 양육의 중요성과 방법을 익힌다.	양육 분담의 중요성, 부모 간 효과적 의사소통, 가정 내 협력 사례
5회	책임 있는 부모되기	책임감 있고 준비된 부모로서의 미래 계획을 수립한다.	책임 있는 부모가 되기 위한 준비, 미래의 자녀 계획 세우기, 가족 비전 공유
활동 예시	• 부모 역할 정의 카드 토론 • 사랑과 지도의 균형 맞추기 워크시트 • 부모와 자녀 간의 신뢰를 다루는 상황극 진행		
기대 효과	• 모의 역할과 책임을 명확히 이해하고, 사랑과 지도의 균형을 맞춘 양육 철학을 형성하여 자녀와의 신뢰 관계를 강화할 수 있다. • 부부간의 효과적인 의사소통과 공동 양육 전략을 수립하여 가정의 안정성과 자녀와의 전인적 성장을 지원할 수 있다		
평가 방법	• 프로그램 종료 후 참가자 설문조사와 인터뷰를 통해 프로그램 효과를 평가 • 프로그램 진행 중 강사가 참여자의 토론, 실습, 참여 태도를 관찰하고, 구두 피드백을 제공.		

출처 : 전선영(2001) 재구성.

3) 프로그램의 평가

① 참여자 만족도 평가

프로그램 종료 후, 참여자들이 프로그램에 얼마나 만족했는지 평가하기 위해 설문 조사를 실시한다. 설문은 프로그램 진행 방식, 강사의 전문성, 제공된 교육 자료의 적절성 및 유익함을 포함한 다양한 항목을 다루게 된다. 이를 통해 참가자들이 느낀 강점과 개선해야 할 점을 파악하여 프로그램의 품질을 높일 수 있다.

② 학습 성과 평가

프로그램에서 다룬 주제에 대해 참가자들의 이해도와 학습 효과를 평가한다. 이를 위해 교육 전후의 사전·사후 설문을 통해 의사소통, 재정 관리, 양육 가치관 등 핵심 주제에 대한 학습성취도를 측정하게 된다. 이 평가를 통해 참가자들의 지식 변화와 학습된 내용을 확인할 수 있다.

③ 행동 변화 평가

프로그램에서 배운 내용을 실생활에 어떻게 적용했는지 확인하기 위해 참가자들의 행동 변화를 평가할 수 있다. 배우자와의 의사소통 방식의 변화, 갈등 해결 능력 향상, 재정 관리 계획 실행 여부 등을 중심으로 사례 기반 질문을 통해 실질적인 변화를 측정한다.

④ 활동 결과물 평가

프로그램 진행 중 참가자들이 작성한 워크시트, 선언문, 계획서 등의 결과물을 평가한다. 이를 통해 참가자들이 학습 내용을 얼마나 충실히 이해하고 실제로 실천 가능한 계획을 수립했는지 확인할 수 있으며, 활동 결과물은 교육 효과를 시각적으로 확인할 수 있는 중요한 자료로 활용된다.

⑤ 참여 태도 평가

강사가 교육 과정 동안 참여자들의 태도와 참여도를 관찰하고 평가한다. 참가자들이 활동에 얼마나 적극적으로 참여했는지, 그룹 활동에서 얼마나 협력적이었는지 등을 관찰하여 교육 효과를 확인할 수 있다. 이 평가는 참여자들의 교육 몰입도를 파악하는 데 유용한 방법이다.

⑥ 후속 효과 평가

프로그램 종료 후 일정 기간이 지난 뒤 설문 조사나 인터뷰를 통해 프로그램이 참가자들의 실생활에 어떤 영향을 미쳤는지 평가한다. 예를 들어, 교육에서 배운 갈등 해결 방법이나 재정 관리 전략이 실제 가족생활에서 어떻게 적용되었는지, 양육 가치관이 얼마나 실천되고 있는지를 확인한다. 이 평가는 프로그램의 장기적인 효과를 입증하는 데 중요한 역할을 할 수 있다.

⑦ 정성적 평가

참여자들에게 자유로운 피드백을 요청하여 프로그램이 결혼 준비 과정에서 어떤 의미와 가치를 제공했는지에 대한 주관적인 의견을 수집한다. 이 과정에서 참가자들이 느낀 감정, 배움의 순간, 변화된 생각 등을 듣고, 프로그램의 질적 가치를 심층적으로 평가할 수 있다.

이와 같은 평가 과정을 통해 프로그램의 효과성과 개선 방향을 종합적으로 파악할 수 있으며, 이를 바탕으로 더 나은 교육 프로그램을 설계하는 데 활용할 수 있다(조성우 외, 2024).

03
PART

가족생활교육 프로그램의 실제편

08 CHAPTER

부부교육 프로그램

현대사회 가족의 변화는 가족생활 및 가족의 구조, 관계, 기능 등 다양한 부분에서 변화를 가져오게 되었다(박경아, 2023). 확대가족에서는 가사노동, 자녀양육 등 가족의 다양한 책임을 구성원들이 나누어 맡을 수 있었지만, 핵가족에서는 가정 내 모든 역할을 부부가 책임지게 된다. 부부는 한 가족의 출발점이며 가족관계를 유지시키는 데 가장 중요한 축이다. 과거의 부모-자녀관계가 우선이었던 것과 달리 최근에는 부부관계가 더 중시되고 있고, 평균수명의 증가로 인해 노년기에 부부가 함께 보내야 할 시간이 더욱 길어지면서 보다 행복하고 건강한 부부관계는 더욱 중요하게 되었다(김순기 외, 2021).

부부는 원가족, 생활 및 소비패턴, 경제관념, 가족가치관, 자녀양육관 등 다양한 갈등과 위기를 경험하게 된다. 부부는 한 팀으로 이러한 갈등과 위기를 잘 극복할 수 할 수 있도록 협동해야 하며, 이는 부부의 중요한 과제이기도 하다. 갈등상황에서 부부가 받아들이는 태도나 인식의 정도, 대처방법 등은 다양하다. 이러한 갈등이 해결되지 않은 채 쌓이거나 바람직한 갈등대처방법을 찾아내지 못함으로써 많은 가정이 이혼과 같은 가족해체의 상태에 이르게 된다(이은영, 2017). 즉, 부부는 서로의 차이를 인정하고, 서로의 견해를 좁혀나가면서 건강한 부부관계를 만들어야 한다(김순기 외, 2021).

이혼의 주된 원인은 성격 차이, 경제문제, 배우자 부정, 가족 간 불화, 육체적·정신적 학대, 건강 등 매우 다양하다. 이는 부부가 예측하지 못했던 어려움이나 위기의 상황이 발생했을 때 잘 극복해 나가는 것이 쉽지 않음을 보여준다. 따라서 본 장에서는 건강한 부부관계, 원만한 결혼생활과 건강한 가족을 만들어가기 위한 부부교육 프로그램에 대해 살펴보고자 한다.

1. 부부교육 프로그램의 개념 및 중요성

1) 부부교육의 개념

부부교육이란 가족생활교육의 하나로, 건강하고 행복한 결혼생활을 영위할 수 있도록 돕기 위해 부부를 대상으로 진행되는 교육의 한 형태이다. 즉, 부부교육은 부부의 관계 향상을 통해 행복한 결혼생활을 유지할 수 있도록 돕는 효과적인 방법 중 하나다. 결혼생활은 부부와 자녀 사이의 관계맺음과 역할 등에서 다양한 변화의 과정을 거치기 때문에 가족구조와 역할의 변화에 따라 지속적인 학습이 필요하다. 부부 각자는 태어나 결혼에 이르기 전까지 서로 다른 환경에서 자라난 사람들이며, 이렇게 서로 다른 배경을 가진 두 사람이 가족을 형성하고 함께 생활하면서 경험하게 되는 다양한 갈등을 잘 해결하고 건강한 부부관계를 맺을 수 있도록 도와주기 위해 부부교육이 필요하다. 이러한 부부교육을 통해 건강한 가족을 유지하고 행복한 관계를 맺을 수 있다.

여러 학자들에 의하면 부부교육의 초점은 부부 사이에 발생할 수 있는 여러 가지 문제가 너무 심각해지기 전에 부부나 개인으로 구성된 집단을 대상으로 교육적인 개입을 제공하는 것으로 '예방'하는 데 있으며, 부부교육의 목적은 부부 체계를 강화시켜 미래의 문제를 예방하고 행복하게 성장하는 부부관계를 맺도록 도와 건강한 가족을 만들도록 하는 데 있다(Thomas & Arcus, 1992).

현대사회는 부부 중심의 핵가족 형태로 부부관계의 질이 가정의 기능과 존립에 중요한 역할을 한다. 그러나 최근 우리나라의 부부는 가치관의 양립, 부부 상호 간의 역할과 기대 차이, 부부간의 정서적 유대감 약화, 부부 사이의 대화시간 및 기술 부족으로 조그만 위기에도 대처 능력이 부족하여 위기 상황을 초래하고 있다.

부부교육에서 다루어야 할 구성요소로 기술, 지식과 태도, 동기와 덕목으로 살펴보면 〈표 8-1〉과 같다(Hawkins et al., 2008).

〈표 8-1〉 부부교육 구성요소

구성요소	내 용
기술 (skills)	• 부부교육에서 전형적으로 가장 강조점을 두어 온 관계적 기술(relationship skills) • 부부가 건강하고 안정적인 관계를 맺는 데 핵심이 되는 의사소통과 문제해결 기술을 발전시키기 위한 내용 • 결혼관계 붕괴의 주요 원인이 되는 부부의 상호작용 과정, 의사소통 유형, 문제해결 행동 등을 개선하고 보다 바람직한 방식을 습득하도록 교육하는 데에 중점을 둠
지식과 태도 (knowledge & attitudes)	• 결혼의 질을 향상시킬 수 있는 결혼생활 관련 정보를 제공 • 부부가 서로 갖고 있는 기대를 조율하도록 돕거나 경제적인 문제를 관리하는 방법 • 결혼생활에 대해 현실적인 기대를 가질 수 있도록 돕는 기본적인 지식 • 배우자의 개인적인 기대와 이 기대가 부부관계에 어떻게 갈등을 가져오는지에 대한 내용, 우리가 살아가는 사회적 맥락에서 자신과 부부관계를 보호하고 건강한 결혼생활을 유지하기 위한 여러 가지 지식들을 포함
동기와 덕목 (motivations & virtues)	• 결혼생활을 유지하기 위해서는 좋은 기술과 지식만으로는 충분하지 않음 • 결혼생활에 헌신(commitment)하고자 하는 동기와 덕목이 갖추어져 있어야 하며, 헌신이 건강하고 안정적인 결혼의 중심적인 특징이라 할 수 있음

2) 부부교육의 중요성

부부관계는 가족생활주기에 따라 지속적으로 변화는 역동적인 관계이다. 결혼초기, 중년기, 노년기에 맞는 부부관계의 조율과 재정립이 필요하며, 각 주기마다 발달과업을 달성할 수 있도록 돕고 부부간 질적인 상호작용을 유지할 수 있는 체계적이고 연속적인 부부교육이 중요하다.

부부교육은 부부의 강점을 지원하여 부부관계에서 일어날 수 있는 여러 문제를 예방하고 가족생활주기별로 건강한 부부관계의 정립을 도와 가족생활의 질을 향상시키는 데 그 목적이 있다. 즉, 가족을 이루는 중심축인 부부가 자신들의 잠재력과 가능성을 개발하고 부부관계의 강점에 초점을 두어 함께 성장할 수 있도록 도와 궁극적으로 부부관계의 질 향상 및 결혼생활에 만족감을 높여야 한다.

부부교육 프로그램의 특징은 다음과 같다(Mace, 1975).

첫째, 교육적이고 예방적이며 성장지향을 목표로 한다.

둘째, 개인의 성장과 부부관계 성장 사이에 균형을 유지해야 한다.

셋째, 부부가 서로의 강점을 지지해야 한다.

넷째, 부부관계의 긍정적인 면에 초점을 둔다.

마지막으로, 효율적인 의사소통 능력을 강화시킨다.

신혼기, 중년기, 노년기 가족주기별 부부교육의 특징을 살펴보면 〈표 8-2〉와 같다.

〈표 8-2〉 가족주기별 부부교육

가족주기별	내 용
신혼기	• 원가족 경험과 성장배경이 다른 남녀가 만나 결혼생활에서 조정과 협력이 필요한 시기 • 부부교육을 통해 생활양식, 의사소통 등 상호교류 패턴을 잘 형성하는 것은 결혼생활 전 과정에 긍정적인 영향을 미침 • 자녀양육은 부부가 자녀를 함께 양육하기 위해 시간, 에너지, 가사 등 협력이 필요한 시기 • 오늘날 핵가족에서는 부부가 대화를 통해 효율적으로 역할을 나누고 공유할 수 있는 방안을 모색할 수 있도록 해야 함
중년기	• 중년기는 위기 및 전환의 시기로 여겨지며 많은 변화가 발생하여 부부관계의 재정립이 더욱 요구되는 시기 • 신체적 변화뿐만 아니라 자녀의 성인기 도래, 은퇴준비 등 변화된 가족생활을 재배열하고 부부관계를 재정립해야 하며, 이러한 과제들을 잘 준비하지 못할 경우 혼란과 어려움 초래 • 20년 이상 지속된 황혼이혼의 증가는 중년기의 어려움을 보여주고 있음 • 중년기 부부의 어려움을 완화하고 문제를 예방하기 위한 중년기 부부교육이 필요
노년기	• 그 동안 살아온 인생에 대한 긍정적인 통합과 본인 및 배우자의 죽음을 준비하는 시기 • 오늘날 100세 시대에서는 노년기 부부가 함께할 시간이 더욱 길어지므로 친밀하면서도 독립적인 부부관계 유지가 필요하며 건강한 의사소통이 이루어질 수 있어야 함 • 노년기 발달과업을 달성하고 인생을 잘 마무리할 수 있도록 노년기 부부교육이 필요

출처 : 김순기 외(2021) 재구성.

3) 부부교육 프로그램의 내용

부부교육은 부부관계 향상을 통해 부부 각자의 삶의 질을 높이고 부부와 여러 가지 가족문제를 예방하도록 도와야 한다. 특히 현대의 동반자적 결혼에서는 부부관계의 정서적 측면이 중요하므로 친밀감 증진을 위한 내용이 중요하게 다루어져야 한다.

〈표 8-3〉 가족생활주기별 부부교육 프로그램의 내용

단 계	부부교육 프로그램 내용	
신혼기	• 자신과 원가족과의 분화 • 자신과 배우자의 성격이해 • 친밀감 증진 • 대화 및 갈등 해결 기술 • 성역할 및 가사분담	• 부부권력 및 의사결정 • 가계/ 재정관리 • 일-가정양립 • 가족계획 • 취미와 여가활동
자녀양육 및 교육기	• 친밀감 증진 • 대화 및 갈등 해결 기술 • 부부권력 및 의사결정	• 가계/ 재정관리 • 일-가정양립 • 자녀육아를 위한 부부간 협력
중년기	• 신체적 · 심리적 특성 • 부부 성역할 변화 • 중년기 위기 대처방법 • 삶의 재정립(개인, 가족, 직업) • 의사소통	• 갱년기 교육 • 은퇴준비교육 • 지역봉사 • 여가활동 • 중년기 부부의 성 이해
노년기	• 노년기 건강과 심리 • 은퇴적응 • 함께 늙어가기 • 의사소통	• 노년기 성생활 • 건강한 자아상 확립 • 죽음 준비 • 배우자 사후 적응교육

출처 : 송정아 외(1998) 재구성.

부부교육 프로그램은 특정 내용이 어느 한 가족생활주기별로 적용되는 것은 아니며 가족생활주기 전반에 걸쳐 다루어야 한다. 예를 들어, 의사소통은 신혼기, 자녀양육 및 교육기, 중년기, 노년기 전반에 걸쳐 다루어지고 있다. 따라서 부부교육 프로그램의 내용은 가족생활주기에 적절하게 구성되어 연속적으로 이루어져야 한다.

이밖에도 최근에는 대학 부설기관을 비롯하여 종교기관과 사회단체 등에서 다양한 부부교육 프로그램이 진행되고 있다.

〈표 8-4〉 여러 기관별 부부교육 프로그램 내용

구분	운영기관	프로그램 내용
대학부설 기관	가톨릭대 상담실	원만한 의사소통을 위한 대화법
	경희대학교 가족생활교육센터	부부관계향상 교육프로그램
	성신여대 심리건강연구소	부부대화훈련
	이화여대 사회복지관	부부 의사소통 교육
종교 기관	ME 본부(카톨릭교회)	ME(Marriage Encounter)
	한국행복가정운동협회	ME 연계 성교육, 혼인교육, 가족생활교육
	기독교가정사역연구소	부부성장교육
	‘사랑의 집’ 가정문화연구원	행복한 가정 세미나
	사랑의 교회	부부 소그룹 모임
	불교 사회복지 교양대학	부부는 동반자
사회 단체	서울시가정상담소	가족대화의 밤
	광진종합사회복지관	행복한 가정 세미나
	옥수조합사회복지관	부부관계 강화 프로그램
	한국지역사회교육협의회	부부가 함께하는 대화기법
	한국가족상담교육연구소	부부관계 프로그램, 재혼준비교육, 부부대화법

출처 : 이은영(2017) 재구성.

2. 결혼초기 부부관계 향상 프로그램

1) 결혼초기 부부관계 향상 교육의 필요성

결혼초기는 가족발달주기의 그 어떤 단계보다 부부교육의 필요와 교육의 효과가 높은 시기이며 예방적 차원에서도 적절한 시기라고 할 수 있다. 이러한 부부교육을 통해 부부간의 상호작용 또한 원만하고 만족스럽게 이루어질 때, 가족의 안정성과 지속성은 유지될 수 있다. 결혼초기 부부관계 향상을 위한 교육의 필요성을 살펴보면 다음과 같다(박경아, 2023 재구성).

첫째, 결혼초기가 결혼생활의 실제를 자각하는 시기이기 때문에 결혼초기 부부의 교육동기가 높다. 즉, 부부관계에 대한 교육의 필요성을 자각하고 있는 이들 부부들에게 만족감을 제공해 줄 수 있다.

둘째, 이 시기가 외부의 지원책을 필요로 한다는 점이다. 즉, 부부관계 및 친인척 관계맺음에 대한 가이드북 제공, 출산 및 양육에 대한 스트레스 해소방법, 부부갈등을 적절하게 극복할 수 있는 능력개발에 대한 교육을 요구한다. 부부관계를 계속 발달시키면서 동시에 결혼적응을 증진시킬 수 있는 시기의 부부교육의 필요성이 절실하다.

셋째, 결혼초기의 부부교육은 그 효과 면에서 결혼후기보다 클 수 있으므로 가족생활 교육의 목적에서 내포하고 있는 예방적 효과를 기대할 수 있다. 그러므로 결혼초기는 가족발달주기의 그 어떤 단계보다 부부교육의 필요와 교육의 효과가 높은 시기이며 예방적 차원에서도 적절한 시기라고 할 수 있을 것이다.

2) 결혼초기 부부관계 향상 프로그램

결혼초기 부부관계 향상 프로그램은 부부와 가족의 안정성 및 만족도를 증가시키고 부부관계와 가족관계의 질을 향상시키는 데 그 목적이 있다. 여러 연구자에 의한 결혼초기 부부관계 향상 프로그램의 주제와 내용을 살펴보면 〈표 8-5〉와 같다.

〈표 8-5〉 결혼초기 부부관계 향상 프로그램

연구자	주제 및 내용
송정아(1998)	성격 차이 인정, 의사소통, 갈등 해결, 가치관
우혜민(2001)	결혼에 대한 현실적인 기대, 자신에 대한 이해와 부부의 평등한 역할, 의사소통(말하기/ 듣기), 갈등 해결, 부부의 즐거움 추구

유은희(2002)	의사소통, 갈등 해결, 부부적응 및 부부관계 이해, 친밀한 부부관계
방현주(2002)	자신과 배우자의 성격과 행동 특성 이해(MBTI 검사), 듣기, 표현하기, 문제해결, 성생활에서의 의사소통, 가족생활주기에서 현 단계 특징 및 과업 이해, 배우자 이해심(Ennergram 작성), 부부사명서 작성
권정혜 & 채규만(2000)	배우자에 대한 이해와 수용, 의사소통 기술 및 문제해결 기술 증진, 배우자 가족에 대한 대처, 만족스러운 성생활 준비, 분노조절 등에 대한 부부적응
모의희(2002)	부부의 생활과정 확인하기, 부부의 생존방식 확인하기, 가족규칙 재구성하기, 잠재된 가능성 찾아주기, 부부생활 목표 설정과 성장하기

이상의 결혼초기 부부관계 향상을 위한 많은 연구자들의 연구내용 이외에 현재 건강가정지원센터에서 운영하고 있는 생애주기별 교육 가운데 예비부부 및 신혼기 가족교육내용에 대한 사업소개 및 서울가족학교(2017) 프로그램을 소개하면 다음과 같다.

(1) 예비부부 및 신혼기 교육프로그램(건강가정지원센터)

구 분	내 용
프로그램 개요	• 결혼을 앞두고 있거나 교제 중인 미혼남녀/ 신혼기 부부가 참여하여 자신과 상대방에 대해 좀 더 이해할 수 있는 기회를 제공하고 결혼초기 적응을 돕는 프로그램 • 건강한 결혼과 가족가치관을 확립하고 결혼생활에서 발생할 수 있는 문제에 대한 대처능력 향상
참여자	• 결혼에 관심이 있는 분 • 결혼을 준비하고 있는 예비부부 지원내용 • 교육을 들으시면 보다 건설적인 가족을 이루는 데 도움, 배우자와 나를 이해하고 결혼 후 가족을 어떻게 만들어가야 할지에 대한 도움 • 결혼을 하신 분들은 신혼기 부부교육을 들으시면서 초기 가족생활을 설계 • 결혼생활을 하면서 나의 생각과 다른 부분과 배우자와의 갈등이나 생각지 않았던 문제들에 대한 해답을 찾게 도움
프로그램 교육내용	• 예비부부 및 신혼기 부부 프로그램 결혼과 가족, 양성평등과 부부관계 만들기, 의사소통 다루기, 부부갈등에 대처하기, 분노 조절하기, 사랑을 만들어가기 등(6회기) • 결혼준비교육 : 결혼 파트너, 아름다운 결혼, 행복한 결혼으로 가는 나의 내비게이션, 일도 가족도 행복하게, 좋은 부모되기, 자녀사랑, 우리 준비됐어요 등(6회기)

(2) 예비부부교실 프로그램(서울가족학교, 2017)

서울가족학교에서는 결혼을 앞두거나 관심 있는 서울생활권 미혼커플을 대상으로 하는 예비부부교실을 운영 중이다. 예비부부들을 대상으로 하는 프로그램의 주요 내용은 다음과 같다.

첫째, 서로의 차이를 이해하고, 행복한 커플이 되기 위한 대화법 및 바람직한 의사소통 방법 등 알아보기

둘째, 결혼의 의미와 결혼 체크리스트를 작성하고 행복한 결혼을 위한 요건 알아보기

셋째, 결혼 설계하기와 재무관리방법 배우기

넷째, 교육을 통한 행복한 미래를 설계하고 다짐하기

(3) 예비부부 프로그램(강북구 건강가정다문화가족지원센터, 2018)

① 예비부부를 위한 기능적 의사소통법 갈등을 해결하는 효과적 대처법

서로 사랑하지만 서로 다른 두 사람이 결혼하고 가정을 만들어가기는 결코 쉽지 않습니다. 두 사람의 차이를 정확하게 알면 앞으로 결혼생활에서 일어날 갈등 유형을 예측해 볼 수 있는데요. 그 결과를 바탕으로 갈등이 일어나지 않도록, 갈등이 생기더라도 효과적으로 해결할 수 있도록 예비부부를 위한 의사소통법을 배워보세요.

② 다양한 방면의 결혼생활 설계

흔히 '결혼은 현실'이라고 합니다. 연애할 때와는 달리 하나의 공동체를 꾸리고 하루하루 일상을 채우면서 미래를 준비하다 보면 그전에는 맞닥뜨리지 못했던 문제들이 나타나기 때문입니다. 건강하고 행복한 결혼생활을 위해 사랑을 이어 나가는 방법과 함께, 가족의 건강, 집안일, 자녀양육법부터 재무 설계까지 결혼생활의 다양한 페이지를 미리 열어보세요. 설레는 만큼 막막한 결혼생활의 밑그림을 함께 그리다 보면 조금씩 두 사람이 만들어갈 미래의 모습이 같은 모양으로 합쳐지는 것을 경험할 수 있을 겁니다.

실제 강북구 건강가정다문화가족지원센터에서 운영하는 예비부부 프로그램 교육내용은 〈표 8-6〉과 같다.

〈표 8-6〉 예비부부의 교육내용

목 차	교육내용
1강 서로의 차이 이해하기	커플 소개, DISC를 이용한 서로의 차이 이해하고 적응하기
2강 행복한 커플 대화법	부부갈등 이해 및 갈등 해결을 위한 바람직한 의사소통 방법 학습
3강 결혼의 의미와 결혼 체크리스트	결혼의 의미 및 행복한 결혼을 위한 요건 이해하기, 사랑의 관점과 사랑의 구성요소/ 원가족, 건강, 자녀와 가사
4강 우리 결혼 설계하기와 재무관리	준비된 결혼생활을 위한 결혼생활 설계, 재무관리

3. 부부관계 향상을 위한 교육 프로그램

1) 부부관계 향상 프로그램

부부관계 향상 프로그램은 정상적인 부부들이 보다 나은 결혼생활을 할 수 있도록 하기 위해 예방적·발달적 차원에서 부부들을 돕기 위한 활동이다. 누날리와 밀러, 와크만(Nunnaly & Miller, Wackman, 1976)에 의해 고안된 미네소타 부부 의사소통 프로그램은 가장 오래되고 많이 연구되고 있는 보편화된 훈련 프로그램 중 하나로, 프로그램의 내용을 살펴보면 〈표 8-7〉과 같다.

〈표 8-7〉 미소네타 부부 의사소통 프로그램

대 상	부부 5~7쌍
목 적	개방된 의사소통 능력을 향상시켜 부부관계를 증진
회 기	내 용
1회기	지각의 틀, 즉각성 핸들을 부부들에게 제시하고 지각을 표현하는 기술
2회기	듣기 기술
3회기	의사소통의 불일치를 검증하고 보다 효과적인 의사소통 양식을 습득
4회기	앞의 단계들을 재실습

2) 부부관계 향상을 위한 의사소통 기법

(1) 부부관계 의사소통

인간은 전 생애에 걸쳐 다양한 인간관계를 형성하는데 그중에서 부부관계는 가장 긴밀하고 지속적인 상호작용을 하는 관계라고 할 수 있다. 부부간 의사소통은 부부가 언어적·비언어적 표현 방식을 통하여 서로의 감정이나 생각, 태도 등을 표현함으로써 서로 대하여 이해하게 되는 과정을 의미한다. 부부관계에서 부부의 의사소통은 부부관계 형성을 위한 수단이자 부부 의사소통의 질에 따라서 부부관계의 지속여부가 결정되기도 하며, 효과적인 의사소통 방식은 부부의 친밀감을 유지하고 신뢰감을 높여주지만, 역기능적인 의사소통 방식은 부부간의 갈등을 초래하여 결국 가정의 안정을 위협하는 요인이 될 수 있다(박민지, 2006).

부부간 의사소통이 원활하지 못하면 부부간의 심리적 갈등이 생기고, 의사소통 방식을 잘 모르면 부부간의 다툼에서 사건이나 문제에 중심을 두는 대화가 아닌, 부부관계에 초점을 두게 되면서 상황을 더욱 악화시키게 될 수 있다.

〈표 8-8〉 부부간의 의사소통 장애요인

• 문화적 배경의 차이	• 사회적 배경의 차이
• 성역할 학습의 차이	• 간접적 의사소통
• 단어 사용의 차이	• 지나친 일반화나 불확실한 가정
• 선택적 인지	• 모순적인 의사소통
• 방어적 의사소통	

부부간의 의사소통 장애요인 매우 다양하다. 가족의 건강성을 결정짓는 중요한 역할이자 가족 체계의 중심으로서 부부의 의사소통 장애 문제는 가족구성원들에게 악영향을 줄 수 있다. 따라서 부부의 의사소통이란 행복한 결혼생활에 있어서 절대적으로 필요한 요소이며, 행복한 결혼생활을 유지하기 위해서는 최선의 노력을 다해야 하는데, 그중에서도 상호 간의 효과적인 의사소통은 매우 중요하다고 할 것이다(박경아, 2023).

효율적인 의사소통이란 자신과 타인과의 관계 사이에 의미를 창출하고 공유하는 상징적 교류 과정 중에서 경청과 상대를 이해하는 능력, 목소리의 억양, 스스로의 감정을 통제할 수 있는 능력, 자신의 표현능력 등의 제반 관계 요소가 원만하게 이루어지는 상태를 의미한다(강희정, 1995).

학자들마다 효율적인 의사소통의 중요성을 살펴보면 〈표 8-9〉와 같다(이은영, 2017 재구성).

〈표 8-9〉 효율적인 의사소통의 중요성

학 자	내 용
존슨 (Johnson)	• 효과적인 갈등 해소를 위해서 부부간 효과적이고 지속적인 의사소통 필요 • 효과적인 의사소통을 통해 양자 간의 차이점을 해결하려는 상호 협력적 노력을 기울여야 함 • 서로의 입상과 의도에 상관있는 정보를 제공하고 느낌을 자유롭게 이야기하며, 함께 추론하고 협상하고 영향을 주려고 할 때 해결책의 발달을 촉진
비엔베뉴 (Bienvenu)	• 효과적인 의사소통에 관계되는 요인은 듣는 태도, 상대에 대한 이해, 억양, 자신의 감정조절능력과 표현 등 • 비효과적인 의사소통에 관계되는 요인은 잔소리, 예의 바르지 못한 태도, 솔직하지 못한 것 등
나브란 (Navran)	• 부부의 효과적인 의사소통을 위해서는 신중한 언어 선택, 상대방의 이야기를 이해한다는 반응 표현, 부부간 다양한 이야기 주제, 적절한 자기주장과 상대방의 의사표현을 인정하는 개방적인 태도를 가져야 함 • 상대방의 감정에 관심을 가지고 있다는 것을 표현과 비언어적인 기교를 보충적으로 사용함
루이스 & 스페니어 (Lowis & Spanier)	• 훌륭한 판단, 의사소통의 원활, 적응, 부부관계에 대한 높은 만족도가 결혼의 질과 밀접한 관계가 있음 • 부부간 의사소통에서 자신에 대한 의사표현이 많을수록, 효과적인 의사소통이 빈번할수록, 비언어적 의사소통이 정확하면 할수록 부부간의 이해가 깊을수록, 서로 간의 감정이입이 많을수록 결혼생활의 질 높음

(2) 부부관계 의사소통 기법[1)]

① 부부관계의 의사소통을 가로막는 유형

- 회피형 : 대화 장소를 떠나거나 대화를 회피하기 위해 딴짓을 한다.
- 마음을 읽는 형 : 상대 마음을 다 읽고 있다는 듯한 태도를 취한다.
- 작은 일로 괴롭히는 형 : 사소한 일로 트집을 잡거나 사사건건 잔소리로 배우자 신경을 건드린다.
- 애정을 고집하는 형 : "우리가 사랑하는데, 이런 게 뭐가 문제야."라는 식으로 이야기한다.
- 죄의식을 일으키는 형 : 자기가 원하는 것을 솔직히 말하는 대신 상대방에게 죄의식을 던져준다.
- 덫을 놓는 형 : 괜찮다며 솔직히 얘기해 보라고 한 뒤, 배우자가 솔직히 말하면 화를 내며 그 내용을 부인한다.
- 보따리형 : 화가 났을 당시에는 표현을 하지 않고, 차곡차곡 쌓아두었다가 한꺼번에 마구 퍼붓는다.
- 농담형 : 심각한 이야기를 피하고 농담으로 되받는다.
- 비위만 맞추는 형 : 상대의 비난의 배척을 견디지 못해 무조건 배우자를 기쁘게 해주려고 든다.
- 과거 고집형 : "옛날엔 ○○ 해줬잖아요?"라는 식으로 시간과 상황이 바뀌어도 상대가 과거에 했던 역할을 고집한다.

② 부부관계 의사소통 향상법

부부관계 의사소통 향상을 위한 부부싸움에서 지켜야 할 원칙을 살펴보면 다음과 같다.

첫째, 배우자에게 정신적인 괴로움이나 어떠한 고통을 주려는 의도에서 싸움을 걸지 않는다. 배우자에게 보복을 가하기 위해서 싸워서는 안 되며, 싸울 만한 확실한 이유가 있을 때, 구체적인 내용을 가지고 싸워야 한다.

1) 박경아 · 이경자 · 김은아 · 윤명자(2023). 가족생활교육에서 재구성.

둘째, 싸움의 소재와 주제에서 벗어나지 않도록 노력해야 한다. 잘못된 문제는 '당장 그 자리'에서 질책한다. 감정이 격해지면 대개 과거를 서로 들추어내어 결국 싸움이 커지는 경우가 있다. 잘못된 문제 이외의 것으로 감정에 불을 붙이며 폭발시키는 것은 부부싸움 해결에 아무런 도움이 되지 않는다.

셋째, 배우자의 자존심을 건드리지 말아야 한다.

넷째, 배우자를 자신의 생각대로 고치려 하지 않는다.

다섯째, 부부간 갈등이나 서로에게 분노와 증오는 있을 수 있으나, 어떠한 물리적인 힘을 가해서는 안 된다.

③ 다양한 의사소통 기법

바람직한 의사소통 기술로는 경청, 확인, 감정대화, 긍정적 표현, 부정적 감정표현, 요청하기 등이 있으며, 듣기의 기술로는 주의기울이기, 인정하기, 정보요청하기, 요약하기, 개방 질문하기 등이 있다. 이를 살펴보면 다음과 같다(박경아, 2023 재구성).

㉠ 경청

상대방의 말을 적극적으로 경청한다. 언성이 높아지고 말이 많아지거나 토라지는 등의 반응을 쉽게 볼 수 있다.

〈바람직한 경청자의 태도〉

첫째, 신체적으로 상대방을 향하여 바라본다. (바라보기)
둘째, 상대방의 말을 확인하고 피드백을 제공하여 메시지가 정확하게 전달되었는지 확인한다. (인정)
셋째, 상대방이 계속 말을 이어가도록 권한다. (격려)
넷째, 대화내용의 오해를 줄이기 위해 보충의 정보를 요청한다. (확인)
다섯째, 상대방의 말을 완전히 이해하기 위해 노력한다. (해석)

㉡ 확인

확인은 경청과 밀접한 관련이 있는 기술이다. 경청이 상대방의 의견에 관심을 가지고 열심히 듣는 것이라면, 확인은 상대방의 입장이 타당하다는 생각을 전달하는 과정이다.

확인은 이야기하는 사람 그 자체와 그 사람의 행동 또는 의견을 구별하는 기능을 한다. 확인을 통해 사람들은 자신의 견해에 사람들이 공감하거나 동의하지는 않지만 여전히 자신의 의견을 진지하게 받아들인다는 것을 알 수 있게 된다.

㉢ 감정대화

감정대화 또는 자기표현은 내면의 감정을 분명하고 직접적으로 사람에게 알리는 기술이다. 감정을 말로 표현함으로써 말하는 사람과 듣는 사람이 상황을 명확하게 이해하고, 부정적인 감정을 즉각 표현함으로써 갈등이 축적되는 것을 예방할 수 있다.

㉣ 긍정적 표현

긍정적인 표현으로는 상대방에 대한 애정과 관심갖기, 칭찬하기, 감사의 표현하기 등이 있다.

㉤ 부정적 감정표현

부부가 결혼생활에서 흔히 겪는 부정적인 감정들을 서로에게 표현하고 갈등영역을 파악하는 기술을 개발하는 것은 매우 중요하다. 그러나 부정적인 감정표현에는 몇 가지 유의점이 있다.

〈부정적인 감정표현의 유의점〉

첫째, 부정적인 감정은 즉시 표현한다.
둘째, 부정적인 감정을 표현할 때에는, 배우자의 인격이나 본질이 아닌 배우자의 행동에 초점을 맞추어야 한다.
셋째, 부정적인 감정은 '원인-감정'의 형식으로 표현해야 한다.

㉥ 요청하기

"쓰레기 들고 나가요!"

"왜 한 번도 쓰레기를 들고 나가지 않죠?"

"쓰레기를 밖에 내가면 고맙겠어요."

위의 세 가지 유형의 예문을 볼 때, 상대방의 컨디션에 따라서 요청으로 유발되는 감정과 반응은 매우 다를 것임을 예측할 수 있다.

〈긍정적으로 요청하는 방법〉

첫째, 즉각적으로 한다. 처음에 대두되었을 때에는 속으로 조용히 참지 말고 즉각적으로 하는 것이 중요하다. 언급하지도 않은 요청을 상대방이 미리 예측하고 수행할 이유가 없기 때문에 불만이 쌓일 가능성이 높다.

둘째, 긍정적으로 한다.

셋째, 구체적으로 한다. 예를 들면, "네 옷은 네가 정리하면 고맙겠어.", "연료를 적어도 절반 정도 남겨주면 고맙겠어. 내일 일찍 출발해야 하거든." 등은 긍정적이고 구체적인 요청이라고 할 수 있다.

넷째, '나'라는 말로 시작한다. '나'라는 말로 요청을 시작함으로써 대화자는 요청에 대한 책임을 지고, 책임추궁의 성격을 피하며 상대방이 방어적 태도를 취할 필요성을 낮출 수 있게 한다.

다섯째, '왜'가 아니고 '어떻게' 또는 '무엇'으로 질문한다. 예를 들면, "우리가 어떻게 처리할까?" 또는 "내가 무엇을 도와줄까?"라는 질문이 바람직한 행동을 유도할 가능성이 높다.

여섯째, 긍정적인 협조를 모색하고 보상한다.

〈표 8-10〉 듣기의 기술

기 법	내 용
주의기울이기	• 바라보기, 듣기, 반영하기
인정하기	• 끄덕이기, 공감하기
정보요청하기	• 부드러운 지시나 진술, 질문의 형태를 취하여 상대가 무엇이든 더 많은 것을 얘기하도록 하는 것
요약하기	• 잘 경청하고 요점을 잘 이해하고 있다는 것을 보여주기 위해 경청한 내용을 요약해 준다.
개방 질문하기	• 빠진 정보를 수집하고 채우기 위해 개방 질문을 한다. • 명확하지 않은 감각 정보나 혼돈된 사실 정보를 명료화하기 위하여 개방 질문을 한다 • 인정 또는 사고의 정확성을 검토하기 위해서 개방 질문을 한다. • 갈등적 메시지나 지시적 메시지, 혼돈된 메시지를 명료화하기 위하여 개방 질문하기를 한다.

출처 : 박주희(2022) 재구성.

09 CHAPTER

부모교육 프로그램

부모란 성인 남녀가 결혼하여 자녀를 가지게 되면서 자연스럽게 맡게 되는 지위로써, 주로 혈연에 의해 이루어지는 것이 일반적인 관념이다. 부모는 아동이 만나는 최초의 환경이며, 아동에게 중요한 역할을 담당한다(최혜순, 2013). 또한 아동들이 성장 발달하는 동안 부모가 제공하는 교육과 다양한 경험은 아동의 생활규범과 가치관 형성에 영향을 미치며, 전인적 발달이 자연스럽게 이루어질 수 있도록 돕는다.

전통사회에서는 자녀를 양육하는데 지침이 한 세대에서 다음 세대로 전달되어 생활 속에서 자연스럽게 부모역할을 배울 수 있었다. 그러나 현대사회는 시대가 복잡하게 변화하면서 부모의 역할 또한 다양화되어 체계적인 부모교육이 절실하게 필요하게 되었다(박경아, 2023). 또한 오늘날 부부중심의 핵가족에서 자녀양육은 전적으로 부모의 책임이 되었으며, 부모역할 수행에 도움이 되는 체계적인 부모교육이 필요하게 되었지만 부모역할, 양육방법 등 부모교육과 관된 정보가 넘쳐남으로써 도리어 부모역할에 혼란을 초래하고 있다(김순기 외, 2021).

현대사회는 과거와 달리 복잡하고 역동적이며 다양성을 지향하는 부모역할에 대해 민주적인 부모-자녀관계, 친밀한 아버지 역할, 부부의 자녀 공동양육 등 많은 변화를 요구하고 있다. 또한 사회적으로 저출산의 문제를 해결하기 위한 방안을 모색하고 있는 시점에서 아이를 낳는 것만을 강조하는 대책보다는 좋은 부모가 되기 위한 전문적이고 체계화된 교육이 우선시되는 것이 더욱 중요하다(박경아, 2023). 따라서 본 장에서는 아동이 단순하게 한 가정의 자녀로서 인식되기보다는 한 나라의 미래임을 인식하여 바람직한 방향으로 성장할 수 있도록 부모교육에 대한 전반적인 내용을 살펴보고자 한다.

1. 부모교육의 개념과 필요성

1) 부모됨(Parenthood)의 의미

(1) 사회적 의미

비버스(Veevers, 1973)는 부모가 된다는 것은 부모가 되고자 하는 다양한 동기에 따라 사회문화적 의미에 대해 부모의 역할과 부모가 되기 위한 선택을 하도록 압력을 가한다고 보았다. 부모됨의 사회적 의미를 여섯 가지 유형으로 살펴보면 다음과 같다(강영식 외, 2023 재구성).

첫째, 결혼을 하여 자녀를 갖는 것은 '도덕적 의무감'을 수행하는 의미를 지닌다.

둘째, 부모가 된다는 것은 사회적으로 긍정적인 일이며 '시민으로서의 책임'을 수행하는 의미를 지닌다.

셋째, 부모가 되는 것은 '인에게 기대되는 자연스러운 행동'이다.

넷째, 부모가 되는 것은 '성적(性的) 의미가 포함'된다.

다섯째, '결혼'을 의미한다.

여섯째, 부모가 됨으로써 '정신위생상 정상적인 상태'를 의미한다.

이러한 사회적 의미는 시대와 사회문화, 그리고 개인이 보는 관점에 따라 달리 해석될 수 있다.

〈표 9-1〉 부모됨의 사회적 의미

구 분	부모기의 사회적 의미	비부모기의 사회적 의미
도덕성	부모됨은 도덕적 의무를 실천하는 것이다.	자녀를 갖지 않는 것은 비도덕적이다.
책임감	부모가 된다는 것은 시민으로서의 책임감을 이행하는 것이다.	자녀가 없는 것은 무책임하다.
자연성	부모가 되는 것은 자연스러운 것이다.	비부모기는 사회적으로 부자연스러운 것이다.
성에 대한 인식과 신체적 성숙	부모가 된다는 것은 신체적 성숙을 의미한다.	성적 무능력을 나타내며 신체적 미성숙을 의미한다.
결혼	결혼생활에 대한 만족과 이혼을 방지한다.	결혼에 대한 불만족과 이혼의 기회를 증가시킨다.

출처 : 강영식 외(2023).

(2) 개인적 의미

부모는 자녀를 갖게 됨으로써 자아성장의 계기가 되며, 인격적으로 성숙해지는 기회를 갖는다. 또한 부모가 됨으로써 지위를 획득하고 부부의 사이도 더욱 가까워질 수 있게 하는 가족의 결속력을 가지게 된다. 부모는 자녀를 통해 기쁨과 성취감을 경험할 수 있으며, 자녀가 성장하면서 행복과 기쁨, 사랑에 대한 인간의 기본적 욕구를 만족시켜 준다.

2) 부모의 역할

'부모됨'을 선택한 부모들은 자녀에게 편안함과 따뜻함, 그리고 의식주를 제공해 주어야 한다. 자녀가 현대사회를 안정적으로 살아갈 수 있도록 바른 인격형성과 교육 등에 힘써야 하며, 바람직한 부모가 되기 위해서는 자녀의 기본적인 욕구와 기대에 적극적으로 반응하고 자녀에게 어려움이 발생했을 시 부모는 자녀의 이야기를 경청하여 자녀가 해결책을 찾을 수 있도록 돕는 역할을 해야 한다.

부모가 자녀에게 제공해 주어야 할 부모의 역할을 살펴보면 다음과 같다(오영희 외, 2008).

첫째, 부모는 자녀의 출생과 양육을 통해 신체적·정서적·언어적·사회적 발달에 책임을 져야 한다.

둘째, 부모는 자녀에게 개인적인 심리적·정서적 욕구를 충족하도록 적절한 사랑과 관심을 가지고 훈육하며 자녀의 발달에 긍정적 환경을 제공해 주어야 한다.

셋째, 부모는 자녀가 올바르게 성장하도록 교육자로서의 역할을 수행하여야 한다.

넷째, 부모는 자녀에게 표본이 되는 모델 제공을 통해 자녀의 태도와 습관 형성에 모범이 되어주어야 한다.

다섯째, 부모는 자녀에게 상담자의 역할을 해주고, 때로는 다정한 친구의 역할을 해줄 수 있어야 한다.

(1) 아버지 역할

농경시대의 아버지 역할은 경제적 책임자, 가족 부양자로서 가족의 생계유지를 위한 도구적·수단적 역할을 하였다. 시대적 사회환경의 변화에 따라 육아의 일부분을 담당하고 자녀양육에 참여하며, 가족과 자녀에게 지지적 역할을 하는 것으로 변화되었다. 아버지의 자녀양육 참여는 자녀의 자아개념 형성과 자녀의 신체, 자존감, 사회성, 도덕성 등에 긍정적인 영향을 미친다. 과거에 엄격한 훈육자로서가 아니라 좋은 아버지로 인식되는 진보적 변화의 아버지의 양육 역할을 한다.

〈표 9-2〉 진보적 변화의 아버지의 양육 역할

인지환경 조성자	친구가 되어 자녀와 함께 놀아주는 역할
능력 개발자	자녀의 능력과 잠재력을 위해 정보를 제공해 주며 함께 학습을 이끌어 주는 역할
훈육자	도덕성을 가지고 예의 바른 사람이 되도록 하는 역할
정서적 지지자	긍정적 애정을 표현하는 역할
전통사회 가치 전달자	올바른 가치관 함양과 인성발달에 도움을 주는 역할
부모-자녀 협력자	자녀의 성장과 발달에 함께하는 역할

(2) 어머니 역할

전통사회에서부터 어머니는 주로 자녀양육을 담당하는 것으로 자녀양육의 역할, 도덕적 교육담당자 역할, 가족의 건강관리 및 위생적 역할 등 다양한 역할을 담당하였다. 현대사회에서는 여성의 사회진출로 전통적 어머니의 역할에 대한 개념이 사라지고 어머니와 아버지의 부모역할이 비슷한 기능을 가지게 되었다. 어머니는 어머니로서의 올바른 마음가짐을 가지고 자녀를 돌보면서 자녀가 건강하게 성장할 수 있도록 필요한 자원을 제공해야 한다. 자녀의 잠재능력을 키울 수 있도록 어머니와 자녀 간 지속적인 상호작용이 필요하며, 적절한 어머니 역할이 수행되어야 한다.

3) 부모교육의 정의

부모(父母)란 아버지와 어머니를 아울러 이르는 말이다. 부모교육은 자녀의 성장과 발달에 대한 부모의 이해와 지식을 증진시킴으로써 부모로서의 역량을 강화시키는 것이다. 부모교육을 통해 부모는 스스로 효과적으로 자녀를 양육하는 방법과 기술을 개발하여 자녀에게 실천하고 적용할 수 있다. 부모교육은 효과적인 부모역할을 지원하기 위해 부모에게 제공되는 다양한 교육활동으로, 자녀의 발달에 필요한 정보나 지식, 부모의 책임, 의무, 기술 등 전반적인 수행능력을 길러주는 것이다.

부모교육에 대한 개념은 목적에 따라 다양하고 광범위하게 정의되어 왔으며, 조금씩 다른 개념으로 혼용되어 사용하고 있다. 부모참여, 부모개입, 부모역할, 부모지지, 부모훈련 등의 용어들이 있으며, 이 중 영유아교육기관에서 부모와 관련된 활동을 포괄하는 의미로 '부모교육'과 '부모참여'의 용어가 주로 사용되고 있다(김희진, 2002).

〈표 9-3〉 부모교육 관련 용어의 정의

부모교육 관련 용어	정 의
부모교육 (parent education)	부모로서 자녀를 양육하는 데 역할기능을 원활히 수행할 수 있도록 부모에게 정보나 지식을 전달하거나 기술을 가르치는 개념
부모참여 (parent participation)	영유아교육의 구성과 운영에 직접적으로 참여하여 교사와 상호관계를 형성하는 포괄적이고 적극적인 개념
부모개입 (parent involvement)	부모가 자녀의 교육현장에 직접 개입하는 것을 의미
부모역할 (parenting)	자녀의 발달단계에 맞추어 보호하며 영양 제공, 교육 및 훈육 등의 행위를 의미
부모지지 (parent support)	자녀교육을 위해 주변에서 필요한 자원을 지원하고 지지하는 것을 의미
부모훈련 (parent training)	올바른 부모가 되기 위하여 부모교육을 받고 기술과 양육방법을 습득하는 것을 의미

출처 : 강영식 외(2023).

이를 토대로 부모교육을 정리하면, 부모교육은 부모가 자녀를 양육하면서 필요한 정보와 기술의 습득 및 부모로서의 신념과 통찰력의 변화를 도와주는 교육적 활동이라 할 수 있다. 즉, 자녀에 대한 이해와 지식을 증진시켜 사고와 감정, 그리고 행동에 있어서 습관적인 방법을 돌이켜 검토해 보도록 함과 동시에 자녀를 양육하는 새로운 방법을 습득하도록 도와주는 다양한 교육적 경험으로 부모로서의 자질을 향상시키기 위하여 행하는 모든 교육을 의미한다. 최근에는 영유아교육기관에서의 부모참여 필요성을 인식하고 운영의 활성화를 강조하고 있다. 유아교육의 효과를 얻기 위해서는 일방적인 소통이 아닌 상호 보완하는 쌍방향의 소통이 이루어져야 한다.

4) 부모교육의 필요성

부모는 아이를 낳으면 부모로서의 역할을 자연스럽게 부여받지만, 자녀가 성장함에 따라 발달단계에 맞는 부모로서의 역할을 제대로 수행하기란 쉽지 않다. 부모는 자녀가 태어나 최초로 맺는 인간관계이며, 자녀는 부모와의 관계

속에서 다양한 경험을 쌓게 되고 다양한 문제상황을 해결해 나간다. 이러한 부모의 가치관, 인성, 지식, 태도 등이 자녀 발달에 결정적인 영향을 미치며 이는 거의 평생 유지된다. 자녀양육을 효과적으로 실행하기 위해서는 부모교육이 반드시 필요하다. 부모들은 급격한 사회적 변화, 가족 역할 변화, 경제적 변화, 교육의 기능 악화 등을 겪고 있으며, 변화하는 현대사회의 여러 특징과 요구에 적합한 부모교육이 절실히 필요하다. 이러한 부모교육의 필요성을 알아보면 다음과 같다.

(1) 이은화와 김영옥(2000)이 제시한 부모교육의 필요성

- 대부분 성인 중 부모교육을 통해서 많은 부모들은 변화될 것이다.
- 예비부모교육이 가정에서는 물론 기초적 부모교육에서는 포함되어 있지는 않다.
- 자녀의 양육들에 대해 충분한 지침서들이 혼란과 갈등을 초래하게 한다.
- 태아기부터 유아기까지는 삶의 발달기 중 매우 중요한 시기이다.
- 부모의 역할은 그리 쉬운 일만은 아니다. 혼돈과 갈등의 어려운 과제다.
- 수많은 여성들이 직장에 나가고 있는 관례로 효율적인 양육이 현실적으로 매우 중요시되었다.
- 현재는 아버지의 양육참여가 매우 중요한 시기이며 중요하게 되었다.
- 부모기나 유아기에 대한 허설이 아직도 존재하고 있다.

(2) Hamner와 Turner(1985)가 제시한 부모교육의 필요성

- 대부분의 사람들이 현재 부모이거나 미래에 부모가 된다.
- 부모기에 대한 교육이 가정에서는 거의 제공되지 않을 뿐만 아니라 대부분의 교육체계에서도 등한시되고 있다.
- 부모기를 성공적으로 수행하기 위한 지침이 충분하지 않아서 부모들을 혼란스럽게 하고 있다.

- 효과적인 부모역할은 특히 아동 초기의 전반적인 발달에 중요하다.
- 부모역할하기는 어렵다.
- 부모들은 도움받기를 원한다.
- 어머니가 직장을 가짐에 따라 부모가 자녀를 돌보는 시간이 줄어들고 있다.
- 아버지의 양육참여가 늘어날 필요가 있다. 남자도 부모역할을 효과적으로 해야 한다.
- 부모기에 대한 여러 가지 잘못된 정보에 대해서 알아야 한다.

(3) 이연승과 성현주(2020)가 제시한 부모교육의 필요성

- 준비되지 않은 부모가 되지 않도록 해야 한다.
- 부모는 아동발달에 결정적인 영향을 미치기 때문이다.
- 부모역할에 대한 가치관을 형성하고 지식, 기능, 태도를 습득해야 한다.
- 영유아교육기관과 가정과의 연계교육이 되어야 더 효율적이다.
- 아버지도 함께 참여하는 자녀양육이 되어야 한다.
- 급속도로 변화하는 미래사회에서 부적응자가 되지 않도록 준비해야 한다.

2. 부모교육 프로그램

1) 예비부모교육 프로그램

예비부모교육은 사회적 변화와 시대적 요구에 따라 부모교육이 발전되면서 등장하게 되었다. 1960년 이후 부모의 가치관, 태도 및 행동이 자녀의 자존감, 사람됨, 성격형성, 사회화 등 자녀의 성장과 발달에 핵심 요인으로 영향을 준다는 많은 학자들의 연구 이후 부모들은 지속적으로 부모교육을 받고자 하는 욕구가 생기기 시작하였다. 사회교육기관에서는 이러한 부모들의 욕구를 충족시키기 위한 다양한 프로그램을 만들어 내기 시작하였다. 그러나 현재 실시되고 있는 부모교육 프로그램은 유아교육기관 또는 초등학교 자녀를 둔 부모를 대상으로 실시하는 경향이 높다. 이는 자녀들의 인성이 고착화된 후에 이루어지는 교육이기 때문에 수정하기 어려운 문제점을 안고 있다. 따라서 부모교육은 치료적인 측면보다는 예방적인 측면에서 접근하는 것이 바람직할 것이라는 견해가 나타나기 시작하였다(이병래, 1991).

(1) 우리나라 예비부모교육 프로그램

우리나라의 예비부모교육 프로그램의 경우, 사회기관을 중심으로 실시되는 프로그램과 학교 정규교육과정으로 실시되는 프로그램으로 구분할 수 있다. 지역사회기관에서 이루어지는 예비부모교육 프로그램은 일반사회단체나 기관, 종교단체 등에서 실시하고 있는 예비부모교육으로서 대부분 직업인과 결혼 및 출산을 앞둔 예비부모를 대상으로 하고 있으며, 건강가정지원센터의 가족성장 아카데미교육, 굿네이버스의 찾아가는 예비부모교육, (사)한국청소년보호재단의 행복한 가정 어머니교육, 한국가정 법률상담소의 예비부모교육 관련강좌, YMCA의 결혼강좌, 명동성당의 혼인강좌, 어린이육영회에서 실시하는 예비부모교육, 각 대학부설 사회교육에서 개설하는 몇몇 강좌 등이 있다.

그러나 이들은 대부분 3~8주의 단기 프로그램으로 결혼의 의미, 결혼과 인간관계, 결혼과 성, 민주적 결혼관 등 주로 결혼을 앞둔 미혼남녀들을 위한 성교육과 결혼에 초점을 두었다(이병래, 1991).

학교교육과정을 통해 이루어지는 예비부모교육은 대부분 대학생을 대상으로 이루어지고 있으나, 소수의 전공학생을 대상으로만 강의가 이루어지고 있어 대부분의 학생들은 예비부모교육을 받지 못하는 경우가 많았다. 현재는 전국의 대학교에서도 교양과목으로 예비부모교육이 개설되어 그 대상이 폭넓게 실시되고 있다. 또한 현재 각 지역의 가족센터(http://www.familynet.or.kr)에서도 예비부모교육이 진행되고 있으며, 찾아가는 아버지 교실, 청소년기 부모교육, 맞벌이 가정 아동기 부모교육 등 많은 프로그램들이 개설되어 운영되고 있다.

출처 : 가족센터(http://www.familynet.or.kr).

(2) 외국의 예비부모교육 프로그램

바츠(Bartz, 1980)는 미국에서 실시되고 있는 청소년 대상의 예비부모교육 프로그램을 지역사회 청소년 서비스 기관을 중심으로 한 프로그램과 학교교육과정에 포함된 유형으로 구분하였으며, 프로그램의 대표적 내용은 자신에 대한 이해, 대인관계, 어린이와 관련된 주제, 가족과 환경 등이었다고 보고하였다.

먼저 지역사회를 중심으로 예비부모교육 프로그램은 대부분 부부 모두의 준비를 강조하면서 인간관계의 전 영역을 다루되, 특히 아동발달을 다루고, 어린 아동과 직접 상호작용할 수 있는 기회를 제공하고 있다.

지역사회를 중심으로 실시된 청소년 대상 예비부모교육의 초기 프로그램은 부모됨에 필요한 보편적 내용으로 구성되었으나, 폭력, 마약, 10대 미혼부모 등 다양한 사회문제들이 심각하게 대두되면서, 이를 해결하고 예방하고자 하는 차원으로 프로그램의 성격이 점차 변화되었다. 보다 실제적으로 10대 미혼모를 예방하고자 성교육, 임신, 출산 등에 대한 자세한 내용을 다루며, 그 대상도 현재 임신하고 있거나 출산한 10대 미혼모로 구체화하였다. SAVE, Healthy Start to Head Start, Plain Talk Implementation 등의 프로그램이 대표적이며 특별한 요구가 있는 미혼모를 직접 가정방문하여 돕거나, 미혼모의 친구, 가족, 주변 사람들을 교육시켜 사전에 예방하고, 미혼모의 요구를 충족시킬 수 있도록 하였다.

학교교육과정에 포함된 예비부모교육 프로그램은 대부분은 중·고등학교 학생을 대상으로 이루어지고 있으며, 주로 청소년의 임신과 출산, 10대 미혼부모 등이 심각한 사회문제로 대두됨에 따라 대학생 시기 이전에 이루어지는 것이라고 할 수 있다. 중·고등학교 정규교육과정에서의 예비부모교육은 청소년의 혼전 임신을 방지하고 아동발달에 대한 이해를 높이는 것을 주요 목적으로 한다.

2) 부모교육 프로그램

(1) 부모효율성 훈련 프로그램

부모효율성 훈련(PET : Parent Effectiveness Training) 프로그램은 고든(Thomas Gordon)의 부모효율성 훈련 이론에 근거하여 만들어진 부모교육 프로그램이다. 고든은 아동의 정서적인 문제는 정신의학적으로 다루어질 것이 아니라 부모-자녀 간의 인간관계와 의사소통에 생기는 문제로 보아야 하며 자녀가 아닌 부모의 행동을 바꿔야 한다고 보았다. 이에 PET 프로그램은 부모를 대상으로 수용을 나타내는 언어 사용뿐 아니라 자녀의 행동을 긍정적으로 받아들이는 비언어적 메시지를 필요에 따라 효과적으로 활용하는 기법으로 실생활에서 적용할 수 있도록 교육을 시행하였다.

고든은 부모가 사용할 수 있는 의사소통 기술은 모든 연령의 자녀에게 사용 가능하다고 보았며, PET 교재는 주로 초등학생 자녀의 부모를 그 대상으로 하였다. 현재 PET 프로그램은 오프라인과 온라인으로 이루어지고 있으며 유튜브(https://youtu.be/_X2Gp_7naP4?si=LLH3U-mPXCsiF9EW)도 운영 중이다. 우리나라에는 1989년 한국심리상담연구소에서 부모훈련 지부(KETI)를 발촉하여 부모교육 훈련을 하고 있다.

① 목적

부모효율성 훈련(PET)은 부모-자녀 간의 관계형성 기법으로, 부모가 자녀를 양육하는 데 필요한 의사소통 기술을 향상시킴으로써 부모-자녀 간의 효율적인 인간관계를 개발한다. 부모는 자신의 감정을 바르게 표출하는 표현기법을 습득하고 자녀와 의사소통 기술을 터득할 수 있으며, 자녀는 자신의 문제를 스스로 해결하는 능력을 키우는 것을 목적으로 한다. 목적에 따른 목표는 다음과 같다.

첫째, 부모는 신이 아니라 한 인간임을 깨닫도록 한다.

둘째, 부모에게 자녀의 행동의 의미를 파악해 이해하고 자신의 감정을 솔직히 표현하는 기술을 습득하게 한다.

셋째, 부모에게 자녀와의 관계에서 발생하는 문제에 대한 효과적 대응방안으로서 의사소통 기술을 습득하게 한다.

② 훈련절차

〈표 9-4〉 PET 프로그램 내용

주차	주 제	활동 내용
1	강사와 참가자 소개 PET 소개와 정의 목표 설정하기 효과적인 부모역할의 이해	• 강사 소개/ 참가자 소개 • 프로그램 소개와 목표 설정 • 부모의 수용성 수준/ 문제소유자 파악하기 • 참가자의 목표 설정하기
2	반영적 경청	• 의사소통의 걸림돌 이해하기 • 걸림돌 경험하기 • 소극적 경청/ 반영적 경청 이해하기
3	반영적 경청 실습하기 유아와 의사소통하기	• 자녀의 바람직한 행동에 적극적 경청 연습하기 • 역할 연습을 통해 반영적 경청을 충분히 연습해 보며 언어표현 능력이 부족한 어린 자녀의 의사를 알아듣는 연습하기
4	나-전달법	• 너-전달법과 나-전달법 • 나-전달법의 필수 요소 설명하기 • 나-전달법 체험하고 인식하기
5	나-전달법의 종류 유아를 위한 나-전달법 환경 재구성하기	• 자녀의 긍정적 행동에 나-전달법 연습하기 • 역할 연습을 통해 부모의 비언어적 행동과 언어를 결합해 나-전달법을 사용하는 방법 배우기 • 가정환경을 재구성함으로써 자녀의 행동으로 인해 부모가 가지고 있는 문제 줄이기
6	제3의 방법 욕구갈등의 이해	• 권위주의적, 허용적, 민주적 갈등방법 이해하기(제3의 방법)

7	문제해결의 6단계 욕구를 언어로 표현하기 제3의 방법으로 계획하기	• 문제해결(무승부 갈등 해결방법)의 6단계 이해 및 연습하기
8	가치관 대립에 대처하는 기술	• 가치관 대립을 인식하기 • 자녀의 가치관에 영향주기

출처 : 강영식 외(2023) 재구성.

PET 프로그램은 8회기(총 24시간, 매주 1회 3시간씩)로 교육이 이루어진다. 부모교육을 담당하는 강사들은 주로 학교 상담자, 가정문제 전문가, 유치원 교사, 목회자, 부모교육이나 청소년 전문가 등 인간관계 분야를 전공한 사람이거나, PET 프로그램에 직접 참여한 후 강사 자격을 취득할 수 있는 과정을 이수한 사람들이다. 부모교육은 10~15명의 그룹과 1명의 강사로 이루어진다. 진행 방법은 강사의 이론 강의와 이론을 적용해 보는 연습, 그리고 참가자의 사례공유와 토론, 역할 연습 및 체험학습으로 다양하게 이루어진다. 교재는 워크북과 『부모역할 배워지는 것인가(PET in Action)』를 사용한다.

출처 : amazon.com

프로그램 방법은 다음과 같다.

첫째, 교육훈련은 그룹으로 하는 것이 효율적이다.
둘째, 이론만으로는 불충분하며 참가자들은 특별한 기술과 방법이 필요하다.
셋째, 교육에서 기술을 연습하는 활동은 참가자들이 '가정'에서 이 기술을 적용할 수 있다는 자신감을 주기 위해 반드시 필요하다.
넷째, 유능한 강사가 기술의 시범을 보이고, 참가자를 지도하며, 참가자가 보이는 변화에 대한 거부감을 조절하는 것이 필요하다.
다섯째, 교육받을 때의 분위기는 평가와 비판을 받을 우려가 없게 조성되어야 한다.
여섯째, 훈련에서는 종종 기존의 인간관계훈련에서 무시되어 왔던 힘과 권위에 대한 문제를 직접적으로 다루어야 한다.

③ 효과

PET 프로그램에 참여한 부모들은 자아존중감과 부모역할 수행에 대한 자신감이 향상되었으며 불안감이 감소하였다. 또한 자녀에 대한 이해가 높아졌고 공감, 이해, 존중, 긍정적 사고, 수용도와 믿음이 증가하였다. 이와 같은 효과는 어머니와 아버지 간의 차이가 없는 것으로 나타났다(Gordon, 1970). 또한 PET 프로그램은 부모의 양육태도에서도 긍정적인 효과를 줌으로써 권위적인 양육방식이 감소한 것으로 나타났다(Mitchell & McManis, 1977).

〈표 9-5〉 PET 프로그램 효과

부모 측면	• 부모역할에 자신감 증대 • 자녀를 더욱 잘 수용하고 자녀들의 행동에 대한 이해심 증가와 신뢰도 증진, 자녀와의 갈등 감소 • 민주적 태도 증진, 권위적 태도와 습관 감소 • 부모 자신의 자아존중감 상승 • 부모의 전체적인 태도 및 자녀양육 태도 개선
자녀 측면	• 부모와 함께 참여했던 자녀는 콜버그(Kohlberg) 척도에 의한 도덕적 추론 수준 향상 • 학업 성적이 낮았던 자녀는 중간 정도의 성적 향상 • 부모-자녀들은 반항적 행동이나 분열증적인 행동 감소 • 자아존중감 증진

(2) 효율적인 부모역할을 위한 체계적 훈련 프로그램

효율적인 부모역할을 위한 체계적 훈련(STEP : Systematic Training for Effective Parenting) 프로그램은 일반적으로 STEP 프로그램이라고 불리며, 아들러(Alfred Adler)와 그의 제자인 드라이커스(Rudolf Dreikurs)의 민주적 부모교육이론을 근간으로 딩크메이어와 맥케이(Dinkmeyer & McKay, 1989)에 의해 개발되었다.

childhood-step-kit

출처 : https://www.steppublishers.com

STEP 프로그램은 PET 프로그램의 민주적 부모-자녀 관계, 나-전달법, 반영적 경청, 격려와 상호존중 등 많은 부분이 비슷하다. 이 프로그램의 차이점을 찾아보면 PET 프로그램은 긍정적 의사소통 기술을 사용하고, STEP 프로그램은 자연적이고 논리적 귀결법을 사용한다는 점이다. 이는 기노트(Hain Ginott)의 인본주의 부모교육이론, 고든의 부모효율성 이론, 번(Eric Berne)의 교류분석이론 및 행동수정이론 등을 종합해서 부모교육으로 실용화한 프로그램이다(이경우, 1985).

딩크메이어와 맥케이(Dinkmeyer & McKay, 1989)는 STEP 프로그램을 각각 0~5세까지 영유아의 부모, 6~12세까지 아동의 부모 그리고 13~19세까지의 청소년의 부모를 위한 프로그램으로 세분화하여 실시하였으며, 여기에서는 영유아의 부모를 위한 STEP 프로그램(childhood-step-kit)에 대해 기술하기로 한다.

① 목적

STEP 프로그램은 자녀와의 관계는 평등한 민주적 관계가 전제되어야 하며, 사랑과 상호존중을 바탕으로 인간 가치의 구현에 초점을 두고 있다. 이러한 이념을 실천하기 위해 다음과 같이 목표를 설정하고 있다. 첫째, 부모 자신에 대한 이해와 자녀의 잘못된 행동에 대한 이해를 돕는다. 둘째, 목표달성을 위한 아동의 노력을 격려해 줌으로써 아동의 자신감을 향상시켜 준다. 셋째, 한 인간으로서 자녀를 존중하는 의사소통 방식을 익히도록 한다. 넷째, 자연적·논리적 결과의 방법을 사용하여 자신의 행동 결과에 대한 책임감과 판단력을 갖도록 돕는다. 다섯째, 부모-자녀 간에 상호 존중에 근거, 민주적 관계를 형성함으로써 자녀가 자신의 문제를 스스로 해결할 수 있도록 돕는다(정옥분 외, 2014).

② 훈련절차

〈표 9-6〉 STEP 프로그램 내용

주차	주 제	활동 내용
1	영유아 발달이해	• 영유아의 개인적 특성들 • 부모와 영아의 행동 이해
2	자녀 행동 이해와 부모 자신 이해	• 유아의 잘못된 행동 네 가지 목표를 기준으로 유아의 잘못된 행동을 분석하고 유아의 긍정적 목표를 찾아 격려하기 – 관심 끌기와 그 대응 – 힘 행사하기와 그 대응 – 복수하기와 그 대응 – 무능함 보이기와 그 대응
3	자아존중감 길러주기	• 격려하기–방법과 기술 • 창찬과 격려의 차이 : 자녀를 격려하는 데 있어서 칭찬과 같은 외적 동기화보다는 격려와 같은 내적 동기화 방법을 사용하여 자녀의 자아존중감 길러주기
4	영유아와 의사소통하기 반영적 경청	• 대화를 단절하는 우리의 행동 • 대화를 개재하는 행동 • 반영적 경청 기술 • 유아가 부모의 말에 귀 기울이게 하기 : 나–전달법
5	영유아가 협력을 배우도록 돕기	• 협력적 정의 • 영유아에게 기대할 수 있는 협력적 수준 • 문제해결 시 영유아와 협력할 수 있는 방법
6	효과적으로 훈육하기	• 훈육과 처벌의 차이 • 훈육 시 일어나는 문제에 대한 해결방법 • 논리적 귀결을 적용할 때의 유의점
7	영유아의 사회정서발달 촉진하기	• 사회정서발달 이해하기 • 두려움과 불안 • 정서적 성장 촉진하기 • 정서적 성장을 위한 지원 • 경쟁 • 좌절과 감정 다루기

출처 : 윤미경(2015) 재구성.

STEP 프로그램은 7회기(매주 1회 1~2시간씩)로 교육이 이루어진다. 교육은 10~12명 내외 그룹의 부모와 1명의 지도자로 구성된다. 각 모임마다 주제와 특별한 개념들이 제시되고, 교재는 교사용 지침서(Leader's Manual)와 부모용 지침서(Parent's Handbook)를 사용한다. 그 외 포스터, 도표 및 여러 책, DVD를 사용하고, 진행방법은 경험 나누기, 토론하기, 역할놀이, 평가와 같은 방법으로 이루어진다. 매 교육은 열두 가지의 구조화된 집단 활동으로 프로그램의 구체적인 방법은 다음과 같다.

- 교육의 목표를 짧게 이야기하기(3분)
- 토론 안내 카드와 그날 교육 포스터에 대해 간단하게 설명하기(2분)
- 활동과제 토론하기(10분)
- 읽기 과제를 주제로 토론하기(15분)
- 도표 설명하기(5분)
- DVD 활동(15분)
- 문제상황에 대해 연습하기(15분)
- 배운 내용 요약해 보기(15분)
- 이번 주의 활동 토론해 보기(5분)
- 기억할 점 이야기하기(1분)
- 관계 개선을 위한 계획(1분)
- 다음 시간에 할 내용 읽기 과제(3분)

③ 효과

STEP 프로그램의 효율성을 검증하기 위해 수행된 연구들에 의하면 STEP에 참여한 부모들은 대부분 자녀를 더 긍정적으로 수용하였고, 민주적인 양육태도를 보였다. 또한 STEP은 참여한 부모뿐 아니라 자녀에 대한 효과 역시 긍정적으로 나타났다.

〈표 9-7〉 STEP 프로그램 효과

부모 측면	• 자녀를 긍정적으로 수용하고 민주적 양육태도 증진 • 학습장애가 있는 아동의 부모-부모의 양육태도 긍정적으로 개선, 특히 수용과 신뢰 높은 향상 • 부모의 태도 변화가 있었으며, 특히 양육태도가 긍정적으로 변화
자녀 측면	• STEP에 참여한 부모의 자녀는 긍정적인 자아개념을 가짐 • 학습장애아동의 경우-기초자아개념검사(PSCI : Primary Self Concept Inventory)에서 개인적 자아와 사회적 자아 영역에서 긍정적으로 개선 • STEP에 부모가 참여했던 아동은 또래 관련 문제행동 감소

3. 해외 부모교육 프로그램

1) 국가별 부모교육 프로그램[1)]

(1) 미국의 부모교육 프로그램

부모-자녀 관계는 청소년기에 오면서 일방적 권위에 의한 것에서 상호의존적이고 협력적인 협상에 의한 것으로 변환된다. 이 때문에 청소년기 발달과업 및 청소년 또래 문화 등의 지식이나 정보획득, 부모-자녀 간의 대화기술, 모니터링, 훈육, 가족관리 기술습득 등을 도와주는 부모교육의 중요성에 관한 새로운 인식이 확산되고 있다.

첫째, 부모교육은 특히 예방적 접근을 중요시하고 있다. 아동기에서 청소년기로 성장할수록 부모의 영향력이 감소하므로 문제가 이미 벌어진 상태에서의 부모교육은 효과가 낮을 수밖에 없다. 특히 남자 아동이나 남자 청소년의 경우 부모의 조언이나 지시를 듣지 않는 것을 독립적으로 생각하기 때문에 문제가 이미 벌어지고 난 상태에서의 부모교육은 큰 효과를 내기 어렵다. 청소년과 관련된 가족의 빈곤, 부모의 이혼, 재혼, 가족관리 기술의 부족, 가족갈등 등과 같은 가족 내 위험요인과 부모의 지도감독, 부모에 대한 애착, 훈육의 일관 등과 같은 요인들이 밝혀지고 있다.

둘째, 미국의 부모교육은 하나의 독립된 형태로 존재하기보다는 포괄적인 가족중심적 프로그램의 일부분으로 포함되는 경우가 많다. 가족중심적 접근과 아동중심적 접근을 비교한 연구에 따르면 아동중심적 접근만으로는 지속적 효과를 낳거나 자연적인 상황에서 일반화하는 것이 어려운 반면, 가족중심적 접근은 지속적이고 장기적인 효과를 낳는 것으로 보고되고 있다. 가족중심적 접근은 먼저 아동에 대한 예방적·치료적 개입을 제공하고 부모가 아동의 욕구를 잘 반영하여 제대로 양육할 수 있도록 하는 훈련이다. 교육을 받는 형태를

1) 신군자·장희양(2005)에서 재구성.

취할 때 더욱 효과적이라는 연구결과를 반영한 것이다.

미국은 자녀발달에 부모들의 역할이 중요하다는 인식을 높이기 위해 노력하고 있다. 그리고 부모교육 발전과 더불어 미래 부모교육 효과를 더욱 성공적으로 거두기 위해서, 부모교육 프로그램 확대와 재정적 지원을 좀 더 성공적으로 얻기 위한 부모교육의 효율성, 특히 비용효율성이 높은 부모교육 프로그램 개발에 노력하고 있다. 또한 특수집단을 위한 부모교육 프로그램, 전문화된 지도자 훈련, 부모들의 요구에 맞춘 프로그램, 부모들의 교육에서의 접근을 용이하게 할 수 있는 프로그램, 실제 적용성이 높은 프로그램, 부모교육을 위한 기관 공동 재정지원 등에 노력을 기울이고 있다.

(2) 캐나다 부모교육 프로그램

캐나다의 부모교육은 가정관리학, 공중보건학, 유아교육학 등 3분야에서 그 근원을 찾을 수 있다. 가장 먼저 가정교육의 필요성을 강조한 분야는 가정관리학으로 1840년에 캐서린 비처(Catherine Beecher)의 『A treatise on Domestic Economy』라는 책을 통하여 어머니들의 부모역할에 대한 지식부족을 인식하고 가정교육의 필요성을 지적한 것이 부모교육의 시초라 할 수 있다.

부모교육의 목적은 부모들로 하여금 자신의 자녀양육 기술을 향상하고 자녀양육에 관한 지식을 습득하도록 장려하는 데 있다. 캐나다 부모교육의 특징은 다음과 같다.

첫째, 교정책(Remedial Approach)은 효과적인 자녀양육이 결여되고, 자녀를 학대하며 방치하는 부모를 대상으로 한다. 이 프로그램에 대한 교육 참여에는 의무적인 형태와 자발적인 형태가 있다.

둘째, 예방책(Prevention Approach)은 어린 나이에 부모, 저학력, 저소득층의 부모이거나 사회적인 지원망을 갖지 못하고 각자 대처하고 있는 문제점을 지닌 특수위기집단이다.

셋째, 장려책(Promotion Approach)은 일반적인 부모를 대상으로 하여 그들의 자녀양육 방법을 향상시키고 가정의 행복에 초점을 맞추고 있다. 캐나다의 부모교육 프로그램은 〈표 9-8〉과 같다.

〈표 9-8〉 캐나다 부모교육 프로그램

프로그램명	내 용
드라이커스의 민주적 부모교육	아들러의 성격이론에 기초를 둔 부모교육
STEP(Systematic Training for Effecitve Parenting) 프로그램	1970년대 캐나다 지역에 소개되어 현재 청소년 자녀의 부모를 위한 프로그램으로 제공되고 있는 딩크메이어, 맥케이가 개발한 프로그램
인본주의적 부모교육 프로그램	기노트(1961)가 개발한 프로그램으로 부모들의 개인 간 관계 기술과 자녀들과의 사이에서의 대화기술 촉진을 강조
부모효율성 훈련(Parent Effectiveness Training) 프로그램	고든에 의해 개발된 프로그램으로 1970~1980년대에 제공되어 오늘날까지 가장 인기 있는 프로그램
적극적 부모역할 훈련(Active Parenting: AP와 AP of Teens) 프로그램	아들러와 인본주의적 접근방식을 결합하여 팝킨(Michael Popkin)이 개발한 프로그램으로, 비디오 방식을 부모교육 프로그램에 접합한 최초의 부모교육 프로그램
Nobody's Perfect 프로그램	어린부모, 편부모, 지역적으로 또는 사회적으로 소외된 계층, 저소득층 부모와 부모교육을 받아보지 못한 부모를 직접적인 대상으로 하여 1980년대 초에 개발
Parent-Child Mother Goose 프로그램	1980년대에 태동하여 자녀의 언어와 문해 능력을 증진하고 부모-자녀 관계를 향상시키는 것을 목적으로 저소득층, 사회적 소외계층, 이민가정을 대상으로 하는 프로그램

(3) 스웨덴 부모교육 프로그램

부모들의 관심이 자녀의 건강관리에서 자녀의 심리사회적 문제에까지 증가하면서 스웨덴은 1979년 의회의 승인을 계기로 일반인을 대상으로 부모교육이 소개되었다. 스웨덴 부모교육의 특징은 다음과 같다. 첫째, 부모들로 하여금 자녀발달과 자녀들의 욕구에 관한 이해를 향상시킨다. 둘째, 지역사회 내에서의 부모들 간 혹은 부모와 전문가 사이(사회적 지원망)의 접촉의 기회를 제공한다. 셋째, 부모교육과 관련된 사회적 요인에 대한 경각심과 이러한 사회적 요인에 영향을 줄 수 있는 기회를 마련한다.

스웨덴 보건복지국에서는 부모 모두의 부모교육 참여와 이민자 집단의 참여를 촉구하고 있지만 실천으로 이루어지지 않아 부모들의 낮은 참여도가 스웨덴 부모교육의 문제점이다. 또한 교육 참여층은 교육을 받은 중산층이 대부분을 차지하고 있으며 부모교육 집단으로 초산부가 가장 높은 참여율을 보인다. 이는 부모들의 낮은 참여도에도 불구하고 초산부의 경우는 어머니의 참여도와 아버지의 참여도에 영향을 미치게 된 유일한 중요 요인으로서 가장 높은 부모교육에서의 참여율을 나타내고 있다. 도움이 필요한 가정의 참여도가 이루어지지 않고 있으며, 도움이 필요한 편모, 이민자, 여러 문제 있는 가정의 부모들이 참여하도록 관심을 기울어야 한다.

스웨덴의 미래 부모교육을 위한 추진방향은 다음과 같다. 첫째, 모든 부모는 부모로서의 역할에 대한 지식을 필요로 한다. 부모역할 변화, 정체성의 문제와 열악한 사회적 지원망으로 인한 정보부족을 경험하게 되는 오늘날과 같은 사회에서의 부모교육은 국민 모두에게 주어져야 한다. 둘째, 특히 프로그램은 자신의 자녀들과 어려움을 경험하고 있는 가정, 즉 정서적 · 행동적 문제를 지닌 자녀의 가정 또는 입양가정, 장애아를 가진 특수가정 등에 부모교육을 제공하는 데 더 많은 관심을 가져야 한다. 셋째, 아버지, 이민자 집단의 참여도를 높이기 위해 노력해야 한다.

(4) 호주의 부모교육 프로그램

호주 사회의 급속한 기술적 · 사회적 · 경제적 변화는 어머니 역할, 아버지 역할에 대한 전통적 개념을 재고하게 하는 계기가 되었다. 현대의 부모들은 자녀양육에 관한 전통적 방법을 접하기 어렵고 또한 너무나도 다양한 자녀양육 방법에 노출되어 있으며, 자녀양육에 어려움을 겪고 있는 부모들의 요구에 대한 대응으로서 부모교육 보급은 이러한 사회적 변화로 인하여 최근 급속도로 인기가 높아지고 있다.

호주의 부모교육 프로그램은 부모교육자들에 의하여 운영되고 있는 다양한 수준의 프로그램으로 부모들의 특정 요구와 목표를 고려하여 각 프로그램 운영에 반영하고 있다. 이 중 가장 인기 있는 프로그램은 1970년대 미국에서 개발된 프로그램으로, 부모가 자신의 아이들과 좀 더 효과적인 관계를 가질 수 있도록 하는 목적으로 개발된 STEP(Systematic Training for Effecitve Parenting) 프로그램이다. 즉, 가장 먼저 가족 내 부모-자녀 관계에 있어서의 상호존중, 협력, 책임감, 그리고 자기신뢰의 질에 초점을 맞추고 있다. 또한 부모교육 프로그램은 인본주의적 프로그램과 절충적 프로그램으로 두 가지 이론을 기초로 한 프로그램이 운영되고 있다. 인본주의적 프로그램은 대화 기술 훈련이나 민주적인 가족관계와 같은 특정 행동에 초점을 두고 있는 것이 아니라 개인의 생각과 감정에 초점을 두고 있다. 절충적 프로그램은 인본주의적·행동주의적·정신분석적인 접근을 통합한 형태이다. 이 프로그램은 특정 기술 습득에 초점을 둔 것이 아니라 부모 자신의 개인적 성장, 대화 기술 향상의 기회를 가질 수 있도록 하는 프로그램을 제공하고 있다. 호주 부모교육 프로그램의 특징은 다음과 같다.

첫째, 체계적인 부모교육 훈련(STEP : Systematic Training for Effecitve Parenting)

멜버른의 중산층 지역에서 시행되는 공식적인 부모교육 프로그램으로 지역사회기관에서 주 1회 한 번, 9주의 기간으로 열리며 소그룹 토론 형태로 진행된다. 집단의 지도자는 사회복지사이며, 집단경험이 있는 지도자의 보조가 함께 참여한다. 참여자의 일반적 특성은 호주가 다문화사회인데도 불구하고 참여자의 대부분이 백인, 혹은 여성으로 중산층이며 유아의 부모로 구성된다. 또 다른 다수를 차지하고 있는 집단층은 어려움에 직면하고 있는 미혼, 사회적 소외계층, 계부모 집단 등이며 대부분의 부모들의 관심은 자녀 훈육, 대화 기술과 부모-자녀 관계 유지 등에 관한 것이다. 부모교육의 효과는 부모들은 자녀 교육은 부모 자신의 책임이라는 강한 책임감을 느끼게 되는 긍정적인 효과를 나타내고 있다.

둘째, 'Hey Dad!'(아버지를 위한 부모교육 프로그램)

연방 국민보건 및 가족보호부와 지역사회기관들의 재정적 지원으로 1998년

호주 시드니 서부지역의 12개 개관에서 아버지들을 위한 부모교육 프로그램이 제공되었다. 교육에 사용된 프로그램은 1995년에 와이타라(Waitara) 지역의 Mercy Family Center에서 개발된 프로그램으로 교육기간은 8회기로 구성되며, 매 회기 2시간씩의 교육시간을 갖는다. 주제는 '자녀와의 관계'에 초점을 맞추고 있으며 주로 자신들의 생각을 적극적으로 펼칠 수 있는 주제가 다루어진다. 부모교육의 효과는 대부분은 긍정적으로 보고되고 있으며, 특히 자녀발달에 대한 이해와 자녀와 대화가 가능해진 부분에 대하여 긍정적인 효과를 보이고 있다. 참여자의 80% 이상의 아버지들이 미래에 자녀와의 관계에서 문제가 발생할 경우 부모교육을 운영하는 기관을 찾아 도움을 받겠다는 부모교육의 필요성에 대한 인식이 나타나고 있다.

(5) 프랑스의 부모교육 프로그램

현대의 부모교육과 비슷한 형태의 부모교육은 1898년부터 교육연맹의 지지로 학교의 활동범위 내에서 처음으로 대중적인 '부모서클'의 탄생으로 시작된다. 특히 초등교육 장학사들이 '아버지와 어머니들의 클럽'이나 '부모교사들의 서클'과 같은 형태의 그룹을 권장하였으며, 이러한 그룹들은 '부모교사의 국가연맹'이라는 기구에 의해 연결되었다. 이 기구에서 가정교육에 관련된 학문적 개념들을 소개하면서 가정을 좀 더 나은 교육의 장소로 만들 것을 제안하였다. 부모학교의 탄생은 많은 의사, 심리학자, 교육자들의 지지를 얻게 되고, 해마다 다른 주제를 가지고 회의, 강연, 간담회, 연구서클, 특수도서관 운영 등의 활동으로 이어졌으며, 니스, 리옹, 낭시 등의 도시에 '부모학교' 지부들이 세워졌다.

프랑스 '부모학교'의 프로그램은 강의, 전화상담, 그룹토론, 라디오와 TV, 출판활동 등으로 매우 다양하며, 부모교육 프로그램의 특성은 다음과 같다. 첫째, 교육을 제공하는 주체는 일반부모들 중 훈련받은 부모들, 부모교육 전문가, 각 분야의 전문가들로 구성하며, 프로그램 참여자들은 주로 중류계층의 어머니들이었으나 현재는 가족구성원 중의 누구나 참여가 가능하다. 둘째, 제공하는 교육내용은 단순한 정보, 다양한 정보를 제공하는 수업, 부모의 태도변화를 목적으로 하는 교육, 가족관계 등의 상호작용을 변화시키는 교육, 인성의 기본구조를 변화시키는 교육 등으로 다양하다. 셋째, 교육 형태와 방법은 전시, 시청각교육, 그룹토의, 수업, 개인상담, 교육연수, 치료, 역할극 등으로 이루어지며 교육의 장소는 각급 학교, 부모학교 토론실, 부모학교의 도서관, 교육연수원, 마을회관, 병원 등 다양하다. 넷째, 교육의 이론적 근거로는 미국의 이론들을 대부분 받아들였으나 지속적인 연구 활동을 통하여 많은 수정을 거쳐 현재는 체계적 접근방법을 각 분야에서 적용하고 있다. 다섯째, 교육 시기는 청소년기부터 시작한다. 여섯째, 재정적인 지원은 프로그램 참가비, 자원봉사의 활용, 잡지 및 서적 판매, 국가보조, 후원금 등을 기반으로 한다.

(6) 일본의 부모교육 프로그램

일본 부모교육의 근원은 일본의 전통적인 가정교육인 '시쓰케 사상'에 그 뿌리를 두고 있다. 시쓰케는 가정에서의 예절교육으로서 일본인들은 아동이나 청소년들의 행동을 가정교육 측면에서 판단할 때 시쓰케라는 용어를 사용한다(양승실, 2000). 일본의 전통적 시쓰케 사상은 메이지 시대 이전까지의 사상으로 자발성의 원리와 훈육성의 원리라는 두 가지 원리가 구체적인 형태로 제도화되어 있다. 즉, 자녀를 자연스럽게 받아들이고 수용함과 동시에 사회 속에서 다른 사람과 더불어 살아갈 수 있도록 엄격하게 가르친다는 모순적인 면으로 이해될 수 있다. 부모는 엄격한 시쓰케를 행하여 자녀에게 올바른 습관을 형성토록 해야 한다는 것이며, 이러한 시쓰케 습득 방법은 외면적인 형태의 습득만이 아니라 습득과정에서 자녀가 자기 자신을 수양한다는 데에 그 의미가 있다.

이러한 전통적인 시쓰케 사상을 추구하던 전통사회와는 달리 현대 일본은 '시쓰케 상실의 시대' 또는 '시쓰케 부재의 시대'로 불리고 있다. 현대 일본의 가정에서 부모는 자녀교육에서 많은 어려움을 느끼기 때문이다. 시쓰케의 상실을 초래하는 사회적인 배경은 핵가족 제도, 시쓰케 행위의 기준을 세워서 일관성 있는 가정교육을 하기에는 너무나도 힘든 다양한 정보 등으로 인하여 가정교육의 어려움은 가중되고 있다. 간단한 시쓰케 교육을 하려고 해도 부모 자신이 자녀에게 어떤 교육을 시켜야 하는지 몰라 어려움을 겪는 부모가 생겨나고, 시대적인 요구와 변화에 의해 일본에서도 부모교육의 필요성이 대두되기 시작하였다. 히다치 '가정교육센터'의 부모교육 프로그램 특징을 알아보면 다음과 같다.

히다치 '가정교육센터'는 과거 조부모로부터 자녀에게 전수되어 오던 전통적인 자녀교육 방법은 시대가 핵가족화되면서 점진적으로 사라지게 되었다. 시대적인 변화에 따른 부모교육의 필요성을 감지하여 설립된 기관이 1980년대 세워진 사단법인 가정교육연구소이다. 가정교육연구소에서는 가정교육센터를 병설하고 가정교육에 대한 내용을 실천하는 방법으로 '자녀교실'과 '어머니교실'을 운영한다. 어머니교실의 추진배경에는, 어머니들은 부모역할의 방법을 배우는 장소, 같은 어머니들끼리의 정보공유의 장소, 자녀교육에 대한 불안감을 해결하기 위한 상담 장소가 필요하였다. 이러한 어머니들의 상황을 고려하여 어머니교실을 운영하고 있는 가정교육센터의 세 가지 기능은 다음과 같다. 첫째, 부모역할에 대한 학습, 둘째, 다른 어머니들과의 교류를 갖기 위한 지역네트워크 만들기, 셋째, 자녀에 대한 불안이나 고민을 갖고 있는 어머니의 상담적 기능이다.

교육내용으로는 자녀의 성장발달에 대한 이해, 가정교육 환경, 부모역할, 사회참여 등으로 구성되어 있다. 또한 어머니 모임을 통하여 자녀의 동년배 연령과의 교류를 통해 자녀교육에 대한 생각, 정보공유를 위한 네트워크가 조성된다. 자녀교육에서 발생하게 되는 불안과 걱정은 가정교육센터에서 이루어지는 개별상담으로 해소할 수 있다. 가정교육연구소의 '어머니교실'의 목표는 다음과 같다. 첫째, 자녀교육에 관한 시야를 넓히도록 한다. 둘째, 부모-자녀 관계를 다시 한번 생각하는 기회를 갖도록 한다. 셋째, 자녀가 변화해 가는 모습을 볼 수 있는 눈을 기른다. 넷째, 자녀교육에 관한 지혜를 상담한다. 다섯째, 자녀의 미래에 대한 계획을 세운다.

어머니교실의 교육과정은 간담회, 연구회, 일일교사, 도서이용, 상담, 동료모임 등으로 구성된다. 이 중 연구회는 연구소에서 객관적인 지식을 현실에 적용하기 위한 지혜와 조언을 주며 어머니의 의사결정을 도와주는 역할을 한다. 간담회를 통하여 어머니들끼리 자녀교육의 경험을 이야기하거나 정보공유 등을 주고받는다. 가정교육센터 이용 후 부부의 대화가 늘어났고, 정신적으로 안정이 되었으며, 어머니 자신도 자녀교육에 대한 시야가 많이 넓어졌음을 느끼고 있다는 긍정적인 효과를 보였다.

10
CHAPTER

중년기 가족생활교육 프로그램

1. 중년기 가족의 이해

1) 중년기 가족의 정의

중년기는 학자와 연구자들마다 구분 기준에 차이가 있으나, 일반적으로 40세에서 65세 사이의 시기를 중년기로 정의한다(정옥분, 2019). 이 시기는 성인기의 안정된 단계가 끝나고 노년기로 전환되기 이전의 과도기적 시기로, 개인적·가족적·사회적 측면에서 다양한 변화와 도전에 직면하는 중요한 생애주기이다. 중년기는 단순히 나이의 구분을 넘어, 삶의 여러 측면에서 재정립이 필요한 시기로 독특한 의미를 가진다.

중년기 가족은 이러한 중년기의 특징과 맥락 속에서 형성된 가족형태를 지칭한다. 일반적으로 40대에서 60대의 부부를 중심으로 이루어지며, 자녀가 독립한 이후 부부만의 생활로 재구성되는 것이 주요 특징이다. 자녀 중심의 가족구조에서 벗어나 부부관계가 다시 중심에 자리 잡게 되며, 이는 가족 내 역할 변화와 관계 재정립을 요구한다. 특히 부부간 의사소통 방식과 정서적 교감을 새롭게 형성하는 과정이 중년기 가족의 중요한 과제로 부각된다(안동화, 2023).

중년기 가족은 이러한 변화 속에서 다양한 용어로 설명된다. 경제적 안정과 사회적 역할에서 중요한 위치를 차지하는 시기로, 중년기는 종종 "인생의 황금기" 또는 "전성기"로 묘사된다. 동시에 생리적 변화와 적응이 필요한 시기로 "갱년기", 여성의 경우 "폐경기"라는 용어로도 불리며, 심리적 도전을 유발하는 "위기의 시기"라는 인식도 존재한다. 또한 자녀가 가정을 떠난 뒤 부부만

남는 가족구조를 반영하여 "빈둥지 시기"로 표현되며, 노부모를 부양하고 성인 자녀를 지원하는 이중적 책임을 지는 가족의 특성을 반영해 "샌드위치 세대"라는 표현을 사용하기도 한다.

이처럼 중년기 가족은 단순히 가족구성원의 나이로 정의되는 것이 아니라, 자녀 독립 이후 가족구조의 변화와 관계 재구성이 중요한 의미를 지닌다. 자녀를 돌보는 중심 역할에서 벗어나 부부가 서로의 관계를 새롭게 조율하고, 가정 내에서 새로운 균형을 찾아가는 시기로 특징지어진다. 이러한 과정에서 중년기 가족은 노부모를 부양하거나 성인 자녀에게 경제적·정서적 지원을 제공해야 하는 역할을 동시에 수행하는 경우가 많다. 이로 인해 중년기 가족은 경제적 부담, 심리적 스트레스, 가족 내 갈등과 같은 문제를 경험하기 쉽다(장수한 외, 2014).

결론적으로, 중년기 가족은 자녀 독립 이후 새로운 가족형태로 재구성되는 과정에서 부부관계가 중심이 되고, 가족 내 역할과 관계를 재정립하며, 다양한 과제와 도전에 적응하는 시기를 반영한다. 중년기 가족이 안정적인 가족구조로 자리 잡기 위해서는 구성원 간의 긴밀한 유대와 상호 지원이 필요하며, 이를 뒷받침하는 가족생활교육과 사회복지정책의 역할이 필수적이라 할 수 있다.

2) 중년기 가족의 구조적 변화

중년기 가족은 자녀의 독립과 노부모 부양, 부부관계의 재구성 등 가족구성원 간의 역할과 관계에서 중요한 변화를 경험하는 시기이다. 이러한 변화는 가족구조와 기능에서 근본적인 재정립을 요구하며, 중년기 가족이 새로운 환경에 적응해야 하는 주요 도전 과제들을 형성한다. 중년기 가족의 구조적 변화에 대한 세부내용은 다음과 같다.

(1) 자녀의 독립과 가족구성 변화

중년기 가족의 가장 두드러진 변화는 자녀가 성장하여 독립하게 되는 과정이다. 자녀의 독립은 부모로 하여금 양육자로서의 역할에서 벗어나게 하며, 가족의 구조는 부모 중심으로 재편된다. 자녀가 가정을 떠난 후 부모는 '빈둥지' 현상을 경험하게 되며, 이는 부모에게 심리적 공허감과 상실감을 유발할 수 있다. 특히 자녀의 독립 이후 새로운 생활 방식을 모색하지 못한 부모는 이전의 자녀 중심적인 생활에서 벗어나지 못해 부부관계의 불안정성을 초래할 가능성이 높다. 따라서 이 과정은 단순히 자녀가 떠나는 물리적 변화뿐 아니라, 부모의 정서적 적응과 가족 내부의 관계 재구조화를 포함한다.

(2) 부부관계의 재정립

자녀 중심의 가족구조에서 부부 중심의 가족구조로 전환되는 과정에서 부부관계의 재정립이 필수적이다. 자녀양육이라는 공통의 과제가 사라진 이후, 부부는 서로를 다시 주요한 관계로 바라보게 되며, 이는 부부간의 정서적 유대감과 의사소통 방식의 변화를 요구한다. 부부가 새로운 공통 관심사를 찾거나 함께하는 시간을 늘리지 못할 경우, 관계에서 억눌렸던 갈등이 표면화되거나 결혼 만족도가 저하될 위험이 있다. 따라서 중년기에는 부부가 서로의 역할과 기대를 조율하며 관계를 강화하는 노력이 필요하다. 이러한 노력은 중년기 가족의 안정성과 정서적 건강을 유지하는 데 핵심적인 역할을 한다.

(3) 다중 역할의 수행과 스트레스 증가

중년기 가족은 '샌드위치 세대'로 불리며, 자녀와 노부모를 동시에 돌보는 책임을 지게 되는 경우가 많다. 이는 중년기 부모에게 경제적·정서적·시간적 부담을 가중시키는 중요한 요인으로 작용한다. 성인 자녀가 독립했음에도 경제적 지원이나 정서적 지지를 요구하는 경우가 빈번하며, 동시에 노부모의 건강 악화나 부양 필요성이 더해지면서 중년기 가족은 다중적 역할 수행의 압박을 받는다. 이러한 다중적 책임은 가족구성원 간 협력과 조율을 필수적으로 요구하며, 상호 지지가 이루어지지 않을 경우 가족 내 갈등이 심화될 가능성이 크다.

(4) 사회적 관계와 역할의 전환

중년기 가족은 직업적 변화와 은퇴 준비, 지역사회에서의 새로운 역할 수행 등 사회적 관계와 역할에서도 변화를 겪는다. 중년기에는 직장에서의 역할이 축소되거나 전환되는 시기로, 이는 개인의 정체성에 영향을 미칠 수 있다. 또한 은퇴 이후 가정 내에서의 역할 분담이 새롭게 정의되어야 하며, 가족구성원 간의 기대와 요구를 명확히 조율하는 것이 중요하다. 동시에 새로운 사회적 네트워크 형성과 지역사회 참여를 통해 중년기의 사회적 고립을 예방하고, 정서적 안정감을 얻는 것이 필요하다. 자원봉사, 동호회 참여, 또는 지역사회 활동 등은 중년기 가족이 사회적 관계를 확장하며 새로운 정체성을 구축하는 데 중요한 기회를 제공한다.

(5) 가족 의존 관계의 재조정

성인 자녀가 독립한 이후에도 경제적·정서적으로 부모에게 의존하는 경우가 많다. 이러한 의존 관계는 부모와 자녀 간 새로운 경계를 설정하고 관계를 재구성할 필요성을 야기한다. 부모는 자녀의 독립성을 존중하면서도 필요에 따라 적절한 지원을 제공해야 하며, 자녀는 부모와의 의존적 관계를 줄이며 자신의 독립성을 강화해야 한다. 이 과정에서 가족구성원 간 기대와 역할에 대한 명확한 조율이 이루어지지 않을 경우, 상호 갈등이 발생할 가능성이 높다.

결론적으로, 중년기 가족의 구조적 변화는 단순히 가족구성의 물리적 변화에 그치지 않고, 가족 내 모든 관계와 역할의 재정립을 포함한다. 자녀의 독립, 부부관계의 재구성, 노부모 부양, 사회적 역할 전환 등 복합적인 변화들은 중년기 가족이 적응해야 할 핵심 과제들로 작용하며, 이러한 과제를 성공적으로 관리하기 위해 가족구성원 간의 협력과 상호 이해가 필수적이다. 이러한 변화들을 건강하게 수용하고 해결할 수 있는 가족생활교육과 사회적 지원이 병행될 때, 중년기 가족은 안정적이고 건강한 가족구조를 유지할 수 있다.

3) 중년기 가족의 과제와 도전

중년기 가족은 자녀 독립, 노부모 부양, 부부관계 재정립 등 다양한 변화와 맞물려 여러 과제와 도전에 직면하게 된다. 이 시기는 개인적·가족적·사회적 차원에서 새로운 역할과 책임을 요구하며, 이를 성공적으로 관리하기 위해 가족구성원들의 협력과 조정이 필수적이다. 중년기 가족의 과제와 도전은 자녀 독립, 노부모 부양, 부부관계의 재정립, 경제적 준비, 건강관리, 그리고 사회적 관계 유지와 확장 등 다각적인 영역에서 나타난다. 이러한 과제들은 가족구성원 간의 협력과 상호 이해를 통해 효과적으로 관리될 수 있으며, 필요할 경우 가족생활교육과 사회적 지원체계의 도움을 활용해야 한다. 중년기 가족이 겪는 주요 과제와 도전은 다음과 같다.

(1) 자녀 독립 이후의 정서적 공허감 극복

중년기 가족에서 자녀의 독립은 부모의 삶에 심리적 공허감과 상실감을 가져올 수 있는 중요한 전환점이다. 부모는 오랜 시간 동안 자녀를 중심으로 역할을 수행하며 정체성을 형성해 왔지만, 자녀가 독립한 이후에는 이러한 중심 역할이 축소되거나 사라지게 된다. 이로 인해 부모는 자신이 더 이상 자녀의 삶에서 중요한 역할을 못한다는 느낌과 함께 정서적 불안정성을 경험할 가능성이 높아진다.

특히 부모는 자녀의 독립으로 인해 빈둥지 증후군을 겪을 수 있으며, 이는 공허감, 상실감, 그리고 자신이 필요 없다는 감정으로 이어질 수 있다. 이러한 상황은 부모에게 자녀 중심적 생활에서 벗어나 자신의 삶을 재정립하고 새로운 정체성을 구축해야 하는 과제를 안긴다. 부모가 이러한 과제를 해결하지 못할 경우, 부부관계의 불안정성이나 개인적 정서 문제로 이어질 가능성이 있다.

자녀 독립 이후 정서적 공허감을 극복하고 긍정적인 가족관계를 유지하기 위해 부모는 자기 자신에게 초점을 맞추는 노력이 필요하다. 이는 새로운 목표를 설정하거나, 개인적 성장을 위한 활동을 시작하며, 자신만의 관심사와 취미

를 개발하는 것을 포함할 수 있다. 또한 지역사회 활동이나 동호회에 참여하여 새로운 인간관계를 형성하고, 사회적 역할을 재정립함으로써 정서적 안정감을 높일 수 있으며, 부부관계를 강화하고 배우자와의 정서적 유대감을 심화시키기 위해 노력을 기울여야 한다. 이는 자녀의 독립으로 남은 부부만의 시간을 긍정적으로 활용할 기회를 제공하며, 가족의 안정성을 유지하는 데 중요한 역할을 한다. 자녀와는 독립 후에도 건강하고 적절한 관계를 유지하면서도 지나친 간섭이나 통제를 피하고, 자녀의 독립성을 존중하는 것이 필요하다.

결론적으로, 자녀의 독립은 부모에게 정서적 공허함을 안겨줄 수 있지만, 이러한 상황을 새로운 기회로 삼아 자신과 가족의 삶을 재정비하는 계기로 활용할 수 있다. 이를 위해 부모는 자녀와의 관계를 적절히 조율하며, 자기 성장과 사회적 활동을 통해 정서적 균형을 유지하려는 노력이 필요하다.

(2) 부부관계의 심화와 갈등 해결

자녀가 독립한 이후, 중년기 부부는 오랜 기간 자녀 중심의 가족구조에서 벗어나 서로에게 더욱 의존하는 새로운 관계로 전환된다. 이 과정은 부부관계를 심화시키는 계기가 될 수 있지만, 동시에 억눌렸던 갈등이 표면화되거나 관계의 불안정성이 드러날 가능성도 있다. 자녀가 떠난 후 남겨진 시간과 공간은 부부에게 관계를 재평가하고 재정립할 기회를 제공하는 동시에, 과거에 미뤄왔던 문제를 직면하게 만드는 요인으로 작용한다.

중년기 부부는 자녀양육과 같은 공동의 과제가 사라진 상황에서 관계 유지와 발전에 새로운 방식을 찾아야 한다. 장기간 자녀 중심의 역할에 익숙했던 부부는 소통 부족이나 상호 관심 부족으로 인해 서로를 낯설게 느끼거나 심리적 거리감을 경험할 수 있다. 특히 결혼 초기에 형성된 갈등이 해결되지 않은 채로 억눌려 있었다면, 자녀 독립 이후 이러한 갈등이 두드러지게 드러날 가능성이 높다.

부부관계의 심화를 위해서는 정서적 교감과 의사소통 기술을 강화하는 노력이 필요하다. 부부는 상대방의 감정과 필요를 이해하려는 태도를 가지고 적극적으로 소통하며, 서로의 입장을 존중하고 공감하려는 노력을 기울여야 한다. 이는 단순히 말로 표현하는 의사소통뿐 아니라 비언어적 소통, 예를 들어 스킨십이나 함께하는 시간을 늘리는 등의 행동을 포함한다. 또한 부부가 공통의 관심사나 목표를 찾는 것이 관계 심화에 긍정적으로 작용한다. 예를 들어, 새로운 취미를 함께 시작하거나 여행과 같은 경험을 공유하는 것은 부부가 함께 성장하고 유대를 강화하는 기회를 제공한다. 이는 단순히 시간을 보내는 것을 넘어, 서로를 동반자로서 재발견하고 새로운 방식으로 관계를 발전시키는 데 도움을 줄 수 있다.

갈등 해결은 부부관계를 건강하게 유지하는 데 필수적이다. 갈등이 발생했을 때, 이를 피하거나 억누르지 않고 긍정적인 방식으로 대처하는 것이 중요하다. 문제를 명확히 인식하고 해결책을 모색하며, 서로에게 비난이나 방어적인 태도를 취하지 않으려는 노력이 요구된다. 필요하다면 전문가 또는 상담 프로그램을 통해 도움을 받는 것도 갈등을 효과적으로 해결하는 방법 중 하나이다.

결론적으로, 자녀 독립 이후 부부관계는 심화와 갈등 해결이라는 두 가지 측면에서 중요한 전환점을 맞는다. 부부가 정서적 교감과 소통을 강화하고, 공통의 관심사를 통해 관계를 재구성하려는 적극적인 노력을 기울인다면, 중년기는 부부관계가 새롭게 도약할 수 있는 기회가 될 수 있다.

(3) 노부모 부양과 세대 간 갈등 관리

노부모 부양은 중년기 가족이 직면하는 주요 과제 중 하나로, 부모의 건강 악화나 노화로 인해 중년 세대는 점차 증가하는 부양책임을 떠안게 된다. 이러한 책임은 단순히 경제적 지원뿐만 아니라 신체적·정서적 돌봄까지 포함하며, 이는 중년기 가족구성원들에게 심리적 부담과 갈등의 원인으로 작용할 수 있다.

노부모 부양 과정에서 형제자매 간 책임 분담의 불균형은 갈등을 유발하는 주요 요인 중 하나다. 가족구성원 간에 부양 역할에 대한 기대와 현실 사이의 차이가 존재할 경우, 책임의 공평한 분담이 이루어지지 못하며, 이는 관계의 긴장으로 이어질 수 있다. 예를 들어, 한 구성원에게 부양 부담이 과도하게 쏠리는 경우, 해당 구성원은 스트레스를 호소하며 가족 내 갈등이 증폭될 가능성이 높다. 또한 세대 간 갈등 역시 노부모 부양 과정에서 자주 발생한다. 노부모가 자신의 독립성을 유지하고 싶어 하는 반면, 자녀들은 부모의 안전과 건강을 염려하여 너 많은 돌봄을 제공하려고 할 때, 이러한 차이는 의견 충돌로 이어질 수 있다. 세대 간 가치관의 차이와 의사소통 부족은 이러한 갈등을 더욱 심화시킨다.

노부모 부양과 관련된 갈등을 관리하기 위해서는 가족구성원 간의 협력과 소통이 필수적이라 할 수 있다. 부양책임을 명확히 나누고, 각 구성원의 상황과 능력을 고려하여 역할을 조정하는 것이 중요하다고 할 수 있다. 예를 들어, 한 구성원이 물리적인 돌봄을 담당한다면, 다른 구성원이 경제적 지원이나 행정적 역할을 맡는 방식으로 책임을 분담할 수 있다. 이 과정에서 정기적인 가족회의를 통해 부양 상황을 점검하고 의견을 조율하는 것이 유용하다.

필요한 경우 사회적 자원과 서비스를 활용하여 부양 부담을 완화하는 방안도 고려해야 한다. 예를 들어, 노인 요양 서비스, 데이케어 센터, 방문 간호 서비스와 같은 공공 및 민간 지원을 통해 부양책임을 분산할 수 있다. 이는 부양에 따른 스트레스를 줄이고 가족구성원이 더 건강한 방식으로 역할을 수행할 수 있도록 돕는다. 중년 세대는 노부모와의 관계에서 정서적 지지와 존중을 제공하는 것을 잊지 말아야 한다. 부모가 자신의 삶의 존엄성을 유지할 수 있도록 돕는 동시에, 세대 간의 갈등을 예방하려는 노력이 필요하다. 예를 들어, 부모의 의견과 선택을 존중하고, 돌봄 과정에서 가능한 한 자율성을 부여하는 것은 부모-자녀 관계를 긍정적으로 유지하는 데 기여한다.

결론적으로, 노부모 부양은 중년기 가족의 중요한 과제이며, 가족구성원 간의 협력과 공정한 책임 분담이 갈등을 예방하고 관리하는 핵심이다. 가족 내 소통을 강화하고, 필요한 경우 사회적 자원을 적절히 활용함으로써 부양 과정에서의 어려움을 줄이고, 가족관계를 안정적으로 유지할 수 있다.

(4) 경제적 부담과 은퇴 준비

중년기 가족은 경제적 부담과 은퇴 준비라는 이중적인 과제를 동시에 해결해야 하는 시기를 경험한다. 이 시기는 자녀양육과 교육비, 결혼 비용 지원, 노부모 부양 등 경제적 요구가 한꺼번에 집중되는 시기로, 이러한 요구는 중년기 가족에게 상당한 재정적 압박을 가중시킨다. 중년기 가족이 이 같은 재정적 도전을 효과적으로 극복하지 못할 경우, 가족의 경제적 안정성이 위협받을 수 있으며, 이는 노년기의 삶에도 부정적인 영향을 미칠 가능성이 크다(김미라・하영윤, 2020; 정옥분, 2019).

① 경제적 부담의 주요 원인

중년기 가족의 가장 큰 재정적 부담 중 하나는 자녀 교육비와 결혼 비용이다. 자녀가 고등교육을 마치고 독립할 때까지 재정적 지원이 지속되며, 결혼을 앞둔 자녀에게도 경제적 도움을 제공하는 경우가 많다(이경희, 2021). 동시에 노부모 부양으로 인해 의료비, 간병비, 생활비 등 추가적인 경제적 지출이 발생하면서 중년기 가족의 부담은 더욱 가중된다(박미정, 2018).

중년기는 개인의 직업 경력이 정점에 도달하거나 안정된 시기로 여겨지지만, 직업적 변화나 은퇴 준비와 같은 도전을 동반한다. 또한 예기치 못한 조기 은퇴나 직장에서의 역할 변화는 재정 계획을 더욱 복잡하게 만들 수 있으며, 이러한 변화는 가족 전체의 재정적 안정성에 영향을 미친다(정수현, 2020).

② 재정적 준비의 필요성

재정적 부담 속에서도 은퇴 준비는 중년기 가족에게 중요한 과제이다. 중년기에 이루어진 재정적 준비는 노년기의 안정적이고 풍요로운 삶과 직결되며, 장기적인 관점에서 체계적으로 접근해야 한다(이수현, 2016). 이를 위해 자산 관리, 저축, 투자 등 포괄적인 재정 계획이 요구된다. 특히 은퇴 후 소득원을 확보하기 위한 연금 가입, 부동산 투자, 금융 상품 선택 등은 중년기 가족의 경제적 안정성을 강화하는 핵심 요소로 작용한다(최지연, 2020).

③ 해결 방안과 전략

중년기 가족이 경제적 부담과 은퇴 준비를 동시에 해결하기 위해서는 체계적인 재정 계획이 필수적이다. 이를 위해 다음과 같은 전략을 고려할 수 있다(김영모, 2021).

- **예산 관리와 지출 통제** : 필수 지출과 선택적 지출을 구분하고, 월별・연간 예산을 세워 재정 상태를 지속적으로 점검한다.
- **저축과 투자** : 장기적인 재정 목표를 설정하고, 안정적인 수익을 제공하는 금융 상품과 연금 계획을 활용해 재정을 관리한다.
- **은퇴 후 소득원 확보** : 임대료, 투자 배당 등 자산 기반 소득을 창출하거나, 새로운 직업을 탐색하여 은퇴 후에도 안정적인 소득을 유지할 수 있는 방안을 마련한다.

④ 사회적 지원 활용

공공 자원과 사회적 지원체계를 활용하는 것도 재정적 부담을 줄이는 데 도움이 된다. 예를 들어, 국가에서 제공하는 노후 연금, 의료 보조, 교육 지원 프로그램 등을 통해 경제적 압박을 완화할 수 있다(정수현, 2020). 이러한 사회적 지원은 중년기 가족이 개인적인 노력만으로 해결하기 어려운 재정적 도전을 극복하는 데 중요한 역할을 한다.

⑤ 정서적 및 가족 내 협력의 중요성

재정적 부담과 은퇴 준비는 가족 전체의 협력을 요구하는 과제이다. 가족구성원 간 재정적 상황과 목표를 솔직하게 공유하고, 각자의 역할을 명확히 분담하며, 상호 지지를 제공하는 자세가 필요하다. 부부간의 재정적 목표를 일치시키고, 의사결정을 함께 내림으로써 장기적인 재정 계획의 안정성을 확보할 수 있다(이정희, 2021).

이렇듯 중년기 가족은 경제적 부담과 은퇴 준비라는 도전을 성공적으로 극복하기 위해 체계적이고 장기적인 재정 계획을 수립해야 한다. 재정적 안정은 중년기의 삶뿐만 아니라 노년기의 삶의 질에도 직접적인 영향을 미치므로, 현재와 미래를 동시에 고려한 균형 잡힌 접근이 중요하다. 가족구성원 간 협력과 사회적 자원의 적극적인 활용은 중년기 가족이 이러한 도전들을 효과적으로 해결하는 데 기여할 것이다.

(5) 사회적 관계의 확장과 고립 예방

중년기는 직업 변화, 은퇴, 자녀 독립 등으로 인해 기존의 사회적 관계가 약화되거나 축소되기 쉬운 시기이다(정옥분, 2019). 이러한 변화는 개인에게 심리적 고립감을 유발할 수 있으며, 사회적 단절이 지속될 경우 정서적 안정과 삶의 질에 부정적인 영향을 미칠 수 있다. 특히 직업을 중심으로 형성되었던 인간관계가 사라지거나 가족 내 역할 변화로 인해 발생하는 소외감은 중년기의 정서적 도전에 주요 요인으로 작용한다. 사회적 관계 확장과 고립 예방과 관련된 세부내용은 다음과 같다.

① 사회적 고립의 위험과 부정적 영향

사회적 고립은 우울감과 스트레스를 초래하며, 이는 개인의 정신 건강에 부정적인 영향을 미칠 수 있다. 가족과의 관계가 원만하지 않거나 지역사회와의 연결이 부족할 경우, 이러한 고립감은 더욱 심화될 가능성이 높다. 특히 고립 상태가 지속되면 신체적 건강에도 악영향을 미칠 수 있으며, 중년기 이후 삶의 질 저하로 이어질 위험이 있다(장수한 외, 2014).

② 사회적 관계 확장의 중요성

중년기의 삶의 질을 높이고 안정된 정서 상태를 유지하기 위해서는 기존의 사회적 관계를 유지하는 것뿐만 아니라, 새로운 사회적 네트워크를 형성하려는 노력이 필요하다. 사회적 관계의 확장은 개인에게 정서적 지지와 소속감을 제공하며, 자신이 사회적 유대 속에서 중요한 존재임을 느끼게 한다(안동화, 2023). 이러한 노력은 중년기의 심리적 안정을 유지하고 긍정적인 노년기로 전환하는 데 중요한 기반이 된다.

③ 사회적 관계를 확장하는 실천 방안

- 지역사회 활동 참여

  지역사회에서 제공하는 워크숍, 강연, 자조 모임 등에 참여하여 새로운 인간관계를 형성하고, 지역사회와의 유대를 강화한다(김영모, 2021). 이러한 활동은 개인의 사회적 역할을 재발견하는 기회를 제공한다.

- 자원봉사와 사회적 기여

  자신의 경험과 능력을 활용하여 자원봉사 활동에 참여함으로써 사회에 기여하고 새로운 관계를 형성할 수 있다(박미정, 2018). 이는 개인의 자존감을 높이고, 공동체 속에서 긍정적인 정체성을 확립하는 계기가 된다.

- 취미와 동호회 활동

  공통의 관심사를 가진 사람들과 함께하는 동호회나 취미 활동은 여가를 풍요롭게 만들 뿐만 아니라, 새로운 유대관계를 형성하는 데 효과적이다(이수현, 2016).

- 디지털 기술을 활용한 관계 형성

  소셜 미디어와 온라인 커뮤니티를 통해 관심사가 비슷한 사람들과 교류할 수 있다(최지연, 2020). 디지털 환경에서의 활동은 시간과 장소의 제약 없이 사회적 관계를 확장할 기회를 제공한다.

- 사회적 관계 확장의 긍정적 효과

  사회적 관계를 확장하면 개인은 정서적 안정과 소속감을 느끼며, 이는 스트레스를 감소시키고 삶의 만족도를 높이는 데 기여한다. 새로운 관계를 통해 긍정적인 지지와 피드백을 받을 수 있는 환경이 조성되며, 이는 중년기의 어려움을 극복하고 개인의 성장을 촉진하는 중요한 동력이 된다(정옥분, 2019). 또한 사회적 활동은 개인이 자아실현 욕구를 충족시키며, 중년기를 성장과 변화의 기회로 전환할 수 있는 발판이 된다.

이렇듯 사회적 관계의 확장은 중년기의 정서적 안정과 삶의 질 향상을 위한 핵심 요소이다. 직업적 변화나 은퇴로 인해 관계가 축소될 위험이 있지만, 지역사회 활동, 자원봉사, 동호회 참여 등을 통해 새로운 사회적 네트워크를 구축하려는 노력이 필요하다. 이를 통해 중년기 개인은 고립감을 예방하고 자신만의 의미 있는 역할을 발견하며, 안정적이고 만족스러운 삶을 영위할 수 있다.

(6) 건강 문제와 노화 수용

중년기는 신체적 기능이 점차 저하됨과 동시에 만성질환의 위험이 높아지는 시기이다. 이는 개인에게만 영향을 미치는 것이 아니라 가족 전체의 삶에도 영향을 미치는 중요한 과제라 할 수 있다. 건강 문제는 중년기 개인이 삶의 질을 유지하는 데 큰 도전일 뿐만 아니라 가족 내에서 심리적·경제적 부담으로 작용할 수 있으므로, 중년기 가족이 건강 문제를 효과적으로 관리하고 노화 과정을 수용하기 위해서는 체계적이고 긍정적인 접근이 필요하다(정옥분, 2019). 건강 문제와 노화 수용과 관련된 세부내용은 다음과 같다.

① 건강 문제와 중년기 과제

중년기에는 신체적 기능이 저하되며 고혈압, 당뇨병, 관절염 등 만성질환의 발병률이 높아진다. 이러한 질환은 신체적 불편을 초래할 뿐만 아니라 치료 및 관리 과정에서 시간적·경제적 자원을 요구하여 가족구성원들에게도 부담을 줄 수 있다(박미정, 2018). 이와 함께 신체적 변화는 외모와 체력의 변화로 이어져 개인의 자존감 저하와 심리적 스트레스를 유발할 수 있다.

② 건강관리의 필요성

중년기의 건강 문제를 예방하거나 관리하기 위해 개인과 가족구성원 모두의 노력이 필요하다. 구체적으로 다음과 같은 실천이 요구된다(이수현, 2016).

- **규칙적인 운동** : 신체 활동은 체력을 유지하고 만성질환의 발병 위험을 줄이는 데 중요한 역할을 한다. 적절한 강도의 유산소 운동과 근력 강화 운동은 건강을 유지하는 데 효과적이다.
- **건강한 식습관** : 균형 잡힌 식단은 체중 관리와 질병 예방에 기여한다.

특히 중년기에는 나트륨 섭취를 줄이고, 섬유질과 항산화 성분이 풍부한 식품을 섭취하는 것이 권장된다.

- 정기적인 건강검진 : 조기 발견은 질병의 예방과 치료에 매우 중요하다. 정기적인 건강검진을 통해 질병을 조기에 발견하고 필요한 치료를 받을 수 있다.

③ 노화 수용과 심리적 적응

노화는 중년기에 자연스럽게 발생하는 과정으로, 이를 긍정적으로 받아들이는 자세가 필요하다. 신체적 변화와 노화를 거부하거나 부정적으로 인식할 경우, 심리적 스트레스와 불안감이 증가할 수 있다. 따라서 중년기 가족은 노화에 대한 긍정적인 태도를 형성하고 이를 가족 내에서 자연스럽게 논의하는 환경을 조성해야 한다. 예를 들어, 가족구성원 간에 노화와 관련된 건강 문제를 공유하고, 이를 극복하기 위한 지원과 격려를 주고받는 것이 중요하다.

④ 가족 내 건강 문제 관리와 지원

중년기 건강 문제는 가족구성원 간의 협력을 통해 더욱 효과적으로 관리될 수 있다. 가족이 함께 운동을 하거나 건강한 식습관을 공유하는 등의 공동 활동은 개인의 건강 개선뿐만 아니라 가족 유대감을 강화하는 데 기여할 수 있다. 또한 가족은 건강 문제로 인해 발생할 수 있는 정서적 스트레스를 완화하기 위해 정기적으로 대화와 지지를 나누는 것이 필요하다.

이렇듯 중년기의 건강 문제와 노화는 개인과 가족 모두에게 중요한 과제로 작용한다. 이를 효과적으로 관리하기 위해서는 개인적 노력과 가족의 지원이 결합된 체계적인 접근이 필요하다. 규칙적인 운동, 건강한 식습관, 정기적인 건강검진과 함께 노화 과정을 자연스럽게 수용하고 가족 내에서 긍정적으로 논의하는 환경을 조성한다면, 중년기 가족은 신체적 · 정서적 안정을 유지하며 더욱 건강한 삶을 영위할 수 있을 것이다.

(7) 자아 성찰과 새로운 목표 설정

중년기는 삶의 전환점에서 과거를 돌아보고 자신의 삶을 평가하며 앞으로의 방향을 설정하는 중요한 시기이다. 이 시기에는 자아 성찰과 새로운 목표 설정이 핵심 과제로 떠오르며, 이는 중년기 가족구성원 각각의 성장과 삶의 만족도를 높이는 계기가 된다. 과거의 성취와 실패를 객관적으로 평가하며, 새로운 도전을 통해 개인적 성장을 추구하는 노력은 중년기를 더욱 풍요롭게 만든다(정옥분, 2019). 자아 성찰과 새로운 목표 설정과 관련된 세부내용은 다음과 같다.

① 자아 성찰의 중요성

중년기는 자신이 살아온 삶을 성찰하며, 현재의 위치와 앞으로의 방향을 재정립하는 시기이다. 이는 개인이 자신의 가치를 확인하고, 삶에서 중요한 것이 무엇인지 명확히 하는 데 도움을 준다. 과거에 이루었던 성취를 돌아보며 자신감을 얻는 동시에, 실수를 통해 배운 교훈을 바탕으로 앞으로의 계획을 세우는 과정은 개인적 성장의 원동력이 된다(김영모, 2021). 이러한 성찰은 자신의 역할 변화에 긍정적으로 적응하는 데도 중요한 역할을 한다.

② 새로운 목표 설정과 도전

중년기의 목표 설정은 개인의 발전뿐만 아니라 가족의 안정과 성장을 위해서도 중요하다. 중년기 가족구성원은 각자 자신의 목표를 설정하고, 이를 이루기 위해 노력하며 서로를 격려하는 환경을 조성해야 한다. 예를 들어, 중년기에 새로운 학문이나 기술을 배우는 것은 개인의 역량 강화를 넘어 가족에게도 긍정적인 영향을 미칠 수 있다. 특히 새로운 목표를 통해 자아실현을 이루려는 노력은 중년기의 심리적 안정과 삶의 만족도를 높이는 데 기여한다(최지연, 2020).

③ 가족 내 상호 지지와 발전

가족구성원들이 자신의 목표를 성취하기 위한 과정을 서로 지원하고 격려하는 것은 중년기 가족의 유대감을 강화하는 데 매우 중요하다. 부모가 자녀에게 자신의 도전 과정을 공유하고, 자녀는 부모의 목표를 존중하며 응원하는 환경을 조성한다면, 가족 내 상호 발전이 가능하다. 이는 중년기 가족이 단순히 생존의 틀을 넘어 서로의 성장과 안정성을 유지하는 데 기여할 수 있다(김미라・하영윤, 2020).

④ 구체적 실천 방안

- 자신의 과거와 현재를 돌아보기 : 중년기에는 자신의 가치와 삶의 방향성을 명확히 하기 위해 일정한 시간을 내어 성찰하는 것이 중요하다. 가족의 역할이나 직업적 성취를 재검토하며 앞으로 이루고자 하는 바를 구체화한다.
- 새로운 도전 수용하기 : 배우거나 도전하고 싶었던 취미, 기술, 또는 교육 과정을 시작함으로써 삶의 새로운 목표를 설정할 수 있다. 이는 개인의 자아실현 욕구를 충족시키는 동시에 심리적 활력을 제공한다.
- 가족과 함께 목표를 공유하기 : 가족구성원 간에 각자의 목표를 공유하고 이를 이루기 위한 실천 계획을 논의하며, 상호 지지와 격려의 환경을 조성한다.

이렇듯 중년기는 자아 성찰과 새로운 목표 설정을 통해 개인과 가족 모두에게 새로운 성장의 기회를 제공한다. 각자의 목표를 달성하기 위한 노력을 가족이 지지하고 격려한다면, 중년기 가족은 더욱 안정적이고 조화로운 관계를 형성할 수 있다. 이를 통해 중년기는 단순히 변화의 시기를 넘어, 삶의 질을 향상하고 미래를 향한 긍정적인 변화를 이루는 중요한 계기가 될 수 있다.

2. 중년기 가족의 관계 재구성

1) 부부관계의 재정립

자녀 독립 이후, 부부는 더 이상 자녀양육에 집중하지 않게 되며, 이는 부부관계를 재정립하는 중요한 시점이 된다. 이 시기에 부부는 자녀양육에서 벗어나 서로에 대한 관심을 다시 집중하게 되며, 정서적 교감을 통해 관계를 강화할 수 있다. 자녀 독립 후 드러날 수 있는 갈등은 의사소통과 감정적 이해를 통해 해결해야 하며, 이를 통해 부부는 더 성숙하고 깊이 있는 관계를 형성하게 된다. 결국, 자녀 독립 이후의 변화는 부부가 서로를 재발견하고, 지속적인 사랑과 존중을 바탕으로 관계를 유지하는 중요한 기회가 된다(김미라 · 하영윤, 2020; 정옥분, 2019).

(1) 자녀 독립 이후의 변화

자녀가 독립하면 부모는 더 이상 자녀양육에 집중할 필요가 없어지며, 이로 인해 부부는 새로운 가족 내 역할을 형성해야 한다. 자녀양육 중심에서 벗어나, 그동안 미뤄왔던 부부간의 관계를 재정립하는 시점에 이르게 되는 것이다. 이 시기에 부부는 자녀양육이라는 공동의 책임에서 벗어나 각자의 삶을 다시 돌아보고, 서로의 관심사와 취미를 재발견하며 관계의 질을 향상시킬 수 있는 기회를 맞이하게 된다(정옥분, 2019).

자녀가 독립한 이후, 부부는 그동안 자녀에게 할애했던 시간과 에너지를 자신에게, 그리고 서로에게 투자할 수 있는 자유로운 시간을 가지게 된다. 이를 통해 부부는 다시 서로에게 집중하며, 함께할 수 있는 새로운 활동을 찾아 관계를 강화할 수 있게 되는데, 예를 들어 여행, 문화생활, 취미 활동 등을 통해 다시금 깊은 대화와 교감을 나누는 것이 가능해지며, 이는 부부관계의 회복과 성장을 돕는 중요한 기회가 된다(김미라 · 하영윤, 2020).

(2) 정서적 교감의 중요성

중년기 부부관계에서 가장 중요한 요소는 정서적 교감이다. 자녀의 독립 이후, 부부는 자녀양육에 대한 의무에서 벗어나 서로에 대해 더 깊이 이해할 수 있는 시간을 갖게 된다. 이 시기는 부부가 각자의 생각과 감정을 나누며, 서로

의 입장을 존중하면서 관계의 깊이를 더할 수 있는 중요한 기회를 제공하게 된다. 자녀양육이라는 공동의 책임이 사라짐에 따라, 부부는 자연스럽게 더 많은 시간을 서로에게 할애하게 되며, 그동안 쌓였던 감정이나 갈등을 풀어갈 수 있는 기회를 갖게 된다(장수한 외, 2014).

하지만 이 시기에 많은 부부가 겪는 문제는 그동안 억눌렸던 감정이나 갈등이 표면화되는 것이다. 자녀 중심의 생활에서 벗어나면서, 상대방에게 표현하지 않았던 감정이 드러날 수 있으며, 이는 갈등을 초래할 수 있다. 이러한 갈등을 해결하기 위해서는 열린 의사소통이 핵심이라 할 수 있다. 서로의 감정을 솔직하게 표현하고, 상호 존중을 바탕으로 감정을 인정하며 이해하려는 태도를 갖는 것이 중요하며, 이러한 의사소통은 갈등을 해결하고 관계를 유지하는 데 중요한 역할을 한다(정옥분, 2019).

(3) 갈등 해결과 관계 유지

자녀 독립 후, 부부는 더 이상 자녀양육에 대한 공동의 책임을 지지 않게 되며, 그로 인해 그동안 미뤄두었던 갈등이 표면화된다. 이 시기의 부부는 갈등을 직면하면서 관계에서 변화를 겪게 되는데, 중요한 점은 갈등을 해결하려는 적극적인 노력과 의사소통이라 할 수 있다. 갈등이 발생할 때마다 부부는 서로의 감정을 인정하고, 문제를 해결하려는 공동의 노력을 기울여야 한다. 갈등을 해결하는 과정에서 부부는 서로의 감정을 이해하며, 관계의 신뢰를 회복하게 된다(김미라 · 하영윤, 2020).

갈등 해결은 단순히 문제를 푸는 것을 넘어서, 부부가 서로에 대한 이해와 존중을 더욱 깊이 있게 나누는 과정이라 할 수 있다. 갈등을 풀어가는 과정에서 부부는 자신의 감정을 표현하며, 이전보다 더 깊은 정서적 교감을 나누게 된다. 이 과정은 부부관계를 더욱 단단하게 하고, 서로에 대한 신뢰와 사랑을 강화하는 계기가 된다. 궁극적으로 갈등 해결을 통해 부부는 중년기를 더욱 건강하고 의미 있는 시기로 만들 수 있다(정옥분, 2019).

2) 부모-성인 자녀관계의 변화와 조율

자녀가 성인으로 성장하고 독립하게 되면 부모와 자녀 간의 관계는 큰 변화를 맞이한다. 부모는 자녀양육이라는 의무에서 벗어나 자녀가 독립적인 성인으로서 삶을 살아갈 수 있도록 지원하는 역할을 하게 된다. 하지만 자녀가 성인이 되더라도 부모는 여전히 자녀에게 정서적 혹은 경제적으로 의존하게 되는 경우가 많고, 이러한 변화는 부모와 성인 자녀 간의 관계에 복잡한 영향을 미칠 수 있다. 이 시점에서 부모와 자녀는 역할 재정립과 상호 존중을 바탕으로 관계를 조율해야 한다.

부모와 자녀 간의 관계에서 중요한 점은 기대와 요구의 조정이다. 부모는 자녀가 성인이 된 후에도 여전히 보호하고 싶은 마음을 가지게 되며, 자녀는 자신의 삶에 대해 더 많은 자율성을 원하게 된다. 부모와 자녀는 서로의 기대를 명확히 하고, 건강한 거리를 유지하면서 관계를 발전시켜야 한다. 자녀의 독립은 부모에게는 자녀를 존중하고 인정하는 새로운 태도를 요구하며, 자녀는 부모의 간섭을 최소화하려는 노력이 필요하다(정옥분, 2019). 이러한 상호 이해와 조율을 통해 부모와 자녀는 더욱 성숙하고 안정적인 관계를 형성할 수 있다.

성인 자녀와 부모 간의 갈등은 주로 자녀의 독립과 부모의 지나친 개입 사이에서 발생한다. 부모는 자녀가 독립하기 전에 이미 강한 보호 본능을 가지고 있기 때문에 자녀의 선택을 존중하는 것이 어려운 경우가 많다. 이때 가장 중요한 것은 의사소통이다. 부모와 자녀는 서로의 입장을 이해하고, 감정적으로 연결될 수 있는 기회를 갖는 것이 필요하다. 갈등을 해결하려는 노력과 열린 대화는 부모와 자녀가 서로를 이해하고, 관계를 지속적으로 개선하는 데 핵심적인 역할을 한다(박주희, 2020).

이와 같이 부모와 성인 자녀 간의 관계는 상호 존중과 배려를 바탕으로 지속적으로 발전할 수 있다. 부모와 자녀는 각자의 역할을 명확히 하고, 서로의 독립성을 존중하면서도 관계를 유지하려는 노력이 중요하다. 이러한 조율을 통해 부모와 성인 자녀는 서로를 이해하고, 건강한 관계를 계속해서 유지할 수 있다(이은희 · 김남숙, 2024).

3) 노부모 부양과 책임 분담

노부모 부양은 중년기 가족이 직면하는 중요한 과제 중 하나로, 가족구성원 간의 책임 분담과 역할 조정이 필수적이다. 전통적으로 부모의 부양은 자녀의 의무로 간주되었으나, 현대사회에서는 가족구조와 가치관의 변화로 인해 노부모 부양책임에 대한 인식이 다음과 같이 달라지고 있다.

① 가족구조와 가치관의 변화

과거에는 대가족 제도가 일반적이었으며, 부모의 부양은 자녀의 자연스러운 역할로 받아들여졌다. 하지만 핵가족화와 개인주의의 확산으로 가족 내에서 부양책임에 대한 인식이 변화하고 있으며, 특히 젊은 세대는 부모 부양에 대한 부담을 국가나 사회의 책임으로 전가하는 경향이 증가하고 있다.

② 부양책임 분담의 필요성

부모 부양은 신체적 · 정서적 · 경제적 부담을 동반하므로, 가족구성원 간의 협력과 역할 분담이 중요하다. 특히 부양부담이 신체적 · 정서적 부담뿐만 아니라 경제적 부담으로 작용하는 것으로 나타났다. 부모를 부양하는 데 따른 경제적 부담은 많은 가족에게 실질적인 어려움을 초래하며, 이는 장기적으로 가족의 경제적 안정성에 영향을 미친다. 또한 국가나 지방자치단체의 지원이 부족한 경우, 가족 내에서의 부양책임 분담이 더욱 중요해진다. 이때 가족구성원들은 각자의 역할을 명확히 하고, 협력적인 대도를 유지하며 부양책임을 분담하는 것이 필요하다(성대현, 2011).

③ 부양책임 분담을 위한 전략

- 의사소통 강화 : 가족구성원 간의 열린 대화를 통해 각자의 역할과 기대

를 명확히 하고, 갈등을 예방하는 것이 중요하다. 부모 부양이라는 민감한 문제에 대해서는 개방적이고 존중하는 대화가 필요하며, 이를 통해 모든 가족구성원이 공감할 수 있는 해결책을 찾는 것이 중요하다.

- 사회적 지원 활용 : 국가나 지역사회의 복지 서비스를 적극적으로 활용하여 부양 부담을 완화하는 것이 필요하다. 다양한 공적 지원이 있지만, 이를 제대로 활용하지 않으면 가족의 부담은 더욱 커질 수 있다. 정부의 노인 복지 프로그램이나 지역사회 기반의 복지 서비스는 가족에게 큰 도움이 될 수 있다.
- 재정 계획 수립 : 부양에 따른 경제적 부담을 대비하여 철저한 재정 계획을 세우는 것이 중요하다. 장기적인 경제적 부담을 예방하기 위해 초기부터 재정적 준비를 하고, 필요시 전문가의 도움을 받는 것도 좋은 방법이다. 이는 재정적 안정을 위해 필수적인 단계이다.

4) 갈등 해결 및 관계 회복 전략

중년기 가족이 갈등을 효과적으로 해결하고 관계를 회복하기 위해서는 다음과 같은 전략들이 중요하다. 이 전략들은 갈등을 완화시키고, 가족관계를 안정적으로 유지하는 데 기여할 수 있다. 가장 중요한 것은 상호 존중과 이해를 바탕으로 지속적인 노력을 기울이는 것이다(유경란, 2016).

① 효과적인 의사소통 기술 습득

갈등 상황에서 가장 중요한 것은 감정을 적절히 조절하고, 상대방의 입장을 충분히 이해하며, 자신의 감정을 명확하고 진지하게 표현하는 것이다. 이는 단순한 대화가 아니라, 서로의 감정을 존중하고, 서로 다른 관점을 이해하며 소통하는 과정을 포함한다. 효과적인 의사소통을 통해 오해를 줄이고, 상호 이해를 높일 수 있다. 또한 의사소통을 개선하면 갈등을 예방할 수 있을 뿐만 아니라, 갈등이 발생했을 때 신속하고 원활하게 문제를 해결할 수 있는 능력을 키울 수 있다. 감정의 표현과 경청을 통해 문제의 본질을 파악하고, 갈등을 최소화하는 방향으로 나아갈 수 있다.

② 정서적 친밀감 증진

가족구성원 간에 정서적 친밀감을 증진시키는 노력은 갈등 예방에 매우 효과적이다. 일상에서 서로의 감정을 공유하고, 함께 시간을 보내며, 감사의 표현을 아끼지 않는 것이 중요하다. 이러한 작은 노력이 모여 관계를 더욱 돈독하게 만든다. 예를 들어, 일주일에 한 번 저녁을 함께하거나, 서로의 하루를 공유하는 시간을 가지는 것만으로도 관계의 깊이를 더할 수 있다. 정서적 친밀감을 증진시키면, 서로의 감정을 이해하고 존중하는 태도가 강화되어 갈등이 생기더라도 효과적으로 해결할 수 있다. 또한 감정적으로 서로 연결되어 있을 때, 갈등 상황에서 서로에게 위로가 되고, 문제를 해결하는 데 있어서 상호 지원을 받을 수 있다.

③ 갈등 해결을 위한 공동의 노력

갈등을 단순히 해결해야 할 문제로만 보지 않고, 부부나 가족구성원 간의 관계를 더욱 깊게 만들 수 있는 기회로 삼아야 한다. 갈등이 발생할 때마다 서로의 감정을 인정하고, 문제 해결을 위해 공동으로 노력하는 것이 매우 중요하다. 갈등을 해소하는 과정에서 부부는 서로의 감정을 이해하고, 관계의 신뢰를 회복하게 된다. 이를 위해서는 문제를 혼자 해결하려 하지 말고, 서로 협력하며 의견을 나누는 과정이 필요하다. 갈등 해결에 있어 가장 중요한 것은 서로의 의견을 경청하고, 타협할 수 있는 부분을 찾는 것이다. 이 과정에서 부부는 감정을 공유하고, 더욱 단단한 신뢰와 유대감을 형성하게 된다.

④ 전문가의 도움 받기

갈등이 지속되거나 해결이 어려운 경우에는 전문가의 도움을 받는 것이 매우 효과적이다. 부부 상담이나 심리 치료를 통해 전문가의 객관적인 시각을 얻고, 문제의 핵심을 짚어내는 것이 필요하다. 전문가의 도움을 받으면, 감정적인 부분에서 벗어나 보다 객관적으로 문제를 바라보고 해결 방안을 모색할 수 있다. 또한 전문가와의 상담을 통해 갈등 해결을 위한 구체적인 방법을 배우고, 새로운 접근 방식을 시도해 볼 수 있다. 전문가의 조언을 통해 부부는 갈등을 보다 효과적으로 해결하고, 관계를 회복하는 데 필요한 지침을 얻을 수 있다.

5) 가족구성원 간 협력과 지지의 중요성

중년기 가족의 관계 재구성에서 가족구성원 간의 협력과 지지는 핵심적인 역할을 한다. 이 시기에는 자녀의 독립, 노부모의 부양, 부부관계의 재정립 등 다양한 변화가 발생하며, 이러한 과정에서 가족구성원 간의 협력과 지지가 필요하다(배나래, 2022).

① 가족구성원 간 협력의 중요성

가족구성원 간의 협력은 중년기 가족이 직면한 다양한 과제를 효과적으로 관리하는 데 핵심적이다. 부모의 노화로 인한 부양책임이 증가함에 따라 가족구성원 간의 역할 분담과 협력이 더욱 중요해진다. 특히 부모 부양은 신체적·정서적·경제적 부담을 동반하며, 이를 관리하기 위해서는 가족구성원 간의 협력이 필수적이다(성대현, 2011). 부모 부양의 경제적 부담과 가족 내 책임 분담에 대해 가족구성원 간의 협력이 이러한 부담을 완화하는 데 도움이 된다.

② 가족 지지의 중요성

가족 지지는 중년기 가족의 삶의 만족도에 큰 영향을 미치는 요인이다. 특히 중년 남성의 경우, 가족과 사회적 지지가 삶의 만족도를 결정짓는 데 중요한 역할을 한다. 이는 가족 지지가 개인의 웰빙뿐 아니라 가족관계의 질을 높이는 데 기여하기 때문이다. 선행 연구들 역시 중년기 가족의 특성과 과제를 다루면서, 가족 지지의 중요성을 강조하고 있다(김미라·하영윤, 2020).

③ 협력과 지지를 통한 관계 재구성

가족구성원 간의 협력과 지지는 갈등 해결과 관계 회복에도 중요한 역할을 한다. 효과적인 의사소통과 정서적 친밀감 증진을 통해 가족구성원 간의 협력과 지지를 강화할 수 있다. 중년기 부부관계에서는 갈등 해결 및 회복 전략으로 가족의 협력과 지지가 매우 중요하다(유경란, 2016). 또한 갈등이 발생했을 때, 가족구성원 간의 상호 존중과 배려를 통해 갈등을 효과적으로 해결하려고 할수록 더 건강한 관계로 발전할 가능성이 크다.

3. 중년기 가족의 안정과 성장을 위한 실천 프로그램

중년기는 가족과 개인 모두에게 중요한 변화를 맞이하는 시기로, 다양한 도전과 새로운 가능성이 함께 나타나는 시점이다. 이 시기의 가족은 자녀의 독립으로 인한 가족구조의 변화, 직업적 전환이나 은퇴 준비 과정, 노부모 돌봄의 책임, 그리고 자신의 건강관리 등 다방면에서 큰 변화와 과제를 경험한다. 이러한 변화는 가족구성원 간의 관계와 개인의 삶에 깊은 영향을 미치고, 가족의 특별한 관심과 노력이 요구된다고 할 수 있다.

중년기에 직면하는 다양한 변화는 개인과 가족이 그간의 삶의 방식을 재정비하고 새로운 삶의 목표를 설정할 기회를 제공한다. 하지만 이 과정에서 심리적·정서적 부담이나 재정적 압박 등 어려움을 겪을 수 있으며, 이를 효과적으로 극복하지 못하면 가족의 안정성이 흔들릴 수 있다. 따라서 체계적이고 실질적인 지원과 교육 프로그램이 필수적이라 할 수 있다.

중년기 가족을 위한 실천 프로그램은 가족구성원이 이러한 변화와 도전에 적응하고 성장할 수 있도록 돕는 것을 목표로 하며, 이는 단순히 문제를 해결하는 수준을 넘어, 가족관계의 재정립과 개인적 성장, 그리고 새로운 삶의 방향성을 찾는 데 초점을 맞춘다. 구체적인 도움을 제공할 수 있는 프로그램은 다음과 같다.

1) 중년기 부부를 위한 의사소통 및 공감 훈련

중년기 부부는 자녀의 독립과 직업 변화 등으로 새로운 도전에 직면한다. 이 시기에 효과적인 의사소통과 공감 능력은 부부관계의 안정과 만족도를 높이는 핵심 요소이다(장예원, 2023). 부부 교육 프로그램은 자기 이해, 배우자 이해 및 수용, 의사소통 기술 향상을 목표로 한다. 중년기 부부를 위한 의사소통 및 공감훈련 프로그램은 부부가 자신의 성장 가능성을 이해하고 긍정적인 힘을 강조하며, 서로의 생각과 감정을 노출하여 이해를 돕는 것을 목표로 한다. 또한 듣기와 말하기 기술을 익혀 문제 해결 및 갈등 해결 능력을 발달시키는 데 중점을 둔다. 구체적인 프로그램의 예시는 〈표 10-1〉과 같다.

〈표 10-1〉 관계 리부트(Reboot) : 부부 성장 프로그램 예시

구 분	내 용		
목 표	부부간 의사소통과 공감 능력을 향상시키고, 긍정적인 관계를 유지하며 문제해결 및 갈등 관리 능력을 강화한다		
대 상	중년기 부부(자녀 독립, 관계 재정립을 고민하는 부부)		
기 간	총 4주 프로그램(주 1회, 회당 2시간)		
운영 방식	강의, 그룹 활동, 역할극, 피드백 및 실습		
회 기	주 제	목 표	구성내용
1회	부부관계 이해와 정체성	중년기 부부관계의 중요성과 행복한 부부와 불행한 부부를 이해한다.	• 프로그램 소개 및 참여자 자기소개 • 부부 의사소통의 중요성과 원리 학습
2회	갈등 패턴과 대처방식 이해	부부 갈등에 대해 올바르게 이해하고 건강한 갈등 해결 방안을 이해하고 실천한다.	• 상호작용 갈등 패턴 • 감정 표현과 긍정적 대화법 실습 • 성격유형으로 보는 배우자 이해하기
3회	바람직한 의사소통	부부 대화기술을 실습하여 소통 능력을 향상시킨다.	• 대화의 기술 • 실제 사례를 통한 역할극과 피드백
4회	관계의 재발견	행복한 미래를 결정하기 위한 필수 요소를 이해한다.	• 부부 사명서 작성하기 • 생활의 변화 타협하기

활동 예시	• 감정 카드를 활용하여 자신의 감정 표현 • 역할극을 통해 갈등 상황 재현 및 해결 방법 연습 • 부부간 감사 편지 쓰기
기대 효과	부부간 신뢰와 공감 능력 증대, 의사소통 개선, 긍정적 관계 유지, 문제 해결 능력 강화
평가 방법	사전/ 사후 설문지 및 피드백, 프로그램 참여 후 변화에 대한 부부 스스로의 평가

출처 : 김숙기(2001) 재구성.

2) 빈둥지 증후군 극복을 위한 정서 관리

자녀의 독립은 부모에게 공허감과 상실감을 가져다주는 중요한 전환점이 될 수 있다. 이러한 변화에 적응하고 부정적인 감정을 극복하기 위해서는 부모 스스로 새로운 사회적 관계를 형성하고 자아정체성을 재정립하는 노력이 필요하다(김경신·김정란, 2001). 정서적 안정을 위해 새로운 관심사와 취미를 찾고, 필요시 심리 상담이나 치료와 같은 전문가의 도움을 받는 것도 효과적인 방법이라 할 수 있다. 빈둥지 증후군 극복을 위한 정서 관리 프로그램은 부부가 함께 시간을 보내며 감정을 공유하는 것으로, 부부관계를 강화하고 서로에게 정서적 지지를 제공하는 데 중요한 역할을 한다. 이러한 과정은 공허감을 해소하고, 개인적·관계적 성장을 도모하는 기반이 된다. 구체적인 프로그램의 예시는 〈표 10-2〉와 같다.

〈표 10-2〉 비움에서 채움으로 : 빈둥지 증후군 극복 프로그램 예시

구 분	내 용		
목 표	부모들이 자녀 독립 이후의 삶을 재구성하고, 개인적 · 관계적 성장을 도모할 수 있도록 돕는다.		
대 상	중년기 부부(자녀 독립으로 인한 외로움을 경험하는 부모)		
기 간	총 4주 프로그램(주 1회, 회당 2시간)		
운영 방식	강의, 그룹 활동, 역할극, 실습과 토론		
회 기	주 제	목 표	구성내용
1회	변화 수용과 자아 탐색	자녀 독립으로 인한 감정을 인식하고, 개인의 자아 정체성을 재발견한다.	• 자녀 독립에 따른 감정 나누기(그룹 토의) • 자아 탐색 워크숍 : 가치관, 흥미, 강점 재조명

2회	새로운 사회적 관계 형성	사회적 네트워크를 확장하여 정서적 지지 기반을 마련한다.	• 지역 커뮤니티 정보 공유 : 동호회, 자원봉사 등 소개 • 역할극 : 새로운 모임에서 자기소개 및 대화 연습
3회	정서적 안정과 자기 돌봄	스트레스 관리와 정서적 안정을 위한 자기 돌봄 방법을 습득한다.	• 마음챙김 명상 실습 : 현재에 집중하는 연습 • 자기 돌봄 계획 수립 : 일상에서 실천 가능한 방법 작성
4회	부부관계 강화와 미래 계획 수립	부부간의 의사소통을 개선하고, 함께하는 미래를 계획한다.	• 의사소통 기술 훈련 : 경청과 감정 표현 연습 • 공동 목표 설정 : 부부가 함께할 취미 또는 여행 계획 수립
활동 예시	• 나의 감정 지도 그리기 • 새로운 사회적 관계 형성하기(사회적 관계나무 그리기) • 마음챙김 명상 실습		
기대 효과	부모는 정서적 안정과 관계적 만족감을 얻고, 지역사회와의 연결을 강화하여 더욱 풍요로운 삶을 살아갈 수 있음		
평가 방법	• 사전/ 사후 설문조사, 피드백, 활동 결과물 평가를 통합하여 프로그램의 성과를 보고서로 작성 • 주요 성과와 개선 사항을 바탕으로 프로그램 내용과 운영 방식 수정 및 보완		

출처 : 최미영(2011) 재구성.

3) 중년기 세대를 위한 스트레스 관리와 자원 활용

중년기 세대, 특히 샌드위치 세대는 자녀양육과 노부모 부양이라는 이중 부담을 안고 있는 상황에서 직장 생활까지 병행해야 하는 어려움에 직면한다. 이러한 이중 부담은 신체적 피로와 정신적 스트레스를 유발하며, 개인의 삶의 질과 가족관계에도 부정적인 영향을 미칠 수 있다. 따라서 스트레스를 효과적으로 관리하고 부담을 완화하기 위해서는 체계적이고 실질적인 전략이 필요하다(김명자, 1989). 구체적인 전략의 내용은 다음과 같다.

첫째, 시간 관리 기술의 습득이 필요하다. 효과적인 시간 관리는 스트레스를 줄이고 업무 효율성을 높이는 데 중요한 역할을 한다(방소연 · 도영숙, 2020). 우선순위를 설정하고 중요성과 긴급성에 따라 할 일을 정리해야 한다. 예를 들어, 자녀의 학교 행사나 부모님의 병원 진료와 같은 필수적인 활동을 일정표에 먼저 반영한 뒤, 업무나 개인적 일정을 조정하는 방식으로 계획을 세울 수 있다. 또한 '시간 블록' 기법을 활용해 일정 내 특정 시간을 특정 활동에만 집중하는 습관을 들이면 생산성을 높이고 스트레스를 줄일 수 있다.

둘째, 가족 내 역할을 분담하고 조정해야 한다. 모든 책임을 혼자 짊어지기보다는 가족구성원 간 역할을 명확히 나누고 협력해야 한다(김예솔, 2022). 예를 들어, 자녀에게는 집안일의 일부를 맡기고 배우자와는 가사나 돌봄 책임을 분담하는 방안을 논의할 수 있다. 정기적인 가족회의를 통해 각자의 책임을 확인하고 조정하는 것도 효과적이다. 만약 가족 내 역할 조정이 어려운 경우, 가사 도우미나 돌봄 서비스와 같은 외부 자원을 적극 활용하는 것도 좋은 해결책이 될 수 있다.

셋째, 사회적 지원 네트워크를 활용해야 한다. 가까운 가족이나 친구들, 동료들과 정기적으로 대화를 나누고 감정을 공유하면 정서적 지지를 받을 수 있다. 또한 지역사회의 커뮤니티 모임이나 동호회에 참여함으로써 비슷한 상황에 있는 사람들과 경험을 나누고 서로를 격려할 수 있다. 이는 사회적 고립감을 줄이고 새로운 관계를 형성하는 데 기여하게 된다.

넷째, 스트레스를 해소하기 위한 취미 활동을 적극적으로 실천해야 한다. 취미 활동은 개인의 스트레스를 해소하고 정서적 안정을 도모하는 데 효과적이다. 주말에 가족과 함께하는 등산, 요가와 같은 신체 활동은 긴장 완화와 건강 증진에 기여할 수 있다. 예술적 활동(그림 그리기, 음악 감상)이나 창의적 작업은 스트레스를 표현하고 해소하는 데 도움이 되며, 여행이나 독서와 같은 여가활동은 일상에서 벗어나 새로운 활력을 찾는 기회를 제공한다.

결론적으로, 중년기 세대는 시간 관리와 역할 분담을 철저히 하고, 사회적 지원 네트워크와 지역 자원을 적극 활용해야 한다. 이러한 실천은 개인적 · 가족적 부담을 줄이고, 중년기의 삶의 질과 가족관계를 향상시키는 데 기여할 수 있다. 구체적인 프로그램의 예시는 〈표 10-3〉과 같다.

〈표 10-3〉 균형 잡힌 삶 : 중년기 세대를 위한 실천적 스트레스 해소 프로그램 예시

<table>
<tr><th>구 분</th><th colspan="3">내 용</th></tr>
<tr><td>목 표</td><td colspan="3">중년기 세대가 스트레스를 효과적으로 관리하고, 균형 잡힌 삶과 지속가능한 지원 체계를 구축하도록 돕는다.</td></tr>
<tr><td>대 상</td><td colspan="3">중년기 세대(샌드위치 세대) 10~15명</td></tr>
<tr><td>기 간</td><td colspan="3">총 4주 프로그램(주 1회, 회당 2시간)</td></tr>
<tr><td>운영 방식</td><td colspan="3">강의, 그룹 활동, 역할극, 그룹 토의 병행</td></tr>
<tr><th>회 기</th><th>주 제</th><th>목 표</th><th>구성내용</th></tr>
<tr><td>1회</td><td>시간 관리 기술 습득</td><td>효과적인 시간 관리를 통해 스트레스를 줄이고 업무와 가족 간의 균형을 유지한다.</td><td>• 시간 관리 중요성 강의
• 우선순위 설정 워크숍 : 개인 활동 우선순위 작성 및 피드백
• 시간 블록 계획 작성 실습</td></tr>
<tr><td>2회</td><td>가족 내 역할 분담과 조정</td><td>가족구성원 간의 역할을 명확히 하고 책임을 분산하여 부담을 줄인다.</td><td>• 가족회의 시뮬레이션 : 가족 내 역할 나누기 연습
• 가사 분담표 작성 실습
• 외부 지원 서비스 활용 방법 논의(돌봄 서비스, 가사 도우미 등)</td></tr>
<tr><td>3회</td><td>스트레스 해소를 위한 취미 활동 실천</td><td>스트레스를 해소하고 정서적 안정을 찾을 수 있는 개인적 활동을 탐색하고 실천한다.</td><td>• 취미 활동 소개 및 사례 공유
• 취미 체험 : 간단한 요가 동작, 그림 그리기, 명상 등 실습
• 개인별 취미 계획 수립 및 발표</td></tr>
<tr><td>4회</td><td>사회적 지원 네트워크 및 지역 자원 활용</td><td>사회적 네트워크를 강화하고 지역 자원을 활용하여 스트레스를 완화하고 새로운 관계를 형성한다.</td><td>• 지역 커뮤니티 정보 공유 및 소개
• 그룹 활동 : 모임에서 자기소개 연습
• 지역사회 지원 서비스 활용 계획 수립
• 네트워크 형성 활동(역할극, 토론 등)</td></tr>
</table>

활동 예시	• 우선순위 설정과 시간 블록 계획 작성 • 가족회의 시뮬레이션을 통한 역할 나누기 연습 • 요가, 명상, 그림 그리기 등 간단한 활동실습 • 지역 커뮤니티 모임 소개 및 자기소개 연습
기대 효과	중년기 세대가 스트레스를 효과적으로 관리하고, 시간 관리와 역할 분담을 통해 가족관계를 개선하며, 취미 활동과 지역 자원 활용으로 정서적 안정과 사회적 연결을 강화하여 삶의 질을 높이는 데 기여함
평가 방법	• 사전/ 사후 설문조사, 피드백, 활동 결과물 평가를 통합하여 프로그램의 성과를 보고서로 작성 • 긍정적 변화와 개선점 도출로 다음 프로그램 설계에 반영

출처 : 서영숙·정추영(2020) 재구성.

4) 경제적 계획 및 은퇴 준비 교육

중년기는 은퇴를 준비해야 하는 중요한 시기로, 이 시기의 재정적 안정은 가족 전체의 안정과 연결된다(김연화, 2002). 이 시기에 현재 재정 상황을 분석하고 은퇴 후 삶을 위한 재정 계획을 체계적으로 수립하는 것이 필수적이다. 재정적 안정을 위해 투자 및 저축 전략을 익히고, 공적 연금과 보험 상품을 이해하는 노력이 필요하다. 또한 은퇴 이후에도 생산적인 삶을 지속할 수 있도록 새로운 경력 개발이나 자원봉사와 같은 사회적 활동을 계획하는 것이 중요하다(홍성희, 2018). 구체적인 내용은 다음과 같다.

첫째, 현재 재정 상태를 점검하는 것이 필요하다. 현재 재정 상태를 정확히 파악하기 위해 가계부를 작성하고, 수입과 지출을 체계적으로 정리하고, 부채와 자산의 현황을 분석하여 재정적 위험 요소를 찾아내고, 이를 해결하기 위한 대책을 마련해야 한다. 또한 은퇴 후 필요한 생활비, 자녀 교육비, 노부모 부양비 등 미래 재정 목표를 설정하고 이를 충족하기 위한 계획을 세워야 한다.

둘째, 투자와 저축 전략을 학습해야 한다. 재정적 목표를 달성하기 위해서는 안정적이고 지속적인 저축 계획이 필수적이라 할 수 있다. 적립식 예금, 비상금 계좌와 같은 기본적인 저축 방법을 실천하고, 개인연금과 같은 장기 저축 상품을 적극 활용해야 한다. 더불어 자산을 늘리기 위해 주식, 펀드, 부동산 등의 투자 전략을 배우고, 투자 위험을 분산하기 위해 다양한 포트폴리오를 구성해야 한다. 재정 전문가의 상담을 통해 본인에게 적합한 재정 상품을 선택하고, 금융 교육을 통해 재정 관리 역량을 강화해야 한다.

셋째, 공적 연금과 보험 상품을 이해해야 한다. 공적 연금은 은퇴 후 안정적인 소득원이 될 수 있으므로 국민연금과 퇴직연금의 구조와 혜택을 충분히 이해해야 한다. 은퇴 후 받을 수 있는 연금액을 사전에 확인하고, 부족한 부분을 보완할 대안을 마련해야 한다. 또한 예상치 못한 건강 문제나 긴급 상황에 대비하기 위해 의료비와 간병비를 포함하는 보험 상품을 선택하는 것도 중요하다.

넷째, 제2의 경력을 준비해야 한다. 은퇴 후에도 사회적·경제적으로 생산적인 활동을 지속할 수 있도록 새로운 경력 개발에 나서야 한다. 평생교육 프로그램, 직업훈련, 창업 지원 프로그램 등을 통해 새로운 직업 분야를 탐구하거나 기존 경력을 살려 강의나 자문 역할로 활동을 이어갈 수 있다. 이를 통해 은퇴 후에도 활력 있고 보람 있는 삶을 유지할 수 있다.

다섯째, 사회적 활동과 자원봉사를 계획해야 한다. 은퇴 후에는 자원봉사나 지역사회 활동에 참여함으로써 사회적 유대감을 유지하고 삶의 목적감을 느낄 수 있다. 자원봉사 외에도 동호회 활동, 문화 행사 참여, 지역 커뮤니티 모임을 통해 새로운 인간관계를 형성하고 정신적 건강을 유지하는 것이 중요하다.

경제적 계획과 은퇴 준비는 중년기 세대가 재정적 안정과 삶의 질을 유지하며 은퇴 이후에도 생산적이고 행복한 삶을 이어갈 수 있도록 돕는 중요한 과정이다. 재정 관리와 투자, 공적 연금 및 보험의 활용, 그리고 사회적 활동을 통한 연결망 강화는 은퇴 후 삶의 질을 높이고, 새로운 삶의 가치를 창출하는 데 기여할 수 있다. 구체적인 프로그램의 예시는 〈표 10-4〉와 같다.

〈표 10-4〉 든든한 내일을 위한 재정과 은퇴 준비 교육 프로그램 예시

구 분	내 용		
목 표	중년기 세대가 재정적 안정과 은퇴 후 삶의 질 향상을 위해 체계적인 경제 계획과 생산적인 활동을 준비할 수 있도록 돕는다.		
대 상	중년기 세대(40~60대)		
기 간	총 5주 프로그램(주 1회, 회당 2시간)		
운영 방식	강의, 그룹 토의, 실습 및 1:1 상담 병행		
회 기	주 제	목 표	구성내용
1회	현재 재정 상태 점검	현재 재정 상태를 분석하고, 은퇴 후 필요한 재정 목표를 설정한다.	• 개인 재정 분석 워크숍 : 수입, 지출, 부채, 자산 현황 점검 • 은퇴 후 필요 생활비 계산 실습
2회	투자 및 저축 전략 학습	안정적 저축 및 효율적 투자 전략을 배우고, 개인 맞춤형 재정 계획을 수립한다.	• 저축 및 투자 기본 강의 • 위험 분산을 위한 포트폴리오 작성 실습 • 재정 전문가와의 1:1 상담
3회	공적 연금 및 보험 상품 이해	국민연금, 퇴직연금 및 보험 상품의 구조와 혜택을 이해하고, 은퇴 후 재정적 안정 방안을 마련한다.	• 공적 연금 및 보험 상품 분석 강의 • 개인연금 예상 수령액 계산 실습 • 적합한 보험 상품 선택 토의
4회	제2의 커리어 준비 및 사회적 활동 계획	은퇴 후 생산적 활동과 사회적 활동 계획을 수립하여 은퇴 이후 삶의 가치를 높인다.	• 평생교육 및 직업훈련 프로그램 소개 • 제2의 경력 설계 워크숍 • 자원봉사 및 커뮤니티 참여 계획 작성
5회	종합 계획 및 실행 전략 수립	교육 내용을 바탕으로 개인별 경제적 계획과 은퇴 후 삶의 구체적 실행 계획을 수립한다.	• 개인 맞춤형 은퇴 준비 플랜 작성 • 발표 및 피드백 세션 • 지속가능한 실행 전략 작성 및 공유
활동 예시	• 은퇴 후 필요한 생활비와 자금을 계산하는 실습 • 적금, 연금 상품의 이자율과 혜택 분석 • 예상 수령 금액 확인 및 부족분 대비 방안 마련 • 참가 가능한 커뮤니티 활동 리스트 작성 및 참여 계획 세우기		

기대 효과	중년기 세대가 재정적 안정과 은퇴 후 삶의 질을 높이는 실질적인 도구와 방향성을 제공하여, 더욱 풍요롭고 행복한 미래를 설계할 수 있도록 도울 수 있음
평가 방법	• 모든 평가 데이터를 통합하여 프로그램 효과성 분석 • 주요 성과와 개선점을 보고서로 정리하여 차기 프로그램 설계에 반영

출처 : 김종혜 · 강운선(2013) 재구성.

5) 지역사회 활동과 네트워크 확장을 위한 참여 프로그램

지역사회 참여는 개인의 삶의 만족도와 사회적 지지를 높이는 데 중요한 역할을 한다. 이는 새로운 사회적 관계를 형성하고 기존 네트워크를 확장하는 데 도움을 주며, 중년기 개인이 정서적 안정과 삶의 활력을 되찾는 계기를 제공한다(염인숙, 2019). 특히 중년기에는 자원봉사, 동호회, 평생교육 프로그램 등 지역사회에서 제공하는 다양한 활동에 적극적으로 참여함으로써 사회적 유대감을 강화하고 새로운 관심사를 발견할 수 있다.

지역 복지관 및 가족센터에서 운영하는 가족 상담 프로그램은 가족 간의 갈등을 해결하고 의사소통을 개선하는 데 효과적이다. 이러한 프로그램은 중년기 가족이 자녀 독립, 부부간의 관계 재정립 등 변화에 적응할 수 있도록 지원한다.

자원봉사 활동에 참여하는 것은 개인에게 정서적 만족과 사회적 유대감을 제공한다. 예를 들어, 환경보호 캠페인, 지역사회 봉사활동에 참여하면 새로운 인간관계를 형성하고 사회적 소속감을 높일 수 있다(남은영 외, 2012). 또한 동호회나 평생교육 프로그램은 취미와 자기계발을 동시에 충족시켜, 중년기 개인이 정서적 긴장을 완화하고 활력을 되찾도록 돕는다.

이처럼 지역사회 참여와 지원 프로그램 활용은 중년기 개인과 가족의 삶의 질을 향상시키는 데 중요한 전략으로 작용한다. 다양한 지역사회 자원을 통해 중년기 세대는 사회적 연결망을 강화하고, 정서적 안정과 생활의 만족도를 높일 수 있다. 이러한 활동은 단순히 개인적 성취를 넘어 가족 및 지역사회와의 관계를 강화하고, 균형 잡힌 삶을 영위하는 데 기여한다. 지역사회 활동과 네트워크 확장을 위한 참여 프로그램의 구체적인 예시는 〈표 10-5〉와 같다.

〈표 10-5〉 우리 동네 행복찾기 : 중년기 사회적 관계 강화 프로그램 예시

구 분	내 용		
목 표	중년기 개인과 가족이 지역사회 참여를 통해 새로운 사회적 관계를 형성하고 기존 네트워크를 확장하며, 정서적 안정과 삶의 만족도를 높여 풍요롭고 균형 잡힌 삶을 영위할 수 있도록 돕는다.		
대 상	중년기 개인 및 가족		
기 간	주 1~2회, 회당 2시간 내외		
운영 방식	강의, 실습, 워크숍, 현장 참여 병행		
회 기	주 제	목 표	구성내용
1회	동호회 네트워크 프로그램	새로운 사회적 관계를 형성하고 공통 관심사를 통해 유대감을 강화한다.	• 지역 커뮤니티 동호회 소개 및 가입 • 취미 기반 활동(독서, 등산, 요리, 미술 등) 체험 • 동호회 간 교류 행사 참여
2회	자원봉사 참여 프로그램	지역사회 기여를 통해 성취감을 느끼고, 새로운 인간관계를 형성한다.	• 환경보호 캠페인 참여 • 노인 및 아동 돌봄 자원봉사 활동 • 지역 축제 및 공공행사 지원
3회	평생교육 프로그램	자기계발과 사회적 참여를 동시에 이루며 삶의 활력을 되찾는다.	• 외국어, 컴퓨터, 창의적 글쓰기 등 강의 수강 • 예술 활동(도예, 그림, 음악) 참여 • 교육 수료 후 작품 전시 또는 발표회 참여
4회	가족 참여 프로그램	가족과 함께 지역사회 활동을 통해 유대감을 강화하고, 협력의 기회를 마련한다.	• 가족이 함께 참여하는 봉사활동(환경 정화, 지역 행사 지원) • 가족 상담 및 커뮤니케이션 워크숍
5회	지역사회 문화 프로그램	문화 예술 활동을 통해 정서적 만족감을 얻고, 지역사회와의 관계를 확대한다.	• 지역 문화재 탐방 및 역사 교육 • 연극, 공연, 영화 상영회 관람 • 지역 작가와의 만남 및 작품 감상

6회	커뮤니티 네트워킹 프로그램	지역 내 다양한 사람들과 교류하여 사회적 연결망을 확장하고 지지를 강화한다.	• 지역 리더와의 네트워킹 행사 • 커뮤니티 모임(책 읽기 모임, 토론 클럽) 운영
활동 예시	• 독서, 등산, 요리 등 취미 기반 활동에 참여 • 지역 환경 정화, 노인 돌봄 등 봉사 활동 • 외국어, 예술, 컴퓨터 강좌에 참여 • 가족과 함께 지역 축제, 워크숍에 참여 • 지역 역사 탐방, 공연 관람		
기대 효과	지역사회 참여를 통해 새로운 사회적 관계를 형성하고 기존 네트워크를 확장하여 정서적 안정과 삶의 만족도를 높이는 데 기여함		
평가 방법	• 모든 평가 데이터를 통합하여 프로그램 효과성 분석 • 주요 성과와 개선점을 보고서로 정리하여 차기 프로그램 설계에 반영		

출처 : 정미경(2009) 재구성.

11
CHAPTER

노년기 가족생활교육 프로그램

1. 노년기 가족의 이해

노년기는 인간 발달의 마지막 단계로, 신체적·심리적·사회적 변화에 적응해야 하는 시기이다. 평균수명의 연장과 의료 기술의 발달로 노인 인구는 점점 증가하고 있으며, 이는 개인과 사회에 중요한 과제로 떠오르고 있다. 신체적으로는 근력 약화, 감각 기능 저하, 만성질환 증가 등으로 인해 건강관리와 자립적인 생활이 주요 과제로 부각된다. 세계보건기구(WHO : World Health Organization)는 노년층에서 영양 불균형과 만성질환의 확산을 주요 문제로 지적하며, 이를 개선하기 위한 건강관리 체계의 필요성을 강조하고 있다.

심리적 측면에서는 은퇴로 인한 역할 변화, 자녀의 독립에 따른 공허감, 그리고 배우자와의 사별로 인해 정서적 어려움을 겪는 경우도 많다. 이러한 변화는 우울감과 불안으로 이어질 가능성이 크며, 사회적 고립과 연결될 경우 정신건강에 심각한 영향을 미칠 수 있다. 또한 사회적으로는 관계의 축소와 핵가족화로 인한 지원체계의 약화로 인해 고립감을 느끼는 노년층이 증가하고 있다. WHO는 전통적인 방식의 지원을 넘어 노년층의 전반적인 건강과 삶의 질을 개선할 수 있는 새로운 접근법을 제안하고 있다.

이러한 맥락에서 가족생활교육은 노년기의 변화에 대비하고 적응할 수 있도록 돕는 데 중요한 역할을 한다. 가족생활교육은 노년기 가족구성원이 신체적·심리적·사회적 변화에 대한 이해를 바탕으로 적절히 대처할 수 있도록 돕는다. 이를 통해 가족 내 소통을 활성화하고, 세대 간 이해를 높이며, 갈등을 예방하는 데 기여한다. 또한 경제적 안정과 지역사회 자원 활용에 대한 교육을 통해 가족구성원 간의 협력과 돌봄 부담을 완화하고, 노년기 삶의 안정성과 만족도를 높이는 데 중점을 둔다. 가족생활교육은 노년기 개인과 가족의 삶을 풍요롭게 하고, 이를 통해 전체 사회의 안정과 조화로운 발전에 기여할 수 있는 필수적인 활동이라 할 수 있다.

1) 노년기 가족의 정의

노년기 가족은 가족구성원 중 한 명 이상이 노년기에 해당하는 가족을 지칭하며, 일반적으로 65세 이상의 노인이 포함된 가정을 의미한다. 이러한 가족은 구성 방식에 따라 다양한 형태를 띠며, 노부부만으로 구성된 핵가족, 노인과 자녀 및 손자녀가 함께 사는 다세대 가구, 노인 단독 가구 등이 그 예이다. 최근에는 평균수명의 연장과 핵가족화의 확산으로 인해 독거노인가구와 같은 새로운 가족형태가 증가하는 추세이다.

노년기 가족은 생애주기에서 독특한 특성을 가지며, 이는 가족구성원 간의 관계와 역할 변화에서 두드러지게 나타난다. 신체적 측면에서는 가족구성원이 노화로 인해 건강관리와 돌봄이 중요한 이슈가 되며, 심리적 측면에서는 은퇴, 배우자와의 사별, 자녀의 독립과 같은 삶의 사건들이 가족 내 정서적 지지와 안정의 필요성을 증가시킨다. 또한 사회적 측면에서는 관계망 축소와 고립이 노년기 가족에서 공통적으로 관찰되는 문제로 대두된다.

노년기 가족은 이러한 신체적·심리적·사회적 변화 속에서 가족 내 역할 재구성이 필수적이라 할 수 있다. 부모로서의 역할은 점차 축소되지만, 조부모로서의 역할이 강조되기도 하며, 자녀와의 관계에서는 정서적 지지와 돌봄의 필요성을 조율하는 노력이 요구된다. 동시에 노부부 간에는 은퇴 후 늘어난 시간을 공유하며 새로운 관계의 틀을 마련하는 과정도 필요하다.

결국 노년기 가족은 각 구성원이 노화에 적응하며 가족 내 관계를 재정립하고, 다양한 도전 과제를 극복하기 위해 협력해야 하는 특수한 가족구조를 보여주므로, 이를 이해하고 지원하는 가족생활교육은 노년기 가족의 안정성과 삶의 질 향상에 필수적인 역할을 수행한다고 할 수 있다.

2) 노년기 가족의 변화

노년기에 나타나는 신체적·심리적·사회적 변화는 서로 밀접하게 연결되어 개인과 가족 전체의 삶에 복합적인 영향을 미친다(이윤경, 2018). 신체적 변화로 만성질환과 기능 저하가 발생하면서 자립이 어려워지고, 돌봄 필요성이 증가하며 가족 내 역할 재조정이 요구된다. 심리적으로는 은퇴, 자녀의 독립, 배우자와의 사별 등이 정체성과 자존감에 영향을 미치며, 정서적 고립과 우울감으로 이어질 수 있다(윤선아, 2011). 사회적 관계의 약화는 이러한 변화를 더욱 심화시키며 가족 간 상호작용과 관계를 재구성해야 하는 상황을 만든다.

이러한 도전에 대응하기 위해 가족생활교육은 노년기 가족이 직면한 변화에 대한 이해와 실질적인 대처 방법을 제공한다. 건강관리, 정서적 지원, 사회적 참여를 강조하는 노년기 가족생활교육을 통해 가족구성원 간의 협력과 소통을 촉진하며, 안정적이고 긍정적인 관계를 유지할 수 있도록 도울 수 있다. 노년기 가족의 구조적 변화에 대한 세부내용은 다음과 같다.

(1) 건강 · 심리 · 사회적 관계 변화

① 건강 변화

노화로 인해 신체적으로 근력과 골밀도가 감소하고, 시각과 청각 기능이 저하되며, 면역 체계가 약화되는 등의 변화가 발생한다. 이러한 신체적 변화는 노년층이 일상생활에서 자립적으로 생활하기 어려워지는 주요 원인이 되며, 의료 서비스와 돌봄 지원에 대한 필요성을 크게 증가시킨다. 특히 노년기에 흔히 나타나는 고혈압, 당뇨병과 같은 만성질환은 신체적 불편함을 초래할 뿐만 아니라 심리적 스트레스를 유발하고, 가족구성원에게도 돌봄 부담을 가중시키는 요인으로 작용한다(채수미, 2016). 만성질환은 지속적인 관리와 치료가 필요하기 때문에, 이는 노인 개인과 가족 모두에게 상당한 책임과 부담을 안기게 된다. 이러한 신체적 변화는 단순히 건강 상태에만 영향을 미치는 것이 아니라, 정서적 안정과 삶의 질에도 부정적인 영향을 미칠 수 있다.

② 심리 변화

심리적으로는 은퇴로 인해 직업적 역할을 상실하거나 배우자와의 사별과 같은 사건을 경험하며, 이는 노년층의 정체성과 자존감에 큰 영향을 미친다. 자녀의 독립으로 부모로서의 역할이 줄어들게 되며, 이를 대체할 새로운 역할을 찾지 못할 경우 심리적 공허감이나 우울증이 나타날 가능성이 높다. 또한 사회적 관계의 축소는 정서적 고립감을 심화시키며, 이는 심리적 어려움을 가중시키는 주요 원인으로 작용한다. 가까운 친구나 가족과의 소통이 줄어들수록 고독감이 증가하며, 이는 심리적 건강을 악화시키고 악순환을 초래할 수 있다. WHO는 노년층에서 고독과 우울증이 삶의 질에 심각한 영향을 미칠 수 있음을 경고하며, 이를 완화하기 위해 정서적 지지와 심리적 안정의 중요성을 강조하고 있다.

③ 사회적 관계 변화

노년기는 은퇴와 사회적 활동 감소, 배우자나 친구의 상실 등으로 인해 사회적 관계가 축소되는 시기다. 이 시기의 관계는 가족과 같은 가까운 사람들로 중심이 이동하며, 가족과의 관계가 주요한 역할을 하게 된다(권중돈, 2016). 특히 부부관계는 건강 상태와 경제적 안정, 생활의 변화 등이 조화를 이루어야 하며, 이를 위해 서로 간의 이해와 조율이 중요하다. 부모와 자녀 간의 관계는 부양자에서 보호를 받는 위치로 변화할 수 있으며, 조부모와 손자녀 간의 관계 또한 긴 노년기에 중요한 의미를 가진다. 하지만 각 세대가 살아온 시대적·사회적 배경의 차이로 인해 세대 간 인식이 다를 수 있고, 이는 소통의 어려움을 초래할 수 있다. 이를 해소하기 위해서는 노년기의 삶의 지혜를 활용하고 적극적인 노력이 필요하다.

노화가 진행되면서 새로운 지식이나 기술을 익히는 데 어려움을 겪게 되고,

이는 사회적 고립과 함께 사회적 역할 수행 능력의 저하로 이어질 수 있다. 이 과정에서 노인에 대한 배려가 부족하다면 사회적 차별이 심화될 가능성이 있다. 노년기에는 역할 상실이나 지위 하락과 같은 변화가 나타나며, 이러한 변화를 잘 극복하기 위해서는 노년기에 적합한 준비와 환경이 필요하다(유민지 외, 2002). 개인이 자신의 노후를 주도적으로 설계하고 고령화에 적응하는 능력을 키우는 것이 중요하며, 이를 뒷받침할 수 있는 사회적 지원과 정책적 배려가 반드시 이루어져야 한다.

(2) 가족 내 역할의 변화

① 부모-자녀 관계의 변화

노년기에 접어들면 부모와 자녀의 관계는 중요한 변화를 맞이한다. 부모는 오랜 기간 동안 가족을 부양하며 경제적·정서적·물리적 지원을 제공하는 중심적인 역할을 수행해 왔지만, 노화와 더불어 신체적 기능 저하와 경제적 의존이 증가함에 따라 자녀의 도움을 필요로 하는 위치로 변화하게 된다. 이러한 역할 전환은 부모와 자녀 간 관계를 재정의하는 계기가 되며, 새로운 관계의 틀이 형성된다.

노년기에 부모는 더 이상 부양자의 역할을 유지하기 어려워지면서 자녀에게 보호와 지원을 기대하게 된다. 이는 단순히 물리적 돌봄에 국한되지 않고, 정서적 안정과 심리적 지지까지 포함하는 폭넓은 돌봄의 형태를 요구한다. 부모는 이러한 변화 속에서 자신이 점차 의존적인 위치로 바뀌는 상황을 받아들여야 하며, 자녀는 부모를 돌보는 새로운 역할과 책임을 수용해야 한다. 이 과정은 부모와 자녀 모두에게 심리적·정서적 적응을 필요로 한다. 예를 들어, 부모는 자신이 더 이상 자녀에게 모든 것을 해줄 수 없는 현실에 직면하며 어려움을 느낄 수 있고, 자녀는 부모 부양에 대한 사회적 기대와 자신의 삶 사이에서 균형을 맞추는 데 갈등을 경험할 수 있다.

이 과정에서 세대 간 상호작용은 필연적으로 역할 재조정을 요구한다. 부모와 자녀는 각기 다른 시대적 배경과 생활 방식을 통해 형성된 가치관을 가지고 있기 때문에, 이러한 변화가 갈등을 유발할 가능성이 크다. 부모는 자신에 대한 자녀의 돌봄을 당연하게 여길 수 있지만, 자녀는 현대사회에서 개인의 독립과 자율성을 중요시하기 때문에 돌봄에 부담을 느낄 수 있다. 따라서 부모와 자녀 간에는 열린 대화와 상호 이해가 필수적이다. 서로의 상황과 감정을 존중하며 관계의 균형을 찾아야만 원활한 역할 변화가 가능하다.

이러한 부모-자녀 관계의 변화는 개인적 차원을 넘어 사회적 차원에서도 중요한 의미를 가진다. 부모와 자녀가 새로운 관계를 긍정적으로 형성할 수 있도록 돕기 위해서는 가족 내의 노력뿐만 아니라 제도적 지원이 필수적이다. 정책적 차원에서 부모 돌봄을 지원하는 서비스나 프로그램을 확대함으로써 자녀의 부담을 줄이고, 부모가 자신의 노후를 더 주체적으로 준비할 수 있는 환경을 마련해야 한다. 이를 통해 부모와 자녀 모두가 변화된 역할 속에서도 서로를 존중하며 만족스러운 관계를 유지할 수 있을 것이다(권중돈, 2016).

② 부부관계의 변화

노년기에 접어들면서 부부관계는 새로운 변화를 맞이하게 된다. 은퇴는 부부가 함께 보내는 시간을 크게 늘리며, 이로 인해 두 사람 간의 상호작용과 의존도가 이전보다 높아진다. 은퇴 이전에는 직장 생활이나 사회적 활동을 통해 각자 독립적인 시간을 가졌던 부부가, 은퇴 이후에는 대부분의 일상을 함께 공유하게 되면서 관계의 성격이 달라지게 된다. 특히 은퇴와 함께 발생하는 경제적 변화와 건강 상태의 약화는 부부가 서로에게 더욱 의지해야 하는 상황을 만든다.

이 시기의 부부관계는 노년기의 삶의 안정과 만족에 매우 중요한 영향을 미치게 되며, 배우자는 정서적 지지와 심리적 안정을 제공하는 주요한 존재로, 노년기에 사회적 관계망이 축소되는 상황에서도 가장 중요한 동반자가 된다. 부부간 협력과 이해는 이러한 상황에서 더욱 필요해지며, 관계를 긍정적으로 유지하기 위해 상호 의사소통이 중요한 역할을 한다. 예를 들어, 한 배우자가 건강상의 이유로 도움이 필요할 때, 상대 배우자는 돌봄 제공자로서 새로운 역할을 맡게 된다. 이 과정에서 신체적·정신적 부담이 느껴질 수 있지만, 동시에 부부간의 유대감이 강화될 기회가 되기도 한다.

그러나 노년기의 부부관계가 긍정적 변화만을 동반하는 것은 아니다. 함께 보내는 시간이 늘어남에 따라 사소한 문제로 갈등이 발생할 가능성도 커진다. 생활 방식이나 일상적인 의사결정에서 서로 다른 의견이 드러나며 긴장이 고조될 수 있다. 특히 은퇴 이후의 경제적 여건 변화는 소비나 생활 패턴을 조정해야 하는 상황을 만들어 갈등의 원인이 될 수 있다. 이러한 문제를 효과적으로 해결하기 위해서는 의사소통의 기술과 상호 조율이 필수적이다. 서로의 입장을 존중하며 협력적인 자세를 유지할 때 부부관계는 안정적인 방향으로 나아갈 수 있다.

노년기의 부부관계는 단순히 정서적 안정감을 제공하는 것을 넘어, 전반적인 삶의 질에 큰 영향을 미친다. 함께 취미 활동이나 여가 시간을 보내며 긍정적인 경험을 공유하는 부부는 심리적 안정과 만족도를 더 높일 수 있다. 특히 건강관리나 생활 목표를 함께 계획하고 실천하는 경우, 이는 부부간의 유대감을 강화하고 노년기를 보다 활기차게 만드는 계기가 될 수 있다.

결국 노년기의 부부관계는 단순히 개인적 만족을 넘어, 노년기의 삶을 안정적이고 의미 있게 만드는 중요한 기반이다. 이를 위해 부부는 서로의 변화된 역할과 상황을 이해하며 적응하려는 노력이 필요하다. 더불어 이러한 부부관계의 변화를 돕기 위해 사회적·제도적 지원이 병행되어야 한다. 노년기의 부부가 안정적이고 만족스러운 관계를 유지할 수 있도록 돕는 프로그램과 지원 서비스는 노년기의 삶의 질을 향상시키는 데 기여할 것이다(유민지 외, 2002).

③ 조부모로서의 역할

노년기에 조부모는 손자녀와의 관계를 통해 새로운 역할을 형성하며, 가족 내에서 중요한 위치를 차지하게 된다. 조부모는 단순히 부모 세대를 돕는 부차적인 역할에 그치지 않고, 손자녀에게 정서적 안정과 삶의 가치를 전달하는 주체로서 기능한다. 이들은 손자녀와의 상호작용을 통해 세대 간 유대를 강화하고, 가족의 지속성을 이어가는 데 기여한다. 손자녀와의 관계는 조부모에게 삶의 의미와 활력을 제공하며, 손자녀 역시 조부모로부터 무조건적인 사랑과 따뜻한 지지를 받는다.

조부모는 손자녀에게 있어 중요한 정서적 지지자다. 이들의 경험과 지혜는 손자녀에게 단순한 충고를 넘어 깊은 통찰과 배움의 기회를 제공한다. 조부모는 손자녀의 고민을 공감하고 포용하며, 그들에게 안정감과 소속감을 심어준다. 이러한 정서적 유대는 손자녀의 정체성 형성과 정서적 발달에 긍정적인 영향을 미친다.

현대사회에서는 맞벌이 가정의 증가와 부모 세대의 바쁜 일상으로 인해 조부모가 손자녀의 돌봄에 실질적으로 참여하는 사례가 많다. 조부모는 방과 후 돌봄이나 일상적인 생활 지원을 통해 손자녀와 깊이 교류하며, 이는 부모 세대의 부담을 덜어주는 동시에 가족 전체의 안정성을 높이는 역할을 한다. 이 과정에서 조부모는 가족 내에서 자신의 가치를 재발견하고, 손자녀는 조부모와의 관계를 통해 따뜻한 정서적 기반을 형성한다.

조부모와 손자녀 간의 긍정적인 관계는 세대 간의 소통을 촉진하고, 가족 내 유대를 강화하는 데 중요한 역할을 한다. 조부모는 손자녀에게 가족의 전통과 가치를 전수하고, 손자녀는 조부모를 통해 새로운 관점과 지식을 배우며 상호 성장을 경험한다. 이와 같은 세대 간의 교류는 조부모에게는 노년기의 정서적 만족과 활력을, 손자녀에게는 따뜻한 지지와 안정감을 선사한다.

더 나아가 손자녀와의 교류는 조부모에게 노년기 삶의 의미를 확장시키는 기회가 된다. 손자녀와의 시간을 통해 조부모는 자신이 가족 내에서 여전히 중요한 역할을 하고 있음을 느끼며, 이는 심리적 안정감과 행복감을 증진시킨다. 손자녀와의 관계는 조부모에게 단순한 돌봄의 역할을 넘어 삶의 새로운 에너지를 제공하고, 일상에 생기를 불어넣는 계기가 된다.

결론적으로, 조부모와 손자녀의 관계는 가족구성원 모두에게 긍정적인 영향을 미친다. 조부모는 손자녀에게 정서적 안식처이자 삶의 지혜를 전하는 존재로 자리 잡고, 손자녀는 조부모와의 교류를 통해 성장과 안정을 경험한다. 이러한 관계를 더욱 강화하기 위해서는 가족 간의 노력과 함께 조부모의 역할을 지원할 수 있는 사회적 프로그램과 제도적 뒷받침이 필요하다. 이는 조부모와 손자녀 간 관계의 질적 향상을 도울 뿐만 아니라, 가족 전체의 행복과 복지를 증진하는 데도 기여할 것이다(김태현, 2018).

(3) 가족형태의 다양성

현대사회에서 노년기의 가족형태는 이전보다 훨씬 다양화되고 있다. 이러한 변화는 노인의 생활 방식과 가족관계에 깊은 영향을 미치며, 각 가족형태는 독특한 기회와 과제를 제공한다. 이를 이해하고 적절히 지원하는 것은 노년기의 삶의 질을 높이는 데 중요한 역할을 한다. 노년기 가족형태의 다양성은 다음과 같다.

① 핵가족

핵가족은 현대사회에서 가장 보편적인 가족형태로, 부모와 자녀를 중심으로 구성된다. 노년기에 접어든 부모는 이러한 구조 속에서 자녀와의 관계를 새롭게 정립하며, 가족 내에서 자신만의 역할을 찾고자 노력한다. 자녀와 가까운 거리에 거주하거나 독립적인 생활을 유지하는 방식으로 정서적 유대를 지속하며, 안정감과 소속감을 느끼는 경우가 많다.

노년기의 입장에서 핵가족은 정서적 지지와 가족의 유대감을 제공하는 중요한 환경이지만, 동시에 몇 가지 어려움도 내포하고 있다. 핵가족의 소규모 구조는 자녀에게 돌봄 부담이 집중될 가능성을 증가시키며, 반대로 노부모가 자녀와의 관계에서 소외되거나 정서적 고립을 경험할 위험도 동반한다. 특히 건강이 악화되거나 신체적 제약이 생길 경우, 자녀와의 상호작용 부족은 부모에게 심리적 불안과 외로움을 야기할 수 있다.

또한 자녀가 바쁜 일상과 경제적 책임에 얽매여 부모의 필요를 충분히 인식하지 못할 경우, 노년기의 부모는 자신의 요구를 표현하기를 주저하거나 자녀와의 관계에서 위축될 수 있다. 이는 노년기의 삶의 질과 심리적 안정에 부정적인 영향을 미칠 수 있다.

이러한 도전 과제를 극복하기 위해서는 가족구성원 간의 원활한 소통과 상호 존중이 무엇보다 중요하다. 노년기의 부모는 자신의 요구와 감정을 솔직히 표현하고, 자녀는 이를 경청하며 공감하려는 노력이 필요하다. 더불어 지역사회와 공공 지원체계를 활용하여 자녀와 부모 간의 부담을 분담하고, 노부모가 사회와 단절되지 않도록 돕는 환경을 조성하는 것이 중요하다.

핵가족은 노년기 부모에게 안정과 유대감을 제공하는 동시에 새로운 관계 조정과 적응을 요구하는 구조다. 가족 간의 긴밀한 협력과 사회적 지원이 뒷받침된다면, 핵가족은 노년기의 부모와 자녀 모두가 조화롭고 만족스러운 삶을 영위할 수 있는 기반이 될 것이다.

② 1인가구

1인가구는 현대사회에서 특히 노년기에 급속히 증가하고 있는 가족형태 중 하나로 주목받고 있다. 배우자와의 사별, 자녀의 독립, 결혼하지 않거나 독신을 선택한 삶 등 다양한 요인으로 인해 혼자 사는 노인의 수가 꾸준히 늘어나고 있다. 이러한 1인가구 형태는 개인의 자율성과 독립적인 생활 방식을 가능하게 한다는 점에서 긍정적인 측면이 있다. 혼자만의 공간에서 자유로운 삶을 영위하며 자신의 생활 리듬을 유지할 수 있다는 점이 많은 노인들에게 긍정적으로 다가온다.

그러나 이와 동시에 노년기 1인가구는 사회적 연결망의 약화와 정서적 고립의 위험을 동반한다. 특히 노년기에 접어들면서 신체적 건강이 점차 악화되거나 긴급한 도움이 필요할 경우, 지원받기 어려운 상황에 직면할 가능성이 크다. 이는 단순히 물리적 불편함에 그치지 않고, 심리적 외로움과 불안을 초래할 수 있다. 이러한 문제는 노년기의 삶의 질을 크게 저하시킬 수 있으며, 장기적으로는 사회적 돌봄 체계의 중요성을 더욱 부각시키고 있다.

1인가구의 이러한 특성과 과제를 해결하기 위해서는 독립적인 생활을 유지하면서도 사회적 고립을 예방할 수 있는 지원이 필요하다.

③ 조손가족

조손가족은 노년기에 조부모가 손자녀를 돌보며 가정 내 중심적인 역할을 담당하는 가족형태로, 부모가 부재하거나 맞벌이로 인해 손자녀 양육의 공백이 발생할 때 흔히 형성된다. 조부모는 손자녀의 정서적 안정과 일상적인 돌봄을 책임지며, 가족의 연결고리로서 중요한 역할을 한다. 이는 조부모에게 새로운 책임을 부여함과 동시에 가족 내에서 자신의 존재감을 확인할 수 있는 기회를 제공한다.

조부모 입장에서 조손가족은 단순히 돌봄을 넘어 삶의 의미를 재발견하는 계기도 된다. 손자녀와의 관계는 조부모에게 정서적 만족감과 성취감을 안겨주며, 노년기에 흔히 경험할 수 있는 고립감을 완화하는 데 기여한다. 손자녀의 성장과 발달을 지켜보는 과정에서 조부모는 가족 내 지속성과 유대감을 느끼며, 자신의 경험과 지혜를 전수하는 역할에 긍지를 느낀다.

그러나 조손가족은 조부모에게 신체적·정서적·경제적 부담을 동반하기도 한다. 노년기의 조부모는 건강 상태가 이전보다 약화되기 쉬운 시점임에도 불구하고, 손자녀를 돌보는 데 많은 에너지와 시간을 할애해야 한다. 경제적 부담이 추가될 경우 재정적인 압박감이 가중될 수 있으며, 세대 간 양육 방식의 차이로 인해 갈등이 발생할 가능성도 있다. 이러한 부담은 조부모의 신체적 건강과 심리적 안정에 부정적인 영향을 미칠 수 있다.

조손가족이 건강하고 안정적으로 유지되기 위해서는 조부모에 대한 적절한 지원이 필수적이다. 조부모를 대상으로 한 양육 지원 프로그램이나 정기적인 건강관리 서비스는 신체적·정서적 부담을 줄이는 데 도움을 줄 수 있다. 또한 지역사회 돌봄 네트워크를 강화하여 조부모가 필요한 지원을 적시에 받을 수 있는 환경을 조성해야 한다. 이를 통해 조손가족은 조부모와 손자녀 모두에게 긍정적인 경험을 제공하며, 가족 내에서 지속가능한 관계를 유지할 수 있다.

결국 조손가족은 조부모에게 삶의 활력을 제공하는 동시에 책임과 도전을 안겨주는 가족형태다. 이를 효과적으로 지원하기 위해서는 가족 간의 소통과 협력을 바탕으로 한 정책적·사회적 노력이 함께 이루어져야 하며, 이를 통해 조손가족의 긍정적 기능을 극대화할 수 있을 것이다.

④ 재혼 및 혼합가족

재혼 및 혼합가족은 노년기에 새롭게 형성되는 가족형태로, 정서적 안정과 동반자로서의 관계를 재구축하는 중요한 계기가 된다. 재혼을 통해 고립감을 극복하고 새로운 가족의 일원이 되는 것은 노년기의 삶에 활력을 더하는 긍정적인 경험이 될 수 있다. 특히 재혼 배우자와의 관계는 정서적 지지와 안정감을 제공하며, 새로운 공동체의 형성을 가능하게 한다.

그러나 재혼 및 혼합가족은 독특한 도전 과제와 함께 복잡한 가족 역학을 동반하는 경우가 많다. 예를 들어, 상속 문제는 재혼 배우자와 기존 자녀 간의 갈등을 유발할 수 있으며, 경제적 책임이나 가족 내 의사결정 방식에서도 의견 차이가 발생할 수 있다. 또한 구성원 간의 세대적·문화적 차이는 관계 조정과 적응 과정에서 갈등의 요인이 될 수 있다. 이는 재혼가족 구성원들이 신뢰를 형성하고 긍정적인 관계를 유지하는 데 어려움을 줄 수 있다.

이러한 도전을 극복하기 위해서는 모든 구성원이 서로의 입장과 감정을 이해하려는 노력이 필요하다. 열린 대화와 의사소통은 가족 내 갈등을 예방하고 해결하는 데 핵심적인 역할을 한다. 특히 상속과 같은 민감한 문제에 대해서는 사전에 명확한 합의를 통해 불필요한 갈등을 방지하는 것이 중요하다. 정서적 지지뿐 아니라 실질적인 법적·경제적 투명성을 확보하는 과정도 필수적이다.

더 나아가 재혼가족의 안정적인 정착을 돕기 위한 사회적 지원과 상담 프로그램의 역할도 중요하다. 혼합가족 구성원들이 새로운 가족구조에 적응할 수 있도록 돕는 전문적인 상담 서비스는 관계를 강화하고 긴장을 완화하는 데 효과적일 수 있다. 또한 지역사회에서 재혼 및 혼합가족을 위한 네트워크를 구축하여 구성원들이 유사한 경험을 공유하고 지지받을 수 있는 환경을 마련하는 것도 긍정적인 변화로 이어질 수 있다.

결론적으로, 재혼 및 혼합가족은 노년기에 새로운 기회를 제공하는 가족형태로, 정서적 안정과 새로운 관계의 가능성을 열어준다. 성공적인 가족관계를 형성하기 위해서는 상호 존중과 이해를 바탕으로 한 소통이 필수적이며, 이를 뒷받침하는 제도적 지원이 동반될 때 재혼가족은 조화롭고 안정적인 가족구조를 이룰 수 있을 것이다.

⑤ 대안적 가족

대안적 가족 형태는 전통적인 가족구조를 벗어나 노년기에 새로운 가능성을 제시하는 가족 모델로 주목받고 있다. 친구와의 공동 거주, 노인 공동체, 유사 가족형태와 같은 방식은 노년층이 독립적인 삶을 유지하면서도 사회적 고립을 극복할 수 있는 환경을 제공한다. 이러한 형태는 단순히 주거 방식을 넘어 노인의 자율성과 사회적 연결을 동시에 충족시키는 중요한 대안으로 자리 잡고 있다.

대안적 가족 형태의 가장 큰 특징은 노년층이 자신의 생활 방식을 유지하면서도 다른 사람들과 상호작용을 통해 정서적 안정과 유대감을 형성할 수 있다는 점이다. 예를 들어, 친구나 동료와의 공동 거주는 일상을 함께 나누며 서로에게 정서적 지지를 제공할 수 있는 장을 마련한다. 노인 공동체의 경우 비슷한 연령대와 관심사를 가진 사람들이 함께 모여 활기차고 사회적인 생활을 이어가는 데 도움을 준다. 이는 기존 가족형태에서 충족되지 못했던 관계적 욕구를 새로운 방식으로 해결하는 기회를 제공하게 된다.

이러한 대안적 형태는 노년층이 자신의 삶을 적극적으로 설계하고 새로운 방식으로 관계를 맺는다는 점에서 큰 의미를 가진다. 전통적 가족 지원이 부족한 경우에도 스스로 선택한 공동체 안에서 독립적이고 자율적인 생활을 유지하면서, 동시에 상호 지지와 연대를 경험할 수 있다. 이는 노년기의 삶의 질을 향상시키고 심리적 안정감을 높이는 데 긍정적으로 작용한다

그러나 이러한 형태가 지속 가능하려면 몇 가지 도전 과제가 해결되어야 한다. 공동생활에서 발생할 수 있는 갈등을 관리하기 위한 규칙과 체계가 필요하며, 이를 지원하는 사회적·제도적 기반도 마련되어야 한다. 또한 이러한 형태를 선택한 노인들이 안정적인 경제적 지원과 건강관리를 받을 수 있도록 지역사회와 정부의 적극적인 개입이 요구된다. 이에 대안적 가족 형태는 노년층이

새로운 방식으로 독립성과 공동체성을 동시에 추구할 수 있는 가능성을 열어준다. 이는 단순한 주거 형태의 변화에 그치지 않고, 노인의 삶에 활력을 더하고 사회적 고립을 줄이는 데 효과적인 해법으로 자리 잡고 있다. 앞으로 이러한 형태를 지원하는 정책적 노력과 사회적 관심이 더해진다면, 노년기의 삶의 질은 더욱 풍요로워질 것이다.

3) 노년기 가족의 과제와 도전

노년기 가족은 신체적·정서적 변화와 함께 가족 내 관계와 사회적 환경에서의 변화를 경험하며 새로운 과제와 도전에 직면한다. 이러한 변화는 노년기의 삶의 질에 중요한 영향을 미치며, 이를 극복하기 위해 가족구성원들은 적극적인 노력과 적응이 필요하다. 특히 건강관리와 자립, 세대 간 소통과 갈등 해결, 사회적 네트워크 확장이라는 세 가지 과제가 핵심적으로 부각된다.

노년기 가족은 변화하는 환경에 적응하고 안정적인 관계를 유지하기 위해 구성원 간의 협력과 소통을 강화해야 한다. 더불어 사회적·제도적 지원은 이러한 과제를 해결하는 데 필수적인 역할을 한다. 예를 들어, 지역사회의 건강관리 프로그램, 세대 간 대화와 화합을 돕는 가족 상담 서비스, 사회적 관계망을 확대할 수 있는 커뮤니티 활동 등은 가족의 부담을 줄이고 삶의 질을 향상시키는 데 기여할 수 있다. 이와 같은 노력은 노년기 가족이 변화의 압력 속에서도 조화롭고 안정적인 환경을 유지하며, 서로에게 든든한 지지 기반이 되는 관계를 형성하도록 돕는다. 이를 통해 노년기의 삶은 더욱 풍요롭고 만족스러운 방향으로 나아갈 수 있을 것이다. 노년기 가족의 구체적인 도전과 과제는 다음과 같다.

(1) 건강관리와 자립

노년기는 신체적 변화와 함께 만성질환의 증가와 신체 기능 저하가 두드러지며, 이로 인해 건강관리의 필요성이 크게 증가하는 시기다. 이러한 변화는 단순히 노인의 삶의 질에만 영향을 미치는 것이 아니라, 돌봄을 제공하는 가족 구성원들에게도 심리적·육체적 부담을 가중시킨다. 따라서 노년기의 건강관리는 개인과 가족 모두의 안정적인 삶을 위해 필수적인 과제로 다뤄져야 한다. 건강관리가 제대로 이루어지지 않을 경우, 이는 노인의 신체적·정서적 상태뿐만 아니라 가족 전체에 영향을 미치는 도미노 효과를 일으킬 수 있다. 반대로 자기 건강관리, 돌봄 책임의 분담, 정신 건강관리가 효과적으로 이루어진다면 노인의 신체적·정서적 안정은 물론 가족관계도 건강하게 유지될 수 있다. 건강관리와 자립과 관련된 세부내용은 〈표 11-1〉과 같다.

〈표 11-1〉 건강관리와 자립

구 분	세부내용
자기 건강관리 능력 강화	• 노년기에는 규칙적인 운동, 균형 잡힌 식단, 정기적인 건강검진 등의 자기 건강관리가 부족할 경우 신체적 기능이 급격히 저하됨 • 자기 건강관리의 부족은 만성질환의 빌병 가속화 및 질병 관리를 어렵게 만들어, 결과적으로 가족의 돌봄 부담을 증가시키는 원인이 됨 • 스스로 건강을 돌보는 노인의 경우, 자립적 생활을 유지할 가능성이 높아지고 가족의 부담도 줄어듦 • 자기 건강관리 능력의 강화는 노년기의 삶의 질을 높이고 가족 내 관계의 안정성을 유지하는 데 기여함
돌봄 책임의 분담	• 가족구성원 간의 돌봄 책임 분담이 이루어지지 않으면, 특정 가족구성원에게 과도한 돌봄 부담이 집중되어 갈등과 스트레스를 초래함 • 갈등과 스트레스는 가족 간 유대를 약화시키고 돌봄의 질을 저하시키는 위험임 • 가족 간의 역할 분담과 지역사회 돌봄 프로그램의 활용은 이러한 부담을 분산시켜, 가족구성원 모두가 균형 있는 삶을 영위할 수 있도록 함(예 방문 간호나 지역 복지 서비스를 적극적으로 활용할 경우, 돌봄 부담이 줄어들고 노인의 건강관리가 보다 체계적으로 이루어질 수 있음)
정신 건강관리의 중요성	• 노년기에 외로움이나 고립감을 경험하면 우울증과 같은 심리적 문제로 이어질 가능성이 크며, 심리적 불안정은 신체적 건강에도 부정적인 영향을 미침 • 가족 간의 정기적인 소통이 부족할 경우, 노인의 정서적 고립은 심화될 수 있음 • 가족 간의 적극적인 소통과 정서적 교류는 노인의 심리적 안정감을 증진시키고 삶의 만족도를 높임 • 필요할 경우 심리 상담이나 지원 프로그램을 통해 전문적인 도움을 받으면 정서적 안정이 더욱 강화됨

(2) 세대 간 소통과 갈등 해결

노년기에 접어들면서 가족 내 세대 간의 소통과 갈등은 중요한 과제로 부각된다. 자녀 세대와 노년 세대는 각기 다른 시대적 배경 속에서 형성된 가치관과 생활 방식을 가지고 있어, 기대와 우선순위가 다를 수 있다. 이러한 차이는 사소한 일상생활의 선택에서부터 가족 내 주요 의사결정에 이르기까지 다양한 갈등을 유발할 수 있으며, 이러한 갈등이 지속될 경우 가족관계를 약화시키고 세대 간 단절을 초래할 위험이 크다.

세대 간 소통과 갈등 해결은 노년기 가족의 안정과 화합을 유지하는 데 핵심적인 요소다. 갈등을 해소하기 위해서는 서로의 차이를 존중하고 열린 대화를 통해 상호 이해를 높이는 것이 중요하며, 가족구성원이 공통된 목표를 설정하고 이를 위해 협력하는 과정은 가족의 유대를 강화하고 세대 간의 연결고리를 공고히 하는 데 기여한다. 갈등이 심화될 경우 가족 상담 전문가나 중재자의 도움을 적극적으로 활용하여 문제를 해결하는 것도 효과적이다.

이러한 노력을 통해 노년기 가족은 세대 간의 차이를 존중하면서도 조화롭게 공존할 수 있는 환경을 조성할 수 있다. 가족구성원 간의 소통과 협력은 갈등을 완화할 뿐만 아니라, 서로를 더 깊이 이해하고 신뢰를 구축하는 계기가 될 것이다. 세대 간 소통과 갈등 해결을 위한 구체적 내용은 〈표 11-2〉와 같다.

〈표 11-2〉 **세대 간 소통과 갈등 해결 방안**

구 분	세부내용
열린 대화와 경청	• 세대 간 갈등을 해소하기 위해서는 가족구성원들이 서로의 의견에 귀 기울이며 솔직한 대화를 나누는 환경을 조성하는 것이 중요함 • 각 세대의 입장을 존중하고, 다른 세대의 가치관과 관점을 이해하려는 노력이 필요함 • 열린 대화는 단순히 생각을 공유하는 데 그치지 않고, 상대방의 감정과 기대를 진심으로 받아들이며 갈등의 원인을 함께 탐색하는 데 초점을 둠으로써 오해를 해소하고, 서로 간의 신뢰와 유대를 더욱 강화할 수 있음

공동의 목표 설정	• 가족구성원이 모두 동의할 수 있는 공통된 목표를 설정하고 이를 달성하기 위해 협력하는 과정은 세대 간 유대를 강화하는 데 효과적임(예 노년 세대의 건강관리를 돕거나 가족의 중요한 행사나 기념일을 준비하는 것과 같은 목표를 공유하고 함께 노력하는 과정은 세대 간 협력의 장을 제공) • 협력은 가족구성원들에게 서로에게 의존할 수 있는 경험과 신뢰를 쌓게 하며, 서로의 역할과 가치를 인정하게 하는 계기가 됨 • 세대 간의 이해를 더욱 깊게 하고, 가족의 결속력을 강화하는 데 긍정적인 영향을 미침
갈등 중재자 활용	• 가족 내 갈등이 심화되어 구성원들만으로 해결하기 어려운 상황에서는 전문가의 도움을 받는 것이 효과적임 • 가족 상담 전문가나 중재자는 객관적인 관점에서 갈등의 원인과 본질을 분석하며, 구성원 간의 소통을 원활히 하고 조율을 돕는 역할을 함 • 각 세대가 자신의 입장을 명확히 전달할 수 있도록 지원하며, 동시에 상대방의 관점을 이해하고 공감할 수 있는 환경을 조성함 • 가족구성원들은 갈등을 해결하고 관계를 회복하는 데 필요한 새로운 관점과 도구를 얻게 됨

(3) 사회적 네트워크 확장

노년기는 기존의 사회적 관계망이 자연스럽게 축소되기 쉬운 시기로, 이를 보완하고 새로운 관계를 형성하는 것이 정서적 안정과 삶의 만족도를 높이는 데 매우 중요하다. 가족 내 관계에만 의존하기보다는 외부의 다양한 네트워크를 통해 정서적 지지를 얻고 고립감을 줄이기 위한 노력이 필요하다. 이러한 사회적 네트워크 확장은 노년층이 활기차고 의미 있는 관계를 유지하며, 안정적이고 만족스러운 노년기를 보내는 데 큰 도움을 줄 수 있다. 이를 실현하기 위해 활용할 수 있는 주요 방법은 〈표 11-3〉과 같다.

〈표 11-3〉 사회적 네트워크 실현을 위한 활용 방법

구 분	내 용
지역사회 활동 참여	• 지역사회에서 운영되는 모임, 봉사활동, 취미 동호회 등은 노년층이 새로운 관계를 형성하고 사회적 네트워크를 확장하는 데 중요한 역할을 함 • 정기적인 교류를 통해 사람들과의 유대를 강화하며, 노년층이 정서적 안정과 소속감을 느낄 수 있도록 도움(예 지역사회에서 제공하는 공예 모임이나 독서 클럽은 비슷한 관심사를 가진 사람들과의 관계를 발전시키는 계기를 제공하며, 새로운 경험을 통해 삶의 활력을 불어넣음)

디지털 기술 활용	• 노년층이 디지털 기기를 활용해 가족이나 친구와 소통하거나 온라인 커뮤니티에 참여하는 것은 사회적 네트워크를 확장하는 데 매우 효과적임 • 이메일, 소셜 미디어, 화상 채팅과 같은 디지털 도구는 물리적 거리에 제약받지 않고 사람들과 소통할 수 있는 기회를 제공하며, 새로운 관계를 형성하는 데도 기여할 수 있음 • 디지털 기술을 배우고 사용하는 과정은 노년층에게 단순한 도구 이상의 의미를 가지며, 새로운 경험과 성취감을 제공하는 도전의 기회가 될 수 있음
다세대 교류 활성화	• 다양한 연령대가 함께 참여하는 프로그램은 세대 간의 상호작용을 활성화하는 데 효과적임 • 노년층이 젊은 세대와 함께 시간을 보내며 서로의 경험과 가치를 나누는 것은 정서적 만족감을 높이는 동시에, 노년층이 사회적 역할을 지속적으로 수행할 수 있는 기회를 제공함(예 다세대 멘토링 프로그램은 노년층에게 자신의 지혜와 경험을 공유할 기회를 제공하고, 젊은 세대는 이를 통해 배우고 성장할 수 있는 기회를 얻음) • 교류는 세대 간의 이해와 유대감을 깊게 하며, 공동체 내에서 긍정적인 관계를 형성하는 데 기여

2. 노년기 가족의 관계 재구성

노년기 가족의 관계 재구성은 은퇴, 건강 변화, 그리고 가족구조의 재편이라는 삶의 중요한 전환점을 맞아 필수적으로 요구되는 과정이다. 은퇴 후 부부는 새로운 일상과 역할에 적응하며 가사와 책임을 재분배하고, 동반자로서의 관계를 더욱 깊이 있게 발전시켜야 한다. 건강 문제와 경제적 변화와 같은 도전은 부부간의 협력과 이해를 더욱 필수적으로 만들며, 이러한 변화 속에서 상호 지지와 배려는 안정된 노년기 생활을 위한 기반이 된다.

부모와 성인 자녀 간의 관계는 정서적·경제적 지원과 의존 사이에서 균형을 유지하는 것도 핵심 과제로 떠오른다. 부모의 돌봄이 필요한 상황에서는 역할 분담과 기대치에 대한 명확한 논의가 요구되며, 세대 간 갈등은 상호 존중과 대화를 통해 완화되어야 한다. 이를 통해 부모와 성인 자녀는 더욱 공감하고 협력하는 관계로 발전할 수 있다.

조부모와 손주 간의 관계는 노년기 가족에게 특별한 가치를 제공한다. 조부모는 손주를 돌보는 과정을 통해 정서적 만족감을 얻고, 손주는 조부모와의 교감을 통해 다양한 세대적 경험과 가치를 배운다. 이러한 유대는 세대 간 이해와 공감을 증진시키며 가족 내 정서적 연대를 강화하는 중요한 역할을 한다.

가족 내 돌봄 책임의 분담은 노년기 가족의 안정성을 유지하는 데 필수적이다. 배우자 간에는 상호 돌봄 체계를 구축하고, 중년 자녀와의 협력을 통해 돌봄 부담을 나누는 방식이 필요하다. 지역사회와 외부 자원의 활용은 돌봄의 실질적인 부담을 줄이고, 가족구성원 모두에게 긍정적인 영향을 미칠 수 있다. 또한 가족구성원 간 정서적 지지와 협력 체계의 강화를 통해 노년기 가족의 안정과 행복을 도모할 수 있다. 이러한 지지는 가족 간 유대를 강화하고, 사회적 연결망을 활용해 새로운 활력과 지원을 제공한다. 노년기 가족은 이러한 관계 재구성을 통해 안정적이고 풍요로운 삶을 만들어갈 수 있을 것이다.

1) 부부관계의 재정립

(1) 은퇴 후 새로운 역할 조정과 동반자적 관계 형성

은퇴는 부부가 직장 중심의 생활에서 벗어나 새로운 일상과 가정 중심의 삶으로 전환하게 되는 중요한 시기이다. 이 시기에는 가사와 일상적인 책임을 함께 나누고, 서로의 기대와 요구를 이해하며 조율하는 과정이 필수적이다. 은퇴 이전에는 주로 직장과 관련된 역할에 초점이 맞춰졌다면, 은퇴 후에는 가정에서의 역할과 책임이 재조정되며, 부부는 새로운 생활 패턴을 만들어가야 한다.

은퇴로 인해 함께 보내는 시간이 자연스럽게 늘어나면서, 부부가 공통의 취미를 개발하거나 새로운 활동을 함께하는 것은 관계를 더욱 풍요롭게 만드는 데 중요한 역할을 한다. 여행, 운동, 봉사활동 등 공동의 목표를 가진 활동은 단순한 시간을 보내는 것을 넘어 서로에 대한 이해와 신뢰를 강화하는 데 기여한다. 이러한 활동은 부부가 동반자로서의 유대를 재확인하고, 일상 속에서 즐거움과 만족감을 공유할 수 있는 기회를 제공한다.

연구에 따르면, 은퇴 후 부부가 역할 재조정에 성공할수록 생활만족도가 높아지는 것으로 나타났다. 특히 서로의 역할을 존중하고 균형 있게 분담하며, 상호 간의 유대감을 강화하는 부부는 은퇴 후에도 안정적이고 긍정적인 관계를 유지하는 경향이 높다(주용국·이양희, 2018). 이러한 과정은 단순히 의무를 넘어 부부관계의 새로운 가치를 발견하고, 삶의 전환기를 함께 극복해 나가는 기회가 된다.

(2) 건강 문제와 경제적 변화 속에서의 협력 강화

노년기는 만성질환이나 신체적 어려움과 같은 건강상의 도전을 동반할 가능성이 높은 시기이며, 이러한 상황에서 부부간 상호 돌봄 체계가 필수적으로 요구된다. 한 배우자가 돌봄 제공자의 역할을 맡게 되는 경우, 정서적 부담과 신체적 피로가 따르며, 돌봄을 받는 배우자는 의존감에서 오는 심리적 불편함을 겪을 수 있다. 이러한 문제를 해결하기 위해 부부는 서로의 역할과 필요를 조율하며, 정서적 지지와 개방적인 의사소통을 통해 돌봄 과정에서의 스트레스를 완화하고 관계의 안정성을 강화해야 한다.

은퇴로 인한 소득 감소는 노년기 부부에게 또 다른 도전 과제를 제시한다. 이 시기에는 기존의 재정 관리 방식을 재평가하고, 새로운 소비 패턴과 재정 계획을 수립하는 것이 필요하다. 부부가 재정적 결정을 함께 논의하고, 상호 협력하여 현실적인 우선순위를 설정하는 과정은 경제적 안정성을 유지할 뿐 아니라 부부간 신뢰를 더욱 깊게 만든다. 이러한 협력은 경제적 어려움 속에서도 긍정적인 관계를 유지하고, 삶의 만족도를 높이는 데 중요한 역할을 한다.

연구에 따르면, 건강 문제와 경제적 변화라는 노년기의 주요 도전에 직면한 부부가 상호 협력과 지지를 통해 함께 대처할 때, 관계의 질과 삶의 만족도가 크게 향상된다고 보고된다(김대숙, 2017). 이는 단순히 물리적 도움에 그치지 않고, 정서적 유대와 심리적 안정을 강화하며, 새로운 환경 속에서 부부가 공동의 목표를 설정하고 함께 극복해 나가는 기반이 된다.

2) 부모-성인 자녀 관계의 변화와 조율

(1) 정서적 · 경제적 지원과 의존의 균형 유지

노년기 부모와 성인 자녀 간의 정서적 지원은 세대 간 유대감과 신뢰를 강화하는 핵심 요소로, 관계의 질을 높이는 데 중요한 역할을 한다. 부모는 자녀에게 조언과 정서적 지지를 제공함으로써 자녀가 더 큰 안정감과 자신감을 가질 수 있도록 돕는다. 이로 인해 자녀는 부모에게 관심과 애정을 표현하며 보답하게 되고, 이는 다시 부모에게 심리적 위안을 제공하여 세대 간 관계가 더욱 공고해진다. 이러한 정서적 교류는 가족구성원들이 어려운 상황에서도 협력하여 문제를 해결할 수 있는 심리적 안정감을 마련한다.

경제적 지원은 가족 간 관계에 추가적인 영향을 미치며, 부모와 자녀 간의 상호작용을 구체화한다. 부모는 성인 자녀의 경제적 어려움을 완화하기 위해 재정적 지원을 제공하거나, 주거 및 육아와 같은 부담을 덜어줌으로써 자녀의 안정된 삶을 도울 수 있다. 이에 따라 자녀는 부모의 도움에 대해 감사하며, 반대로 부모의 노후 생활비를 지원하거나 건강관리와 같은 실질적인 도움을 제공함으로써 부모를 돕는다. 이러한 상호작용은 가족의 경제적 상황과 문화적 배경에 따라 달라지며, 균형 잡힌 기대와 현실적인 조율이 이루어질 때 더 긍정적인 결과를 가져온다.

그러나 경제적으로 취약한 성인 자녀를 지속적으로 부양해야 하는 상황은 부모의 노후 준비와 재정적 안정성을 저해할 수 있다. 이러한 결과는 부모에게 심리적 부담을 가중시키며, 자녀에게도 독립적인 경제적 삶을 어렵게 만든다. 따라서 가족 내 경제적 지원의 역할과 책임을 명확히 정의하고, 균형 있는 부양 체계를 마련하는 것이 필요하다. 이를 통해 세대 간의 경제적 부담은 공정하게 분담될 수 있으며, 부모와 자녀 모두의 안정성을 높여 가족관계를 더욱 성숙하고 건강하게 유지할 수 있다(김유경, 2018).

(2) 돌봄 책임 조율과 세대 간 갈등 해소

노년기에 접어들면 부모의 건강이 저하되면서 돌봄이 필요한 상황이 빈번하게 발생하며, 이러한 돌봄 책임의 분담은 가족 내에서 중요한 과제가 된다. 부모는 성인 자녀에게 돌봄을 기대하거나 의존하게 되는 반면, 성인 자녀는 자신의 생활과 부모 돌봄 사이에서 균형을 맞추려는 부담을 느낄 수 있다. 이러한 상황은 세대 간의 기대치 차이와 역할 분담에 대한 갈등을 유발할 가능성을 높인다. 따라서 돌봄 과정에서 원활한 소통과 상호 협력이 필수적이다.

특히 사회적 돌봄 지원체계가 충분하지 않은 현실에서는 가족 내 돌봄 역할이 더욱 강조된다. 부모와 자녀가 서로 가까운 거리에 거주하거나 세대 간 동거를 선택하는 경우가 많아지며, 이는 돌봄 책임을 물리적으로 수행하기 용이하게 만들지만 동시에 정서적·심리적 갈등을 발생시킬 가능성도 내포한다. 연구에 따르면, 중·노년기 부모는 건강 저하나 돌봄 필요성이 증가할 경우 성인 자녀와의 동거를 고려하거나 지리적 근접성을 유지하려는 경향이 있다. 이러한 선택은 돌봄 제공을 위한 실질적인 접근성을 높이지만, 역할과 책임의 명확한 조율 없이는 가족 내 긴장을 초래할 수 있다(유재언, 2017).

이러한 맥락에서 돌봄 책임을 조율하고 세대 간 갈등을 해소하기 위해서는 가족구성원 간의 지속적이고 개방적인 대화가 중요하다. 부모와 자녀는 서로의 기대와 한계를 솔직히 논의하며, 현실적인 역할 분담 방안을 함께 모색해야 한다. 또한 사회적 지원체계의 강화는 가족 내 부담을 완화하는 데 핵심적이다. 공공 돌봄 서비스나 지역사회의 돌봄 지원 네트워크가 강화되면 가족구성원은 물리적·정서적 부담을 덜 수 있으며, 이를 통해 돌봄 과정에서의 갈등을 최소화하고 가족관계의 안정성을 유지할 수 있다.

결국 돌봄 책임의 조율은 단순히 역할을 나누는 것을 넘어, 세대 간의 협력을 기반으로 한 관계 회복과 신뢰 구축의 과정이다. 가족과 사회가 함께 협력한다면 돌봄의 부담은 줄어들고, 노년기의 삶은 더욱 안정적이고 만족스러워질 것이다.

3) 조부모-손주 관계의 형성과 발전

(1) 손주 돌봄을 통한 세대 간 유대감 강화

조부모는 손주 돌봄을 통해 가정 내에서 중요한 역할을 수행하며, 세대 간의 유대감을 강화하는 데 핵심적인 기여를 한다. 손주 양육에 적극적으로 참여하는 조부모는 손주와의 정서적 유대감을 형성하며, 손주는 이러한 관계를 통해 사랑과 관심을 경험하게 된다. 조부모의 돌봄은 손주에게 안정감과 소속감을 제공하며, 이는 손주의 정서적 발달과 자신감 형성에 긍정적인 영향을 미친다. 또한 조부모가 손주 돌봄에 활발히 참여할수록 세대 간 정서적 만족도는 높아지고, 가족관계의 안정성이 강화된다. 이는 조부모와 손주 간의 상호작용이 단순한 돌봄을 넘어 세대 간의 이해와 공감을 깊게 만드는 과정으로 작용하기 때문이다.

손주는 조부모를 통해 삶의 지혜와 교훈을 배우며, 조부모는 자신의 삶의 경험과 가치관을 전수함으로써 가정 내에서 중요한 교육적 역할을 수행한다. 반대로 손주와의 정서적 교류는 조부모에게도 삶의 만족감을 높이고 역할에 대한 자부심을 심어준다.

이와 같은 돌봄 관계는 세대 간 유대를 강화할 뿐만 아니라, 가족 내 전반적인 정서적 안정감을 높이는 데 기여한다. 조부모는 손주의 성장과 발달에 긍정적인 영향을 미치는 동시에, 손주와의 관계를 통해 자신의 삶에 활력을 더할 수 있다. 결과적으로, 손주 돌봄은 조부모와 손주 간의 상호작용을 통해 세대 간의 이해와 유대를 깊게 하고, 가족 전체의 관계를 더욱 풍요롭게 만드는 중요한 역할을 한다.

(2) 세대 간 소통과 이해 증진을 위한 노력

조부모와 손주 간의 소통은 세대 간 이해를 증진시키고, 관계를 긍정적으로 발전시키는 핵심적인 역할을 한다. 조부모는 손주 세대의 문화와 기술에 관심을 갖는 태도를 통해 손주와의 소통에서 공감대를 형성할 수 있다. 이러한 관심은 손주에게 자신이 존중받고 있음을 느끼게 하며, 조부모에게는 새로운 세대의 관점과 변화를 이해하는 기회를 제공한다. 이처럼 상호 이해와 관심은 조부모와 손주 간의 유대를 더욱 강하게 만드는 밑거름이 된다.

세대 간의 공통 관심사를 찾고 함께 활동하는 것도 관계를 심화시키는 중요한 방법이다. 예를 들어, 놀이, 여행, 이야기 나누기와 같은 활동을 통해 조부모와 손주는 함께 추억을 쌓으며, 서로에 대한 신뢰와 애정을 깊게 한다. 손주는 조부모로부터 전통과 가치를 배우며, 조부모는 손주를 통해 현대적 사고방식과 기술을 배울 수 있어, 양쪽 모두에게 성장의 기회를 제공한다.

이러한 소통과 상호작용은 단순히 관계를 유지하는 것을 넘어 세대 간 갈등을 줄이는 효과도 있다. 지속적인 대화와 교류는 서로의 차이를 존중하고 이해할 수 있는 기반을 마련하며, 세대 간의 차이를 극복하는 데 도움을 준다. 조부모와 손주가 서로에 대한 이해와 존중을 바탕으로 관계를 형성할 때, 이는 가족 전체의 유대감을 강화하는 데도 긍정적으로 작용한다.

4) 가족 내 돌봄 책임 분담

(1) 배우자 간 돌봄 체계 구축과 중년 자녀와의 협력

노년기에는 배우자 간의 상호 돌봄 체계를 구축하는 것이 필수적이며, 이는 부부간의 협력과 이해를 바탕으로 이루어진다. 부부는 서로의 건강 상태와 신체적·정서적 요구를 충족시키기 위해 역할을 나누고, 상호 보완적인 관계를 유지해야 한다. 한쪽 배우자의 돌봄 부담이 과도하게 커질 경우, 이는 정서적 피로와 신체적 부담을 초래할 수 있으므로, 부부간의 소통과 배려를 통해 균형을 맞추는 노력이 필요하다.

특히 배우자 간의 돌봄 체계가 효과적으로 작동하기 위해서는 중년 자녀와의 협력이 중요한 역할을 한다. 중년 자녀는 부모의 돌봄을 직접적으로 지원하거나 재정적 · 정서적 도움을 제공함으로써 돌봄 체계 내에서 보완적인 역할을 수행할 수 있다. 예를 들어, 부모의 건강관리에 필요한 자원을 제공하거나 정서적 지지를 통해 부모의 돌봄 부담을 덜어주는 것은 가족 전체의 안정성을 높이는 데 기여한다.

가족구성원이 이러한 역할을 조화롭게 수행할 때, 돌봄 책임은 공정하게 분담되며, 가족 내에서 발생할 수 있는 갈등이나 스트레스를 효과적으로 완화할 수 있다. 연구에 따르면, 돌봄 책임이 적절히 분담된 가족은 노년기에 더 안정적이고 만족스러운 관계를 유지하는 경향이 높다. 이는 돌봄 과정이 단순히 의무를 넘어 가족구성원 간의 신뢰와 유대를 강화하는 기회로 작용하기 때문이다. 결과적으로, 배우자 간 상호 돌봄 체계와 중년 자녀와의 협력은 노년기 가족이 더 안정적이고 조화로운 삶을 살아가는 데 중요한 기반을 제공하며, 가족 관계의 질적 향상에 기여한다.

(2) 돌봄 부담 경감을 위한 외부 자원 활용

노년기 가족이 돌봄 부담을 효과적으로 줄이기 위해서는 가족 내부의 노력만으로는 한계가 있으며, 지역사회와 공공기관에서 제공하는 외부 자원을 적극적으로 활용하는 것이 필요하다. 지역사회 돌봄 프로그램, 방문 요양 서비스, 공공복지 서비스 등은 가족이 돌봄 책임을 보다 체계적이고 효율적으로 분담할 수 있도록 돕는다. 이러한 자원은 단순히 물리적 지원을 제공하는 데 그치지 않고, 돌봄의 질을 높이고 가족구성원들의 신체적 · 정서적 피로를 줄이는 데 크게 기여한다.

사회적 지원 네트워크 역시 돌봄 체계의 중요한 구성 요소로 작용한다. 친구, 지역 단체, 동료 집단과의 연계를 통해 가족은 정서적 지지를 받거나 실질적인 도움을 받을 수 있으며, 이는 돌봄 부담을 분산시켜 가족구성원 간 갈등을 완화하는 데 기여한다. 특히 이러한 네트워크는 가족이 예상치 못한 돌봄 상황에 대처할 수 있는 유연성과 안정성을 제공한다.

외부 자원을 적극적으로 활용하는 가족은 돌봄 책임의 조율이 더 원활하며, 돌봄 체계가 효율적으로 운영된다. 이는 가족구성원이 자신의 역할을 명확히 인식하고 협력하게 하며, 결과적으로 가족관계의 안정성과 돌봄 과정의 질적 향상을 가져온다. 외부 자원의 활용은 가족 내에서 부담을 경감할 뿐만 아니라, 노년기 가족이 안정적이고 만족스러운 삶을 영위하는 데 있어 중요한 기반이 된다.

5) 가족구성원 간 협력과 지지의 중요성

(1) 정서적 지지와 상호 협력 체계 구축

가족구성원 간의 정서적 지지는 노년기 가족관계를 유지하고 발전시키는 데 필수적인 역할을 한다. 이는 삶의 어려움이나 위기 상황에서도 서로에게 안정감을 제공하며, 가족 내 유대감을 강화하는 중요한 기반이 된다. 부부관계에서는 정서적 위로와 격려가 상호 간의 신뢰를 공고히 하고, 부모와 자녀 간에는 세대 간의 공감과 이해를 통해 가족구성원 간의 정서적 유대를 더욱 깊게 만든다. 이러한 정서적 지지는 가족 내 갈등을 완화하고 협력을 이끌어 내는 동력으로 작용한다.

정기적인 소통과 대화는 가족구성원들이 서로의 요구와 감정을 나누는 기회를 제공하며, 신뢰를 바탕으로 한 협력 체계를 구축하는 데 중요한 역할을 한다. 가족구성원이 각자의 역할을 분담하고, 이를 협력적으로 수행함으로써 돌봄, 가사, 정서적 지원이 조화롭게 이루어질 때 가족의 유대감은 더욱 강화된다. 이는 단순히 역할 수행에 그치지 않고, 가족 전체가 하나의 팀으로서 상호 의존과 협력을 통해 안정적인 관계를 만들어가는 과정이다.

정서적 지지와 협력 체계를 가진 가족은 스트레스 상황에서도 더 나은 대처 능력을 보이며, 가족구성원 모두의 삶의 만족도를 높이는 데 기여한다(임안나·박영숙, 2017). 이는 정서적 지지가 개인의 심리적 안정감을 높이고, 협력이 가족의 물리적·정서적 요구를 충족시키며, 이 두 요소가 결합되어 가족 전체의 안정성과 행복감을 증진시키는 결과를 가져오기 때문이다. 정서적 지지와 협력 체계는 단순한 상호작용을 넘어, 노년기 가족이 역경 속에서도 성장하고 발전할 수 있도록 돕는 핵심 동력이 된다.

(2) 노년기 가족의 안정성과 행복을 위한 사회적 연계 강화

노년기 가족이 직면하는 도전은 가족 내부의 협력만으로는 해결이 어려울 때가 많으며, 이 경우 사회적 연계가 중요한 보완적 역할을 한다. 가족 내에서 돌봄과 정서적 지지를 제공하더라도, 외부의 지원과 네트워크가 없으면 물리적·정서적 부담이 과중될 수 있다. 지역사회 단체, 공공기관, 동료 집단과의 연결은 이러한 부담을 완화하고, 가족이 필요로 하는 자원을 제공받을 수 있는 중요한 통로를 마련해 준다.

노년기 부모는 친구 및 지역사회와 지속적으로 관계를 유지함으로써 사회적 유대감을 강화하고, 자녀 세대와는 가족 내외의 도움과 지원을 주고받는 네트워크를 확장해야 한다. 부모가 지역사회에서 활동하거나 친구들과의 관계를 유지하면, 이러한 연계가 정서적 안정감을 높이고 자존감을 유지하는 데 기여한다. 동시에 자녀 세대는 부모와의 소통을 통해 세대 간 협력과 이해를 증진시키고, 이를 바탕으로 가족 내외에서 필요한 지원체계를 강화할 수 있다.

사회적 연계는 단순히 외부 자원을 제공받는 것에 그치지 않고, 가족구성원 간의 관계를 더 안정적으로 유지하는 데에도 긍정적인 영향을 미친다. 외부로부터의 지원은 돌봄 부담을 줄여 가족 내 갈등을 완화하며, 구성원 간의 정서적 안정감을 높이는 역할을 한다. 이는 가족이 보다 긴밀하고 조화로운 관계를 유지하도록 돕는다.

사회적 지원이 활발한 가족은 정서적 안정감과 사회적 유대감을 더욱 잘 유지하며, 이는 노년기 가족의 전반적인 행복을 증진하는 데 중요한 역할을 한다(조명현, 2021). 가족구성원이 외부와의 연결을 통해 필요를 충족시킬 수 있을 때, 노년기 가족은 더 안정적이고 만족스러운 삶을 영위할 수 있다. 따라서 사회적 연계는 가족 내 한계를 극복할 수 있는 다리 역할을 하며, 노년기 삶의 질을 향상시키는 핵심적인 요소라 할 수 있다.

3. 노년기 가족의 안정과 성장을 위한 실천 프로그램

노년기는 개인과 가족 모두에게 삶의 큰 전환점을 가져오는 시기로, 은퇴, 건강 상태의 변화, 세대 간 관계 재조정 등 다양한 도전을 동반한다(조병은, 2007). 이 시기에는 가족구성원들이 새로운 환경에 적응하며, 변화된 역할과 책임을 조율해야 할 필요성이 커진다. 은퇴로 인해 일상의 구조가 달라지고, 건강 문제로 인해 돌봄의 필요성이 증가하며, 세대 간 가치관이나 생활 방식의 차이는 가족관계에 갈등의 불씨를 제공할 수 있다. 이러한 변화는 가족 내 소통과 협력이 부족할 경우 불안정한 관계와 갈등으로 이어질 가능성이 크다.

노년기 가족은, 특히 경제적 불확실성, 돌봄 책임 분담, 그리고 세대 간 이해 부족이라는 복합적인 과제에 직면하게 된다(공선희, 2013). 부부는 은퇴 후 새로운 생활 리듬을 만들어가야 하며, 부모와 성인 자녀 간에는 서로의 기대와 요구를 조율하며 세대 간 갈등을 줄이는 노력이 필요하다. 또한 돌봄 부담의 분담과 관리가 제대로 이루어지지 않을 경우, 가족 내 스트레스와 긴장이 고조될 수 있다.

하지만 이러한 도전은 가족에게 위기인 동시에 성장의 기회가 될 수 있다. 체계적이고 효과적인 실천 프로그램을 통해 가족구성원 간의 이해와 지지를 강화하면, 노년기 가족은 더 큰 안정성과 만족감을 경험할 수 있다. 예를 들어, 부부간 소통 기술과 공감 능력을 향상시키고, 세대 간의 대화를 활성화하며, 건강관리와 돌봄 부담을 체계적으로 조정할 수 있는 프로그램은 가족관계를 더욱 조화롭고 견고하게 만든다.

이러한 프로그램은 단순히 문제를 해결하는 데 그치지 않고, 가족구성원 간의 신뢰와 유대를 강화하며, 개인과 가족 모두가 변화 속에서도 긍정적인 관계를 유지하고 성장할 수 있도록 돕는다. 노년기는 변화를 수용하고 이를 새로운 가능성으로 전환할 수 있는 시기이며, 적절한 지원과 협력을 통해 가족은 더 큰 안정과 행복을 추구할 수 있다.

1) 노년기 부부를 위한 의사소통 및 공감 훈련

노년기는 은퇴와 같은 생활의 큰 변화와 함께 부부관계에도 새로운 적응과 변화를 요구하는 시기이다. 은퇴 이후 부부는 함께 보내는 시간이 늘어나면서 생활 패턴과 역할 분담에 변화를 경험하게 된다. 이러한 변화는 때로는 갈등과 오해를 유발할 수 있어, 부부간의 소통 능력과 공감 능력을 강화하는 것이 필수적이다.

소통 기술 강화를 통해 부부는 서로의 생각과 감정을 명확히 전달하고, 갈등 상황에서도 상호 존중을 바탕으로 문제를 해결할 수 있는 능력을 키울 수 있다. 예를 들어, 비난 대신 공감을 표현하는 대화법이나, 갈등 상황에서 감정을 억제하지 않으면서도 상대방의 입장을 이해하려는 노력이 포함된다. 이러한 기술은 부부가 서로를 더 깊이 이해하고 신뢰를 구축하는 데 기여한다.

또한 긍정적 상호작용을 통한 정서적 유대감 회복은 노년기 부부관계의 안정성을 높이는 중요한 요소이다. 은퇴 후 부부는 공통의 취미를 개발하거나 함께 시간을 보내는 활동을 통해 긍정적인 경험을 공유함으로써 정서적 유대감을 회복할 수 있다. 이러한 상호작용은 부부가 삶의 변화 속에서도 동반자로서 서로를 지지하고 이해할 수 있도록 돕는다.

결과적으로, 의사소통과 공감 훈련은 노년기 부부가 은퇴 이후의 변화된 관계에 적응하고, 안정적이고 만족스러운 관계를 유지하는 데 중요한 역할을 한다. 이를 통해 부부는 새로운 환경에서도 함께 성장하며 노년기의 삶을 더욱 풍요롭고 의미 있게 만들 수 있다. 구체적인 프로그램의 예시는 〈표 11-4〉와 같다.

〈표 11-4〉 함께하는 여정 : 노년기 부부의 소통과 공감 길잡이 프로그램 예시

구 분	내 용		
목 표	• 은퇴 이후 변화된 부부관계에 적응할 수 있도록 소통 기술을 강화한다. • 긍정적 상호작용을 통해 정서적 유대감을 회복하고 부부관계의 만족도를 높인다. • 부부간 갈등 상황에서 효과적으로 문제를 해결하는 능력을 향상시킨다.		
대 상	노년기 부부(은퇴 전후, 60세 이상)		
기 간	총 5주 프로그램(주 1회, 회당 2시간)		
운영 방식	강의, 그룹 활동, 역할극, 피드백 및 실습		
회 기	주 제	회기별 목표	구성내용
1회	변화의 이해와 준비	은퇴와 노년기의 변화 이해 및 부부관계 재조정의 필요성 인식	• 은퇴와 노년기 부부관계의 변화에 대한 강의 • 현재 부부관계 점검 및 변화 필요성 분석 • 기대와 두려움을 나누는 대화 활동
2회	소통의 기술 배우기	효과적인 의사소통 기술을 습득하고 긍정적인 대화 습관 형성	• 경청 기술 훈련 및 실습 • 공감 언어와 긍정적 표현 방법 배우기 • 갈등 상황에서의 대화 기술과 감정 조율 실습
3회	긍정적 상호작용과 정서적 유대감 회복	부부간 긍정적인 상호작용을 통해 정서적 유대감을 회복	• 긍정적 피드백과 감사 표현하기 • 부부가 함께할 수 있는 공통 취미 찾기 • 격려 메시지 카드 작성 및 교환
4회	문제해결과 갈등 조율 훈련	부부간 갈등 해결 능력을 향상하고 문제해결 방안을 모색	• 갈등의 원인을 분석하고 해결책 도출하기 • 문제해결 4단계 모델 학습 : 문제 정의 → 해결책 제안 → 합의 도출 → 실행 • 실제 사례를 활용한 대화 시뮬레이션
5회	함께하는 미래 설계	부부의 미래를 함께 설계하고, 배운 점을 토대로 관계의 비전을 설정	• 부부의 장기 목표 설정 워크숍 • "우리의 미래" 비전 보드 제작 • 프로그램에 대한 소감 나누기 및 배운 점 회고

활동 예시	• '은퇴 후 기대와 두려움' 작성 후 서로 발표 • "나 전달법" 대화 스크립트 작성 및 롤플레이 • 대화 시뮬레이션을 통해 실습
기대 효과	• 소통 기술과 공감 능력을 통해 은퇴 후 변화에 적응하고 부부간 정서적 유대감을 강화 • 문제 상황에서의 대화 기술과 협상 능력을 습득하여 건강한 갈등 조율 가능 • 부부가 함께 목표를 설정하고 이를 기반으로 새로운 생활 패턴을 계획
평가 방법	사전/ 사후 설문지 및 피드백, 프로그램 참여 후 변화에 대한 부부 스스로의 평가

출처 : 김대숙(2017) 재구성.

2) 세대 간 갈등 예방과 이해 증진 프로그램

세대 간 갈등은 주로 가치관 차이와 의사소통 부족에서 비롯되며, 특히 노년기 부모와 성인 자녀 간에는 서로 다른 시대적 경험과 문화적 배경에서 발생하는 차이가 갈등의 원인이 될 수 있다. 이러한 문제를 해결하기 위해서는 소통 기술의 향상과 문화적 이해를 바탕으로 한 공감 형성이 필요하다.

먼저 성인 자녀와의 가치관 차이를 극복하려면 효과적인 소통 기술을 개발하는 것이 중요하다. 노년기 부모는 자녀의 입장을 존중하며 경청하고, 자신의 생각을 전달할 때는 비난이 아닌 공감의 언어를 사용하는 대화 방식을 연습해야 한다. 예를 들어, "나 전달법"과 같은 소통 기법은 부모가 자신의 감정을 명확히 표현하면서도 자녀의 반발을 최소화하는 데 유용하다. 이는 대화의 질을 높이고, 자녀가 부모의 입장을 더 깊이 이해하도록 돕는다. 연구에 따르면, 공감적 대화를 통해 형성된 신뢰는 세대 간 갈등을 줄이고 관계를 강화하는 데 효과적이다.

또한 세대 간 공감을 위한 문화적 이해는 가족 내 유대감을 증진하는 중요한 요소이다. 부모가 자녀 세대의 문화, 기술, 생활 방식을 이해하고자 노력하면, 자녀는 부모의 관심을 긍정적으로 받아들인다. 이를 통해 부모와 자녀는 서로의 경험과 관점을 공유하며 공통된 관심사를 찾을 수 있다. 예를 들어, 부모가 디지털 기기나 최신 트렌드를 배우려는 태도를 보이면, 자녀는 부모와의 대화에 더 적극적으로 참여하게 된다. 동시에 부모는 자녀에게 자신의 경험과 가치를 전달함으로써 자녀가 전통적 가치에 대한 존중과 이해를 키우도록 도울 수 있다.

이러한 소통과 공감의 노력은 단순히 갈등을 예방하는 것을 넘어 가족 내 협력을 촉진하고, 더 안정적이고 긍정적인 관계를 형성하는 데 기여한다. 대화가 부족한 가족에서는 오해와 갈등이 발생하기 쉽지만, 꾸준한 소통과 상호 이해는 가족구성원이 서로의 차이를 존중하고 조화롭게 공존할 수 있는 기반을 마련한다. 결과적으로, 소통 훈련과 공감 교육은 세대 간 신뢰와 협력을 강화하여 가족관계의 만족도와 안정성을 높이는 중요한 도구가 될 것이다. 세대 간 갈등 예방과 이해 증진을 위한 구체적인 프로그램의 예시는 〈표 11-5〉와 같다.

〈표 11-5〉 **세대 간 갈등 예방과 이해 증진 프로그램 : "소통의 다리" 프로그램 예시**

구 분	내 용		
목 표	• 세대 간 가치관 차이를 이해하고 갈등을 예방하며, 효과적인 소통 기술을 습득한다. • 문화적 공감과 대화를 통해 가족 내 협력과 신뢰를 강화한다. • 문제해결 능력을 키우고 지속가능한 관계를 구축하여 성인 자녀와의 긍정적 관계를 형성한다.		
대 상	노년기 부부(은퇴 전후, 60세 이상)		
기 간	총 5주 프로그램(주 1회, 회당 2시간)		
운영 방식	강의, 그룹 활동, 피드백 및 실습		
회 기	주 제	회기별 목표	구성내용
1회	세대 간 갈등의 이해	세대 간 갈등의 원인과 공감 필요성 인식	• 세대 간 갈등의 주요 원인과 사례 강의 • 세대별 가치관과 의사소통 스타일 분석 • 성인 자녀와의 갈등 경험 공유
2회	소통 기술 강화	세대 간 소통을 위한 효과적인 기술 습득	• 경청과 질문 기술 배우기 • 긍정적 언어 사용법 및 갈등 조율 대화법 학습 • "나 전달법"을 활용한 대화 실습

3회	문화적 이해 증진	세대 간 문화 차이를 이해하고 공통 관심사 찾기	• 세대 간 문화적 차이 이해 강의 • 자녀 세대의 기술 및 생활 방식 배우기 • 공통 관심사를 찾아 대화 주제로 활용하는 방법 학습
4회	협력과 문제해결	갈등 예방과 해결을 위한 실질적 협력 방안 마련	• 갈등 예방 전략 학습 • 문제해결을 위한 협력 방법 학습 • 가상의 갈등 사례 분석 및 실습
5회	신뢰와 공감 기반 구축	세대 간 관계를 강화하고 지속가능한 실천 계획 수립	• 세대 간 관계 강화를 위한 가족 선언문 작성 • 갈등 예방 및 공감 실천 계획 세우기 • 프로그램 소감 나누기 및 감사 메시지 전달
활동 예시	• 세대별 가치관과 의사소통 스타일 분석 • "나 전달법"을 활용한 대화 실습 • 가상의 갈등 사례 분석 및 실습 • 세대 간 관계 강화를 위한 가족 선언문 작성		
기대 효과	• 세대 간 갈등 예방 및 해결 능력 향상 • 세대 간 공감과 이해를 통한 가족 내 신뢰 관계 강화 • 성인 자녀와의 긍정적 관계 재정립 및 가족의 안정성 증진		
평가 방법	• 프로그램 전후 설문조사로 소통 능력 및 갈등 예방 능력의 변화 측정 • 대화 스크립트, 공통 관심사 리스트, 가족 선언문 등의 결과물 분석 • 참여자 피드백 수렴 및 개선 사항 반영		

출처 : 박혜선 · 안태윤(2012) 재구성.

3) 건강과 돌봄 관리를 위한 실천 프로그램

노년기는 건강관리와 돌봄 요구가 동시에 증가하는 시기로, 만성질환 예방, 가족 내 돌봄 부담의 분담, 그리고 재정 관리가 삶의 안정성을 결정짓는 중요한 요소로 작용한다. 이들 요소는 서로 유기적으로 연결되어 있어, 체계적이고 통합적인 접근을 통해 노년기 삶의 질을 효과적으로 향상시킬 수 있다.

먼저 만성질환 예방 및 건강 증진은 노년기의 신체적·정서적 안정성을 확보하기 위한 필수적인 단계이다. 만성질환은 돌봄 부담을 가중시키는 주요 원인이 되므로, 이를 예방하고 관리하기 위한 체계적인 교육이 중요하다. 건강한 식습관, 규칙적인 운동, 정기적인 건강검진 등의 실천 방안을 통해 노년기의 건강 위험을 줄이고 삶의 질을 높일 수 있다. 예를 들어, 당뇨병이나 심혈관 질환 예방을 위한 교육 프로그램은 개인의 건강 유지뿐 아니라 돌봄 부담을 줄이는 데도 크게 기여한다. 건강한 생활습관을 실천하면 가족구성원의 돌봄 요구가 감소하고, 이는 가족 전체의 정서적 안정과 유대를 강화하는 결과로 이어진다.

다음으로, 가족 내 돌봄 부담을 완화하기 위한 지역사회 자원 활용은 노년기 가족의 안정성을 높이는 중요한 전략이다. 돌봄은 가족구성원에게 정서적·신체적·경제적 부담을 초래하지만, 지역사회와 공공기관에서 제공하는 돌봄 서비스를 활용하면 이를 효과적으로 경감할 수 있다. 예를 들어, 방문 요양 서비스나 지역사회 돌봄 지원 프로그램은 가족이 감당해야 할 돌봄 책임을 나누고, 돌봄의 질을 높이는 데 도움을 준다. 이는 가족구성원들에게 여유와 재충전의 기회를 제공하며, 노년기의 삶에 긍정적인 영향을 미친다.

마지막으로, 재정 관리 교육은 노년기 삶의 안정성을 유지하는 데 필수적이다. 은퇴 이후 소득이 감소하고 예기치 못한 의료비 지출이 발생할 가능성이 높은 만큼, 효율적인 재정 관리 능력을 갖추는 것이 중요하다. 노년기 재정 관리는 예산 수립, 지출 계획, 그리고 공공 재정 지원 활용을 포함하며, 이를 통해 경제적 스트레스와 불안을 줄일 수 있다. 예를 들어, 노인 연금, 의료비 지원 제도를 효율적으로 활용하면 경제적 안정이 강화되고, 이는 돌봄과 건강관리에도 긍정적인 영향을 미친다.

결론적으로, 만성질환 예방, 지역사회 자원의 활용, 그리고 재정 관리는 서로 긴밀히 연결되어 있으며, 이를 통합적으로 실천할 때 노년기 삶의 질이 향상된다. 건강관리가 돌봄 부담을 줄이고, 재정적 안정이 가족의 협력을 강화하며, 이 모든 요소가 결합되어 노년기의 안정적이고 만족스러운 삶을 보장하는 데 기여한다. 이 프로그램은 노년기의 복합적인 과제를 해결하고 개인과 가족 모두가 조화로운 삶을 살아갈 수 있도록 돕는 중요한 도구가 될 것이다. 건강과 돌봄 관리를 위한 구체적인 프로그램의 예시는 〈표 11-6〉과 같다.

〈표 11-6〉 **건강과 돌봄 관리를 위한 통합 실천 프로그램 : "행복한 노년의 길잡이" 프로그램 예시**

<table>
<tr><th>구 분</th><th colspan="3">내 용</th></tr>
<tr><td>목 표</td><td colspan="3">• 노년기 만성질환 예방과 건강 증진 실천을 통해 신체적 · 정서적 안정성을 확보한다.
• 가족 내 돌봄 부담을 경감하고 지역사회 자원을 효과적으로 활용하는 능력을 배양한다.
• 재정 관리와 통합적인 삶의 설계를 통해 노년기의 안정적이고 만족스러운 삶을 지원한다.</td></tr>
<tr><td>대 상</td><td colspan="3">노년기 부부</td></tr>
<tr><td>기 간</td><td colspan="3">총 5주 프로그램(주 1회, 회당 2시간)</td></tr>
<tr><td>운영 방식</td><td colspan="3">강의, 그룹 활동, 피드백 및 실습</td></tr>
<tr><th>회 기</th><th>주 제</th><th>목 표</th><th>구성내용</th></tr>
<tr><td>1회</td><td>만성질환 이해와 예방</td><td>노년기 주요 만성질환(당뇨, 고혈압 등)을 이해하고 예방 방법을 학습</td><td>• 노년기 만성질환의 원인과 영향 강의
• 예방을 위한 건강한 식습관과 운동 방법 교육
• 질환 관리를 위한 정기적 건강검진의 중요성 논의</td></tr>
<tr><td>2회</td><td>건강한 생활습관 실천 전략</td><td>건강 증진을 위한 구체적인 실천 계획을 수립</td><td>• 참여자 개별 건강 목표 설정
• 운동 루틴 작성 및 실습(예 스트레칭, 걷기)
• 식단 개선 사례 공유 및 개인화된 식단 계획 작성</td></tr>
<tr><td>3회</td><td>가족 내 돌봄 부담 완화</td><td>가족 내 돌봄 역할 분담과 지역사회 자원 활용 방안을 학습</td><td>• 돌봄 부담 완화를 위한 대화 전략(역할 분담과 협력) 실습
• 방문 요양, 공공 돌봄 프로그램 등 지역사회 서비스 정보 제공
• 돌봄 성공 사례 분석</td></tr>
</table>

4회	지역사회 자원 활용법	지역사회 자원을 활용하여 돌봄 부담을 경감하고 삶의 질을 향상	• 지역사회 복지 서비스(간호 지원, 의료비 지원) 활용 사례 학습 • 커뮤니티 활동과 자원봉사를 통한 정서적 안정 도모 • 지역사회 지원 네트워크 구축 방법 논의
5회	재정 관리와 경제적 안정	노년기의 재정적 스트레스를 줄이고 안정적인 삶을 설계	• 은퇴 후 예산 관리와 지출 계획 강의 • 공적 지원(노인 연금, 의료비 지원 등) 활용 방법 교육 • 예상치 못한 지출 대비를 위한 비상금 계획 작성
6회	건강, 돌봄, 재정을 통합한 삶의 설계	건강, 돌봄, 재정을 통합적으로 고려한 개인별 실천 계획 수립	• 건강, 돌봄, 재정을 아우르는 실천 계획 발표 • 실천 가능성 점검과 피드백 제공 • 프로그램 소감 나누기 및 지속적 실천을 위한 다짐 작성
활동 예시	• 운동 루틴 작성 및 실습(예 스트레칭, 걷기) • 지역사회 복지 서비스(간호 지원, 의료비 지원) 활용 사례 학습 • 건강, 돌봄, 재정을 아우르는 실천 계획 발표 • 프로그램 소감 나누기 및 지속적 실천을 위한 다짐 작성		
기대 효과	• 건강 증진 : 만성질환 예방과 건강관리 실천을 통해 신체적·정서적 안정 확보 • 돌봄 부담 완화 : 가족 내 역할 분담과 지역사회 자원 활용으로 돌봄 부담 경감 • 경제적 안정 : 재정 관리 능력을 습득하여 노년기의 경제적 불안을 줄이고 안정적 생활 기반 마련 • 통합적 안정성 확보 : 건강, 돌봄, 재정 관리의 조화를 통해 노년기의 전반적인 삶의 질을 향상		
평가 방법	• 참여도 평가 : 각 회기별 참여율과 실습 참여도 점검 • 행동 변화 측정 : 프로그램 전후 설문조사를 통해 건강, 돌봄, 재정 관리 실천 변화 분석 • 활동 결과물 검토 : 작성된 건강관리 계획표, 돌봄 활용 계획서, 재정 관리 플랜 등의 구체성과 실천 가능성 평가 • 참여자 피드백 : 프로그램 종료 후 참여자의 소감과 개선점을 수집하여 효과 분석		

출처 : 이지수·이수경(2020) 재구성.

12 CHAPTER

다양한 가족생활교육 프로그램

1. 한부모가족

한부모가족은 부모 중 한 명이 자녀를 양육하는 가족형태로, 이혼, 사별, 별거, 유기, 미혼모 등 다양한 이유로 형성된다. 이러한 가족구조는 모자가족과 부자가족으로 나뉘며, 점점 더 흔하게 나타나고 있다. 최근 한부모가족의 수는 꾸준히 증가하고 있으며, 2023년 기준으로 한부모가족은 약 149만 3천 가구로 집계되었다(통계청, 2024). 이 중 모자가족이 약 75%로 대다수를 차지하며, 부자가족은 약 25%를 구성하고 있다. 이는 가족형태가 점점 다양화되고 현대사회에서 새로운 가족형태로 자리 잡고 있음을 보여준다.

한부모가족이 직면하는 주요 과제로는 경제적 어려움, 심리적 부담, 그리고 자녀양육의 도전과 같은 여러 가지 문제들이 있다(최윤정, 2019). 그중에서도 경제적 어려움은 특히 심각하며, 단일 소득으로 가정을 꾸려야 하는 상황에서 부모는 재정적 스트레스를 경험하게 된다. 이러한 경제적 압박은 부모와 자녀 간의 관계에 부정적인 영향을 미칠 수 있으며, 자녀의 정서적 안정과 사회적 발달에도 간접적으로 영향을 미치게 된다. 또한 부모의 심리적 스트레스가 높아질 경우, 자녀와의 의사소통이 어려워지거나 자녀의 정서적 지지가 부족해질 가능성도 커진다(황혜원 · 김현수, 2023).

다양한 가족이 출현하는 현대사회에서 한부모가족은 점점 더 중요한 가족형태로 자리 잡고 있다. 따라서 그들의 삶의 질을 향상시키고, 사회적 안정망을 강화하기 위해 가족생활교육의 역할은 더욱 강조되어야 한다. 경제적 자립, 심리적 안정, 자녀와의 관계 강화를 목표로 한 교육은 한부모가족이 직면한 문제를 해결하고 긍정적인 변화를 이끌어낼 수 있는 효과적인 도구라 할 수 있다. 따라서 정부와 사회는 이러한 교육 프로그램을 확대하고 지속적인 지원을 제공함으로써 한부모가족이 더 안정되고 행복한 삶을 누릴 수 있도록 도와야 할 것이다. 이에 가족생활교육은 단순히 문제해결을 넘어, 가족의 성장과 발전을 위한 중요한 기반이 될 수 있다.

1) 경제적 안정과 자립

(1) 경제적 안정의 중요성

경제적 안정은 한부모가족이 자립하고 안정적인 생활을 유지하기 위한 가장 중요한 요소 중 하나이다. 경제적으로 안정되지 않은 상황에서는 부모가 기본적인 생활비와 자녀의 교육비를 충당하기 어려워질 수 있으며, 이는 부모와 자녀 간의 관계에 부정적인 영향을 미칠 뿐만 아니라 가족 전체의 정서적 안정에도 위협이 된다. 특히 한부모가족의 경우, 단일 소득으로 가정을 유지해야 하는 특성상 경제적 어려움이 더욱 심각하게 다가온다. 이러한 상황은 부모에게는 지속적인 스트레스와 심리적 부담을, 자녀에게는 안정된 환경에서의 성장과 학습 기회의 부족을 초래할 수 있다. 경제적 안정은 단순히 재정적인 문제를 해결하는 것을 넘어, 가족구성원이 신체적·정서적으로 건강한 삶을 영위할 수 있는 기반을 마련하는 데 핵심적인 역할을 한다.

(2) 직업 훈련 프로그램

직업 훈련 프로그램은 한부모가족이 안정적인 소득을 확보하고 자립할 수 있도록 돕는 필수적인 지원책이다. 이 프로그램은 한부모가 취업 시장에서 요구하는 기술을 습득하도록 지원하며, 이력서 작성, 면접 준비, 취업 알선 등 실질적인 도움을 제공한다. 또한 창업을 희망하는 한부모를 위해 창업 교육과 초기 자금 지원도 포함될 수 있다. 예를 들어, 컴퓨터 활용, 간호, 요리와 같은 기술 훈련을 받은 한부모는 고용 안정성이 높은 직업을 찾을 가능성이 크게 증가한다.

직업 훈련은 단순히 취업의 문을 여는 데 그치지 않고, 지속가능한 경제적 자립 기반을 마련하는 데 중요한 역할을 한다. 기술을 습득한 한부모는 안정된 직업을 통해 가족의 재정적 안정을 도모할 수 있으며, 이는 자녀가 학업과 성장에 전념할 수 있는 환경을 조성하는 데 직접적으로 기여한다. 더불어 이러한 안정은 부모가 자녀와 더욱 긴밀하고 긍정적인 관계를 형성하는 데도 도움이 된다.

(3) 재정 관리 교육

재정 관리 교육은 한부모가족이 제한된 자원을 효율적으로 운영하고 장기적인 재정적 목표를 설정하는 데 필수적이다. 이 교육은 예산 작성, 지출 통제, 저축 방법, 그리고 현명한 투자 전략을 가르친다. 예를 들어, 재정 관리 교육을 받은 부모는 불필요한 지출을 줄이고, 자녀의 학비나 의료비와 같은 필수적인 비용에 자원을 우선적으로 배분할 수 있다.

또한 재정 관리 교육은 부모가 예기치 않은 경제적 위기에 대비하도록 돕게 되는데, 예산 관리 기술을 통해 부모는 갑작스러운 지출이 발생했을 때에도 대처할 수 있는 준비를 할 수 있다. 이는 한부모가족이 재정적으로 안정된 삶을 유지하는 데 중요한 도구로 작용한다. 더불어 재정적으로 안정된 환경은 자녀에게도 긍정적인 영향을 미치며, 자녀가 정서적으로 안정된 상태에서 학습과 사회적 활동에 참여할 수 있는 기회를 제공한다.

(4) 정부지원과 연계

경제적 자립 프로그램은 정부의 지원 정책과 긴밀히 연계될 때 그 효과가 극대화된다. 정부는 아동양육비 지원, 공공임대주택 제공, 보증금 지원 등 한부모가족을 대상으로 다양한 경제적 지원을 제공하고 있다. 이러한 지원은 가족생활교육에서 제공하는 재정 관리 교육 및 직업 훈련 프로그램과 결합될 때 실질적인 효과를 발휘할 수 있다.

예를 들어, 아동양육비를 받는 한부모가 재정 관리 교육을 병행한다면, 단순히 지원금을 소비하는 데 그치지 않고 이를 효율적으로 운영하여 장기적인 재정 계획을 세울 수 있게 된다. 마찬가지로, 직업 훈련을 받은 한부모가 공공임대주택 지원을 받을 경우, 안정적인 주거 환경에서 직업에 집중할 수 있는 여건이 마련될 수 있다. 따라서 이러한 정책과 교육의 조화는 부모가 안정적인 환경에서 자녀를 양육하고, 가족 전체의 삶의 질을 향상시키는 데 큰 역할을 한다.

2) 심리적 지원과 스트레스 관리

(1) 심리적 지원의 중요성

한부모가족의 부모는 이혼이나 사별 등의 경험으로 인해 우울증, 불안, 죄책감과 같은 부정적 감정을 겪을 수 있다. 이러한 정서적 어려움은 부모 자신의 건강에 해를 끼칠 뿐만 아니라 자녀에게도 부정적인 영향을 미쳐 정서적 불안정, 학교생활 부적응 등의 문제로 이어질 수 있다(최윤정, 2019). 결국 이러한 문제는 부모가 자녀를 양육하는 데 필요한 에너지를 고갈시키고, 가족 전체의 정서적 안정을 위협할 수 있다.

심리적 지원 프로그램은 이러한 정서적 부담을 완화하는 데 효과적이다. 예를 들어, 심리 상담, 스트레스 관리 기법, 긍정적 사고를 배우는 프로그램은 부모가 자신의 감정을 조절하고, 자녀와의 관계에서 긍정적인 태도를 유지할 수 있도록 도울 수 있어(황혜원 · 김현수, 2023), 심리적 지원을 받은 부모는 자신의 감정 상태를 이해하고 더 나은 의사소통 방법을 통해 자녀와의 유대를 강화할 수 있다. 또한 심리적 안정은 부모가 자녀를 양육하는 데 필요한 에너지를 회복하고, 긍정적인 태도로 자녀와의 관계를 유지하는 데 필수적이라 할 수 있다. 부모가 정서적으로 안정되면 자녀에게도 긍정적인 영향을 미쳐, 자녀가 안정된 환경에서 성장하고 학습할 수 있기 때문이다(이주연, 2022). 안정된 부모-자녀 관계는 자녀의 정서적 안정감과 학교 적응 능력을 향상시키며, 부모와 자녀 간의 갈등을 줄이는 데도 기여한다.

결과적으로, 심리적 지원 프로그램은 한부모가족의 부모가 정서적 부담에서 벗어나 자녀를 건강하게 양육할 수 있는 기반을 마련하는 데 중요한 역할을 하므로, 이러한 프로그램은 부모 개인뿐 아니라 가족 전체의 정서적 유대를 강화하고, 더 건강하고 안정된 가정을 이루는 데 기여하게 된다. 부모가 정서적으로 안정되면 가족 내 갈등이 줄어들며, 자녀는 더 나은 환경에서 성장할 수 있는 기회를 가지게 될 수 있어 심리적 지원 프로그램은 중요하다고 할 수 있다. 또한 심리적 지원 프로그램은 단순히 정서적 문제를 해결하는 데 그치지 않고, 가족 전체가 건강하고 지속가능한 관계를 유지할 수 있도록 돕는 포괄적인 지원체계로 작용하므로, 부모는 자녀의 발달적 요구를 더 잘 이해하게 되며, 자녀는 정서적으로 안정된 환경에서 자신의 잠재력을 더욱 발휘할 수 있게 된다.

(2) 스트레스 관리 프로그램

스트레스 관리 프로그램은 부모가 스트레스 요인을 인식하고, 이를 효과적으로 해결하는 방법을 배우도록 돕는다. 이를 통해 부모는 스트레스로 인한 부정적인 감정을 관리하고, 일상에서의 심리적 안정감을 되찾을 수 있다. 예를 들어, 심호흡 기술, 명상, 운동과 같은 스트레스 해소 기법은 부모가 감정을 안정시키고, 자녀와의 관계에서 긍정적인 태도를 유지하도록 지원하며, 이러한 기법은 부모가 정서적으로 더 안정된 상태에서 자녀와의 의사소통과 상호작용을 개선하는 데 도움을 준다.

또한 정서적 문제를 완화하기 위해 상담 서비스와 심리 치료를 병행하는 것도 효과적이다. 심리 치료는 부모가 스트레스의 근본적인 원인을 이해하고, 문제해결 능력을 향상시킬 수 있도록 돕기 때문에, 이러한 프로그램은 부모가 스트레스 상황에서도 침착함을 유지하며, 자녀와의 관계를 긍정적으로 지속할 수 있도록 지원한다. 결국 스트레스 관리 프로그램은 부모가 자녀에게 더 안정적이고 건강한 환경을 제공하는 데 중요한 역할을 하게 된다.

(3) 부모-자녀 공동 참여 프로그램

부모와 자녀가 함께 참여하는 심리적 지원 프로그램은 가족 내 유대감을 강화하는 데 효과적이다. 예를 들어, 가족 놀이 치료, 예술 치료, 공동 프로젝트 활동 등은 부모와 자녀가 서로의 감정을 공유하고 협력하며 긍정적인 관계를 형성할 수 있는 기회를 제공한다. 이러한 프로그램은 부모와 자녀 간의 정서적 유대감을 강화하고, 자녀가 건강한 자아정체성을 형성할 수 있도록 도울 수 있다. 연구에 따르면, 부모와 자녀가 함께 참여하는 코칭 교육 프로그램은 심리적 안녕감, 정서지능, 의사소통, 양육효능감 향상에 긍정적인 영향을 미치며(송숙자, 2015), 미술치료 기법을 적용한 부모-자녀 놀이 치료 프로그램은 유아의 문제행동 감소와 어머니의 공감 능력 향상에 효과적이다(정남주 · 이영환, 2010). 이러한 세부 프로그램들은 부모와 자녀가 함께 참여함으로써 상호작용을 촉진하고, 가족의 정서적 유대를 강화하는 데 기여할 수 있다.

따라서 부모와 자녀가 함께하는 심리적 지원 프로그램은 가족 내 관계 개선과 자녀의 건강한 발달을 위해 중요한 역할을 한다. 이를 통해 가족구성원 간의 이해와 협력이 증진되며, 전반적인 가정의 안녕이 향상된다.

(4) 지역사회와의 연결

지역사회는 한부모가족이 정서적 안정과 사회적 지지를 받을 수 있는 중요한 연결고리 역할을 한다. 한부모가족은 배우자의 부재와 경제적 어려움, 양육부담으로 인해 고립감을 느끼기 쉽고, 이는 부모와 자녀 모두의 정서적 건강에 부정적인 영향을 미칠 수 있다. 이러한 상황에서 지역사회에서 제공하는 심리적 지원 서비스와 네트워크는 한부모가족이 겪는 어려움을 완화하고 새로운 연결을 형성하는 데 필수적이라 하겠다.

예를 들어, 한부모가족 간의 자조 모임은 유사한 경험을 공유하는 부모들이 모여 서로의 감정을 나누고 지지를 제공하는 장을 마련한다. 이러한 모임은 부모들이 자신이 혼자가 아니라는 사실을 깨닫게 하고, 정서적 안정감을 회복하도록 도울 수 있다(한정원, 2014). 따라서 자조 모임은 부모 간의 사회적 연결을 강화하는 데 효과적일 뿐만 아니라, 현실적인 양육 정보와 조언을 나누는 플랫폼 기능을 한다.

또한 지역사회 복지관에서 운영하는 심리치유 프로그램은 부모와 자녀가 함께 참여할 수 있는 활동을 통해 가족 내 유대감을 강화한다. 가족 놀이 치료나 예술 치료와 같은 프로그램은 부모와 자녀가 서로의 감정을 이해하고 협력하는 과정을 통해 관계를 개선할 수 있도록 돕는다(최은영 외, 2019). 이러한 프로그램은 자녀가 건강한 자아정체성을 형성하도록 돕고, 부모와 자녀 모두가 안정된 가족 환경에서 성장할 수 있는 기반을 제공한다.

지역사회 상담 센터는 한부모가족에게 전문적인 심리 지원을 제공하는 또 다른 중요한 연결고리이다. 상담 센터에서 제공하는 개인 상담과 집단 상담은 부모가 스트레스와 정서적 문제를 효과적으로 관리할 수 있도록 돕는다. 이러한 상담 서비스는 부모가 자녀와의 관계에서 긍정적인 변화를 이끌어낼 수 있도록 지원하며, 가족 전체의 정서적 안정에 기여한다(김민정, 2013).

결국 지역사회와의 연결은 한부모가족이 고립감을 극복하고 새로운 지지망을 형성하는 데 중요한 역할을 한다. 이러한 연결은 부모와 자녀 모두에게 정서적 안정을 제공하며, 더 나은 가족관계를 형성하는 데 필수적인 기반이 된다. 지역사회의 다양한 서비스와 네트워크는 한부모가족이 안정적이고 건강한 삶을 이어나갈 수 있도록 돕는 강력한 지원체계라 할 수 있다.

3) 자녀와의 관계 형성

(1) 긍정적 의사소통 기술

부모와 자녀 간의 긍정적 의사소통은 한부모가족의 심리적 안정과 정서적 유대 강화를 위한 핵심적인 요소다. 부모가 자녀와 효과적으로 소통할 수 있을 때, 자녀는 정서적 안정감을 느끼고 건강한 자아를 형성할 수 있다. 특히 한부모가족에서는 부모와 자녀 간의 의사소통이 원활하지 않을 경우 갈등이 증폭될 가능성이 크기 때문에, 긍정적 의사소통 기술을 배우고 적용하는 것이 매우 중요하다.

긍정적 의사소통 기술은 부모가 자녀의 감정을 이해하고, 자신의 감정을 적절히 표현하며, 갈등 상황에서 효과적으로 대처할 수 있도록 돕는다. 예를 들어, 자녀의 문제행동에 대해 비판보다는 이해와 공감을 우선으로 하는 대화법은 부모와 자녀 간의 신뢰를 형성하는 데 기여한다. 연구에 따르면, 부모가 자녀의 감정을 인정하고 존중하는 방식으로 소통할 때, 자녀는 정서적 안정감을 얻고 긍정적인 행동 변화를 보이는 경향이 있다(송상홍, 2004).

특히 의사소통 기술 교육은 부모와 자녀 간의 갈등을 예방하고 관계를 개선하는 데 효과적이다. 예를 들어, 부모가 자녀의 의견을 적극적으로 경청하고, 비난 대신 문제를 함께 해결하려는 태도를 보이면, 자녀는 자신이 존중받고 있다는 느낌을 받는다. 이러한 상호작용은 자녀의 자존감을 높이고, 가족 내 갈등을 줄이는 데 긍정적인 영향을 미친다. 또한 부모-자녀 간의 의사소통이 개방적이고 긍정적일 때, 자녀는 자신의 감정을 솔직하게 표현하고, 문제 상황에서도 더 나은 대처 방식을 배울 수 있다. 반면 억압적이거나 거부적인 의사소통은 자녀의 내재화 문제(예 우울, 불안)와 외현화 문제(예 비행, 공격성)를 증가시킬 수 있다(최은영 외, 2019).

결론적으로, 긍정적 의사소통 기술은 한부모가족의 심리적 안정과 정서적 유대를 강화하는 데 필수적인 요소다. 이를 위한 부모교육 프로그램은 부모가 자녀와의 관계에서 건강한 대화 습관을 형성하고, 가족 내 긍정적인 상호작용을 촉진하는 데 중요한 역할을 한다.

(2) 정서적 지지 제공

한부모가족에서 부모의 정서적 지지는 자녀의 심리적 안정과 발달에 중요한 역할을 한다. 부모가 자녀에게 애정과 관심을 표현하고, 자녀의 감정과 생각을 존중하며, 일관된 지지와 격려를 제공할 때, 자녀는 자신이 사랑받고 있다는 느낌을 받으며, 이는 자아존중감과 정서적 안정으로 이어진다.

하지만 한부모가족의 경우, 부모가 경제적 부담과 양육 스트레스로 인해 자녀에게 충분한 정서적 지지를 제공하기 어려울 수 있다. 이러한 상황에서는 지역사회와의 연계를 통해 자녀에게 추가적인 정서적 지지를 제공하는 것이 중요하다. 지역사회 지지는 한부모가족 아동의 우울을 감소시키는 보호 요인으로 작용하며, 이는 부모의 정서적 지지와 함께 자녀의 정서적 적응에 긍정적인 영향을 미친다(송수정, 2014).

따라서 한부모가족에서 부모의 정서적 지지를 강화하기 위해서는 부모교육 프로그램을 통해 효과적인 양육 태도와 의사소통 기술을 습득하도록 지원하는 것이 필요하다.

(3) 갈등 상황에서의 문제해결 기술

한부모가족에서 부모와 자녀 간의 갈등은 다양한 요인으로 발생하며, 이러한 갈등을 효과적으로 해결하는 기술은 가족의 안정과 자녀의 건강한 발달에 필수적이다. 선행 연구들에 의하면 한부모가족의 부모는 경제적 부담과 양육 책임을 혼자 감당해야 하는 상황에서 자녀와의 의사소통이 원활하지 않을 경우 갈등이 심화될 수 있고, 이러한 갈등은 자녀의 정서적 불안정, 행동 문제, 학업 부진 등으로 이어질 수 있으며, 가족 전체의 기능에도 부정적인 영향을 미친다고 본다.

갈등 상황에서의 문제해결 기술은 부모와 자녀 간의 긍정적인 상호작용을 촉진하고, 갈등을 건설적으로 해결하는 데 도움을 준다. 예를 들어, 부모가 자녀의 감정을 인정하고 공감하며, 명확하고 일관된 규칙을 설정하고, 문제해결에 자녀를 참여시키는 등의 방법이 효과적이다. 이러한 접근은 자녀의 자아존중감 향상과 사회적 기술 발달에도 긍정적인 영향을 미친다. 또한 부모교육 프로그램을 통해 갈등 해결 기술을 습득하는 것은 한부모가족의 부모에게 특히 중요하다. 이러한 프로그램은 부모가 자녀와의 관계에서 발생하는 갈등을 이해하고, 효과적으로 대처하는 방법을 배우는 데 도움을 준다. 이를 통해 부모는 자녀와의 관계를 개선하고, 가족의 전반적인 복지를 향상시킬 수 있다.

결론적으로, 한부모가족에서 갈등 상황에서의 문제해결 기술은 부모와 자녀 간의 관계를 강화하고, 자녀의 건강한 발달을 지원하는 데 핵심적인 역할을 한다. 따라서 이러한 기술을 습득하고 적용하는 것은 한부모가족의 안정과 발전을 위해 필수적이다.

4) 한부모가족을 위한 실천 프로그램

한부모가족을 위한 5회기 프로그램은 경제적 자립, 정서적 안정, 그리고 긍정적인 가족관계 형성을 돕기 위해 설계되었다. 첫 번째 회기에서는 한부모가족의 특성과 유형을 이해하고 사회적 편견에 대응하는 방법을 배우며, 이는 참가자들이 자신의 가족을 긍정적으로 바라보게 만든다. 두 번째 회기에서는 예산 관리와 재정 계획 수립을 통해 경제적 자립을 위한 구체적인 방법을 익히고, 이를 통해 실질적인 자립 기반을 마련할 수 있다. 세 번째 회기에서는 자녀와의 의사소통 및 갈등 해결 방법을 학습하여 부모-자녀 간 긍정적인 관계를 형성할 수 있게 된다. 네 번째 회기에서는 스트레스 관리와 심리적 치유 프로그램을 통해 정서적 회복을 촉진하며, 이로 인해 가족 내 안정적인 감정적 지원체계를 구축할 수 있다. 마지막으로 다섯 번째 회기에서는 지역사회 자원과 지지망을 활용하여 한부모가족이 사회에 자연스럽게 통합될 수 있도록 돕고, 사회적 편견을 극복하는 데 필요한 전략을 배워 지속적인 사회적 지지망을 형성한다.

이 프로그램은 한부모가족이 자립적인 삶을 살며, 건강한 가족관계를 유지할 수 있도록 지원한다. 구체적인 내용은 〈표 12-1〉과 같다.

〈표 12-1〉 힘내요, 한부모 : 자립을 위한 5단계 여정 프로그램 예시

구 분	내 용		
목 표	• 한부모가족이 경제적 · 정서적 · 사회적 어려움을 극복하고 자립할 수 있는 기반을 마련하며, 가족구성원 간의 긍정적인 관계를 형성하도록 지원한다. • 한부모가족이 사회에서 자연스럽게 통합될 수 있도록 지역사회 자원을 활용하고, 사회적 편견을 극복하기 위한 인식 개선 및 지지망 형성을 돕는다.		
대 상	한부모가족의 부모		
기 간	5회기		
운영 방식	강의, 실습, 워크숍, 체험활동, 토론 및 사례공유		
회 기	주 제	목 표	구성내용
1회	한부모가족의 이해와 현실	한부모가족의 개념과 다양한 가족형태를 이해하고, 자신의 가족 상태를 긍정적으로 받아들인다.	• 한부모가족의 특성과 유형 이해 • 사회적 편견에 대한 대응 전략
2회	경제적 자립과 관리	경제적 어려움을 극복하고 자립의 기반을 마련하기 위한 구체적인 방법을 학습한다.	• 예산 관리 및 재정 계획 수립 • 정부 및 지역사회 지원 정책 정보 제공
3회	자녀와의 관계 형성	자녀와의 의사소통 방법과 관계 형성을 통해 긍정적인 부모-자녀 관계를 형성한다.	• 효과적인 의사소통 기술 • 자녀의 정서적 요구 이해 • 사춘기 자녀와의 갈등 해결 방법
4회	심리 · 정서적 안정	한부모가족의 정서적 회복과 스트레스 관리를 통해 심리적 안정을 찾도록 지원한다.	• 스트레스 관리 기법 • 심리적 치유 프로그램 소개 • 자조집단 형성
5회	사회적 관계 및 지지망 구축	지역사회 자원과 네트워크를 활용하여 사회적 지지망을 형성하고 외로움을 해소한다.	• 지역사회 자원 탐색 • 자조 모임의 중요성 • 편견 극복을 위한 전략
활동 예시	• 사회적 편견에 대한 역할극 • 예산 관리 워크숍 • 효과적인 의사소통 연습		

기대 효과	• 경제적 · 정서적 · 사회적 어려움을 극복하고 가족구성원 간 긍정적인 관계를 형성하여 자립을 지원 • 지역사회 자원 활용과 사회적 편견 극복을 통해 한부모가족의 사회적 통합과 지속적인 지지망 형성
평가 방법	• 프로그램 종료 후 참가자 설문조사와 인터뷰를 통해 프로그램 효과를 평가 • 필요시 참가자들에게 추가적인 지원 프로그램 정보를 제공

출처 : 한정원(2014) 재구성.

2. 새부모 가족

새부모 가족(재혼가족)이란 배우자 중 한 명 또는 양쪽 모두가 이전 결혼에서 자녀를 둔 상태에서 재혼하여 형성되는 가족을 의미한다. 이러한 가족은 배우자와 의붓자녀, 그리고 친자녀 간의 새로운 관계를 형성하는 과정에서 독특한 특성과 도전 과제를 경험한다. 새부모 가족은 현대사회에서 가족구조의 변화와 다양화로 인해 점점 더 일반화되고 있으며, 이는 이혼과 재혼의 증가, 가족에 대한 전통적 개념이 변화함에 따라 나타나는 현상이다.

현대사회에서 새부모 가족의 수는 지속적으로 증가하고 있다. 2020년 통계청 자료에 따르면, 전체 혼인 중 약 27%가 재혼으로 나타나, 이는 가족구조의 변화와 재혼에 대한 사회적 인식의 변화가 반영된 결과라 할 수 있다. 새부모 가족은 새로운 시작과 가족관계의 회복이라는 긍정적인 가능성을 내포하고 있지만, 이와 동시에 구성원 간의 역할 조정, 정서적 적응, 경제적 문제 등 독특한 도전 과제도 동반한다.

새부모 가족은 복잡한 구조적 특성으로 인해 다양한 가족의 문제를 직면하면서 재혼의 이혼율이 초혼보다 높게 나타난다(Saint-Jacques et al., 2011). 새부모 가족에서는 구성원이 기대하는 역할과 실제로 맡게 되는 역할 사이의 차이로 인해 갈등이 발생하기 쉽다. 의붓부모가 부모의 역할을 수행하려 할 때 자녀가 이를 거부하거나 친부모와 비교하는 경우, 긴장감이 커지고 이러한 갈등은 가족 내 신뢰 형성을 방해하며 정서적 유대를 약화시킬 수 있다.

또한 새부모 가족의 자녀는 새로운 가족구성원과의 관계를 형성하는 과정에서 정체성 혼란과 충성심 갈등을 겪는 경우가 많다. 자녀가 의붓부모를 받아들이는 데 어려움을 느끼거나, 친부모에 대한 감정적 충성을 유지하려는 노력과 충돌할 때 이러한 정서적 어려움이 심화된다. 이는 자녀의 행동 문제나 학업 부진, 심리적 불안정으로 이어져 가족 전체의 안정에 부정적인 영향을 미칠 수 있다. 더불어 구성원 간의 서로 다른 의사소통 방식도 문제를 야기할 수 있다. 특히 의붓부모와 자녀 간의 개방적이고 긍정적인 의사소통 부족은 갈등을 심화시키며, 이는 가족 내 관계 형성을 방해하는 주요 요인으로 작용한다. 이러한 의사소통 문제는 구성원 간의 이해와 협력을 저해하여 가족의 기능을 약화시킬 수 있다.

사회적 차원에서는 새부모 가족이 전형적인 가족형태에서 벗어난 것으로 간주되면서, 사회적 편견과 차별을 경험할 가능성이 크다. 이러한 부정적인 인식은 가족구성원들에게 심리적 부담으로 작용하며, 이는 가족 내 스트레스를 증가시키고 갈등을 유발할 수 있다.

경제적 측면에서도 새부모 가족은 이전 결혼에서의 경제적 책임(예 양육비, 재산 분할)과 새로운 가족의 경제적 요구를 동시에 충족해야 하는 부담을 안고 있다. 이러한 재정적 압박은 가계 운영의 어려움을 가중시키고, 가족구성원 간의 갈등을 촉발하는 주요 원인 중 하나가 된다(정옥분 · 정순화, 2018).

결과적으로, 새부모 가족은 가족구성원 간의 신뢰와 유대 형성, 그리고 원활한 협력과 의사소통을 통해 이러한 문제를 극복하고 안정된 가족관계를 구축하기 위한 노력이 필요하다.

1) 새로운 부부관계 적응

새부모 가족에서 새로운 부부관계를 형성하고 적응하는 과정은 가족 전체의 안정성과 조화를 이루는 데 핵심적인 역할을 한다. 재혼은 각 배우자가 서로 다른 삶의 경험, 가치관, 기대를 가지고 새로운 관계를 시작하는 것을 의미하며, 이는 부부간 조율과 협력을 필요로 한다. 이러한 과정은 가족구성원 간의 신뢰를 형성하고 가족의 정서적 안정을 도모하는 데 중요하다. 새로운 부부관계 적응을 위한 세부내용은 다음과 같다.

◉ 역할과 책임의 재구성

- 재혼가정은 초혼보다 복잡한 가족구조를 가지는 경우가 많아, 의붓자녀나 친자녀와의 관계에서 부모의 역할을 어떻게 수행할지에 대한 논의가 필수적이다.
- 특히 의붓자녀 양육에 대한 책임 분담과 관련하여 명확한 역할 설정이 이루어지지 않을 경우 갈등이 발생할 가능성이 높다.
- 이를 해결하기 위해 부부는 서로의 기대를 명확히 하고, 구체적인 역할과 책임을 협의하는 노력이 필요하다.

◉ 효과적인 의사소통

- 재혼 부부는 서로 다른 의사소통 스타일을 가질 수 있으며, 이러한 차이는 갈등을 초래할 가능성이 있다.
- 효과적인 의사소통은 부부간의 신뢰를 구축하고, 갈등 상황에서 해결책을 모색하는 데 필수적이다.
- 감정을 솔직하게 표현하고, 상대방의 입장을 경청하며, 문제를 함께 해결하려는 태도가 중요하다.
- 특히 의붓자녀와 관련된 민감한 주제를 다룰 때에는 더욱 신중하고 개방적인 접근이 필요하다.

◉ 이전 관계와의 경계 설정

- 재혼 부부는 이전 결혼관계에서 비롯된 경제적 · 양육적 책임과 현재의 관계 사이에서 균형을 맞추어야 한다.
- 이러한 상황은 부부간의 긴장을 유발할 수 있으므로, 이전 배우자와의 관계에 대한 명확한 경계 설정이 중요하다.
- 이전 관계와의 경계 설정은 현재 배우자가 이전 관계로 인해 소외감을 느끼지 않도록 하며, 새로운 부부관계가 건강하게 발전할 수 있는 기반을 제공한다.

◉ 신뢰와 감정적 안정

- 부부관계에서 신뢰와 감정적 안정은 재혼 과정에서 발생할 수 있는 불안감을 완화하고 관계를 강화하는 데 필수적이다.
- 부부는 서로의 과거 경험을 이해하고, 이를 기반으로 새로운 삶을 함께 계획해야 한다.
- 신뢰와 감정적 안정은 정기적인 대화와 상호 존중을 통해 형성될 수 있으며, 이는 신뢰를 쌓는 데 중요한 요소로 갈등 상황에서도 부부가 긍정적인 방향으로 문제를 해결할 수 있도록 돕는다.

◉ 관계 강화를 위한 활동

- 새로운 부부관계를 발전시키기 위해서는 부부가 함께 시간을 보내고 긍정적인 경험을 공유하는 것이 중요하다. 예를 들어, 부부 상담 프로그램에 참여하거나 공통의 취미를 즐기는 것은 관계를 강화하는 데 도움이 된다.
- 이러한 관계 강화를 위한 활동은 부부간의 친밀감을 높이고, 상호 이해를 증진시키며, 재혼가족 내에서 긍정적인 분위기를 조성할 수 있다.

2) 자녀와 새부모와의 관계 강화

새부모 가족에서 자녀와 새부모 간의 관계는 가족의 안정성과 조화를 좌우하는 핵심 요소다. 이 관계는 단순히 새로운 가족구성원 간의 적응 문제를 넘어, 가족의 정서적 안정과 유대 형성에 직접적인 영향을 미친다. 자녀가 새부모와 긍정적인 관계를 형성하지 못할 경우 가족 내 갈등이 심화되고, 이는 전체 가족의 기능에 부정적인 영향을 미칠 수 있다. 반대로 자녀와 새부모 간의 관계가 강화되면 가족 전체의 정서적 안정과 행복이 증진된다(김효순, 2015). 자녀와 새부모와의 관계 강화를 위한 세부적 내용은 다음과 같다.

◉ 신뢰와 유대감 형성

- 자녀와 새부모 간의 신뢰는 관계의 토대가 된다. 신뢰는 새부모가 자녀에게 안정적이고 일관된 태도를 보일 때 형성된다. 예를 들어, 새부모가 자녀와의 약속을 지키고 자녀의 감정을 존중하는 태도를 보일 경우, 자녀는 새부모를 신뢰하게 된다. 반대로 새부모가 일관성 없는 태도를 보이거나 자녀의 감정을 무시하면, 자녀는 새부모에게 불신을 갖게 되고 이는 갈등으로 이어질 수 있다. 신뢰가 형성되면 자녀는 새부모와 더 깊은 정서적 유대를 형성할 가능성이 높아진다.

◉ 긍정적인 의사소통 기술 활용

- 새부모와 자녀 간의 관계를 강화하기 위해서는 긍정적인 의사소통이 필수적이다. 의사소통은 자녀의 감정을 이해하고, 자녀가 자신의 생각과 감정을 자유롭게 표현할 수 있도록 돕는 중요한 도구이다. 예를 들어, 자녀가 새부모에 대해 불편함이나 반감을 표현할 때, 이를 비난하거나 무시하기보다는 공감적으로 반응하면 자녀는 자신의 감정을 존중받고 있다고 느끼게 된다.
- 이러한 의사소통은 자녀와 새부모 간의 신뢰를 강화하고, 갈등 상황에서도 해결책을 모색할 수 있는 기반을 제공한다.

◉ 가족 공동 활동을 통한 관계 증진

- 새부모와 자녀가 함께 시간을 보내며 긍정적인 경험을 공유하는 것은 관계를 강화하는 데 효과적이다. 예를 들어, 자녀와 새부모가 함께 스포츠 활동이나 요리, 여행을 하며 시간을 보내면, 이는 서로를 이해하고 신뢰를 쌓는 기회가 된다.
- 자녀가 관심을 가지는 활동에 새부모가 참여할 경우, 자녀는 새부모가 자신을 존중하고 관심을 기울이고 있음을 느끼게 된다.
- 이러한 경험은 가족구성원 간의 유대감을 증진시키고, 자녀와 새부모 간의 관계를 긍정적으로 변화시키는 계기가 된다.

◉ 기존 관계의 존중

- 새부모가 자녀와 긍정적인 관계를 형성하기 위해서는 자녀의 기존 가족관계를 존중하는 태도가 중요하다.
- 자녀가 친부모와의 관계를 유지하는 것은 정서적 안정에 중요한 요소이며, 새부모가 이를 존중할

때 자녀는 새부모를 받아들이는 데 더 개방적인 태도를 보일 수 있다.

- 반면 새부모가 자녀에게 친부모와의 관계를 단절하거나 줄이도록 강요할 경우, 자녀는 새부모에 대한 반감을 가지게 되고, 이는 가족 내 갈등을 심화시킬 수 있다.
- 새부모는 자녀의 친부모와의 관계를 지지하고 자신의 역할을 보조적이고 지원적인 위치로 설정하는 것이 중요하다.

◉ 전문적 지원 활용

- 새부모와 자녀 간의 관계에서 어려움이 지속되는 경우, 전문적인 지원을 받는 것도 효과적인 방법이다.
- 가족 상담이나 재혼가족을 위한 워크숍은 구성원들이 서로를 이해하고 관계를 개선할 수 있는 구체적인 전략을 제공한다. 예를 들어, 가족 상담을 통해 자녀와 새부모는 서로의 감정을 공유하고 갈등의 근본 원인을 이해하며, 이를 해결하기 위한 실질적인 방법을 배우게 된다. 이러한 전문적 지원은 자녀와 새부모 간의 관계를 강화하는 데 큰 도움이 된다.

3) 사회적 편견 극복

새부모 가족은 전통적인 가족형태와 다른 구조로 인해 사회적 편견과 차별을 경험할 가능성이 높다. 이러한 편견은 구성원들의 정서적 안정에 부정적인 영향을 미칠 수 있으며, 가족 내 갈등을 심화시키는 요인이 되기도 한다. 따라서 새부모 가족이 안정적이고 행복한 환경을 이루기 위해서는 이러한 편견을 극복하고, 긍정적인 사회적 지지를 확보하기 위한 노력이 필요하다. 새부모 가족의 사회적 편견을 극복하기 위한 세부적인 내용은 다음과 같다.

◉ 사회적 편견의 원인과 결과

- 새부모 가족에 대한 편견은 주로 전통적인 가족 개념에서 벗어난 것에 대한 부정적인 인식에서 기인한다.
- 일부 사람들은 초혼가족을 정상적이고 안정적인 형태로 간주하고, 재혼가족을 불완전하거나 불안정한 구조로 보는 경향이 있다. 이는 새부모 가족의 구성원들에게 소외감과 열등감을 느끼게 하며, 자존감 저하와 정서적 불안정을 초래할 수 있다.
- 자녀는 학교나 또래 집단에서 자신이 새부모 가족의 일원이라는 이유로 차별이나 부정적인 대우를 받을 위험이 있다.

◉ 교육과 인식 개선을 통한 편견 해소

- 새부모 가족에 대한 부정적인 인식을 바꾸기 위해서는 교육과 인식 개선이 중요하다.
- 학교와 지역사회, 미디어는 새부모 가족에 대한 올바른 이해를 확산시키는 데 중요한 역할을 할 수 있다. 예를 들어, 학교에서 가족구조의 다양성을 주제로 한 교육 프로그램은 학생들이 다양한 가족형태를 존중하고 수용하는 태도를 형성하도록 도울 수 있다.

- 미디어는 재혼가족을 긍정적으로 묘사하는 콘텐츠를 제작하고 확산함으로써 대중의 인식을 변화시키는 데 기여할 수 있다.

◉ 사회적 지지망의 중요성

- 새부모 가족이 사회적 편견을 극복하고 안정적인 관계를 유지하기 위해서는 강력한 사회적 지지망이 필요하다.
- 지역사회 내에서 새부모 가족을 위한 자조 모임, 워크숍, 상담 프로그램을 운영하면 구성원들이 서로의 경험을 공유하고 지지할 수 있는 환경을 제공할 수 있다.
- 이러한 활동은 구성원들에게 고립감을 줄이고, 정서적 안정과 사회적 관계 형성에 도움을 준다. 예를 들어, 새부모 가족을 지원하는 지역 센터나 단체에서 제공하는 프로그램은 가족구성원들이 자신감을 회복하고, 편견에 대처하는 데 실질적인 도움을 줄 수 있다.

◉ 법적 · 제도적 지원

- 사회적 편견을 줄이고 새부모 가족을 보호하기 위해서는 법적 · 제도적 지원이 필수적이다.
- 정부는 재혼가족을 대상으로 한 법적 권리 보호, 경제적 지원, 심리 상담 서비스와 같은 정책을 통해 이들의 삶의 질을 높일 수 있다.
- 이러한 제도는 새부모 가족이 차별과 불이익으로부터 보호받고, 더 안정된 환경에서 생활할 수 있는 기반을 제공한다.

◉ 구성원의 긍정적 태도와 자기 확신

- 사회적 편견을 극복하기 위해서는 새부모 가족의 구성원 스스로가 자신의 가족형태를 긍정적으로 받아들이고, 자신감을 가지는 태도가 중요하다.
- 가족구성원들이 서로를 지지하며 긍정적인 대화를 나누고, 가족 간의 유대를 강화하면 외부의 부정적인 시선에 대한 저항력을 키울 수 있다.
- 이러한 태도는 자녀가 자신의 가족구조를 긍정적으로 받아들이고, 대인관계에서 자신감을 가질 수 있도록 돕는다.

4) 새부모 가족을 위한 실천 프로그램

새부모 가족을 위한 실천 프로그램은 재혼 등으로 새롭게 형성된 가족구성원들이 건강한 유대감과 긍정적인 가족 역동을 형성할 수 있도록 돕는 종합적 지원 체계이다. 이 프로그램은 새부모 가족이 경제적 자립과 정서적 안정을 도모하며 긍정적인 가족관계를 형성할 수 있도록 돕는 5회기 과정이다. 첫 번째 회기에서는 새부모 가족의 특성과 사회적 편견을 이해하고, 이를 극복할 수 있는 전략을 학습함으로써, 참가자들이 자신의 가족을 긍정적으로 바라볼 수 있는 기반을 마련한다. 두 번째 회기에서는 예산 관리와 재정 계획 수립을 통해 실질적인 경제적 자립을 위한 방법을 배우고, 이를 통해 자립적인 삶을 위한 토대를 다진다. 세 번째 회기에서는 부모-자녀 간 의사소통 기술과 갈등 해결 방법을 익혀 가족 내 긍정적인 상호작용을 촉진하고, 관계를 개선한다. 네 번째 회기에서는 스트레스 관리와 심리적 회복 기법을 통해 참가자들이 정서적으로 안정될 수 있도록 지원한다. 마지막으로 다섯 번째 회기에서는 지역사회 자원과 네트워크를 활용하고 사회적 편견을 극복하는 방법을 배워, 새부모 가족이 사회적으로 통합되고 지속적인 지지망을 구축할 수 있게 돕는다. 이 프로그램은 참가자들이 자립적이고 안정적인 가정을 이루며, 삶의 전반적인 긍정적인 변화를 이끌어낼 수 있도록 돕는다. 구체적인 프로그램 예시는 〈표 12-2〉와 같다.

〈표 12-2〉 함께 성장하는 새부모 가족 프로그램 예시

구 분	내 용		
목 표	• 경제적 자립과 정서적 안정을 위한 실질적인 방법을 학습하고, 가족구성원 간 긍정적인 관계를 형성하도록 돕는다. • 지역사회 자원과 네트워크를 활용하여 새부모 가족의 사회적 통합을 지원하고, 사회적 편견을 극복할 수 있는 전략을 마련한다.		
대 상	재혼을 통해 형성된 새부모 가족		
기 간	총 5주 프로그램(주 1회, 회당 2시간)		
운영 방식	강의, 그룹 활동, 역할극, 피드백 및 실습		
회 기	주 제	목 표	구성내용
1회	새부모 가족의 이해	새부모 가족의 특성 이해 및 긍정적인 가족관계 형성	• 새부모 가족의 특성과 다양한 형태 이해 • 사회적 편견 및 편견 극복 전략
2회	경제적 자립과 계획	경제적 자립을 위한 실질적인 계획 수립	• 예산 관리 및 재정 계획 수립 • 정부 및 지역사회 지원 정책 정보 제공
3회	부모-자녀 관계 형성	부모-자녀 간 긍정적인 관계 형성 및 갈등 해결	• 효과적인 의사소통 방법 및 갈등 해결 기법 학습 • 자녀의 정서적 요구 이해 및 지원 방법

4회	정서적 안정과 회복	정서적 안정과 심리적 회복을 위한 기법 습득	• 스트레스 관리 기법 연습 • 심리적 치유 프로그램 및 자조집단 활동
5회	사회적 통합 및 지지망 형성	새부모 가족의 사회적 통합 및 지지망 형성	• 지역사회 자원 활용 및 네트워크 구축 • 사회적 편견 극복을 위한 전략 학습
활동 예시	• 편견 인식 게임 • 효과적인 의사소통 방법 연습 • 감정카드를 사용한 감정 표현활동		
기대 효과	• 경제적 자립과 정서적 안정을 위한 실질적인 방법을 배우고, 가족 간 긍정적인 관계를 형성하여 새부모 가족이 자립적인 삶을 살아갈 수 있다. • 지역사회 자원과 네트워크를 적극적으로 활용하여 새부모 가족의 사회적 통합을 촉진하고, 사회적 편견을 극복하는 전략을 통해 지속적인 지지망을 형성할 수 있다.		
평가 방법	• 프로그램 종료 후 참가자 설문조사와 인터뷰를 통해 프로그램 효과를 평가 • 학습 내용을 공유하고 적용 가능성을 평가		

출처 : 노명숙(2013) 재구성.

3. 다문화가족

다문화가족은 국적, 언어, 문화적 배경이 서로 다른 구성원으로 이루어진 가족형태로, 이러한 다양성은 가족과 사회에 풍부한 경험과 가치를 제공하지만 동시에 여러 가지 도전 과제를 안고 있다. 이러한 가족은 국제결혼, 이주 노동, 난민 정착 등 다양한 배경을 통해 형성되며, 현대사회에서 점점 더 흔해지고 있다. 그러나 문화적 차이와 언어적 장벽, 사회적 편견과 같은 문제는 다문화가족이 안정적이고 조화로운 환경을 이루는 데 방해가 될 수 있다.

현대사회에서 다문화가족의 수는 지속적으로 증가하고 있다. 특히 농어촌과 도시 주변 지역에서 이주 노동자와 국제결혼으로 형성된 가족들이 많아지면서, 다문화가족은 지역사회의 중요한 구성원으로 자리 잡고 있다. 그러나 이러한 증가와 함께 가족 내부와 외부에서 발생하는 다양한 갈등과 문제가 나타나고 있으며, 서로 다른 문화적 배경에서 오는 갈등과 사회적 편견으로 인해 정서적 안정과 사회적 통합에서 어려움을 겪고 있다.

다문화가족이 가장 많이 직면하는 문제 중 하나는 문화적 차이로 인한 갈등이다. 서로 다른 문화에서 자란 배우자들은 가치관, 의사소통 방식, 생활 습관에서 차이를 보이며, 이는 종종 가족 내 긴장과 갈등의 원인이 된다. 예를 들어, 한쪽 배우자가 자신의 문화적 전통을 강조하거나 고수하려고 할 때, 다른 배우자가 이를 이해하지 못하거나 받아들이지 않을 경우에는 가족 간의 유대가 약화될 수 있다. 이러한 문화적 갈등은 가족 내 상호 존중의 부족으로 이어지며, 구성원들 간의 신뢰를 약화시키는 결과를 초래할 수 있다.

언어적 장벽 또한 다문화가족에서 또 다른 주요한 문제로 드러나고 있는데, 언어가 다를 경우, 가족구성원 간의 일상적인 소통이 어려워지고, 자녀의 언어 발달에도 부정적인 영향을 미칠 수 있다. 자녀가 부모의 모국어와 현지 언어를 모두 익히지 못할 경우, 자아정체성 형성과 학업성취에도 문제가 발생할 가능성이 높다. 이러한 언어적 문제는 자녀와 부모 간의 의사소통을 제한하며, 가족 간의 정서적 유대를 약화시키는 요인으로 작용한다.

사회적 편견과 차별도 다문화가족이 해결해야 할 중요한 과제이다. 다문화가족은 전형적인 가족구조에서 벗어난 형태로 간주되어 종종 부정적인 시선을 받을 수 있다. 자녀는 학교나 또래 관계에서 차별을 경험할 가능성이 있으며, 이는 자존감 저하와 사회적 고립으로 이어질 수 있다. 배우자 역시 지역사회나 노동 시장에서 차별을 경험하며, 이러한 배제는 다문화가족의 안정성을 저해하는 요소로 작용한다.

제도적 지원의 부족 또한 다문화가족이 겪는 어려움을 더욱 심화시킬 수 있다. 다문화가족이 사회에 성공적으로 통합되기 위해서는 언어 교육, 심리 상담, 통번역 서비스와 같은 지원이 필요하다. 하지만 이러한 서비스에 대한 접근성이 낮을 경우, 가족구성원들은 사회 적응에 어려움을 겪게 되며, 이는 가족의 경제적 자립과 사회적 통합을 저해하는 요인으로 작용한다.

결론적으로, 다문화가족은 사회적 다양성을 증진시키는 중요한 역할을 하지만, 동시에 문화적 갈등, 언어적 장벽, 사회적 편견, 제도적 지원 부족과 같은 복합적인 문제를 안고 있다. 이러한 문제를 해결하기 위해서는 가족 내 상호 이해와 협력을 바탕으로, 지역사회와 정부 차원의 체계적인 지원이 필요하다. 이를 통해 다문화가족은 안정적이고 조화로운 삶을 이루며, 사회와 국가에 긍정적인 기여를 할 수 있을 것이다.

1) 문화 차이 이해와 통합

다문화가족은 다양한 문화적 배경을 가진 구성원들로 이루어져 있어, 문화적 차이를 이해하고 이를 통합하는 노력이 가족의 조화와 안정성을 결정짓는 중요한 요소다. 구성원 간의 문화적 이해와 통합을 위해서는 나와 다른 문화에 대한 개방적이고 수용적인 접근이 필요하다. 다문화가족의 문화 차이에 따른 이해와 통합을 위한 세부적인 내용은 다음과 같다.

(1) 문화적 배경과 가치관 공유

다문화가족 내에서 각 구성원이 자신의 문화적 배경과 가치관을 공유하는 것은 서로를 이해하고 수용하는 데 중요한 기반이 된다. 이 과정은 단순한 정보 전달을 넘어, 구성원들이 서로의 문화적 정체성을 존중하고 차이를 긍정적인 요소로 전환하는 데 기여한다. 정기적으로 가족이 모여 각자의 전통과 관습, 이야기를 나누는 시간은 구성원 간 신뢰와 유대를 강화하는 기회이기도 하다. 예를 들어, 특정 명절이나 기념일에 각자의 문화적 전통을 설명하고 함께 경험하는 활동은 가족 간의 유대를 형성하고 각 문화의 가치를 인정하게 한다.

또한 이러한 공유 활동은 오해와 갈등을 예방하는 데 도움을 준다. 서로의 문화적 관습과 행동 방식을 미리 알고 존중하면 일상생활에서의 긴장과 충돌을 줄일 수 있다. 자녀에게도 이러한 문화적 공유는 긍정적인 영향을 미쳐 두 문화의 가치를 배우고, 자신이 속한 문화에 대한 자부심과 정체성을 형성하도록 돕는다. 이를 통해 자녀는 다문화 환경에서도 자존감을 유지하며, 다른 문화에 대해 개방적이고 수용적인 태도를 갖게 된다.

(2) 서로의 언어 배우기

언어는 문화 이해와 의사소통의 핵심 요소로, 다문화가족 구성원들이 서로의 언어를 배우고 이를 일상에서 활용하려는 노력은 필수적이다. 언어는 단순한 소통 수단을 넘어, 각 구성원의 정체성과 감정을 표현하는 도구이자 가족 간의 유대감을 강화하는 중요한 매개체다. 이러한 노력은 가족 내 의사소통을 원활하게 하고, 언어적 차이에서 비롯되는 갈등을 줄이는 데 효과적이다.

예를 들어, 가족구성원들이 함께 언어 학습 활동에 참여하거나, 가정 내에서 특정 시간이나 상황에 따라 각자의 언어를 사용하는 규칙을 정하는 것은 실질적인 도움을 줄 수 있다. 이러한 활동은 구성원들이 서로의 언어를 배우는 동시에, 각자의 문화가 가족 내에서 동등하게 존중받고 있음을 느끼게 한다.

특히 자녀가 부모의 모국어와 현지 언어를 모두 익히는 것은 정체성 형성과 학업적·사회적 발달에 긍정적인 영향을 미칠 수 있다. 부모가 자녀와 함께 두 언어를 사용하는 것은 자녀가 양쪽 문화에 대해 긍정적인 태도를 갖도록 돕고, 가족 내 유대를 강화하는 데 기여한다. 결론적으로, 다문화가족에서 언어적 노력은 가족 간의 관계를 강화하고, 문화적 차이를 조화롭게 통합하는 데 중요한 역할을 한다. 이를 통해 가족구성원들은 서로를 더 잘 이해하고 존중하며, 조화로운 가정환경을 만들어갈 수 있다.

(3) 공통의 가족 규칙 설정

다문화가족은 서로 다른 문화적 배경에서 발생하는 차이를 조화롭게 해결하기 위해 공통의 가족 규칙을 설정하는 것이 필요하다. 이러한 규칙은 구성원 모두의 문화를 반영하되, 특정 문화에 치우치지 않고 중립적이며 상호 존중적인 방식으로 만들어져야 한다. 이는 가족구성원들이 각자의 문화적 특성을 존중받는다고 느끼게 하며, 갈등을 줄이는 데 효과적이라 할 수 있다.

공통의 가족 규칙은 서로 다른 문화에서 비롯된 행동 양식이나 가치관의 차이를 조화롭게 융합하는 기반이 된다. 예를 들어, 식사 예절, 가사 분담, 가족 행사 참여와 같은 일상적 규칙을 설정할 때, 구성원들의 문화적 배경을 고려하여 서로 수용 가능한 방식으로 조정한다면, 가족 내 긴장과 충돌을 최소화할 수 있다.

또한 이러한 규칙은 새로운 가족 문화를 형성하는 데 중요한 역할을 한다. 각자의 문화적 전통에서 긍정적인 요소를 결합하여 다문화가족만의 독특한 문화를 만들어가면, 구성원들은 서로의 차이를 인정하면서도 가족이라는 정체성을 함께 형성할 수 있다. 이러한 과정은 가족구성원 간의 신뢰와 유대를 강화하며, 다문화가족이 더욱 조화롭고 안정적인 환경을 이루는 데 기여하게 된다.

(4) 새로운 가족 문화 형성

다문화가족은 각자의 문화에서 긍정적인 요소를 결합하여 고유한 가족 문화를 만들어가는 것이 매우 중요하다. 이는 가족구성원 간의 차이를 존중하고, 서로의 문화를 수용하며 조화를 이루는 과정으로, 가족 내 유대감을 강화하는 데 효과적이다. 예를 들어, 가족이 각자의 명절을 모두 기념하거나, 다양한 문화적 배경의 음식을 함께 준비하고 나누는 활동은 구성원들이 각자의 문화를 경험하고 긍정적으로 받아들이는 기회를 제공하게 된다.

이러한 활동은 가족구성원들이 단순히 서로의 문화를 이해하는 것을 넘어, 함께 공유하는 새로운 전통과 규범을 형성하는 데 기여하게 되는데, 각자의 문화적 배경에서 온 요소들을 조화롭게 결합하면, 기존의 문화적 차이를 극복하고 가족만의 독창적인 문화를 창조할 수 있다. 이러한 새로운 문화는 구성원들에게 소속감을 주고, 가족 간의 결속력을 더욱 단단히 하는 역할을 한다.

결국 다문화가족이 이러한 노력을 통해 형성한 고유의 가족 문화는 구성원 모두에게 자부심을 주고, 서로에 대한 신뢰와 존중을 바탕으로 조화롭고 안정된 가정환경을 만드는 데 중요한 기반이 될 수 있다.

(5) 사회적 지지와 프로그램 활용

다문화가족이 지역사회와 정부가 제공하는 문화 교류 프로그램과 지원 서비스를 활용하면 가족 간 이해와 통합을 촉진할 수 있다. 예를 들어, 가족 센터의 문화 이해 교육은 구성원들이 서로의 문화를 존중하며 조화를 이루도록 돕는다. 언어 교류 활동과 가족 상담 프로그램은 의사소통 문제를 완화하고 정서적 안정감을 제공해 가족 내 갈등을 줄이고 유대를 강화한다. 이러한 사회적 지지는 다문화가족의 안정성과 사회적 통합을 높이는 데 필수적이며, 반대로 이러한 지원이 부족할 경우 가족 간 갈등과 사회적 고립이 심화될 수 있다.

2) 자녀양육과 언어 지원

다문화가족에서 부모는 자녀의 정체성 형성과 언어 발달에 가장 중요한 영향을 미치는 존재다. 다문화 부모는 자녀가 두 문화의 가치를 이해하고 수용하며, 언어적 능력을 효과적으로 개발하도록 돕는 핵심적인 역할을 한다(정은희 외, 2012). 이를 위해 다문화 부모가 자녀양육과 언어 지원을 위해 실천할 수 있는 노력 방안은 다음과 같다.

(1) 자녀양육에서 다문화 부모의 정체성 존중과 지원

다문화 부모는 자녀에게 두 문화의 가치를 전달하고, 자녀가 자신의 문화적 정체성을 긍정적으로 수용할 수 있도록 돕는 역할을 해야 한다. 부모는 자녀와의 상호작용에서 두 문화의 중요성을 강조하고, 자녀가 자신이 속한 두 문화에 대한 자부심을 가질 수 있도록 지원해야 한다. 가정 내에서는 정기적으로 부모의 모국어와 현지 언어를 사용하는 시간을 정하거나, 두 문화의 전통과 관습을 함께 경험하는 활동을 통해 자녀의 정체성을 형성하는 데 도움을 줄 수 있다. 예를 들어, 부모가 자녀와 함께 모국의 명절을 기념하거나, 현지 문화와 관련된 활동에 참여하는 것은 자녀가 양쪽 문화의 가치를 자연스럽게 배우는 계기가 된다.

(2) 언어 지원을 위한 다문화 부모의 역할

다문화 부모는 자녀의 이중언어 발달을 돕기 위해 가정 내에서 언어 학습 환경을 조성해야 한다. 부모는 자녀와의 대화에서 모국어와 현지 언어를 균형 있게 사용하며, 자녀가 두 언어를 자연스럽게 익히도록 도울 수 있다.

예를 들어, 부모가 자녀에게 모국어로 동화를 읽어주고, 현지 언어로 대화를 나누는 시간을 번갈아 가며 가지는 것은 자녀의 이중언어 발달에 효과적이다. 또한 부모가 자녀와 함께 언어 학습 활동에 참여하거나, 교육기관에서 제공하는 이중언어 프로그램에 적극적으로 참여시키는 것도 중요한 방법이다. 이러한 부모의 적극적인 언어 지원은 자녀가 언어적 자신감을 갖게 하고, 두 문화에 대한 이해를 높이는 데 기여한다(박은정, 2022).

(3) 지역사회와 교육기관의 자원 활용

다문화 부모는 자녀의 언어와 정체성 발달을 돕기 위해 지역사회와 교육기관의 자원을 적극 활용해야 한다. 이중언어 학습 프로그램, 다문화가족 지원센터의 상담 서비스, 부모교육 프로그램 등은 부모가 자녀를 효과적으로 양육하는 데 필요한 지식을 제공한다.

부모가 이러한 프로그램에 참여하여 언어 교육 방법이나 문화적 통합 전략을 배우면, 자녀와의 소통을 개선하고 가정 내에서 보다 안정적이고 조화로운 환경을 조성할 수 있다. 특히 부모가 이중언어 사용과 두 문화의 조화를 이해하면, 자녀의 성장과정에서 발생할 수 있는 갈등이나 어려움을 미리 예방할 수 있다.

3) 사회적 통합과 편견 극복

다문화가족이 사회적 안정과 통합을 이루기 위해서는 편견을 극복하고 사회적 지지를 확보하는 과정이 필수적이다(정의철, 2013). 다문화가족은 전통적인 가족구조와 다른 특성으로 인해 사회적 편견과 차별을 경험할 가능성이 높으며, 이는 가족구성원들에게 심리적 부담을 가중시키고 사회적 적응을 저해할 수 있다. 따라서 다문화가족은 사회적 통합을 이루기 위한 노력과 함께, 편견을 극복하기 위한 전략을 마련해야 한다. 세부내용은 다음과 같다.

(1) 사회적 통합을 위한 다문화가족의 노력

사회적 통합을 위해 다문화가족은 지역사회와의 적극적인 교류와 참여를 통해 자신들의 위치를 강화해야 한다. 부모는 지역사회 행사, 학교 활동, 커뮤니티 프로그램에 참여함으로써, 자신과 자녀가 지역사회에서 자연스럽게 받아들여질 수 있도록 돕는다. 예를 들어, 다문화가족이 지역사회에서 주최하는 문화축제나 봉사활동에 참여하면, 이웃들과의 관계를 형성하고, 자신들의 문화를 긍정적으로 알릴 기회를 갖게 된다.

또한 자녀는 학교에서 또래 친구들과의 관계를 통해 사회적 기술을 배우고, 자신이 다문화적 배경을 가진 것을 긍정적으로 받아들일 수 있다. 부모는 자녀가 학교와 지역사회에서 사회적 관계를 형성하도록 격려하며, 적극적인 지지를 제공해야 한다.

(2) 사회적 편견 극복을 위한 접근

사회적 편견은 다문화가족이 직면하는 주요 도전 중 하나로, 이는 가족구성원들의 심리적 안정과 가족 간 관계에 부정적으로 영향을 미치게 된다. 이러한 편견이 지속될 경우, 가족구성원들은 소외감과 심리적 불안을 겪게 되고, 이는 가족 내부의 유대감을 약화시키며 사회와의 통합을 어렵게 만든다. 따라서 이러한 편견을 극복하기 위해서는 사회 전반에 걸친 교육과 인식 개선이 필수적이다.

지역사회와 학교가 다양한 가족구조를 존중하고 포용하는 문화를 형성하면, 다문화가족에 대한 편견이 완화될 수 있다. 예를 들어, 학교에서 다문화가족의 가치를 조명하는 교육 프로그램을 운영하면 학생들이 다문화적 다양성을 긍정적으로 이해할 기회를 얻는다. 동시에 지역사회에서 다문화가족의 성공 사례를 공유하는 캠페인을 전개하면, 다문화가족에 대한 부정적인 인식이 줄어들고, 이들이 지역사회에 자연스럽게 통합될 수 있는 환경이 조성된다. 이러한 활동은 다문화가족에 대한 이해를 높이고, 구성원들이 자신감을 가지고 사회적 관계를 맺을 수 있도록 돕는다.

부모의 역할도 이러한 편견 극복에서 매우 중요하다고 할 수 있다. 부모가 자녀에게 다문화적 배경을 긍정적으로 받아들일 수 있도록 격려하고 지지하면, 자녀는 자신에 대한 긍정적인 인식을 형성할 수 있다. 특히 자녀가 학교나 사회에서 편견이나 차별을 경험했을 때, 부모가 이를 해결할 수 있는 열린 소통의 장을 마련하면, 자녀는 문제를 극복할 수 있는 자신감을 얻게 된다. 부모가 자녀와 함께 해결책을 모색하고 지원하는 태도는 자녀에게 심리적 안정감을 주고, 자아존중감을 강화하며, 사회적 도전에 능동적으로 대처할 수 있는 힘을 길러준다.

결과적으로, 다문화가족에 대한 사회적 편견을 극복하기 위한 교육과 인식 개선은 가족구성원들의 심리적 안정과 사회적 통합을 촉진하는 핵심 요인으로 작용한다. 지역사회와 학교의 적극적인 노력과 부모의 지지적인 태도가 결합될 때, 다문화가족은 편견을 극복하고, 안정적인 삶과 조화로운 사회 통합을 이룰 수 있다.

(3) 법적 · 제도적 지원을 통한 사회적 안정

다문화가족의 사회적 통합을 위해 법적 · 제도적 지원은 필수적이다. 이러한 지원은 다문화가족이 겪는 편견과 차별을 줄이고, 안정적인 환경에서 성장할 수 있도록 돕는다. 법적 · 제도적 지원이 충분하지 않을 경우, 다문화가족 구성원들은 사회적 소외감과 불안정성을 경험할 가능성이 높아지고, 이는 가족 간의 유대감 약화와 사회적 통합 저해로 이어질 수 있게 된다.

예를 들어, 다문화가족을 대상으로 한 상담 서비스는 구성원들이 겪는 정시적 부담을 덜어주는 데 효과적이라 할 수 있다. 언어 지원 프로그램은 의사소통 문제를 해결하여 가족구성원 간의 갈등을 줄이고, 경제적 지원 정책은 경제적 어려움에서 벗어나 자립할 수 있는 기반을 제공하기 때문이다. 이러한 제도적 노력은 다문화가족이 안정적인 생활을 유지하며 자신감을 회복하는 데 기여할 수 있다.

또한 다문화가족의 자녀가 학교에서 차별을 경험하지 않도록 보호하는 것은 이들의 심리적 안정과 학업성취를 보장하는 데 필수적이라 할 수 있다. 차별적 환경이 지속되면 자녀는 자존감 저하와 정체성 혼란을 겪을 수 있지만, 다양한 문화를 존중하는 교육환경이 마련되면 자녀는 자신의 문화적 배경을 긍정적으로 받아들이고, 건강하게 성장할 수 있다. 따라서 법적·제도적 지원은 다문화가족의 안정과 통합을 촉진하는 핵심 요소로 작용한다.

결과적으로, 다문화가족을 위한 상담, 언어 지원, 경제적 지원 정책 등이 효과적으로 실행될 때, 가족구성원들은 심리적 안정과 경제적 자립을 이루고, 사회적 통합을 달성할 수 있다. 이러한 지원이 부족하다면, 다문화가족은 사회에서 더욱 고립될 위험이 있지만, 적절한 제도적 뒷받침은 이들이 조화로운 삶을 누리고 사회적 다양성과 통합의 모범이 되는 데 중요한 역할을 한다.

4) 다문화가족을 위한 실천 프로그램

다문화가족을 위한 실천 프로그램은 서로 다른 문화적 배경을 지닌 가족구성원들이 상호 이해와 존중을 통해 건강한 가정생활을 영위하도록 돕는 종합 지원 체계이다. 이 프로그램은 다문화가족이 문화적 차이를 이해하고 이를 긍정적으로 통합하는 방법을 제시하며, 자녀양육과 언어 지원을 통해 자녀의 문화적 정체성을 확립하고 사회적 통합을 이루는 데 필요한 구체적인 전략을 제공한다. 각 회기에서는 실제 사례와 토론을 통해 문제해결 능력을 향상시키고, 다양한 문화적 배경을 가진 가족들이 상호 존중과 지원을 통해 성장할 수 있는 방법을 배울 수 있다. 구체적인 프로그램 예시는 〈표 12-3〉과 같다.

〈표 12-3〉 문화의 다리 : 다문화가족의 통합 여정 프로그램 예시

구 분	내 용		
목 표	• 다문화가족이 다양한 문화적 배경을 이해하고 존중하며, 이를 바탕으로 가족 내에서 문화적 통합을 이끌어내는 방법을 학습하도록 지원한다. • 다문화가정이 지역사회에서 사회적 통합을 이루고, 편견을 극복하며, 긍정적인 이미지를 형성할 수 있도록 돕는다.		
대 상	다른 문화적 배경을 가진 부모와 자녀가 포함된 다문화가정		
기 간	총 5주 프로그램(주 1회, 회당 2시간)		
운영 방식	강의, 그룹 활동, 역할극, 피드백 및 실습		
회 기	주 제	목 표	구성내용
1회	문화 차이 이해와 통합	다양한 문화적 배경을 이해하고, 가족 내에서 문화적 통합을 이끌어내는 방법을 학습	• 다문화가족의 특성 및 다양한 문화적 배경을 소개하고, 각 문화가 가지는 가치와 관습을 이해 • 문화적 차이를 존중하고 이를 가족 내 통합하는 방법을 학습 • 문화 차이를 경험한 사례를 공유하고, 이를 긍정적인 요소로 변화시키는 방법 토론
2회	자녀양육과 문화적 차이	자녀가 두 가지 문화를 잘 통합하고, 자신의 문화적 정체성을 건강하게 형성하도록 돕기	• 다문화가정에서 자녀의 정체성 발달을 위한 방법과 부모로서의 역할 학습 • 자녀가 두 가지 문화를 자연스럽게 수용할 수 있도록 돕는 방법(예 이중언어 사용, 문화적 가치 교육) • 자녀양육에서 나타날 수 있는 문화적 갈등 사례를 분석하고 해결책 모색
3회	언어 지원과 교육	자녀가 언어 장벽을 극복하고 원활한 의사소통을 할 수 있도록 돕기	• 자녀의 언어 발달을 촉진하는 방법과 이중언어 교육의 중요성 강조 • 언어 장벽을 극복하는 방법(예 부모와 자녀 간의 대화법, 언어 지원 서비스 이용법)

			• 자녀의 언어 학습을 지원하는 실질적인 방법(언어 교재, 온라인 자원 등) 제공
4회	사회적 통합과 커뮤니티 참여	다문화가정이 지역사회에 적극적으로 참여하고 사회적 통합을 이루도록 지원	• 지역사회 자원(문화센터, 지원 프로그램 등) 활용법 배우기 • 다문화가정이 지역사회에서 통합되기 위한 구체적인 참여 방법(예 봉사활동, 문화 행사 참여) • 다른 다문화가정과의 네트워크 형성 및 상호 지원 방안 논의
5회	편견 극복과 긍정적 인식 변화	사회적 편견을 극복하고 다문화가정에 대한 긍정적 인식을 확산시키는 방법 학습	• 다문화가정에 대한 사회적 편견과 차별을 극복하는 방법 배우기(예 편견에 대처하는 기술, 긍정적인 이미지를 구축하는 방법) • 다문화가정이 직면할 수 있는 편견과 차별에 대한 사례 분석 및 해결책 모색 • 다문화가정의 긍정적인 이미지를 확립하는 전략
활동 예시	• 문화나무 그리기 • 언어 카드 게임 • 이중언어 연습		
기대 효과	• 다문화가족이 문화적 차이를 이해하고 존중하여 가족 내 통합을 이루고 긍정적인 관계를 형성한다. • 다문화가정이 지역사회에 통합되며, 사회적 편견을 극복하고 긍정적인 이미지를 확립한다.		
평가 방법	• 프로그램 종료 후 참가자 설문조사와 인터뷰를 통해 프로그램 효과를 평가 • 학습 내용을 공유하고 적용 가능성을 평가		

출처 : 허희란(2013) 재구성.

4. 입양가족

입양가족은 혈연관계가 없는 성인과 아동이 법적·사회적 절차를 통해 부모-자녀 관계를 형성한 가족을 의미한다. 이러한 법적 절차를 통해 양부모와 양자 사이에는 자연혈족과 동일한 권리와 의무가 부여되며, 이는 아동에게 안정적인 가정환경을 제공한다(아동권리보장원, 2024).

입양은 가족관계 유무, 방식, 그리고 입양 사실의 공개 여부에 따라 분류할 수 있다. 친족입양은 부모의 재혼이나 혈연관계를 기반으로 한 입양을 의미하며, 비친족입양은 가족관계가 없는 개인이나 가정에서 이루어지는 경우를 말한다. 방식에 따라 기관입양과 민간입양으로 나뉘는데, 기관입양은 국가가 인증한 입양기관을 통해 이루어지며, 우리나라에서는 정식 입양으로 간주된다. 입양 사실의 공개 여부에 따라 비밀입양과 개방입양으로 구분된다. 비밀입양은 입양 부모와 기관 외에는 입양 사실을 비밀로 하여 아동이 생물학적 자녀처럼 자라게 하는 경우를 말하며, 개방입양은 입양 아동에게 입양 사실을 알리는 형태로, 자녀가 자신의 출생 배경을 이해하도록 돕는다. 이처럼 입양은 아동의 권리와 가족의 특성을 고려하여 다양한 방식으로 이루어진다.

우리나라에서 입양은 1950년대 한국전쟁 이후 전쟁고아를 중심으로 시작되었다. 이후 국내외 입양이 지속되었으며, 과거에는 국외 입양이 국내 입양보다 높은 비율을 차지했으나, 2007년 국내입양우선추진제 도입 이후 국내 입양 비율이 증가하는 추세를 보였다. 2023년 통계에 따르면, 국내 입양은 150명, 국외 입양은 72명으로 나타났다. 국내 입양은 여아의 비중이 59.3%로 높고, 연령별로는 3개월~1세 미만 아동이 50%로 가장 많게 나타났으며, 국외 입양은 남아의 비중이 67.1%로 높고, 연령별로는 1~3세 미만 아동이 96.2%를 차지하고 있다(보건복지부, 2024).

그러나 입양가족은 여러 가지 문제에 직면하고 있다. 먼저 입양 과정에서의 구조적 문제로 인해 아동의 권리가 충분히 보호되지 못하는 사례가 발생하고 있다. 특히 민간기관이 주도하는 입양 절차에서는 아동의 복지가 최우선으로 고려되지 않는 경우가 있다는 지적이 있다. 이러한 문제는 입양 절차의 투명성과 공공성을 강화할 필요성을 보여준다.

더 나아가 입양 아동은 새로운 환경에 적응하는 과정에서 정서적·심리적 어려움을 겪을 수 있다. 이러한 어려움은 이전에 경험한 트라우마나 가족 간의 문화적 차이에서 비롯될 가능성이 높을 수 있으므로, 새로운 환경에서 안정감을 찾기 위해서는 아동에 대한 세심한 배려와 지원이 필요하다. 더불어 사회적 편견과 차별은 입양가족이 직면하는 또 다른 문제라 할 수 있다. 입양 사실에 대한 부정적인 인식은 입양가족이 사회적으로 고립되거나 부정적인 시선을 경험하게 할 수 있는데, 이는 입양가족의 심리적 안정과 사회적 통합을 저해하는 요인으로 작용한다. 입양가족을 위한 가족생활지원의 내용은 다음과 같다.

1) 입양 과정 준비와 정보 제공

입양 과정에서 예비 입양 부모에게 충분한 정보 제공과 준비 과정을 지원하는 것은 입양가족의 성공적인 적응과 아동의 복지 향상에 필수적이다. 이러한 지원은 입양 결정부터 입양 후 적응까지 전반에 걸쳐 이루어져야 한다.

(1) 입양 결정 단계에서의 정보 제공

입양 결정 단계에서는 예비 입양 부모에게 입양에 대한 정확한 이해와 현실적인 기대를 심어줄 수 있는 다양한 정보를 제공하는 것이 중요하다. 입양의 법적 절차, 아동의 배경, 입양 후 예상되는 변화 등에 대한 상세한 안내는 필수적이라 할 수 있다. 이러한 정보 제공은 입양에 대한 부정적인 고정관념을 변화시키고, 입양 아동, 양부모, 친부모가 겪을 수 있는 문제에 대해 전문적으로 대처할 수 있는 기반을 마련해 준다.

(2) 입양 전 교육과 상담 지원

입양기관은 예비 입양 부모가 입양 아동의 특성과 필요를 이해하고, 효과적인 양육 방법을 습득하는 데 도움을 준다. 입양기관은 이를 위해 체계적인 교육 프로그램과 상담 서비스를 제공하며, 특히 공개 입양을 선택한 부모는 입양 과정과 입양 후 적응, 입양 관련 프로그램에 참여하면서 긍정적인 변화를 경험할 수 있다(이선형 외, 2021). 이러한 준비 과정은 부모가 입양 과정에 대해 더욱 능동적으로 대처할 수 있도록 돕는다.

(3) 입양 후 지원 프로그램

입양 후에는 아동과 부모가 새로운 가족 환경에 원활하게 적응할 수 있도록 지속적인 지원이 필요하다. 가족센터와 입양기관은 입양가족을 위한 프로그램을 운영하며, 이를 통해 입양가족의 건강성을 증진시키고, 입양가족 대상 서비스 제공의 필요성과 역할을 정립하는 데 기여한다(이선형 · 배지연, 2022). 이러한 지원은 입양 후 적응 과정을 원활히 하고, 가족 간의 안정적인 관계를 형성하도록 돕는다.

(4) 사회적 인식 개선과 공개 입양 활성화

공개 입양을 활성화하기 위해서는 입양가족에 대한 긍정적인 인식을 확산시키는 노력이 요구된다. 입양 관련 교육과 홍보를 강화하여 입양가족이 사회에서 자연스럽게 받아들여질 수 있는 환경을 조성하는 것이 중요하다고 할 수 있다. 입양 부모들의 공개 입양 경험을 공유하고, 입양가족의 적응 과정을 지원하는 프로그램은 입양 문화의 확산을 도모하는 데 효과적이다(최윤정 외, 2024). 이러한 노력은 입양에 대한 사회적 편견을 줄이고, 입양가족이 안정적인 환경에서 생활할 수 있는 기반을 제공할 수 있다.

결론적으로, 입양 과정에서의 철저한 준비와 정보 제공은 입양가족의 안정성과 아동의 복지 향상에 기여하며, 입양 문화를 긍정적으로 발전시키는 중요한 역할을 한다.

2) 입양 후 가족관계 형성

(1) 정서적 요구에 대한 민감한 반응

부모는 입양 아동의 정서적 요구를 민감하게 파악하고 이에 적절히 반응해야 한다. 이는 자녀에게 안정감을 제공하며, 부모에 대한 신뢰를 형성하는 데 중요한 역할을 한다. 특히 입양 아동은 이전의 경험으로 인해 정서적으로 불안정한 상태를 보일 수 있으므로, 부모의 세심한 관심과 지지가 필수적이다. 부모의 이러한 태도는 자녀가 새로운 환경에 적응하고 정서적 안정을 찾는 데 큰 도움이 된다.

(2) 긍정적인 상호작용 촉진

부모와 자녀 간의 긍정적인 상호작용을 촉진하기 위해 함께 시간을 보내며 다양한 활동을 하는 것이 중요하다. 놀이 활동이나 일상적인 대화를 통해 부모와 자녀는 상호 이해를 높이고 가족 간의 유대감을 강화할 수 있다. 이러한 활동은 자녀가 가족의 일원으로서 소속감을 느끼게 하고, 정서적 안정과 자신감을 갖도록 돕는다.

(3) 사회적 지지망 구축

입양가족은 사회적 지지망을 활용하여 외부의 도움을 받을 필요가 있다. 입양 관련 단체나 지역사회의 지원 프로그램에 참여하면, 부모는 양육과 관련된 정보와 정서적 지원을 받을 수 있다. 이러한 지지는 부모의 양육 스트레스를 줄이고, 자녀와의 관계 형성에 긍정적인 영향을 미친다. 사회적 지지망은 입양가족의 정서적 안정성과 가족 내 관계를 강화하는 데 중요한 역할을 한다.

(4) 입양 배경에 대한 개방적인 태도 유지

부모는 자녀의 입양 사실에 대해 개방적이고 솔직한 태도를 유지해야 한다.

자녀가 자신의 입양 배경에 대해 질문하거나 궁금해할 경우, 이를 자연스럽게 받아들이고 진솔하게 답변하는 것이 중요하다. 이러한 태도는 자녀가 자신의 정체성을 형성하고 입양가족의 일원으로서 안정감을 느끼는 데 도움을 준다. 부모와 자녀 간의 신뢰 관계를 강화하는 데도 필수적이다.

(5) 지속적인 노력과 실천

부모는 가족관계를 강화하기 위해 지속적인 노력을 기울여야 한다. 정서적 지지, 상호작용, 사회적 연결, 개방적인 대화 등 다양한 방식으로 자녀와의 관계를 꾸준히 발전시켜 나가는 것은 입양가족의 안정성과 아동의 건강한 발달에 기여한다. 부모의 지속적인 노력은 가족 내 긍정적인 환경을 조성하고, 입양가족 구성원 모두가 조화롭게 생활할 수 있는 기반을 마련한다. 이러한 노력은 입양 후 가족 간의 긍정적인 관계를 형성하고, 가족의 안정적인 환경을 조성하는 데 핵심적인 역할을 한다. 부모와 자녀 간의 신뢰와 유대감이 강화될수록, 입양가족은 더욱 조화롭고 행복한 삶을 영위할 수 있다.

3) 입양 아동의 정서적 안정

입양 아동의 정서적 안정은 건강한 발달과 가족 내 원활한 관계 형성에 핵심적인 요소다. 입양 아동은 이전의 경험으로 인해 정서적 불안정이나 애착 형성의 어려움을 겪을 수 있으므로, 이에 대한 세심한 관심과 지원이 필요하다. 정서적 안정을 위한 세부내용은 다음과 같다.

(1) 애착 형성 지원

입양 아동이 새로운 가정에서 안정적인 애착을 형성하도록 돕는 것은 중요한 사안이다. 입양 당시 연령, 양육 기간, 양어머니의 역할 만족도가 애착 안정성에 영향을 미치게 되므로 부모는 일관된 양육 태도와 따뜻한 상호작용을 통해 아동이 신뢰감을 가질 수 있도록 노력해야 한다.

(2) 정서적 지원 프로그램 활용

입양 아동과 부모를 위한 심리치료 및 상담 프로그램을 활용하는 것도 효과적이다. 이러한 프로그램은 아동이 생애주기별로 경험하는 다양한 심리적 어려움을 다루며, 가정 내에서 안정적으로 적응할 수 있도록 돕는다(배윤진, 2017). 이를 통해 아동의 정서적 안정을 도모할 수 있다.

(3) 개방적 의사소통 촉진

아동이 자신의 입양 배경에 대해 궁금해하거나 질문할 경우, 부모는 개방적이고 진솔한 태도로 응답해야 한다. 이는 아동의 정체성 형성과 부모와의 신뢰관계를 강화하는 데 긍정적인 영향을 미친다. 또한 아동이 자신의 감정과 경험을 자유롭게 표현할 수 있는 환경을 조성하는 것이 중요하다.

(4) 사회적 지지망 활용

입양가족은 입양 관련 단체나 지역사회의 지원 프로그램에 참여하여 외부의 도움을 받을 수 있어야 한다. 이를 통해 부모는 양육과 관련된 정보와 정서적 지지를 얻고, 양육 스트레스를 줄임으로써 자녀와의 관계를 더욱 원활히 형성할 수 있다. 이러한 노력은 입양 아동의 정서적 안정을 강화하고, 건강한 발달과 가족의 안정성에 기여할 수 있다.

4) 입양가족을 위한 실천 프로그램

입양가족을 위한 본 프로그램은 총 5회기로 구성되었다. 구성 내용은 〈표 12-4〉와 같다.

〈표 12-4〉 프로그램 예시

구 분	내 용		
목 표	• 입양에 대한 이해를 돕고, 부모와 자녀 간의 긍정적이고 안정적인 관계를 형성할 수 있도록 지원한다. • 입양아가 건강한 자아정체성을 형성하고, 부모와 자녀 간의 갈등을 해결할 수 있는 실질적인 방법을 배우도록 돕는다.		
대 상	입양가족		
기 간	총 5주 프로그램(주 1회, 회당 2시간)		
운영 방식	강의, 그룹 활동, 역할극, 피드백 및 실습		
회 기	주 제	목 표	구성내용
1회	입양가족의 이해와 정서적 준비	입양에 대한 이해를 돕고, 부모가 정서적으로 준비할 수 있도록 지원	• 입양가족의 특성과 입양 과정에 대한 이해 • 입양을 준비하는 부모의 정서적 준비 과정
2회	자녀의 정체성 형성과 감정 표현	입양아가 건강한 자아정체성을 형성하도록 돕고, 감정 표현 능력을 키움	• 입양아의 정체성 발달에 중요한 요소들(문화적, 개인적) • 자녀가 감정을 표현하는 방법 지도
3회	입양가족 간의 의사소통과 관계 형성	가족 내 원활한 의사소통과 관계 형성을 통해 안정적인 가족관계 구축	• 효과적인 의사소통 기술 • 입양가족 간의 신뢰와 관계 강화를 위한 방법
4회	입양아와의 갈등 해결 및 위기 관리	입양아와 부모 간 갈등 해결 방법을 배우고, 위기 상황을 잘 관리할 수 있도록 돕기	• 갈등 해결을 위한 전략 • 위기 상황에서의 대응 방법과 감정 조절법
5회	사회적 지원과 자원 활용	입양가족이 지역사회의 자원을 활용하고 지속적인 지원을 받을 수 있도록 지원	• 입양가족을 위한 지역사회 자원 및 지원 프로그램 소개 • 지원 네트워크 형성
활동 예시	• 입양 이야기 나누기 • 입양 후 변화의 다이어그램 그리기 • 장기 지원 네트워크 만들기		
기대 효과	• 입양에 대한 이해와 정서적 준비를 통해 부모와 자녀 간의 신뢰와 관계를 강화하고, 안정적인 가족 환경을 구축할 수 있다. • 입양아가 긍정적인 자아정체성을 형성하고, 가족 내 갈등을 효과적으로 해결할 수 있는 능력을 배워 가족 간의 소통과 이해를 증진시킬 수 있다.		
평가 방법	• 프로그램 종료 후 참가자 설문조사와 인터뷰를 통해 프로그램 효과를 평가 • 필요시 참가자들에게 추가적인 지원 프로그램 정보를 제공		

출처 : 이선형 · 임춘희 · 배지연(2021) 재구성.

13
CHAPTER

가족생활교육의 윤리, 전망과 과제

1. 가족생활교육의 윤리

1) 윤리강령

가족 개개인이 마땅히 지켜야 할 행동규범으로서 '윤리강령'을 가족생활교육에서는 설정하고 있다. 윤리는 개인의 기준에서 도덕적인 판단기준이며 사회 전체적인 기준에서 공동체의 발전을 이끌어 내고 질서유지에 초석을 세울 수 있는 것을 규범이라 할 수 있다. 가족생활교육의 대상자에게 요구되는 '바람직한 행동기준'의 윤리강령을 마련하고 내용이나 표현방법을 구체적이고 실천 가능할 수 있도록 제시하는 것이 필요하다.

2) 윤리적 의사결정

윤리적 딜레마에 관하여 합리적인 선택을 내리는 과정이 '윤리적 의사결정'이다. 윤리적 의사결정과정에는 다음과 같은 특징이 있다(Porche, Glanville & Glanville, 1997).

- 윤리적 의사결정은 딜레마 상황에서 보다 더 윤리적인 대안을 찾아 결정하고 행동하는 과정을 의미한다.
- 대안의 최종 선택은 결정자의 몫이다. 따라서 결정자의 개인적·전문적 가치와 경험이 중요하다.

- 딜레마 상황에서 옳다고 믿는 결정과 실제 결정이 다를 수 있다.
- 윤리적 딜레마는 체계적인 의사결정과정을 통해서 해결책이 모색되어야 한다.
- 윤리적 딜레마를 해결하는 과정에서 전문가 슈퍼비전이 필요하다.
- 가족이 당면할 수 있는 일반의 윤리적 딜레마는 삶의 질, 죽음의 권리, 이혼과 자녀복지, 출산·가족계획 이슈와 관련된 문제들이다.
- 윤리적 딜레마에 대한 결정사례는 기록으로 보관하는 것이 바람직하다.

또한 윤리적 의사결정의 과정은 다음과 같은 절차에 따른다. 윤리적 의사결정의 각 단계에서 볼 수 있는 과업은 〈표 13-1〉과 같다.

〈표 13-1〉 **윤리적 의사결정 단계와 과업**

단 계	내 용
1단계 윤리적 딜레마의 규명	• 윤리적 딜레마를 명확히 묘사 • 현재보다 높은 윤리적 딜레마가 있는지 탐색 • 문제에 관련된 왜곡된 가치를 이해
2단계 연관된 사실을 규명, 관련자의 이득과 손실을 분석	• 윤리적 딜레마에 연관된 사람 규명 • 윤리적 의사결정에 영향을 받는 사람의 이득과 손실 분석 • 윤리적 상황에서 영향을 미칠 수 있는 사실적 정보 조사 • 정보-윤리적 의사결정에 영향을 미치는 개인적, 행정적, 재정적, 법적 결과에 관여된 것
3단계 윤리적 딜레마의 평가	• 윤리강령의 원칙들을 기본으로 윤리적 딜레마를 검토 • 선례의 사례, 법적 규칙, 윤리적 상황, 윤리위원회의 결정들을 참고하여 윤리적 딜레마를 평가
4단계 가능한 대안 찾기	• 윤리적 딜레마를 해결하기 위한 가능한 대안 탐색 • 각 대안의 잠재적 유익, 해악을 규명, 그 결과를 해결책에 반영(이득, 손실 비교하는 과정)
5단계 가능한 대안의 정당화	• 윤리강령의 원칙들을 토대로 윤리적 결과의 정당화를 평가
6단계 대안의 선택	• 대안 선택, 실행기획 • 다양한 대안 중 최선책 선택(대안, 현실 간 고민)
7단계 대안의 실행	• 선택한 대안을 전문적 견해에 따라 실행 • 적용

8단계 실행의 평가	• 조처의 결과를 평가, 예상한 결과와 실제 결과를 비교, 조정 조처에 관한 개인적 · 전문적 차원의 평가
9단계 결과의 문서화	• 공식, 비공식적 문서자료 마련할 것 • 문서화는 미래에 발생할 수 있는 유사한 사례에 대해 그 결정을 돕기 위하여 정보제공

출처 : Porche, et al.(1997).

3) 가족윤리의 개념 및 특성

(1) 가족윤리의 개념

가족을 이루는 구성원으로서 행동이나 참여, 가족형성 및 가족해체 등 가족 간에 일어날 수 있는 다양한 윤리적 문제, 윤리적 공동생활체인 가정에서 가족 구성원들 간에 지켜야 할 윤리규범을 통상 '가족윤리(family ethics)'라 한다.

최근 우리 사회에서도 다양한 윤리론이 제기되고 있으며 가정윤리 또는 가족윤리의 중요성도 강조되고 있다. 이같이 가정윤리에 대한 관심이 고조되는 이유는 전통적 가치관에 입각한 가정윤리가 급격하게 변화하고 있는 산업사회에 순응하지 못함으로 인해 발생되는 윤리적 지체 현상 때문이라고 할 수 있다.

가정윤리에 대한 관심이 이같이 높아지고 있음에도 불구하고, 이에 대한 명료한 개념정의를 찾아보기 어려울 뿐 아니라 가정과 가족에 대한 명확한 개념 구분 없이 혼용되는 경향마저 있다. 이는 가정윤리에 대해 별도의 정의를 내리지 않더라도 묵시적으로 합의된 개념으로 받아들이기 때문이라 생각된다.

가족(Family)에 대해서, 머독(G. P. Murdock)은 다음과 같이 정의하고 있다. "공동의 거주, 경제적 협력, 그리고 생산이란 특성을 갖는 사회집단이다. 부모와 자녀들로 구성되기도 하며, 결혼이나 혈연관계로 결부된 사람들이 이룩한 사회집단이고 공동체이며 생활과 양육의 기능을 가진 생활공동체로, 친족집단, 일상적인 생활을 공동으로 영위하는 부부와 자녀들, 그들의 친척, 그리고 입양이나 기타 관계로 연대의식을 지닌 공동체집단이다. 또 사전적 의미를 살펴보면 "부모와 자식, 부부 등의 관계로 맺어진 한 집안에서 생활을 함께하는 집단"

이라고 정의하고 있다.

한편 가정에 대한 정의를 살펴보면, 공간적 장소와 함께 그 속에서 가족들이 그들의 신념이나 애정을 주고받으며 정서적 만족을 얻는 심리적 분위기를 포함하는 개념과 가족이 의식주를 공동으로 영위하는 집안으로서 온정이나 사랑에 기반을 둔 정서적 유대와 서로 소속감을 느끼는 연대의식을 가진 공동체로 정의할 수 있다.

즉, 가족과 가정을 정리하면, 가족은 혼인이나 혈연 또는 입양의 유대관계로 맺어지며, 서로 협력하여 사는, 비교적 영속적인 사회집단을 의미하며, 가정은 혼인관계를 중심으로 부부, 부자, 형제, 자매 등의 혈연적 유대관계로 맺어지는 물리적·정서적 생활공동체라 할 수 있다.

사랑과 신뢰를 바탕으로 의식을 통해 가족 중 가장 먼저 형성되어 관계를 이루는 부부간의 윤리를 비롯하여 부모와 자녀 간의 윤리, 형제자매 간의 윤리 등 '가족'이라는 집합체를 이루며 살아가는 동안 삶과 연관된 다양한 윤리적 측면이다. 다음과 같은 도덕적 물음 속에서 현재의 시각으로 바라볼 수 있는 '가족윤리'를 살펴볼 필요가 있다(Houlgate, 1999).

- 결혼에서 혼외관계는 허용될 수 없는가?
- 결혼만이 정당화할 수 있는 결혼관계인가?
- 어린자녀를 가진 부모들의 이혼은 허용될 수 있는가?
- 부부 상호간 성적관계를 강요할 수 있는가?
- 미혼모의 경우처럼 혼외 자녀를 가져도 되는가?
- 보호가 필요한 아동이 부모의 통제로부터 자유로울 수 있는 권리를 갖는가?
- 노부모가 있는 성인자녀들의 책임은 어떠한 것들이 있는가?

(2) 가족윤리의 적용

> **사례**
>
> • 재혼가정
> 남편 : 이혼 후 재혼/ 연령 : 46세
> 부인 : 초혼/ 연령 : 41세
> • 결혼 5년 차 부부가 가족생활교육사에게 상담을 의뢰하였다.
>
> 남편은 전처와의 사이에 1명의 남아의 자녀를 두고 있다. 부인은 초혼이다. 이들 부부는 같은 종교를 가지고 있고 홀로된 시어머니를 모시고 살고 있다.
> 부부 사이에서 첫 번째 자녀를 임신하여 17주 1일째를 맞이한 상태. 부인은 치과검진과 더불어 산부인과 2차 검진 '태아 기형아 검사'를 통해 태아가 염색체 이상으로 인한 다운증후군으로 진단되었음을 통보받았다.
> 산부인과 담당의사는 부부에게 의학적인 모든 조언을 하였다. 이런 결과 통보를 받은 상황에서 시어머니와 남편은 임신 종결을 바랐으며, 부인은 장애를 가지고 태어날 자녀이지만 종교적 믿음과 의지를 바탕으로 임신을 유지하고자 한다.
> 윤리적 딜레마에 빠진 부부는 가족생활교육사에게 선택에 대한 조언을 의뢰하였다.

- 이 사례를 통한 윤리적 딜레마는 무엇인가?
- 윤리적 의사결정에 관여되어 있는 사람은 누구이며 그 권한은 누가 가질 것인가?
- 가장 큰 희생을 하는 사람은 누구인가?
- 윤리적 의사결정에 영향을 미칠 수 있는 요소들에는 무엇이 있을까?

(3) 가족윤리의 특성

가족윤리는 정서윤리, 적용윤리, 상호적 윤리 등의 특성을 나타낸다.

정서윤리(the ethics of sentiment)는 강요된 규율이 아닌 자연스러운 정서, 가족구성원들 간의 상호선행의 행위로 또 다른 목적을 가진 집단의 윤리적 행위와 비교할 수 없다. 왜냐하면 가족은 '애정집단'이기에 그 출발점 자체가 다르기 때문이다.

적용윤리(applied ethics)는 가족의 생활과 연관된 윤리적 질문들에 대해 지극히 개인적인 선택이나 편견이 아닌 가장 합당한 '합리적 사고'에 의한 결정을 내리기 위한 적절한 이유를 찾는 원칙이다.

상호적 윤리(the ethics of giving and receiving)는 가족윤리를 상호적 윤리, 도의적 윤리라 지칭하며 가족윤리가 당위성을 전제로 하고 있음을 말한다.

가족관계에서 도의적인 윤리는 상호 간의 권리와 의무에 따른 것으로, 더 이상의 정서적인 배려와 돌봄을 포함하는 당위적인 원리, 즉 가족의 사랑과 자연적 돌봄에 기초한 가족 상호적 의무와 권리를 동시에 포함한다.

2. 가족생활교육의 전망

가족생활교육은 현대 가족의 특징을 잘 파악하고 그들의 욕구가 충분히 반영된 방향으로 발달되어야 한다. 가족을 이루는 다양성과 그들이 가진 문화적·사회적·가치적 관념과 더불어 같은 가족 간에도 교육적 경험치에 따라 문제인식, 욕구만족도가 다를 수 있다.

가족생활교육 전문가는 가족이 지니는 다양성과 함께 공유하는 문화 환경적 요소, 원하는 욕구를 정확하게 파악해야 한다.

가족생활교육의 앞으로의 전망, 나아갈 방향제시적 과제는 시대적·문화적 흐름에 따라 다양하게 요구되는 문제에 보충적 지지를 할 수 있으며, 가족생활을 위한 다양한 욕구에 적절한 대안을 제시해 주어 가족생활교육이 향후 취하여야 할 바른 접근방향, 실천적 의지로 풀어야 할 과제 측면으로 살펴보고자 한다.

1) 다변화한 가족개념과 가족생활교육

다양한 가치적 신념으로 인한 현대사회의 문제로 대두되고 있는 (초)저출산과 (초)고령화 사회, 여성취업인구 증가는 가족의 기능적 측면, 구조, 가치관 등 가족생활에 많은 변화를 가져왔다. 핵가족화로 인한 자녀양육문제, 인성교육, 또 노인문제, 경제적 불균등으로 인한 차상위계층 증가, 1인가구 증가 등 가족 내적 문제로 여겨왔던 것들이 사회적 문제로 가시화되고 그 문제의 결과들이 사회적으로 큰 이슈가 되고 있다.

가족문제를 해결하는 데 있어 가족의 역할이 한계상황에 직면, 사회정책도 가족을 지지하고 돌보기 위한 과제중심으로 재편성되는 시점에 있다(이혜경, 2009).

이에 국가는 다양한 출산장려 정책을 내놓음과 동시에 자녀·가족돌봄을 사회화 정책으로 공론화시키고 기능적 공백을 최소화시키기 위해 노력하고 있다. 또한 가족기능의 지지 기반이 무너지지 않도록 보충적 보완 기능, 가족생활지원시스템을 통한 서비스로 지원하고 있다. 이는 가족생활 문제에 대한 예방적 조치를 포함한다.

가족생활교육은 가족구성원 개개인이 지닌 역량이 향상되도록 돕고, 가족의 기능적 복구를 위해 교육적 지지와 개입을 함으로써 가족복지실천의 한 장을 마련하고자 한다.

가족생활교육의 다양한 프로그램 적용은 보편적 가족, 기능적 측면이 취약한 가족, 위기가족 등 가족문제에 따른 개별적 측면이 최적화될 수 있도록 하며, 건강한 가족, 안정된 가족생활, 구성원들 간 상호협력적 유대관계 등 가족관계를 지지하기 위해 만들어진 프로그램이다. 가족구성원들의 생애주기별 과제완수를 위한 지지적 측면, 가족생활 속에서 겪게 되는 다양한 문제를 포함하고 실천적 의지가 함께하는 프로그램이다. 다변화하는 가족개념에 따른 다양한 욕구, 기능적 회복, 자립강화를 도울 수 있는 교육내용을 포괄적으로 담고 있으며, 전문적 지원을 할 수 있는 현장 프로그램 개발·보급하는 것에 역점을 두어야 한다.

가족생활 중 내·외적 경쟁력 부족, 자원적 결핍에 의한 스트레스 증가, 고조된 긴장을 완화하기 위해 다각화된 해결모형을 개발하고, 교육대상에 대한 전문적 접근이 필요하다.

가족생활교육에서는 예방적 개입이라는 전문적 고유성이 강조되고 있다(정현숙, 2002). 모든 가족은 스스로의 건강성을 유지할 수 있는 잠재적 역량을 지니고 있다(박주희, 2012)는 기본적 전제 위에 삶에서 마주할 문제해결 능력 증진, 위기 상황에서 적절한 대응능력을 향상시키는 것을 핵심목표로 삼고 있다.

2) 가족생활교육의 접근

다양성을 가진 가족생활에서 교육의 접근방법을 제시하면 다음과 같다.

첫째, 가족생활교육의 교육대상자에 대해 가족기능 강화를 위해 지도적 원리, 문제해결을 위한 구성원 태도, 기술을 교육하는 것이 필요하다.

둘째, 가족생활교육의 효과적 측면의 결과를 위해 가족이 살고 있는 지역사회 참여활동은 자발적 참여를 권면한다.

셋째, 가족생활교육의 예방과 치료적 측면은 통합적 접근을 통한 실천적 필요성이 강조된다. 일차적으로 예방적 접근이 강조된다(Arcus & Thomas, 1993). 예방적 개입의 3단계를 캐플런(Caplan, 1964)의 분류에 기초해서 설명한 스몰과 멤모(Small & Memmo, 2004)는 가족교육에 적용, 포괄된 예방적 개입방식으로 실천적 의미를 표현하였다.

〈표 13-2〉 예방적 개입 3단계

1차적 수준	가족생활의 특정 문제가 발생하기 전 미연에 가족구성원들의 잠재 역량을 강화시키기 위한 개입-일반적 가족대상 가족기능 강화에 도움이 될 수 있도록 가족생활교육의 지도적 원리와 실천 기술을 전달함으로써 원활한 가족생활이 유지되도록 돕는 문제예방교육
2차적 수준	위험의 증상이 보이는 가족들을 위하여 문제가 더 심각해지는 것을 방지하는 것으로 중재적 개입
3차적 수준	가족생활에서 현재 현실적 어려움을 겪고 있는 가족을 원조하기 위한 것으로, 치료를 포함한 모든 원조를 제공하기 위한 가족교육을 실천하는 교육적 개입. 특히 3수준은 예방적 개입을 위한 가족생활교육의 실천을 위하여서는 전문가의 치료가 요구됨

현 실정에서 가족복지에 대한 서비스 욕구는 점점 높아지고 있다. 이에 국가는 1980년대 이후 가족복지의 중요성을 인지하고 미래 발전적 가족생활교육에 맞는 전문인력 확보, 맞춤형 교육의 확대, 과학적 증거에 기반한 가족생활교육 프로그램 등 가족교육·상담을 전담할 수 있는 전문인력 배출과 더불어 그들을 현장에 투입하여, 가족기능이 곤고히 다져질 수 있도록 힘쓴다. 또한 효과성이 검증된 가족교육·상담 프로그램 실행으로 가족복지 서비스에 한층 더 기여를 하고 있지만, 치료적 서비스가 함께하는 통합적 체제를 만들어 나가는 과제를 안고 있다.

3) 가족정책의 이해와 가족생활교육

가족정책의 개념은 가족복지에 관심을 가지고 국가의 의도하에 이루어지는 조치나 의도적 개입이 있는 행동이다. 가족 개개인의 복지향상을 중요시하되 '가족'이라는 전체적 개념을 염두에 두고 실행이 이루어져야 하며 영유아, 아동, 노인, 장애인과 여성 등에 대한 정책이 이루어진다 하여도 다른 가족구성원들에 영향을 미칠 경우 '가족정책'에 포함되기가 어렵다.

사회정책의 목표는 가족구성원들의 복리증진, 안정적인 삶, 질 높은 삶을 추구하는 것이며, 가족과 관련된 제반 정책에는 주택정책, 사회보험, 공적부조, 고용정책, 사회복지 서비스, 조세나 보건의료정책 등이 있다.

그 내용을 정리하여 살펴보면 〈표 13-3〉과 같다.

〈표 13-3〉 가족정책의 이해

가족구성원과 관련된 대상	영유아, 아동, 노인, 장애인과 여성 등
가족정책 목표의 내용	평등, 형평성, 가족복지적 측면, 가족이 지니는 기능 · 구조 · 역할
목표에 대한 수단	건강보호, 주택, 교육, 인구조절, 가족법, 고용, 세법 · 세제 등

가족정책에서 가족의 구조·기능·역할에 따라 그 목표의 지향점은 차이가 있다. 구조적 측면에서 전통적 가족체제와 부부를 중심으로 한 핵가족을 유지

하고자 하는가, 다양한 가족의 형태를 인정하고 이에 대한 지원을 할 것인가, 기능적 측면에서 가족의 전통적 기능을 대치할 것인가, 보완·강화할 것인가, 역할적 측면에서 평등, 형평성을 도모하려는 것인가 아닌 것인가 등 다양한 논제를 정책적인 시각으로 풀어나가야 한다.

사회정책 및 보건복지 정책 등은 반드시 다른 정책과 연계되어 이루어져야 하는가, 목표는 그 자체적 목표성을 가지고 있는가, 또 다른 정책의 수단 역할을 하는가, 현재의 목표가 바람직하지 못하다면 바람직한 목표는 어떻게 수립되어야 마땅한가, 등 추구하는 목표에 근접할 수 있는 포괄성·다양성을 통해 살펴보아야 한다.

현행 가족정책은 설정한 정책목표에 비추어 정책적으로 적합한가, 실행 종료된 정책은 가족의 구조·기능·역할변화 및 가족과 관련된 여건 변화에 어느 정도 대응적이라고 평가를 하는가 등 문제상황에 대한 지적으로 표면화된 것들을 살펴보고 적절한 조처와 개선, 방향전환의 모색이 필요하다.

국가 차원에서 목표와 의지를 가지고 실행하는 가정생활 복지정책, 가족생활 복지정책 서비스를 통하여 가족복지를 지원하고 있다. 가정생활 복지정책은 가정생활 복지를 실천하기 위한 거시적이고 제도적·국가적 차원의 정책을 의미한다. 이는 가정생활을 영위하기 위한 고용안정을 비롯하여 생계의 보장 등에 관한 국가가 시행하는 정책이며, 가족들에게 영향을 줄 수 있는 모든 가족정책도 포함된다. 순기능적인 면과 더불어 역기능적인 면인 가족문제, 사회적 문제를 미리 예방하며 가족정책 종결적 목표인 건강한 가족, 건강한 사회를 유지, 강화하고자 하는 노력이다.

가족생활 복지정책 서비스는 가족구성원인 개개인과 가족 전체를 대상으로 가족문제, 삶의 질 향상이라는 예방적 기능, 문세에 대한 현명한 해결로 원래의 모습에 가까이 가려고 하는 '복구적 기능', 병리적인 가족문제를 해결, 빠른 처리로 가족의 기능 수행에 도움을 주는 '치료적 기능'을 포함하고 있다.

3. 가족생활교육의 미래 지향적 실천과제

1) 가족생활교육의 실천과제

가족생활교육의 대상은 가족이다. 가족은 우리가 살아가고 있는 사회를 구성하는 근본적 기초단위이다. 가족을 이루는 개인의 신체적 안녕과 보호는 물론 정서적 지지, 사회화 수행에 중요한 역할을 하는 보고(寶庫)이다.

한 개인을 둘러싸고 있는 환경 중 가족이라는 환경은 그 개인의 행복의 근간을 이루며 생활 전반을 통제하는 정신문화의 푯대가 된다. 가족생활교육의 대상인 가족을 재발견하고 체계적인 통합을 이루며 건강한 가족의 바탕 위에 건강한 사회를 이룰 수 있도록 하는 것이 당면한 실천적 과제이다.

건강한 가족은 건강하고 평안한 삶을 기본으로 한다. 그러기에 가족생활을 위한 가족의 욕구, 요구에 대한 사회적 서비스인 가족복지의 바른 정착은 건강한 가족의 가족생활의 윤활유 역할을 할 것이다. 가족복지와 국가의 역할 관계는 불가분의 관계를 맺고 있다. 국가, 가족, 복지 역할관계에 대한 접근방법에 중점을 둔 과제를 살펴보면 다음과 같다.

첫째, 정부가 주체인 사회정책 중 가족에 관한 정책 : 급변하는 사회에서 생태학적인 시각으로 구성원들의 배려, 의존, 상호 친밀의 결속력을 높이고 환경적으로 이웃 관계에서 상호소통을 강화하는 방안을 모색한다.

둘째, 가족을 위한 가족복지정책의 방향은 확실한 설정이 필요 : 가족에 의한 정책 강호가 국가책임으로 인해 축소되어서는 안 되며 가족을 위한 정책을 지향할 시 국민적 공감대 형성과 가족행복을 기본으로 전제한다.

셋째, 가족복지를 위해 국가의 재정적 지원이 필수 : 많은 민간기업들이 가족복지 영역을 담당하고 있지만 사회적 서비스 측면에서 정부의 역할과 재정 지원은 매우 중요한 부분이다.

넷째, 가족복지 개념, 가족복지 관련법의 체계화 : 가족복지정책 방향 설정에 따라 다양한 가족복지에 최적화된 프로그램 개발이 필수적이다.

다섯째, 가족복지는 가족생활을 근거한 전문성·통합성의 확립 : 가족복지는 단일한 방법으로 해결할 수 없다. 가족생활을 바탕으로 개개인의 복지, 가족전체복지를 포함하고 경제적·사회적·신체적·심리적인 부분서비스가 통합되고 사회적 서비스 차원의 전문성이 확보되어야 한다.

2) 가족생활교육과 건강가정육성을 위한 과제

가족의 다양한 모습과 변화를 바라보며 어떻게 건강하게 육성시킬 수 있을까?

첫째, 다양한 가족에 대한 가정의 건강성을 육성해야 한다.

① 가족의 모습이 다양하게 변화하고 있다는 사회적 관점을 외형적 결손, 기능적 결손으로 바라보며, 한부모가족을 비롯한 형제가속, 독신가족 등 외형적 모습에서 결손의 모습을 볼 수 있고, 외형적 모습은 구조적으로 온전하지만 실제적 가족의 기능을 제대로 하지 못하는 위기경향적 가족을 볼 수 있다.

② 급속한 변화, 경쟁적 사회환경으로 가족해체가 늘고 편부모가족, 재혼, 조손, 독신가정 등이 빠른 증가율을 보이며 급속한 사회환경의 가치변화들이 이혼문화에 많은 일조를 가하게 되어 새롭게 만들어지는 친족관계가 만들어지고 있다.

③ 국제결혼, 결혼이민자 가족 등으로 다양한 문화가 존립하는 다문화가족을 볼 수 있다. 우리나라의 결혼이민자 현황은 |그림 13-1|과 같다.

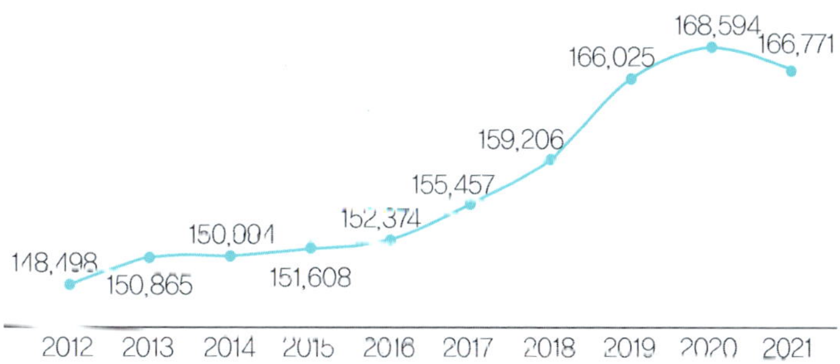

|그림 13-1| 연도별 결혼 이민자 현황(2012년~2021년, 단위 : 명)

* 2012년부터 2021년까지 상승 추세를 보이고 있습니다. 2012년 148,498명을 시작으로 해마다 증가하면서 2020년 168,594명으로 최고점을 찍었습니다.

출처 : 통계청(2022).

결혼과 가족제도는 긴 역사와 함께 여러 모습의 변화를 거치며 다양한 모습으로 존재하고 있다. 결혼과 가족은 우리의 삶을 안정적으로 유지시키며 지속될 수 있도록 한다(김혜영, 2012). 건강한 가족은 응집성, 적응력, 의사소통과 같은 특징을 나타낸다(Olson & Defrain, 1994). 다양한 가족에서 제반 환경적 변화와 함께 변화하는 가족의 모습으로 인식하고, 다양한 가족이 기능적으로 건강한 가족생활을 할 수 있도록 도와주는 작업을 해야 한다.

다양한 가족형태 출현, 가족에 대한 가치변화, 복잡한 관계성으로 인한 가족 내·외적인 문제점에 대해 기존의 부정적이고 병리적인 태도에서 벗어나 가족이 가지고 있는 강점과 잠재력, 역량강화를 재평가하여 건강한 가정으로 육성될 수 있도록 가족생활교육의 실천에 접목이 필요하다.

둘째, 가족이 변화하는 속도와 사회적 변화속도 간 나타나는 지체현상을 인지해야 한다.

① 가족이 사회적 변화속도에 대응하지 못하는 지체현상 : 여성 사회진출이 급증하였음에도 전통적 성역할 이데올로기에 입각하여 가족 내 성역할 분업으로 인해 과중되는 가족생활에서의 문제점

② 사회적 변화속도에 적절한 대응이 못되는 지체현상 : 현재 가족의 구성원들만으로 부모를 비롯 노인부양에 대한 책임이 어려움에도 사회는 여전히 전통적인 '효' 관념에 입각 '핵가족 책임론'을 내세우는 것

변화의 속도가 다름은 있지만 그 변화를 긍정적으로 해석하고 꾸준하게 증가하는 가족문제상황을 직시하여 가족의 변화에 대한 사회구조적 상황의 변화에 따라 가변적일 수 있음을 인식하고, 가족생활교육을 통한 인식구조개선으로 지체현상 간 속도를 맞추는 것이 필요하다.

셋째, 가정의 건강성을 위한 프로그램 방향은 신체·정서·지적·사회적인 총체적 건강의 웰리스 패러다임의 관점에서 고려되어야 한다.

건강가족의 특성으로 의사소통, 지지, 신뢰, 애정, 신체적 건강, 문제해결 능력, 유대감, 신념체계, 헌신과 책임, 경제적 안정과 협력 등이 지지받고 있다.

건강가족의 특성과 신체·정서·지적·사회적인 총체적 건강을 기반으로 하

는 웰리스 패러다임 모델의 접근으로 가정의 건강성을 위한 프로그램 방향을 제시하고 수요자의 요구를 새로이 창출해 낼 수 있는 적극적 개념의 건강가정을 위한 실천사업을 가족생활교육의 또 다른 기능으로 확대해 나가야 한다.

3) 가족의 다양성을 고려한 가족교육 전문가 필요성

전문적 지식을 갖춘 가족교육 전담인력에 대한 제언을 살펴보면 다음과 같다.

첫째, 앞으로 가족생활교육은 예방적 측면, 치료적 측면을 통합하여 접근하기를 제언한다.

가족교육, 가족상담 등 가족 개인 또는 가족 전체를 상대로 한 서비스적 욕구는 계속 상향되고 있다. 가족교육과 더불어 치료적 차원의 서비스를 통합, 적용하면 매우 효율적인 수행과 긍정적 결과를 나타낼 수 있다. 모든 가족은 스스로의 건강성을 유지할 수 있는 보호적 측면의 능력을 보유하고 있다. 그러나 역기능적 병리문제를 내포하고 있는 것도 숨길 수 없다. 가족교육의 전문가도 다양한 욕구를 가진 가족이 문제상황에 대한 스스로의 해결점을 찾도록 도우며, 통찰력을 가짐으로써 교육과 치료가 통합된 실천가적 전문가의 역량을 키워야 한다.

둘째, 다양한 가족형태 내의 가족구성원을 대상으로 교육적 실행이 가능한 전문인력 양성, 각각의 프로그램 특성에 따른 전문인력을 배치, 교육실행을 할 수 있는 가족교육 운영체계 마련을 제언한다.

현재 건강가정교육사업단은 다양한 가족, 위기가족, 일반가족 등 가족(가정)에 대하여 개입하기에는 교육 프로그램의 질적인 면과 교육 프로그램 운영체계가 미흡한 점이 있다.

셋째, 가족교육 전문가 양성과정을 개발할 필요성을 제언한다.

현 가족생활교육사 양성과정에서 가족생활교육사의 역량, 자질을 개발, 훈련함에는 다소 부족한 면모를 엿볼 수 있다. 가정생활교육의 긴 역사를 지닌 미국의 경우를 살펴보면 가족생활교육 전문가 자격으로 전미가족관계학회

(NCFR)에서 공인가족생활교육사 자격(CFLE)을 부여한다. 또 NCFR은 가족생활교육사 자격증 취득의 대학과 대학원에서 가족생활 전문가 대학인증 프로그램을 운영한다. 이 대학 인증프로그램은 가족생활교육의 10개 내용 영역을 커버하는 교과과정을 갖는 대학, 대학원의 학위과정을 이수하는 경우 공인가족생활교육사 자격(CFLE)신청을 할 수 있다. 현재 북미, 캐나다 소재의 136개의 단과·종합대학에서 프로그램 참여로 전문가수업에 참여하고 있다.

미국의 체계적이고 전문적인 가족생활교육사 양성은 대학 Extension service를 통한 생활교육실천활동과 더불어 미국의 가정생활교육을 성공적으로 이끄는 데 크게 기여하였다(박주희, 2022).

앞으로 한국의 가족생활교육발전과 가족생활교육을 책임질 가족교육 전문가 양성이 매우 중요하다. 또 가족교육 전문가 양성을 이끌 여러 대학의 교과과정이 한국가족교육에 분명한 지평을 열 수 있게 전문적 실천기술이 실행될 수 있도록 제도를 개선해야 한다.

참고문헌

강영식 · 오경숙 · 박청옥(2023). **부모교육**. 경기 : 공동체.

강희정(1995). 도시부부의 의사소통 효율성과 결혼만족도에 관한 연구. 성신여자대학교 대학원 석사학위논문.

경의현(2017). 싱글족의 요리를 위한 올인원 가전제품 디자인 연구. 홍익대학교 대학원 석사학위논문.

공선희(2013). 노인들의 가족돌봄에 대한 기대변화와 정책욕구. **한국사회학, 47**(1), 277-312.

교육부(2022). 2022년 개정 교육과정(교육부 고시 제 2022-33호).

구정화(2021). **다문화교육의 이해와 실천**. 경기 : 정민사.

국민일보(2004. 7. 21). [지금 가족은... ②딩크족].

국회예산정책처(2021). 보호 대상 아동 지원사업 분석. 서울 : 국회예산정책처.

권순범 · 진미정(2016). 취업여부에 따른 어머니의 미취학자녀 돌봄시간 사용 양태 : 단순주행동, 동시주행동, 동시부행동을 기준으로. **한국가정관리학회지, 34**(2), 27-43.

김경민 · 한경혜(2004). 중년기 남녀의 가족 생활사건 경험이 심리적 복지감에 미치는 영향. **한국노년학, 24**(3), 211-230.

김경신 · 김정란(2001). 중년기 기혼여성의 자아정체감 및 위기감이 삶의 질에 미치는 영향. **대한가정학회지, 39**(4), 105-120.

김경자 · 임선영(2008). **가족복지의 이해**. 서울 : 구상.

김대숙(2017). 노년기 부부의 관계강화 프로그램 개발 및 효과. 한양대학교 박사학위 논문.

김명자(1989). **중년기 연구**. 경기 : 교문사.

김명자 · 서소영(1998). 며느리의 시부모부양에 따른 보상, 부양의식, 부양행동 분석. **한국가족관계학회지, 3**(2), 81-107.

김미라 · 하영윤(2020). 중년기 가족의 발전 과제. **가족복지학회지, 10**(4), 30-45.

김미라 · 하영윤(2023). 빈둥지의 새단장: 자녀독립 이후 부부관계 변화와 적응과정에 대한 근거이론 연구. **한국심리학회지, 28**(3), 447-476.

김민정(2013). 한부모 가정 아동에 대한 멘토링 프로그램의 효과성: 공격성, 우울, 불안을 중심으로. **한국아동복지학, 11**(2), 151-177.

김숙기(2011). 부부교육 프로그램이 부부갈등 해결에 미치는 효과. *Global Creative Leader, 1*(1), 19-36.

김순기 · 노명숙 · 박지현 · 배선희 · 송말희 · 송현애 · 오윤자 · 이영사 · 진보영 · 최희진 · 한상금(2021). **가족생활 교육**. 경기 : 교문사.

김승권 · 전광희 · 김민자 · 이연주 · 김유경 · 서문희 · 최애저(2005). 인구전환기의 한국사회 가치관 및 가족변화와 대응방안. 한국보건사회연구원 연구보고서, 12, 109-111.

김연화(2002). 도시부부의 생활예절 수행, 가족체계 역동성, 심리적 복지감. 숙명여자대학교 대학원 박사학위논문.

김영자(1999). 중년기 부부 교육 프로그램개발. 이화여자대학교 대학운 석사학위논문.

김영종(2001). **사회복지행정**(제2판). 서울 : 학지사.

김예솔(2022). 고령자 부모 돌봄이 여가 및 삶의 만족에 미치는 영향 분석: 샌드위치세대 여성을 중심으로. 중앙대학교 대학원 박사학위 논문.

김유경(2018). 성인자녀 부양 특성과 정책과제. **보건복지포럼, 260**, 79-98.

김유경(2019). 중 · 장년층의 이중부양 부담과 정책 과제. **보건복지포럼, 271**, 74-92.

김유경 · 김양희 · 임성은(2009). **한국가족의 위기변화와 사회적 대응방안 연구 : 경제위기 이후 가족생애주기별 위기유형을 중심으로**(연구보고서 2009-18). 세종 : 한국보건사회연구원.

김유경 · 이진숙 · 손서희 · 조성호 · 박신아(2018). 중 · 장년층 가족의 이중부담 구조 변화와 대응방안 연구. 한국보건사회연구원.

김유숙(2014). **가족치료 이론과 실제**(제3판). 서울 : 학지사.

김은수(2006). **사회복지프로그램개발론**. 서울 : 홍익재.

김은정(2013). 한부모의 가족탄력성 증진 프로그램 개발 효과성 연구. **한국가족관계학회지, 17**(4).

김정미(2004). 예비부모교육 프로그램의 구성과 적용효과. 중앙대학교 대학원 박사학위논문.

김정옥 · 도미향 · 문혜숙 · 박옥임 · 박충선 · 손홍숙 · 오정옥 · 홍달아기(2009). **건강가정론**. 서울 : 창지사.

김정옥 · 박귀영 · 유가효 · 전귀연 · 홍계옥 · 홍상욱(2012). **가족관계**. 경기 : 양서원.

김정진(2020). **사회복지실천기술론**. 서울 : 학지사.

김종혜 · 강운선(2013). 중장년층의 노후준비교육 참여 실태와 요구. **사회과교육, 52**(4), 49-60.

김진경 외(2023). **부모교육**. 서울 : 한국방송통신대학교 출판문화원.

김현숙(2007). 강점관점에 기초한 청소년 수강명령 프로그램 개발 연구. 중앙대학교 대학원 석사학위논문.

김혜경 · 도미향 · 문혜숙 · 박충선 · 손홍숙 · 오정옥 · 홍달아기(2009). **가족복지론**. 경기 : 공동체.

김혜경 외(2006). **가족복지론**. 경기 : 공동체.

김혜영(2012). 가족관련 가치 및 의식의 변화와 가족의 미래. 한국여성정책연구회.

김효순(2015). 재혼가족 관계향상을 위한 프로그램 개발방향. **한국콘텐츠학회논문지, 15**(2), 262-280.

김효진 · 김지원 · 홍세희(2019). 기혼 여성근로자의 출산에 따른 잠재계층 분류와 일 : 가정균형만족 변화 연구. **조사연구, 20**(2), 85-113.

김희성 · 나용선 · 김충식 · 박경아 · 곽미영(2009). **건강가정론**. 경기 : 양서원.

김희진(2002). 유아교육기관에서의 부모교육에 대한 조사 연구. **교육학연구, 40**(6), 108-127.

남은영 · 이재열 · 김민혜(2012). 행복감, 사회자본, 여가: 관계형 여가와 자원봉사활동의 함의를 중심으로. **한국사회학, 46**(5), 1-33.

노명숙(2013). 재혼가족을 위한 프로그램 개발의 현황과 과제. **한국산학기술학회 논문지, 14**(1), 169-175.

노영애(2020). 가족구조의 변화와 세대간 통합의 효 연구. 성산효대학원대학교 석사학위논문.

동아일보(2019. 5. 4). 왜, 결혼해야만 가족인가요.

문혁준 · 양성은 · 김혜금 · 천희영 · 권영인 · 조한숙(2012). **가족관계**. 서울 : 창지사.

박경아 외(2019). **가족생활교육**. 경기 : 공동체.

박경아 · 이경자 · 김은아 · 윤명자(2019). **가족생활교육**. 경기 : 공동체.

박경아 · 이경자 · 김은아 · 윤명자(2021). **가족생활교육**. 경기 : 공동체.

박경아 · 이경자 · 김은아 · 윤명자(2023). **가족생활교육**. 경기 : 공동체.

박미정(2018). 노부모 부양과 중년기 경제적 부담의 연관성 연구. **한국가족학연구, 25**(4), 65-81.

박민자(2005). 21세기 한국가족, 어떻게 달라질까. 한국가족문화원.

박민지(2006). 부부친밀감에 영향을 미치는 원가족 분화수순과 가족규칙 및 부부의사소통. 연세대학교 대학원 석사학위논문.

박선환 외(2008). **정신건강론**. 경기 : 양서원.

박은정(2022). 다문화 영유아의 이중언어 사용 영향 요인 및 지원 방안. 육아정책연구소.

박주희(2006). **현대 가족을 위한 가족생활교육의 실제**. 서울 : 도서출판 구상.

박주희(2016). 한부모 가정의 청소년이 지각한 부모양육태도 및 정서적 문제가 삶의 만족도에 미치는 영향. **한국가족자원경영학회지, 20**(1), 1-22.

박주희(2020). **가족의 문제예방과 성장을 위한 가족생활교육**. 경기 : 정민사.

박주희(2022). **가족생활교육**. 경기 : 정민사.

박창우(2008). 교회사회복지활동 결정요인에 따른 실천모형 개발 : 생태체계이론에 근거하여. 백석대학교 대학원 박사학위논문.

박태영(2006). 이혼한 한부모가정에 대한 가족치료. **사회과학연구, 9**, 125-158.

박형원(2004). 가정폭력 노출 아동의 공격행동 감소 프로그램 개발을 위한 참여연구. **한국아동복지학, 17**, 101-130.

박혜선 · 안태윤(2012). 세대교류 활성화를 위한 세대통합 프로그램 및 세대교류 공간에 관한 연구-경기도 복지관을 중심으로. **의료·복지 건축(구 한국의료복지시설학회지), 18**(2), 65-76.

방소연 · 도영숙(2020). 중년 여성의 신체 및 정신건강이 삶의 질에 미치는 영향. **한국산학기술학회 논문지, 21**(6), 161-169.

배나래(2022). 중년기 위기감과 삶의 의미에 관한 연구. **한국융합학회논문지, 13**(5), 517-522.

배윤진(2017). 입양가정의 서비스 이용 현황 및 개선방안. 육아정책연구소.

법제처(2020). 건강가정기본법.

법제처(2020). 다문화가족지원법.

보건복지부(2023). 2022 노인복지시설 현황. 세종 : 보건복지부.

보건복지부(2022). 국내외 입양현황.

비즈월드 기사(2024. 02. 07). https://www.bizwnews.com/news/articleView.html?idxno=76354

서울복지재단(2005). 제1회 사회복지 우수 프로그램 공모수상작. 서울 : 서울복지재단.

서울특별시, 사회조사(2023.01.05.).

서영숙 · 정추영(2020). 중년여성의 생활 스트레스가 우울에 미치는 영향: 사회적 지지와 삶의 의미의 매개효과 중심으로. **한국산학기술학회 논문지**, 21(1), 641-648.

성정현 · 여지영 · 우국희 · 최승희(2009). **가족복지론**. 경기 : 양서원.

손병덕 · 황혜원 · 전미애(2008). **가족복지론**. 서울 : 학지사.

송다영 · 장수정 · 김은지(2010). 일가족양립갈등에 영향을 미치는 요인 분석: 직장내 지원과 가족지원의 영향력을 중심으로. **사회복지정책**, 37(3), 2-52.

송상홍(2004). 부모의 의사소통유형과 친밀감과의 관계. 제주대학교 대학원 박사학위논문.

송숙자(2015). 교육취약계층의 부모와 자녀 관계를 위한 코칭 교육 프로그램의 효과. 백석대학교 교육대학원 석사학위논문.

송유창(2008). 군 사기 결정요인에 관한 연구: 교환이론에 입각한 접근. 원광대학교 대학원 박사학위논문.

송정아 · 전영자 · 김득성(1998). **가족생활교육론**. 경기 : 교문사.

신군자 · 장희양(2005). 외국의 부모교육 프로그램 비교연구: 미국, 캐나다, 호주, 스웨덴, 프랑스, 일본 등 총 6개국의 프로그램을 중심으로. **生活文化研究**, 19, 83-114.

아동권리보장원. https://www.ncrc.or.kr/ncrc/main.do.

안동화(2023). 중년의 의미 연구. **미래기술융합논문지**, 2(4), 31-36.

안명옥(2004). 저출산사회대책기본법 제정의 필요성, 저출산고령화 시대의 가정정책과 실천방안. 대한가정학회 제57차 추계학술대회 기조강연.

안정선 · 최원희(2016). **사회복지 수퍼비전의 이론과 실제**(2판). 서울 : 신정.

안지선 · 전혜정(2012). 중년기 은퇴로서의 전이가 정신건강에 미치는 영향에 있어서의 성차 : 가족관계 만족도의 매개효과. **한국가족관계학회지**, 17(1), 65-85

양승실(2000). **학부모교육 프로그램 개발연구**. 서울 : 한국교육개발원.

어은주(1996). 한국 도시가족의 건강성 및 관련 변인 연구. 경희대학교 대학원 박사학위논문.

엄신자(2007). **인간행동과 사회환경**. 서울 : 인간과 복지.

여성가족부(2023). 제4차 다문화가족 정책 시행계획.

오영희 · 박창옥 · 강영식(2008). **부모와 자녀 관계의 이론과 실제**. 서울 : 동문사.

오영희 · 송진숙 · 송영란 · 양승지(2009). **최신 가족학의 이론과 실제**. 서울 : 21세기사.

오창순 · 신선인 · 장수미 · 김수정(2010). **인간과 사회환경**. 서울 : 학지사.

왕석순(2006). 우리나라 공교육에서의 FLE의 실태와 확대방안.

유경란(2016). 중년기여성의 부부 갈등해결전략과 가족구조에 관한 한일 비교 연구. **한국심리학회지: 여성, 21**(4), 613-633.

유계숙 · 장혜경 · 전혜정 · 김윤정 · 민성혜 · 박은미 · 안재희 · 장보현 · 한지숙(2009). **가족정책론**. 서울 : 시그마프레스.

유민지 · 이기숙(2002). 노년기 가족관계 향상을 위한 프로그램 개발 및 평가. **한국노년학회지, 21**(3), 91-109.

유영주 외(1996). **가족발달학**. 경기 : 교문사.

유영주 · 김순옥 · 김경신(2009). **가족관계학**. 서울 : 교문사.

유영주 · 김순옥 · 김경신(2013). **가족관계학**. 서울 : 교문사.

유은희 · 홍숙희(1998). 부모교육 프로그램. *Human Ecology Research, 36*(1), 157-168.

유재언(2017). 세대 간 돌봄이 성인 자녀와 부모 간의 지리적 근접성에 미치는 영향. 여성연구, 31-56.

의정부시(2007). **맞춤형 생활지원서비스 제공 계획 수립을 위한 지역주민 욕구조사**. 서울 : 의정부시.

이강훈(2019). 유아교사의 다문화 태도, 다문화교수역량, 다문화 교수효능감 간의 구조관계 분석. **열린유아교육연구, 24**(5), 269-292.

이경우(1985). **부모교육 프로그램의 방법 및 전략방향**. 서울 : 한국교육학회 유아교육 연구회.

이근애(2009). 다양한 가족 이해교육 프로그램 개발 및 효과에 관한 연구. 동아대학교 대학원 석사학위 청구논문.

이기숙(2010). **가족생활교육**. 서울 : 신정.

이명신 외(2005). 이혼사유별 이혼의향에 영향을 미치는 요인 : 남녀 모델 비교. **여성연구, 2**(2), 35-91.

이병례(1990). 결혼전 여성의 양육태도에 관한 연구. 중앙대학교 대학원 석사학위논문.

이선형 · 배지연(2022). 가족센터(구 건강가정지원센터)의 입양가족 대상 서비스 제공의 필요성과 역할 정립에 관한 연구. **가족지원경영과 정책, 26**(2), 1-17.

이선형 · 임춘희 · 배지연(2021). 공개입양가족의 입양 적응과 입양관련 프로그램 참여경험 연구. **가족자원경영과 정책, 25**(3), 47-68.

이성희 · 홍달아기 · 한은주 · 조성경 · 김현수(2018). **가족생활교육론**. 서울 : 창지사.

이성희 · 홍달아기 · 한은주 · 조성경 · 김현수(2023). **가족생활교육론**. 서울 : 창지사.

이성희 · 홍달아기 · 한은주 · 소싱경 · 왕석순(2024). **가족생활교육론**. 서울 : 창지사.

이소희(2005). **현대가족복지론**. 서울 : 한국인구보건연구원.

이아영 · 고경표(2018). 중고령층 근로활동(은퇴/재근로)이 인지기능 및 정신건강에 미치는 효과. 한국보건사회연구원.

이연승(2017). 예비부모교육. 경기 : 공동체.

이연승(2021). 부모교육. 경기 : 공동체.

이연승 · 성현주(2020). 부모교육. 경기 : 공동체.

이영실 · 유영달 · 조명희 · 홍성희 · 고은주(2016). 정신건강론. 서울 : 창지사.

이영주 · 최경화 · 정윤태 · 김현희 · 오정아(2018). 가족복지론. 서울 : 양서원.

이은영(2017). 한국 부부교육 프로그램의 효과에 대한 메타분석. 숙명여자대학교 대학원 박사학위논문.

이은화 · 김영옥(2000). 유아를 위한 부모교육. 서울 : 동문사.

이인재(2005). 저출산고령화 시대의 고용활성화 방안. 한국노동연구원. 노동리뷰, 10월호.

이인정 · 최혜정(2000). 인간행동과 사회환경. 경기 : 나남출판.

이재연 외(2000). 부모교육. 서울 : 양서원.

이지수 · 이수경(2020). 지역사회 노인의 건강한 라이프스타일을 위한 건강증진프로그램 중재 효과에 대한 체계적 고찰. *Journal of Digital Convergence, 18*(4).

이현자(2016). 예비부모교육에 대한 인식과 교육프로그램에 대한 요구. 광운대학교 대학원 석사학위논문.

이혜경(2009). 세계화와 복지국가의 재편, 그리고 가족사회복지실천. 한국가족사회복지학회 춘계학술대회자료집.

임안나 · 박영숙(2017). 삶의 만족도 영향요인에 관한 연구: 사회적 지지를 중심으로: 사회적 지지를 중심으로. 한국콘텐츠학회논문지, 17(3), 675-682.

장수한 · 김현주 · 임 혁(2014). 인간행동과 사회환경. 경기 : 공동체.

장인협(1998). 인간행동과 사회환경. 서울 : 집문당.

전선영(2001). 대학생을 위한 예비부모교육 프로그램 개발 연구. 열린유아교육연구, 6(3), 73-95.

전세경(2013). 가족생활교육. 경기 : 양서원.

전지원(2020). 사회적 거리두기가 기혼여성의 일-가정 양립에 미친 영향-코로나19와 한국의 아동돌봄 설문조사 결과를 중심으로. 서울대학교 국제이주와포용사회센터 보고서.

전효정(2007). 생태학적 가족복지모형을 적용한 가족생활주기에 따른 심리적 복지. *Human Ecology Research, 45*(5), 121-133.

정남주, 이영환(2010). 미술치료 기법을 적용한 부모-자녀 놀이치료 프로그램 개발 및 효과. 미술치료연구, 17(2), 379-413.

정무성(2006). 장애인복지개론. 경기 : 학현사.

정미경(2009). 지역사회 참여 평생학습프로그램이 중년기 여성의 생의 의미와 사회심리적 안녕감에 미치는 효과. 평생교육학연구, 15(1), 127-154.

정민자(2004). 가정의 건강성 증진을 위한 정책 및 실천방안 : 저출산 고령화 사회의 가정정책을 중심으로. 대한가정학회 제57차 정기총회 및 추계 학술대회 기조발표 논문Ⅱ. 대한가정학회, 35-71.

정옥분(2019). 발달심리학. 서울 : 학지사.

정옥분 · 정순화(2014). 부모교육. 서울 : 학지사.

정옥분 · 정순화(2018). 결혼과 가족. 서울 : 학지사.

정은희 · 김태강 · 박 윤(2012). 다문화가정 아동의 언어발달 특성과 진단 · 평가에 대한 문헌 고찰. 특수아동교육연구, 14(3), 113-141.

정의철(2013). 다문화사회 소통과 미디어정책: 정책현황, 문제점, 개선방안을 중심으로: 정책현황, 문제점, 개선방안을 중심으로. 한국방송학보, 27(5), 244-284.

정현숙(2021). 한국가족관계학회 2021 추계학술대회자료집, p. 10.

정현숙(2016). 가족생활교육 가족생활교육의 이론과 실제에 관한 체계적인 지침서. 서울 : 신정.

정현숙(2002). '가족생활교육사'의 전문직으로의 발전을 위한 과제와 전망. 한국가족관계학회지, 7(3), 1-17.

정현숙(2007). 가족생활교육. 서울 : 신정.

조명현(2021). 노인의 사회적 참여가 행복에 미치는 영향: 자존감과 회복탄력성의 매개효과. 한국생활과학회지, 30(1), 45-62.

조병은(2007). 노년기 가족관계에 대한 선행연구 고찰: 현황과 과제: 현황과 과제. 가정과삶의질연구, 25(1), 59-75.

조병은 · 신화용(1992). 사회교환이론적 관점에서 본 맞벌이 가족의 성인 딸/며느리와 노모의 관계. 한국노년학, 12(2), 83-98.

조성연 · 백경숙 · 옥경희 · 전효정 · 전연진(2009). 가족관계. 경기 : 양서원.

조성우 · 안정성 · 최승의 · 김정선(2024). 사회복지 프로그램 개발과 평가. 서울 : 학지사.

조성희 · 김남지 · 박진영 · 신성철 · 최순옥(2023). 가족복지론. 서울 : 창지사.

조성희 외(2023). 가족복지론. 서울 : 창지사.

조운희(2021). 사회복지프로그램 개발과 평가: 개념설계에 기초한 창조적 사회복지사의 워크북. 경기 : 양서원.

조주영(2006). 자발적 무자녀 여성의 갈등과 협상. 계명대학교 여성대학원 여성학과 석사학위논문.

조흥식 · 권기창 · 이대수 · 박경수 · 이용표 · 엄규숙 · 박기훈(2008). 사회복지학개론. 서울 : 창지사.

조흥식 · 김인숙 · 김혜란 · 김혜련 · 신은주(2017). 가족복지학(제5판). 서울 : 학지사.

조희금 · 김경신 · 정민자 · 송혜림 · 이승미 · 성미애 · 이현아(2023). 건강가정론. 서울 : 신정출판사.

주용국 · 이양희(2018). 은퇴 후 부부의 여가활동 경험이 생활만족에 미치는 영향: 생성감과 자아통합감의 순차적 매개효과를 중심으로. 한국노년학, 38(4), 905-922.

지옥정 · 권이정 · 정재은 · 최미순(2023). 지속가능한 사회를 위한 부모교육. 서울 : 창지사.

지은구(2005). 사회복지프로그램 개발과 평가. 서울 : 학지사.

차근영 · 김석선 · 길민지(2017). 중년기 부부의 스트레스와 결혼만족도가 우울에 미치는 자기효과와 상대방 효과. **보건사회연구, 37**(2), 126-149.

차승은 · 한경혜(2003). 직업, 가족 그리고 중년기 신체적 건강. **가족과 문화, 15**(2), 33-60.

최규련(2008). **가족상담 및 가족치료**. 경기 : 공동체.

최미영(2011). 우울증 중년 여성을 위한 내성강화 프로그램 개발 및 효과. 고려대학교 대학원 박사학위논문.

최상영(2004). 건강가족 관점으로 본 성경에서의 가족관. 상명대학교 정치경영대학원 석사학위논문.

최영자(2005). 한국의 신 가족 정책에 관한 연구 : 건강가족 정착을 중심으로. 단국대학교 정책경영대학원 석사학위논문.

최옥채 · 박미은 · 서미경 · 전석균(2007). **인간행동과 사회환경**(제3판). 경기 : 양서원.

최유정 · 홍나미 · 정익중(2024). 공개입양 결정 이후 입양부모의 경험에 관한 질적 사례연구. **한국사회복지학, 76**(1), 341-367.

최윤정(2019). 여성 한부모의 경제적 스트레스가 자녀의 사회적 유능감에 미치는 영향-모-자녀 관계 만족도의 매개효과. *Journal of Digital Convergence, 17*(7).

최은영 · 이윤진 · 김보미 · 장은미 · 김미옥(2019). 한부모 및 재혼 가정 부모교육 활성화 방안. 육아정책연구소.

최현화(2018). 가족구조의 변화를 겪은 조손가정 아동의 개인미술치료 단일사례연구. 이화여자대학교 교육대학원 석사학위 청구논문.

최혜순(2013). **부모교육**. 서울 : 동문사.

통계청 보도자료(2021. 12. 9). 장래인구추계 : 2020~2070년.

통계청 보도자료(2022. 10. 20). 장래인구추계(시도편) : 2020~2050년.

통계청(2016). 한국의 사회동향. 통계개발원. 발간등록번호 11-1240245-000014-10, p. 61.

통계청(2021). 인구주택 총조사.

통계청(2021). 인구 통태 통계연보 혼인 · 이혼 편.

통계청(2022). **맞벌이 여부별 가구당 월평균 가계수지**. 대전 : 통계청.

통계청(2022). 2021년 혼인 · 이혼 통계.

통계청(2023). 인구총조사, 장래가구추계.

통계청(2024). 2023년 출생 통계.

통계청(2024. 3. 19). 2023년 혼인 · 이혼 통계.

한경혜 · 이정화(2012). **지금, 중년을 말할 때**. 서울 : 교문사.

한국건강가정진흥원(2017). 2016년 이용자 만족도 조사 결과보고서.

한국보건사회연구원(2021). 2021년도 가족과 출산조사-(구)전국 출산력 및 가족보건·복지실태조사.

한국청소년개발원(2005). **청소년 프로그램 개발 및 평가론**. 경기 : 교육과학사.

한부모가족지원법(2023).

한정원(2014). 한부모가족지원사업의 효과성 연구: 한부모가족 심층면접을 중심으로. **여성학연구, 24**(2), 159-195.

함인희(2003). 사회구조적 변화와 가족의 적응 및 저항. **사회연구, 5**, 11-40.

허정철 · 김 병 · 류동수 · 정정란 · 황동섭(2017). **인간행동과 사회환경**. 경기 : 공동체.

홍성희(2018). 중년층의 은퇴설계 및 노후 경제적 준비 여부에 영향을 미치는 요인. **한국가족자원경영학회지, 22**(2), 25-43.

홍은주(2017). 저출산, 고령화가 한국경제에 미치는 영향분석 : 잠재경제성장률을 중심으로. **여성경제연구, 14**(2), 1-23.

황성철(2005). **사회복지 프로그램 개발과 평가**. 경기 : 공동체.

황혜원, 김현수(2023). 한부모가정 자녀의 심리사회적 적응과 관련한 영향요인에 관한 메타분석: 부모, 가족, 사회적요인 및 자녀 개인요인을 중심으로. **한국심리학회지: 임상심리 연구와 실제, 9**(4), 671-699.

Arcus, M.(1987). A framework for life-span family life education. *Family Relations: An Interdisciplinary Journal of Applied Family Studies, 36*(1), 5-10.

Arcus, M. E.(1995). Advances in family life education : Past, present, and future. *Family Relations. 44*(4), 336-344.

Arcus, M. E., & Thomas, J.(1993). The nature of family life education. In M. E. Arcus, J. D. Schvaneveldt, & J. J. Moss(Eds.), *Handbook of family life education : The practice of Family Life Education*(Vol, 2). Newbury Park, CA : Sage.

Arcus, M. E., Schvanefeldt, J. D., & Moss, J. J.(1993). *Handbook of Family Life Education: The Practice of Family Life Education*(Vol. 2) 이정연 · 장진경 · 정혜경 공역(1996). **가족생활교육의 기초**. 서울 : 도서출판하우.

Avery, C. E., & Lee, M. R.(1964). Family life education : Its philodophy and purpose. *The Family life Coordinator, 13*(2), 27-37.

Boulding, K. E.(1956). General systems theory : the skeleton of science. *Management Science, 2*(3), 197-208.

Bowen, M.(1966). The use of family theory in clinical practice. *Comprehensive Psychiatry, 7*(5), 345-374.

Bowen, M.(1978). *Family therapy in clinical practice*. New York, NY : Aronson.

Caplan, G.(1964). *The principles of preventive psychiatry*. New York : Basic Books.

Carter, B., & McGoldrick, M.(1989). *The changing family life cycle : A framework for family therapy*. Boston, MA : Allyn & Bacon.

Carter, B., & McGoldrick, M.(1988). *The Changing Family Life Cycle : A Framework for Family*

Therapy. Amereon Ltd.

Curran, D.(1983). *Traits of a healthy family*. Minneapolis, MN : Winston.

Dail, P. W.(1984). Constructing a philosophy of family life education : Educating the educators. *Family Perspective, 18*(4), 145-149.

Dinkmeyer, D., & McKay, G. D.(1989). STEP : *The parents' handbook*. Circle Pines, MN : American Guidance Service.

Don C. Dinkmeyer, Gary D. McKay(1989). *The Parent's Handbook: STEP, Systematic Training for Effective Parenting*. American Guidance Service.

Duvall, E. M., & Hill, R.(1948). *Report of the committee on the dynamics of family interaction*. Paper presented at the National Conference on Family Life, Washington, DC.

Gordon, T.(1970). *Parent effectiveness training : The proven program for raising responsible children*. New York, NY : New American Library.

Hamner, T. J., & Turner, P. H.(1985). *Parenting in Contemporary Society*. New York, NY : Prentice-Hall.

Hepworth, D. L., & Larsen, J. A.(1993). *Direct social work practice : Theory and skills*(4th ed.). Pacific Grove, CA : Brooks/Cole.

Herrington, R. L., Mitchell, A. E., Castellani, A. M., Joseph, J. I., & Snyder D. K.(2008). Assessing disharmony and disaffection in Intimate relationships: Revision of the marital satisfaction inventory factor scales. *Psychological Assessment, 20*(4), 341-350.

Homans, G. C.(1958). Social behavior as exchange. *American Journal of Sociology, 63*(6), 597-606.

Homans, G. C.(1961). The humanities and the social sciences. *American Behavioral Scientist, 4*(8), 3-6.

Houlgate, L, D.(1999). *Morals, Marriage, And Parenthood : An Introduction to Family Ethics*. Canada : Wadsworth Publishing Company An International Thomson Publishing Company.

Hughes Jr, R.(1994). A framework for developing family life education programs. *Family relations, 43*(1), 74-80.

Kelley, H. H., & Thibaut, J.(1978). *The social psychology of groups*. New York, NY : Wiley.

Kurdek, L. A.(1993). Predicting Marital Dissolution : A 5-Year Prospective Longitudinal Study of Newlywed Couples. *Journal of Personality and Social Psychology, 64*(2), 221-242.

Lewis, R. A., & Spanier, G. B.(1979). Theorizing about the quality and stability of marriage. In W. Burr, R. Hill, F. I. Nye, & I. Reiss(Eds.), *Contemporary theories about the family*(pp. 268-294). New York, NY : Free Press.

Mace, D. R.(1975). Marriage enrichment concepts for research. *The Family Coordinator, 24*(2). 171-173.

Margaret, B., & Sontag, S.(1993). Human ecology theory. In P. Boss, W. J. Doherty, R. LaRossa,

W. R. Schumm, & S. K. Steinmetz(Eds.), *Sourcebook of Family Theories and Methods : A Contextual Approach.* New York, NY : Plenum Press.

Mitchell, K. M., Bozarth, J. D., & Krauft, C. C.(1977). A reappraisal of the therapeutic effectiveness of accurate empathy, non-possessive warmth and genuineness. In A. S. Gurman & A. M. Razin(Eds.), *Effective psychotherapy: A handbook of research.* Oxford: Pergamon Press.

Morgaine, C.(2003). Alternative paradigms for helping families change themselves. In D. J. Bredehoft & M. J. Walcheski(Eds.), *Family life education : Integrating theory and practice*(pp. 177-185). NCFR.

National Council on Family Relations(1984). Standards and criteria for the certification for family life educators, college/university curriculum guidelines, and on overview of content in family life education : a framework for planning life span programs. Minneapolis, MN : Author.

Olson, D. H.(1989). Family assessment and intervention : The circumplex model of family systems. *Child & Youth Services, 11*(1), 9-48.

Olson, D. H., & DeFrain, J.(1994). *Marriage and the family : Diversity and strengths.* Mountain View, CA : Mayfield Publishing Company.

Olson, D. H., Sprenkle, D. H., & Russell, C. S.(1979). Circumplex model of marital and family systems : I. Cohesion and adaptability dimensions, family types, and clinical applications. *Family Process, 18*(1), 3-28.

Ooms, T., Bouchet, S., & Parke, M.(2004). *Beyond marriage licenses : Efforts in states to strengthen marriage and two-parent families - A state-by-state snapshot.* Washington, DC : Center for Law and Social Policy.

Otto, H. A.(1962). What is a strong family?. *Marriage and Family Living, 24*(1), 77-80.

Papernow, P.(1993). *Becoming a stepfamily : Patterns of Development in Remarried Families.* Gestalt Press.

Parsons, T., & Bales, R. F.(1955). *Family socialization and interaction process.* Glencoe, IL : Free Press

Porche, D., Glanville, C., Glanville & Glanville, D.(1997). Ethical principles. In Lesson Plans for Family Life Education(1999), *National Council on Family Relations.* MN : Minneapolis.

Powell, L., & Cassidy, D.(2007). *Family life education : Working with families across the life span.* Long Grove, IL : Waveland Press.

Roosa, M. W.(1991). Adolescent pregnancy programs collection : An introduction. *Family Relations. 40*(4), 370-372.

Sabatelli, R. M., & Shehan, C. L.(1993). Exchange and resource theories. In P. G. Boss, W. J. Doherty, R. LaRossa, W. R. Schumm, & S. K. Steinmetz (Eds.), *Sourcebook of family theories and methods : A contextual approach*(pp. 385-417). Boston, MA : Springer US.

Saint-Jacques, M., Robitaille, C., Godbout, É., Parent, C., Drapeau, S., & Gagne, M.(2011), The processes distinguishing stable from unstable stepfamily couples: A qualitative analysis. *Family Relations, 60*(5), 545-5.

Small, C, A., & Memmo, M.(2004). Contemporary methods of youth development and problem prevention : Toward an integration of terms, concepts, models. *Family Relations, 53*(1), 3-11.

Stinnett, N., & DeFrain, J.(1985). *Secrets of Strong Families*. Boston, MA : Little Brown.

Thibaut, J. W., & Kelley, H. H.(1959). *The social psychology of groups*. New York, NY : Willey.

Thornburg, H. D.(1982). *Development in adolescence*. CA : Brooks/Cole.

Von Bertalanffy, L.(1967). General theory of systems : Application to psychology. *Social Science Information, 6*(6), 125-136.

Von Bertalanffy, L.(2003). General system theory. The science of synthesis exploring the social implications of general system theory. In Hammond, D.(Ed.), *The science of synthesis : Exploring the social implications of general system theory*(pp. 103-142). Colorado : University press of Colorado.

Waldron, M. W., & Moore, G. A. B.(1991). *Helping adults learn : Course planning for adult learners*. Toronto, Ontario : Thompson Educational Publishing, Inc.

Westley, W. A., & Epstein, N. B.(1969). *The silent majority : Families of emotionally healthy college students*. San Francisco, CA : Jossey-Bass.

Weston, C., & Cranton, P. A.(1986). Selecting instructional strategies. *The Journal of Higher Education, 57*(3), 259-288.

news.naver.com 포토뉴스(2015).

news.naver.com 포토뉴스(2016).

news.naver.com 포토뉴스(2018).

news.naver.com 포토뉴스(2021).

찾아보기

ㄱ

ㄴ

ㄷ

ㅈ

ㅊ

ㅋ

ㅌ

ㅍ

ㅎ

저/자/약/력

■ 김래은
경성대학교 생활문화학과 이학박사
경성대학교 유아교육학과 교육학박사
(현) 유원대학교 사회복지학부 아동청소년학전공 부교수

■ 이강훈
경성대학교 유아교육학과 교육학석사
부산대학교 유아교육학과 박사수료
(현) 유원대학교 스마트평생교육학부 협력교수
(현) 부산대학교 산학협력단 계약교수

■ 박종명
경성대학교 유아교육학과 교육학박사
(현) 유원대학교 사회복지학부 아동청소년학전공 협력교수
(현) 영유아누리배움연구소 연구원

■ 김서연
고신대학교 유아교육학과 교육학박사
신라대학교 사회복지학과 박사수료
(현) 영산대학교 사회복지정보전공 외래교수

가족생활교육

|공저자| 김래은 · 이강훈 · 박종명 · 김서연

|1판 1쇄| 발행 2025년 1월 16일

|발행인| 김동훈
|발행처| 공동체

|주소| 경기도 고양시 일산동구 호수로 358-39, 동문타워 1차 905호(백석동)
|전화| 031)814-3000(대표)
|팩스| 031)814-3100
|홈페이지| http://www.compub.co.kr
|전자우편| compub@naver.com
|출판등록| 2005년 10월 6일
|등록번호| 제396-2005-36호

|ISBN| 979-11-6725-709-3
정가 24,000원